Desenvolvimento
para
céticos

Carlos Lopes e Thomas Theisohn

Desenvolvimento
para
céticos

Como melhorar o desenvolvimento de capacidades

Tradução

Magda Lopes

editora
unesp

Título original em inglês: Ownership, leadership and transformation

A presente obra é uma tradução não oficial, pela qual a editora aceita total responsabilidade, e publicada originalmente para e em nome do Programa das Nações Unidas para o Desenvolvimento (PNUD).

© 2006 Editora UNESP
Direitos de publicação reservados à:
Fundação Editora da UNESP (FEU)
Praça da Sé, 108
01001-900 – São Paulo – SP
Tel.: (0xx11) 3242-7171
Fax: (0xx11) 3242-7172
www.editoraunesp.com.br
feu@editora.unesp.br

CIP – Brasil. Catalogação na fonte
Sindicato Nacional dos Editores de Livros, RJ

L851a

Lopez, Carlos
    Desenvolvimento para céticos: como melhorar o desenvolvimento de capacidades / Carlos Lopez, Thomas Theisohn; tradução de Magda Lopes. – São Paulo: Editora UNESP, 2006.
    Tradução de: Ownership, leadership and transformation: can we do for capacity development
    Inclui bibliografia
    ISBN 85-7139-690-6

    1. Capacidade industrial – Áreas subdesenvolvidas. 2. Projetos de desenvolvimento econômico – Áreas subdesenvolvidas. 3. Assistência técnica – Áreas subdesenvolvidas. 4. Aprendizagem organizacional – Áreas subdesenvolvidas. 5. Mudança organizacional – Áreas subdesenvolvidas. 6. Liderança – Áreas subdesenvolvidas. 7. Áreas subdesenvolvidas – Propriedade intelectual. I. Theisohn, Thomas, 1961-. II. Título.

06-2374.   CDD 338.45
    CDU 338.45

Editora afiliada:

Asociación de Editoriales Universitarias
de América Latina y el Caribe

Associação Brasileira de
Editoras Universitárias

Sumário

PARTE A: DESENVOLVIMENTO DE CAPACIDADES NA PRÁTICA:
TEMAS, POTENCIAIS E CONSIDERAÇÕES CRÍTICAS

PARTE B: EXPERIÊNCIAS E LIÇÕES

Casos nacionais

Casos regionais e mundiais

Figuras, Tabelas e Quadros

Figuras

Tabelas

Quadros

Prefácio

Nenhum outro organismo pode reivindicar maior conhecimento prático dos problemas do desenvolvimento do que o Programa das Nações Unidas para o Desenvolvimento (PNUD). Desde sua concepção, o PNUD tem sido a principal fonte de pensamento concreto e de conhecimento em praticamente todas as esferas das políticas de desenvolvimento. Ele tem sido o motor da mudança na maneira de conceber e implementar o desenvolvimento, impulsionando constantemente o avanço das fronteiras da cooperação internacional. Além de suas realizações concretas, o principal mérito do PNUD é sua revisão contínua e realista dos marcos conceituais e dos instrumentos operacionais das políticas de desenvolvimento. Isso reflete o que a dinâmica econômica significa para os objetivos do desenvolvimento: metas que mudam de acordo com valores que se modificam, pois as agendas políticas evoluem, tanto no âmbito nacional quanto no internacional, acompanhando as transformações na tecnologia, na informação, nas correntes transnacionais e nos fenômenos multissetoriais.

Este livro constitui parte do processo de exame e reavaliação do que conhecemos sobre o desenvolvimento e da maneira pela qual prestamos assistência técnica aos países em desenvolvimento. É uma contribuição importante para a tarefa contínua de entender os processos de desenvolvimento. Melhora e amplia os conceitos básicos subjacentes às políticas atuais de cooperação técnica dos organismos das Nações Unidas e lhes aponta o melhor caminho a seguir. Temos certeza de que esta publicação servirá como ponto de partida para o intercâmbio de idéias e para as pesquisas, tanto nos organismos de desenvolvimento quanto nos países em desenvolvimento e nos países desenvolvidos, enriquecendo a participação daqueles diretamente implicados na formulação de ações de desenvolvimento.

O vocabulário em evolução nas relações Norte-Sul reflete as mudanças de atitude. Durante a década de 1960, a única maneira de prever e planejar as políticas de assistência ao desenvolvimento sintetizava-se no conceito de "assistência técnica". Essas palavras conotavam a idéia de que os países ricos detêm o monopólio do conhecimento. O conceito de "cooperação" técnica foi cunhado mais de uma década depois, como meio de restabelecer algum grau de equilíbrio na relação Norte-Sul. Mais tarde, nas décadas de 1980 e 1990, o "fomento da capacidade" surgiu como conceito-chave para a assistência ao desenvolvimento, e foi amplamente reconhecido como seu objetivo principal. Ao mesmo tempo, o PNUD introduziu mudanças de fundo na maneira de medir os efeitos da assistência, iniciando o cálculo do índice de desenvolvimento e o Índice de Desenvolvimento Humano (IDH). Os instrumentos das operações de desenvolvimento continuaram evoluindo e passaram a atribuir um papel importante ao desenvolvimento dos recursos humanos e ao desenvolvimento institucional. Por isso, mais que as palavras, o que tem evoluído constantemente é a "tecnologia" da cooperação para o desenvolvimento.

Este livro introduz a noção adicional e estimulante do desenvolvimento de capacidades, definido pelos autores como um curso de ação endógeno baseado em capacidades e recursos existentes, e na habilidade de pessoas, instituições e sociedades para realizar funções, resolver problemas e estabelecer e atingir objetivos.

A idéia de que as capacidades existem nos países em desenvolvimento e precisam ser desenvolvidas sintetiza o reconhecimento de que as estratégias de desenvolvimento não têm de – nem na verdade deveriam – ser importadas. Isso, por sua vez, conduz a duas conclusões: uma, que apenas as políticas inspiradas e baseadas nas capacidades locais são sustentável e potencialmente bem-sucedidas; e, outra, que não há um modelo único e uniforme de desenvolvimento econômico aplicável a todas as situações e a todas as realidades nacionais. Essas conclusões podem ajudar a entender o sucesso limitado – e às vezes o fracasso estrondoso – das políticas de desenvolvimento planejadas e aplicadas nos últimos anos: o predomínio de um pensamento econômico uniforme afetou quase todos os países em desenvolvimento e quase todos que formulam as políticas, e determinou o conteúdo e os objetivos da assistência ao desenvolvimento prestada pelos doadores. O modelo predominante nas políticas de desenvolvimento de todo o mundo tem consistido em aplicar o paradigma da liberalização econômica sem considerar a existência das condições locais requeridas para se beneficiar dele. Sabemos agora que, para instaurar regimes de intercâmbio comercial e investimento, para modernizar e diversificar as estruturas produtivas e para assegurar o estabelecimento de sistemas democráticos com eqüidade social, é necessário muito mais do que aplicar o que os manuais estipulam. A "apropriação" é outra noção que apareceu nos últimos anos como condição *sine qua non*, desde o início das operações de desenvolvimento, e não apenas em sua conclusão. É surpreendente a grande quantidade de programas de assistência ou empréstimos financeiros implementados supondo-se que os receptores assumirão como "próprios" os processos de reforma e cronogramas que, de fato, têm sido planejados de modo muito distante de sua realidade. O mesmo bom senso dita que a sustentabilidade não será alcançada, a menos que as transformações propostas pelos programas de desenvolvimento assegurem uma participação autêntica e comprometida dos agentes locais. O bom senso, no entanto, nem sempre prevalece nesse campo. Com demasiada freqüência interesses econômicos ou políticos de curto prazo têm predominado e distorcido os objetivos de longo prazo da cooperação técnica. Este livro destaca de modo acertado o que deveria ter sido abordado com bom senso, mas que em muitos casos foi ignorado: *não há receitas simples*. A predisposição para questionar as idéias convencionais, que sempre caracterizou o PNUD, emerge como um código de conduta para todos aqueles envolvidos nas políticas de desenvolvimento, tanto nos países industrializados quanto naqueles em desenvolvimento.

Há uma conclusão ainda mais fundamental gerada da idéia do desenvolvimento de capacidades: o objetivo principal da cooperação técnica deveria ser contribuir para o aproveitamento e a ampliação das capacidades locais. Com base na experiência acumulada pela Conferência das Nações Unidas sobre Comércio e Desenvolvimento (Unctad) na área de intercâmbio comercial e desenvolvimento, isso significa, por exemplo, apoiar a capacidade dos ministérios de comércio nacionais para formular e aplicar políticas comerciais localmente elaboradas. Significa também assegurar que a capacidade nacional de pesquisa se desenvolva para se manter à altura das exigências de intercâmbio comercial do país; que os funcionários do governo responsáveis pelas decisões que afetam o comércio e o investimento estejam absolutamente conscientes dos objetivos do país em matéria de produção e exportação; e se conte com as várias instituições necessárias para lidar com as complexidades da liberalização econômica – desde as autoridades alfandegárias até as autoridades do meio ambiente, desde negociadores até intermediários financeiros, desde grupos do setor privado até mecanismos para a transferência de tecnologia. Em outras palavras, isso significa atribuir um papel predominante aos especialistas e às instituições locais, proporcionando-lhes ao mesmo tempo os instrumentos necessários para que desempenhem efetivamente suas funções.

Os autores deste livro dão dois tipos de contribuição para o debate sobre a efetividade das atividades de desenvolvimento. Por um lado, há um conjunto de princípios básicos subjacentes ao conceito do desenvolvimento de capacidades e de sua implementação prática, apresentada de maneira acessível para estimular um intercâmbio de idéias entre diversos tipos de participantes. Esses princípios descrevem as melhores práticas que asseguram qualidade na assistência ao desenvolvimento. Por outro lado, o livro apresenta um compêndio de 56 estudos de caso ilustrando situações concretas em que foi aplicado o enfoque do desenvolvimento de capacidades. Os casos mostram a diversidade de problemas de desenvolvimento a serem abordados e as soluções para eles concebidas, reiterando as limitações dos enfoques padronizados. Em muitos casos, o simples fato de endossar a noção do desenvolvimento de capacidades inevitavelmente implica grandes mudanças na perspectiva dos doadores, nas práticas rotineiras das organizações e no enfoque dos receptores.

O processo que conduz à implementação total das mudanças necessárias leva tempo e é irregular. É, também, embaraçoso; não devemos esperar resultados imediatos. É fundamental reconhecer que a mudança de atitudes em matéria de políticas de desenvolvimento não é uma tarefa fácil. A rotina e os procedimentos estabelecidos são, no entanto, as principais características das operações de desenvolvimento, tanto dentro quanto fora do sistema das Nações Unidas. Na verdade, é mais fácil enviar um "especialista" a um país em desenvolvimento durante alguns dias ou algumas semanas do que encontrar o modo de ajudar uma instituição nacional a enfrentar novos problemas. É mais fácil preparar um relatório sobre desenvolvimento rural quando se está confortavelmente instalado em um escritório de alta tecnologia, em um país industrializado, do que dedicar tempo a visitar comunidades rurais em zonas remotas, compreender suas necessidades e formular uma proposta de projeto para desenvolver a capacidade local. E não devemos esquecer que, às vezes, são os interesses criados, e não os objetivos estabelecidos propriamente ditos, que determinam a natureza das iniciativas de desenvolvimento. A cooperação técnica é – e provavelmente continuará sendo – um instrumento a serviço de objetivos econômicos internos. Um dos principais desafios apresentados neste livro é a eliminação desse perigo.

O desenvolvimento é um bem público internacional. Os Objetivos de Desenvolvimento do Milênio proporcionam um marco político firme e inequívoco que orienta a assistência internacional para o desenvolvimento. Cabe esperar que a noção de desenvolvimento de capacidades ocupe logo um local relevante entre as novas modalidades de pensamento e ação.

RUBENS RICUPERO
Secretário-geral
Conferência das Nações Unidas sobre Comércio e Desenvolvimento
Junho de 2003

Agradecimentos

Este volume é o resultado de dois anos de pesquisa, diálogo e pensamento criativo para o qual muitas pessoas contribuíram direta e indiretamente. Embora o pensamento e a prática sobre o desenvolvimento tivessem evoluído significativamente desde o estudo seminal do PNUD intitulado *Rethinking Technical Cooperation: Reforms for Capacity Building in Africa* (Repensando a cooperação técnica: Reformas para o fomento da capacidade na África) (Berg et al., 1993), alguns dilemas antigos persistem. Por isso, no início de 2001 o PNUD lançou a iniciativa de Reforma da Cooperação Técnica para o Desenvolvimento de Capacidades, com o propósito de examinar as mesmas questões à luz de novos conceitos, enfoques e desafios. O projeto foi financiado pelo governo da Holanda, a cujo apoio somos muito agradecidos. *Desenvolvimento para céticos* é o produto final do trabalho realizado, sendo possível consultar muitos materiais a ele relacionados na internet (www.undp.org/capacity).

Nosso mais profundo reconhecimento estende-se àqueles que efetuaram as maiores contribuições para este projeto, proporcionando materiais anteriores e relatórios, assim como revisões críticas. Agradecemos particularmente a Gus Edgren e Paul Matthews, e também a Selim Jahan, Terry McKinley e Pauline Tamesis, que contribuíram com sua rica experiência profissional; Daniela Mitrovitch, que nos ajudou com a pesquisa, na compilação de referências e no preenchimento de lacunas; Bozena Blix, Georgina Fekete, Marina Miranda Guedes, Lina Hamadeh-Banerjee e Christopher Ronald por suas contribuições; e Niloy Banerjee e Tony Land, muito úteis na elaboração e na competente edição da compilação de casos (Parte B), em estreita colaboração com os indivíduos e as instituições mencionados em cada caso.

Este volume não teria sido possível sem o trabalho incansável de Fe Conway, que conduziu todos os aspectos da produção. Agradecemos em particular a Gretchen Sidhu pelo trabalho exaustivo de editar e corrigir as provas de todo o texto. Karin Hug compôs uma bela capa, assim como toda a diagramação do livro. Patricia Eisenberg e Zaida Omar interpretaram e digitaram nossos manuscritos em textos elaborados e reelaborados e nos mantiveram no caminho certo. Lavone Maxon e Arleen Verendia alternaram-se para assegurar o apoio administrativo requerido.

A primeira redação do texto passou por um completo processo de revisão que incluiu toda uma sessão do Grupo de Assessoramento e Facilitação da iniciativa, realizada em Johannesburgo, na África do Sul, de 31 de março a 2 de abril de 2003. Um intercâmbio de idéias franco e intenso, realizado com espírito construtivo, contribuiu para melhorar significativamente o livro. Geraldine Fraser-Moleketi foi nossa anfitriã cordial e inspiradora. Hans Peter Boe, Harry Buikema, Liang Dan, Gus Edgren, Eckhard Hein, Mary Hilderbrand, Pim de

Keizer, Oscar Monteiro, Joseph Mugore, Ndioro Ndiaye, John Ohiorhehuan, Michael Sarris e Helen Sutch ofereceram seu valioso tempo e assessoramento. Agradecemos a oportunidade de discutir os critérios em uma reunião com os ministros de Serviços Públicos da África Austral, assim como nos colóquios públicos organizados simultaneamente pela Rede de Redução da Pobreza na África Meridional Austral (SAPRN) durante a mesma ocasião. Gillian Chan-Sam e Nina Tumbare proporcionaram um eficaz apoio logístico nas três reuniões, sem perder seu cordial sorriso.

O processo interno de revisão do livro no PNUD compreendeu um grupo de leitura, várias consultas na instituição, sessões de *brainstorming* e *feedback* mediante redes de conhecimento. Merecem agradecimento especial por suas contribuições William Andrianosolo, Barbara Barungi, Bob Boase, Stephen Brown, Suely Carvalho, Nicholas Gouede, Girma Hailu, Ameerah Mehrnaz Mostafavi, Thord Palmlund, Serra Reid, Monica Sharma, Dagmar Schumacher, Mark Suzman, John Taylor, Grace Wamala e Patrick Van Weerelt. Os escritórios nacionais do PNUD reviram e esclareceram os estudos de caso.

A liderança assumida por Mark Malloch Brown, administrador do PNUD; Zéphrin Diabré, administrador associado do PNUD e Shoji Nishimoto, diretor de Políticas de Desenvolvimento, foi imprescindível para que este livro se tornasse realidade. Desejamos expressar-lhes nosso profundo agradecimento, em particular a Mark Malloch Brown, por sua paciência e seu estímulo. Em nossa condição de autores, somos totalmente responsáveis pelas opiniões consignadas que aparecem nas páginas que se seguem, que não refletem posições oficiais do PNUD.

Ao abordarmos o tema do desenvolvimento de capacidades, a realidade obriga-nos a assumir uma posição de humildade, pois ele é tão multifacetado que nenhuma mente ou livro por si só poderia reflecti-lo adequadamente. Cada afirmação dava lugar a novas perguntas. Ao tentarmos compreender o que ajuda as capacidades a aumentar, tivemos a preciosa oportunidade de aprender conosco mesmos. Enquanto defendíamos o abandono das soluções pré-fabricadas, tivemos de abandonar alguns de nossos próprios preconceitos. Abrigamos agora a esperança de que *Desenvolvimento para céticos* seja útil para os funcionários executivos e outros interessados diretos dos países em desenvolvimento, a fim de fortalecer a gestão nacional do desenvolvimento com resultados sustentáveis. Estamos certos de que este livro ajudará a estimular um diálogo construtivo sobre as políticas com nossos parceiros para o desenvolvimento, assim como a impulsionar inovações concretas no campo da cooperação, incluindo o PNUD, que incorporem firmemente o desenvolvimento de capacidades em sua configuração básica.

CARLOS LOPES e THOMAS THEISOHN
Brasília e Vauvenargues,
Julho de 2003

Siglas e acrônimos

ACNUR: Alto Comissariado das Nações Unidas para os Refugiados

AOD: Ajuda Oficial ao Desenvolvimento

SIDA: Agência Sueca para o Desenvolvimento Internacional

ECDPM: Centro Europeu para a Gestão de Políticas de Desenvolvimento, da sigla em inglês *European Centre for development Policy Management*

IFC: Corporação Financeira Internacional, da sigla em inglês *International Finance Corporation*

CIDA: Organismo Canadense para o Desenvolvimento Internacional

DANIDA: Organismo Dinamarquês de Cooperação para o Desenvolvimento

DERP: Documento de Estratégia de Redução da Pobreza

DFID: Departamento de Cooperação para o Desenvolvimento Internacional (Grã-Bretanha)

CCA: Avaliação Conjunta do País, da sigla em inglês *Common Country Assessment*

EGDI: Grupo de Especialistas em Questões de Desenvolvimento, da sigla em inglês *Expert Group on Development Issues*

EGP: Exame do Gasto Público

ERP: Estratégia de Redução da Pobreza

GEF: Fundo para o Meio Ambiente Mundial, da sigla em inglês *Global Environmental Facility*

FMI: Fundo Monetário Internacional

SWOT: Análise de Pontos Fortes, Oportunidades, Fragilidades e Ameaças, da sigla em inglês, *Strengths, weaknesss, opportunities and threats*

GTZ: Organismo Alemão de Cooperação Técnica

HIPC: Países Pobres Altamente Endividados

IED: Investimento Externo Direto

IDA: Associação Internacional para o Desenvolvimento, da sigla em inglês *Internacional Development Association*

LICUS: Países de Baixa Renda em Dificuldades, da sigla em inglês *Low-income countries under stress*

NEPAD: Nova Aliança para o Desenvolvimento da África

NEX: Execução Nacional

OBC: Organizações de Base Comunitária

OCDE/CAD: Organização para a Cooperação e o Desenvolvimento Econômicos/Comitê de Assistência para o desenvolvimento

ODM: Objetivos de Desenvolvimento do Milênio

OIM: Organização Internacional para as Migrações

OIT: Organização Internacional do Trabalho

OMC: Organização Mundial do Comércio

PMD: País Menos Desenvolvido

PNUD: Programa das Nações Unidas para o Desenvolvimento

SWAP: Enfoques Setoriais, da sigla em inglês *Sector-wide approaches*

TIC: Tecnologias da Informação e da Comunicação

TRIPS: Aspectos dos direitos de propriedade intelectual relacionados com o comércio

UNCDF: Fundo das Nações Unidas para Desenvolvimento do Capital

Unctad: Conferência das Nações Unidas sobre Comércio e Desenvolvimento

Unesco: Organização das Nações Unidas para a Educação, a Ciência e a Cultura

Unifem: Fundo de Desenvolvimento das Nações Unidas para a Mulher

Usaid: Agência dos Estados Unidos para o Desenvolvimento Internacional

UNV: Voluntários das Nações Unidas

Apresentação

Esta edição de *Desenvolvimento para céticos* é um guia patrocinado pelo PNUD (Programa das Nações Unidas para o Desenvolvimento) para o profissional tratar de maneira eficaz o desenvolvimento de capacidades no contexto da cooperação para o desenvolvimento.

No atual ambiente de ajuda global, garantir a transformação dos elevados recursos para desenvolvimento humano em resultados de desenvolvimento tangíveis no âmbito nacional nunca foi mais crítico, tanto para os próprios países em desenvolvimento e seus esforços para o desenvolvimento nacional, quanto para o futuro da própria cooperação para o desenvolvimento. Para o PNUD, o desenvolvimento de capacidades é, portanto, fundamental para maximizar o volume e a qualidade da ajuda.

Embora seja evidente que as capacidades precisam ser desenvolvidas nos países em desenvolvimento, as estratégias de desenvolvimento, para serem sustentáveis e bem-sucedidas, devem ser "feitas em casa" e baseadas nas capacidades locais. A cooperação técnica, como um instrumento de objetivos econômicos, deve contribuir para a utilização e expansão das capacidades locais, dado que um Estado eficiente é vital para estabelecer uma política pública sólida e garantir que ela atinja todos os cidadãos. Além disso, o desafio do crescimento eqüitativo não pode ser resolvido apenas no âmbito dos países. Nossa atenção deve também se concentrar em boa governança global e na cooperação internacional, como facilitadores dos resultados de desenvolvimento de capacidades.

Juntamente com um conjunto de princípios básicos subjacentes ao conceito e à implementação prática do desenvolvimento de capacidades, e 56 estudos de caso, esta publicação destaca vários problemas de desenvolvimento pouco tratados, maneja as limitações de abordagens padronizadas e propõe uma série de soluções possíveis para se lidar com o desafio do desenvolvimento de capacidades. Espero que este livro seja útil para os profissionais e formuladores de políticas na promoção de novas maneiras de desenvolver a capacidade local e sustentar processos duradouros de redução da pobreza e de crescimento.

KEMAL DERVIŞ
Administrador do Programa das
Nações Unidas para o Desenvolvimento
Agosto de 2006

Panorama geral:
Transformando os problemas em oportunidades

Dê a alguém um peixe e ele terá comida para um dia;
ensine-o a pescar e ele terá alimento para a vida toda.

Essa é uma mensagem intrigante e contundente, que pode ser universalmente entendida por indivíduos, comunidades e sociedades. Partindo da premissa da desigualdade, ela coloca o destino daqueles que carecem do conhecimento da pesca nas mãos daqueles que detêm "o saber". Entretanto, em um mundo dominado atualmente pela tecnologia e apequenado por satélites que lançam informações até os rincões mais remotos, os países altamente industrializados já não têm mais o monopólio do conhecimento de que um dia desfrutaram. As alianças globais e as redes mundiais estão criando oportunidades para se "aprender a pescar sozinho". Atualmente, mais do que nunca, as sociedades dispõem de mais opções e de mais meios para determinar seu próprio destino.

Este livro se concentra no desenvolvimento da capacidade de transformar essas opções e esses meios em progresso real. Baseado na apropriação, orientado para a liderança e alimentado pela confiança e pela auto-estima, o desenvolvimento de capacidades é a habilidade das pessoas, das instituições e das sociedades para desempenhar funções, resolver problemas e estabelecer e alcançar objetivos. Constitui o ponto de partida fundamental para melhorar a vida das pessoas.

Há atualmente crescente compreensão com relação ao fato de o desenvolvimento de capacidades ocorrer em longo prazo, e por isso pode ser facilmente solapado quando se insiste demais nos resultados a curto prazo. O fortalecimento endógeno das capacidades e das vantagens existentes tem lugar em três níveis superpostos: individual, institucional e social. Cada ponto envolve a aprendizagem e a adoção do conhecimento adquirido para satisfazer as necessidades locais. Essa aprendizagem é sempre voluntária, inclui tentativa e erro e está aberta a numerosas oportunidades de "indagar mundialmente e reinventar localmente" (Stiglitz, 1999).

O desenvolvimento de capacidades não é neutro em relação ao poder. As perguntas sobre "capacidades para quê?" e "capacidades para quem?" aludem de imediato aos diferenciais de poder, assim como às influências políticas e aos interesses criados. O desenvolvimento de capacidades floresce quando os incentivos – monetários e não-monetários – são favoráveis e míngua quando são desfavoráveis. Prospera onde há participação dos cidadãos e em locais onde as pessoas exercem controle sobre os sistemas e recursos que configuram sua vida.

Atualmente há extensa bibliografia sobre o desenvolvimento de capacidades. Contudo, subsiste a dificuldade de pontuar o que o conceito envolve na prática. Isso talvez se deva ao fato de que com freqüência as discussões baseiam-se em noções abstratas difíceis de traduzir em ações e objetivos. Além disso, há variações tão notáveis entre um país e outro que as generalizações tendem a ser amplas e a perder significado, fugindo dos problemas reais. Apesar disso, é possível selecionar e aplicar um conjunto de princípios fundamentais.

O ponto de partida é reconsiderar as formas habituais de conceber, negociar e delinear um caminho para a transformação que seja localmente aceito. Como o desenvolvimento foi percebido sobretudo do ponto de vista da cooperação externa, é tempo de se voltar, antes de mais nada, para uma perspectiva nacional. E como isso supõe tanto a mudança de atitudes quanto o aglutinamento das pessoas em torno das prioridades e dos processos nacionais, será uma responsabilidade primordial dos líderes nacionais e de seus seguidores. Além disso, é preciso que os profissionais do desenvolvimento assimilem cada vez mais que os fundamentos do desenvolvimento de capacidades são universais. Os princípios de apropriação nacional e de prestação de contas diante dos interessados diretos devem ser sustentados também nas circunstâncias mais difíceis, e em nenhuma situação a magnitude da tarefa deve distrair a atenção do compromisso assumido.

Mesmo quando os princípios básicos estão estabelecidos, não há fórmulas simples. Em um mundo em constante mudança, as inovações são geradas ou reinventadas localmente, há transformações no equilíbrio de poder, surgem novos interesses e a "compatibilidade química" – seja entre indivíduos ou entre instituições – abre e fecha portas. Essa realidade é confirmada pelas ações de desenvolvimento bem-sucedidas, em geral onde os agentes nacionais, as comunidades locais, os círculos acadêmicos, as entidades do setor privado e parceiros externos se uniram para elaborar respostas sob medida, levando em conta a singularidade de cada situação.

A Parte A deste livro analisa esses temas e examina uma série de problemas tradicionais do desenvolvimento vinculados ao desenvolvimento de capacidades, demonstrando como esse é impulsionado pela aprendizagem e pelos avanços que surgem de circunstâncias e experiências particulares. Em cada seção, as considerações-chave estão resumidas em parágrafos à parte. Subseqüentemente, a Parte B representa uma compilação de estudos de caso do mundo todo, que confirmam os fortes vínculos existentes entre a apropriação, a liderança e a transformação. Esses exemplos da vida real mostram que o desenvolvimento de capacidades não é uma idéia utópica. Os casos, que de nenhum modo pretendem ser receitas a serem repetidas, documentam práticas e inovações promissoras e destacam fatores de importância fundamental no fortalecimento das capacidades. Esses exemplos devem ser considerados *boas* práticas, mas não necessariamente as *melhores*.

Se há uma mensagem central neste livro, é a de que o desenvolvimento de capacidades pode ser melhorado. Nas décadas de 1960 e 1970, a literatura sobre o desenvolvimento enfatizou a necessidade de implementação, apenas para na década de 1980 substituir essa noção por compromisso e vontade política. Atualmente estamos na fase da apropriação, ainda que haja amplas variações na interpretação dessa palavra. Uma das definições, é o exercício do controle e da condução, desde a idéia até o processo, desde o insumo até o produto, desde a possibilidade até os resultados (Edgren, 2003). Ainda assim, embora se possa argumentar que a apropriação é um pré-requisito do compromisso e do desenvolvimento de capacidades, uma transformação autêntica requer um importante elemento adicional: a liderança qualificada.

A síntese a seguir resume os temas discutidos neste livro e apresenta dez princípios básicos que inspiram a apropriação e transfiguram a liderança, e, ao fazê-lo, contribuem para o desenvolvimento de capacidades.

1. Não se apressar

Fomentar e desenvolver as capacidades sustentáveis é um empreendimento de grande fôlego que envolve educar as pessoas, estabelecer organizações viáveis e fomentar mudanças sociais importantes. Não obstante, os países tendem a operar com horizontes de curto prazo, encorajados nessa direção por escolhas democráticas ou outros imperativos políticos e financeiros. De modo semelhante, a cooperação externa raramente é planejada para cobrir mais de cinco anos – com frequência menos – e quase todos os orçamentos são determinados em base anual. Com 2015 como data limite, os Objetivos de Desenvolvimento do Milênio (ODMs)[1] proporcionam um marco de desenvolvimento de, pelo menos, médio prazo, estruturado em torno de um conjunto de indicadores sobre efeitos diretos e coerente com o desenvolvimento de capacidades.

Ao reconhecer um horizonte temporal mais amplo, a fixação de etapas para o desenvolvimento de capacidades também deve ser realista e determinada pelas tendências históricas e pelas influências sociais. Como reconhecem os ODMs, os caminhos rumo aos objetivos de desenvolvimento podem diferir muito entre si. Embora seja óbvio que nem todos os meios são justificados, o importante são os resultados finais. Deve-se medir o progresso, mas sem uma rigidez que impeça acomodar as novas realidades emergentes. Além disso, compreender as dimensões históricas e as convulsões muitas vezes dolorosas que têm moldado o mundo de hoje contribui para que os agentes externos se comprometam com um sentido de humildade que lhes permita perceber e reagir com clareza à situação em que trabalham.

2. Respeitar o sistema de valores e estimular a auto-estima

A sociedade congrega todos os elementos de uma população, dando origem a um *ethos* que determina o sistema de valores em que as pessoas agem. Conseqüentemente, elementos como confiança e honestidade, ou corrupção e cobiça, têm grande influência no rumo e no desempenho dos esforços de desenvolvimento.

---

[1] Os ODMs (Objetivos de Desenvolvimento do Milênio) são: 1. Erradicar a extrema pobreza e a fome; 2. Atingir o ensino básico universal; 3. Promover a igualdade entre os sexos e a autonomia da mulher; 4. Reduzir a mortalidade infantil; 5. Melhorar a saúde materna; 6. Combater o HIV/Aids, a malária e outras enfermidades; 7. Garantir a sustentabilidade ambiental; e 8. Estabelecer uma parceria mundial para o desenvolvimento.

Os valores, a identidade, a auto-estima e a criatividade alimentam a visão do futuro. De nenhum modo pode-se aceitar tacitamente que haverá entendimento recíproco quando diferentes mundos de conhecimento, distintas maneiras de pensar e de defender as próprias idéias, diferentes culturas e valores se encontram. Isso fica muitas vezes evidente na cooperação externa, que desempenha um papel desproporcionalmente dominante em muitos países receptores. Os doadores levam consigo recursos financeiros, boa vontade, valores, agendas, prioridades, interesses e limitações; apesar disso, a quantidade, com freqüência, é maior do que a qualidade, e os interesses conduzem a ações que nem sempre estão harmonizadas com o objetivo comum do desenvolvimento. Quando se fala em termos de "nós e eles" também se interpõem a falta de confiança e o cinismo. Tal divisão não se limita necessariamente a separar os estrangeiros dos nacionais; também costuma haver um alinhamento de interesses entre os co-participantes externos e as elites nacionais por causa da homogeneidade de sua educação e aspirações.

O resultado é a tendência a ignorar que talvez haja diferentes maneiras de se chegar à mesma meta. Mesmo quando os melhores conhecimentos globais devem ser compartilhados e utilizados, os países em desenvolvimento necessitam de opções políticas que se baseiem em seu próprio modelo de desenvolvimento. Eles precisam estar em condições de tomar decisões negociadas e acordadas no âmbito nacional, de modo seriamente respeitoso dos direitos dos envolvidos.

3.   Indagar a escala local e mundial; reinventar a escala local

Mesmo quando se compreende de forma cabal o conceito de desenvolvimento de capacidades, a identificação de capacidades específicas pode ser difícil. Tradicionalmente, a noção de capacidades procede do mundo da engenharia e era usada para aludir a determinados processos para a transferência de conhecimentos, em especial habilidades técnicas e científicas (Morgan, 2002). Prestava-se pouca atenção a domínios menos específicos, incluindo a formulação de políticas, a pesquisa social e econômica, a análise de sistemas e os mecanismos de exame e de *feedback*.

Atualmente avançamos e sabemos que os conhecimentos não podem ser transferidos; precisam ser adquiridos, aprendidos e reinventados. E abrangem tanto o profundo acervo de conhecimentos locais, que constituem a própria base da aprendizagem, quanto a enorme quantidade de informações mundiais que podem ser reformuladas para satisfazer as necessidades locais. Mas quando não se consegue uma adaptação, não há apropriação, e o mais provável é que não haja um desenvolvimento duradouro das capacidades.

Hoje, dispõe-se de mais oportunidades para aplicar o conhecimento global em todos os níveis. A notável redução dos custos do transporte e da comunicação possibilitou um acesso sem precedentes. Entretanto, embora as Tecnologias da Informação e da Comunicação (TIC) permitam a compilação, o armazenamento e o acesso a conhecimentos explícitos, muita coisa não é difundida e permanece retida por indivíduos ou instituições. Por conseguinte, os benefícios reais da TIC não consistem na provisão da tecnologia em si, mas em melhorar a comunicação e o intercâmbio de informações mediante redes de pessoas.

Quando a TIC aponta diretamente para objetivos específicos de desenvolvimento, pode ter um impacto significativo e se transformar em um poderoso facilitador do desenvolvimento de capacidades. À medida que as comunidades locais se incorporam às redes globais, vão transcendendo as barreiras culturais e questionando estruturas normativas, jurídicas e regulamentares dentro e fora de seu país. Ao mesmo tempo, um mundo repleto de conhecimentos está derrubando muitas das regras tradicionais que governavam as organizações, com alguns paralelos também nos países. Para poderem sobreviver e prosperar, as organizações precisam se adaptar e aprender, sustentando as mudanças e transformações mediante uma combinação de aprendizagem individual e institucional. Esse novo conhecimento orienta o uso de recursos, a formação de equipes e a condução de sistemas de relações complexos, todos eles fatores de grande importância para os países (Kadhar et al., 2003).

4. Questionar preconceitos e diferenciais de poder

Embora, em geral, os preconceitos, os interesses criados e os diferenciais de poder sejam considerados intangíveis, eles podem ser fatores decisivos para o êxito ou o fracasso do desenvolvimento. As atitudes e as personalidades, configuradas pelo idioma e pela cultura, determinam o rumo da comunicação e da colaboração. Criam influentes realidades virtuais, que determinam de que maneira se comportam as pessoas, as instituições e as sociedades. São exemplo disso a convicção de muitos países em desenvolvimento de que eles são os credores da ajuda; ou o mito da superioridade que ronda a mente de muitos doadores e de seus especialistas, de maneiras mais ou menos sutis. A linguagem do desenvolvimento está repleta de metáforas de hierarquia e desigualdade: ajuda, assistência, mundo desenvolvido, mundo em desenvolvimento, doador, receptores etc. (Ribeiro, 2002).

Além dos preconceitos, toda intervenção que envolve transferência de recursos está sujeita a numerosas influências, favoráveis ou desfavoráveis. Os interesses criados podem desviar os esforços de seus fins específicos de desenvolvimento, gerando um custo significativo de oportunidade para o desenvolvimento de capacidades, enquanto os guardiões de todos os níveis preservam zelosamente seus privilégios. E, apesar da retórica vigente, os diferenciais de poder podem suscitar profunda desconfiança e criar um ciclo vicioso de exclusão e debilitação.

Essas são questões extremamente delicadas que, com freqüência, não são referidas e, por isso, é difícil abordá-las. A mudança começa ao se reconhecer a existência de interesses criados, improdutivos e de condições que não garantem um jogo limpo. É preciso reduzir sistematicamente o espaço dos interesses legítimos e, ao mesmo tempo, estabelecer normas claras de participação.

Abrir espaços de diálogo, por sua vez, gera uma energia poderosa que pode encontrar resistência. Mas hoje em dia é difícil alguém argumentar que a participação pública e a transparência não fazem parte do caminho a seguir. A liberdade de expressão, os meios de comunicação ativos, a diversidade na atividade política e um sistema judicial efetivo são fatores que propiciam a participação dinâmica da sociedade civil e mudam as atitudes para colocá-las a serviço do desenvolvimento de capacidades.

5. Pensar e agir tendo por objetivo os resultados da capacidade sustentável

Isso pode parecer uma questão de bom senso, e na verdade o é: se os responsáveis pelas tomadas de decisão e os profissionais não pensassem e agissem em termos de resultados sustentáveis do desenvolvimento de capacidades (e alguns têm sido reticentes em fazê-lo), não se poderia conseguir muita coisa. É preciso que o desenvolvimento de capacidades seja prioridade nacional, uma questão discutida quando se definem as prioridades, as estratégias e os planos de trabalho. Também deve estar firmemente incorporado às agendas dos diálogos sobre políticas entre os governos e os doadores, e deve continuar sendo um objetivo primordial ao longo da programação, da execução e do monitoramento.

Líderes fortes podem assegurar que o desenvolvimento de capacidades receba a ênfase adequada em todos os cenários, razão pela qual o relacionamento entre o desenvolvimento das capacidades e a liderança é fundamental para se conseguir a transformação. É extremamente importante fortalecer a liderança para proteger, desde o início, os investimentos em capacidade. Líderes ineptos podem destruir décadas de trabalho paciente com instituições e pessoas, ou até chegar a utilizar os conhecimentos a seu alcance para provocar uma regressão social. O fundamental é que alta capacidade com liderança fraca pode significar tropeços para uma organização ou para um país; mas liderança forte, mesmo com capacidades deficientes, pode levar um país adiante.

Desde as autoridades nacionais até as locais, os líderes são mais eficazes quando são dinâmicos, têm poder de convocação e podem garantir a alocação de recursos internos adequados. Devem ter a coragem de assumir riscos e superar obstáculos e, ao mesmo tempo, delegar aos demais. Compreendendo claramente seus próprios objetivos pessoais e o modo pelo qual estes se harmonizam com as aspirações coletivas, os líderes têm consciência de seu próprio papel, conduzem-se de modo adequado em circunstâncias difíceis, demonstram empatia com os demais e facilitam o desempenho individual e em equipe na hora de realizar uma tarefa.

6. Estabelecer incentivos positivos

As intervenções na área do desenvolvimento, como todas as demais ações, são impulsionadas por sistemas de incentivos que, em alguns casos, conduzem ao desenvolvimento de capacidades, mas em outros não. Mesmo quando os incentivos podem ter a intenção de propiciar resultados positivos, alguns deles na verdade terminam desalentando a iniciativa local, ignorando a sustentabilidade e encorajando indiretamente o êxodo de profissionais.

Os incentivos que contribuem para preservar as capacidades e maximizar seu aproveitamento estão fundamentados nos sistemas de governança baseados no estado de direito e na vigência dos direitos humanos. Utilizar um enfoque de desenvolvimento baseado nos direitos humanos representa um avanço para um objetivo mais ambicioso para toda a sociedade, mesmo que muito mais seja requerido para se conseguir a transformação. A produção bibliográfica oferece muitos exemplos sobre esse tema e, ainda que não se inicie um debate a respeito, é importante reconhecer que a comunidade internacional chegou a um consenso geral acerca do que constitui boa governança.

Não obstante, muitos países em desenvolvimento continuam lutando para superar serviços públicos deficientes ou dominados por incentivos negativos ou perversos, incluindo baixa remuneração, distorção nos critérios de contratação e promoção, compressão das diferenças salariais e redução do quadro de pessoal. A erosão de capacidades tem sido atribuída a todos esses fatores. Para proteger suas iniciativas e velar pela sustentabilidade na execução, os doadores proporcionam incentivos sob a forma de suplementos salariais, viagens e participação em reuniões. Mas tais práticas afastam do serviço público os funcionários mais capacitados e reduzem a motivação para a introdução de reformas abrangentes na administração. Embora não haja um remédio imediato para a situação, é preciso encontrar soluções harmônicas impulsionadas localmente e que se integrem bem aos orçamentos nacionais. Mecanismos independentes podem apoiar as reformas dos programas e procedimentos públicos, enquanto as alianças entre governo e agentes da sociedade civil podem propiciar um consenso sobre reformas mais substanciais na administração pública.

Recorrer a especialistas de fora, o que, às vezes, ainda é considerado uma bonificação ou uma ajuda sem custo, é outro exemplo de incentivo negativo. Os consultores externos nunca são gratuitos e o custo de seus serviços deve ser conhecido, orçado e comparado com outras alternativas do modo mais transparente possível. Os governos podem negociar o maior uso de consultores locais e regionais, assessores de curto prazo e voluntários. Outras iniciativas utilizadas com êxito são os modelos com treinamento guiado, os mecanismos de supervisão independente e a irmanação de instituições, modelos de solução a prazo fixo e sistemas de atribuição dos custos da cooperação técnica ao orçamento nacional.

Também é necessário rever os incentivos em termos de atribuições, e as políticas em relação aos doadores e aos receptores deveriam se referir explicitamente às exigências do desenvolvimento de capacidades. A transparência nas atribuições é fundamental para o estabelecimento de uma cultura de prestação de contas e de otimização dos custos, mas os procedimentos complexos tendem a pressionar os governos dos países receptores e os agentes locais. A melhor maneira de lidar com isso é sujeitar-se a um mínimo de padrões operacionais.

Uma das maiores ameaças ao desenvolvimento de capacidades é a corrupção, que drena os recursos e debilita os sistemas. Entretanto, em vez de se dedicar à "caça às bruxas", as medidas contra a corrupção deveriam se concentrar na prevenção, por incentivos que fomentem valores positivos, estimulem uma cultura de profissionalismo e meritocracia, melhorem a transparência e a divulgação de cifras e propiciem a prestação de contas. Desmistificar e despersonalizar o governo mediante a educação dos cidadãos não apenas reduz as oportunidades de corrupção, mas também abre as possibilidades de participação.

Também é importante fortalecer e proteger a integridade dos meios de comunicação, dos grupos cívicos e de outras organizações governamentais que ofereçam possibilidades de verificação e controle. Sem a ameaça de suas ações se verem expostas, os funcionários corruptos agem com impunidade.

Mesmo quando se faz todo o possível para criar o melhor conjunto de incentivos para o desenvolvimento de capacidades, a mão-de-obra qualificada está sujeita a tendências mundiais. Para enfrentar a fuga de cérebros, os fatores de expulsão de profissionais qualificados têm de ser convertidos em fatores de atração, abrindo a possibilidade de monitorar, avaliar e se contrapor à fuga de cérebros. Isso é particularmente importante em países com poucos especialistas qualificados. Além de estimular a migração de retorno, é importante reverter os fluxos de ingressos, mediante remissões e investimentos, e canalizá-los para as atividades de desenvolvimento. As redes estabelecidas durante o êxodo podem constituir um meio importante para o compartilhamento de conhecimentos.

7. Integrar as contribuições externas às prioridades, aos processos e aos sistemas nacionais

Apesar de dotados das melhores intenções, os organismos de desenvolvimento criaram um verdadeiro emaranhado de numerosas normas, procedimentos e exigências, visando a que os países em desenvolvimento se adaptem a eles. Mas esse ajuste implica altos custos de transação e sobrecarrega as capacidades nacionais. É hora de transferir a exigência de flexibilidade dos países em desenvolvimento para os doadores, embora isso signifique que fazer negócio possa diferir de maneira significativa de um país para outro. Os países receptores, por outro lado, devem estar preparados para recusar ofertas de apoio extra-orçamentário que desvie os recursos nacionais para atividades menos prioritárias e obscureça os verdadeiros custos dos esforços de desenvolvimento.

Os países em desenvolvimento estão assumindo cada vez mais a condução dos processos de assistência para o desenvolvimento, a começar pelos mecanismos de diálogo sobre políticas com os doadores. Os foros nacionais de desenvolvimento estão substituindo os grupos consultivos e as mesas-redondas. Em geral, os países receptores deveriam insistir em ter como referência um esquema unificado de desenvolvimento, como o processo de elaboração da Estratégia de Redução da Pobreza (ERP/PRSP),[2] o plano nacional de desenvolvimento, ou enfoques similares propostos e assumidos em nível nacional.

A preparação da Estratégia de Redução da Pobreza pode ser impulsionada simplesmente pelo desejo de se continuar obtendo assistência concessiva continuada, como alguns casos recentes têm demonstrado. Mas o planejamento dessas estratégias tem transformado a consulta com os interessados diretos e a participação desses em prática fundamental na

---

[2]   Em inglês Poverty Reduction Strategy Paper.

hora de definir prioridades nacionais e ações, o que proporciona a esses países a enorme oportunidade de reivindicar a apropriação de seu desenvolvimento. Os ODMs oferecem também outra opção, que, em alguns casos, pode se integrar à das ERP. Quando os governos não estão comprometidos com esses objetivos, as forças sociais exercem pressão sobre eles para obrigá-los a atuar.

Em conjunto, a assistência a projetos, os Enfoques Programáticos ou Setoriais (SWAP)[3] e o apoio orçamentário implicam tanto riscos como possibilidades de aprofundamento dos processos de apropriação. Do ponto de vista da capacidade, há uma razão clara para se integrar a assistência às prioridades e aos sistemas nacionais. Quando um governo não é representativo ou não satisfaz os padrões operacionais mínimos, o apoio orçamentário pode não ser viável, mas pode continuar sendo um bom ponto de partida para explorar as opções existentes.

Em geral, os parceiros externos devem respeitar os procedimentos nacionais para a seleção e aprovação das prioridades e das conseqüentes alocações orçamentárias, sendo responsabilidade fundamental dos agentes nacionais a implementação de programas. Entretanto, o manejo e a supervisão ainda requerem um delineamento claro de responsabilidades, relacionamentos e prestação de contas por instituições e sistemas para isso estabelecidos. Em países onde as capacidades são deficientes, é preferível integrar os especialistas externos diretamente na administração, mediante mecanismos para cobrir lacunas "sem constrangimento", do que criar instituições paralelas como as unidades de implementação de projetos.

O monitoramento deveria ser um mecanismo de aprendizagem e ajuste a condições em mutação, mas quando ele é considerado primordialmente um instrumento de informação e controle o propósito fundamental tende a se perder. Uma aproximação mais ampla pode ser obtida com o Exame do Gasto Público (EGP/PER),[4] que insiste na participação nacional. O critério de gestão baseado em resultados também pode se transformar em importante instrumento de fortalecimento se for adotado como parte de sistemas nacionais de planejamento.

Quando a fragmentação de ações entre os grupos de doadores é uma prática corrente, as ações de desenvolvimento são divididas e o controle nacional fica mais difuso. Entidades como os bancos multilaterais de desenvolvimento, a Organização para a Cooperação e o Desenvolvimento Econômico/Comitê de Assistência para o Desenvolvimento (OCDE/ CAD), a União Européia e os organismos das Nações Unidas comprometeram-se a coordenar melhor e a ser mais receptivos com respeito às condições reinantes nos países, o que implica enormes mudanças em suas estruturas legislativas e reguladoras. Para os países em desenvolvimento, o impulso internacional intenso para a harmonização abre caminho para a renegociação dos sistemas de assistência em termos mais benéficos.

---

[3]   Do inglês Sector-Wide Approaches.
[4]   Sigla em inglês correspondente a Public Expenditure Review.

8.   Desenvolver as capacidades existentes antes de criar novas

Cada geração aprende com as que a precederam, em um processo em que o idioma, os valores, a cultura e os costumes exercem influências determinantes sobre todos os indivíduos. Por isso, para um desenvolvimento de capacidades entendido como uma corrente endógena de ações, convém começar pelas capacidades e os recursos existentes. Para qualquer país é útil identificar as capacidades existentes e determinar aquelas que precisam de reforço. Mesmo que não seja possível realizar a análise de todo um sistema, as auto-avaliações de capacidade iniciam o processo de formular perguntas difíceis e criar o entorno adequado para um debate interno.

Com as atuais estruturas de incentivos para a indústria do desenvolvimento inclinando-se fortemente para a execução de tarefas, em vez de inclinarem-se para realizações sustentáveis, o enfoque prevalente limita-se a cobrir lacunas e a orientar os doadores. Mas todos se beneficiam quando a cooperação técnica está voltada para o fomento das capacidades orgânicas (ver Figura 1.0.1). O enfoque começa concentrando a cooperação técnica onde ela é mais necessária, ou fundindo a consultoria e a formulação de estratégias com técnicas participativas, como a indagação de cenários futuros. O desafio consiste em trabalhar com os agentes de mudança que operam na sociedade e no governo, ao mesmo tempo que se cultiva e protege o capital social existente. Em alguns países, as dificuldades são maiores, mas a construção de cenários possíveis e a realização de estudos prospectivos podem ajudar a criar consenso em situações de crise e pós-conflito.

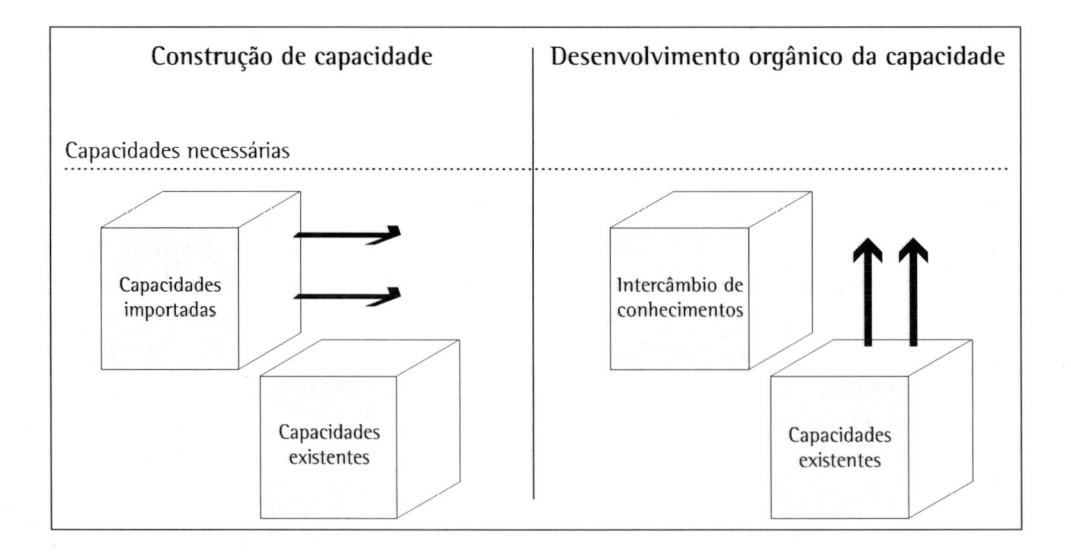

Figura 1.0.1.   Desenvolvimento orgânico de capacidades

9.   Manter o compromisso mesmo em circunstâncias difíceis

Quando as situações de crise ou pós-crise debilitam o funcionamento e a capacidade de gestão dos governos, os parceiros externos costumam reagir impondo condições mais rigorosas, assumindo o controle de funções vitais e, em alguns casos, desvinculando-se por completo. No caso de governos corruptos ou exploradores, a tendência é a diminuição pronunciada dos fluxos de assistência. Apesar disso, é nas sociedades mais frágeis que as pessoas necessitam de maior apoio para desenvolver as capacidades, ou mesmo para recuperá-las, como no caso das conseqüências devastadoras do HIV/Aids. Naturalmente, as respostas operacionais irão variar de um caso para outro, mas os princípios fundamentais do desenvolvimento de capacidades devem continuar vigentes.

Nas situações pós-crise, cada uma das etapas compreendidas desde as ações de emergência até as de desenvolvimento oferece a possibilidade de fortalecer as capacidades. Em alguns lugares, os programas de desenvolvimento por áreas tiveram êxito porque adotam um enfoque integral, baseiam-se na apropriação local e se concentram em reforçar as capacidades dos governos locais e distritais, assim como as instituições tradicionais. Em particular, as etapas de reconstrução podem proporcionar oportunidades importantes para preencher lacunas administrativas.

O desafio de encontrar as maneiras mais adequadas de intervir é maior nos países em que a ação governamental desviou-se do bem comum, onde os direitos humanos são violados e os interesses pessoais dos poderosos impedem qualquer esforço de desenvolvimento. As situações mais desesperadas talvez sejam aquelas em que líderes semilegais, porém irresponsáveis, traem seu povo e destroem seus países, aniquilando a capacidade e os bens nacionais. Proteger o que resta do capital social existente passa a ser uma prioridade urgente, enquanto encontrar agentes de mudança e trabalhar com eles requer sensibilidade e engenho. Em vez de ignorar abertamente o governo, pode ser preferível exercer pressão sobre áreas estratégicas em que se possa fomentar a mudança e a prestação de contas. A prestação de serviços sociais básicos, por exemplo, pode passar a ser um ponto de entrada que permita participação contínua, assim como um apoio de curto e longo prazo à população.

Mesmo quando a crise começa a se dissipar, os doadores devem continuar comprometidos em vez de saturar o país assistido nos momentos difíceis e depois se retirar, justamente quando deve começar o programa de longo prazo. Além disso, com freqüência diferentes doadores visam inadvertidamente aos mesmos setores, deixando de lado outros que oferecem menos vantagens políticas e visibilidade. A presença onipotente dos doadores faz as autoridades locais parecerem débeis, enquanto a avalanche de missões de diagnóstico cria expectativas exageradas, com expectativas de uma penosa suspensão de atividades, o que conduz à indiferença ou ao ressentimento.

Um apoio desordenado e sem coordenação ajuda muito pouco um país a encontrar um caminho de desenvolvimento sustentável. Para evitar alguns desses problemas, sempre que possível os agentes externos devem estar dispostos a aceitar a coordenação de uma instituição nacional ou unir seus recursos em um arranjo temporário. Isso estimula a apropriação e a liderança, proporcionando benefícios mais duradouros.

10. Manter-se disposto a prestar contas aos beneficiários

Todo governo responsável deve responder por suas ações diante de seu povo, e a disposição de prestar contas é essencial, tanto nos governos nacionais quanto entre os doadores. Mas embora os mecanismos de vigilância para evitar uma ação mal-intencionada sejam importantes, não implicam necessariamente mudança de rumo que melhore a vida dos menos favorecidos.

É muito mais importante uma cultura de transparência, instrumento por excelência da vigilância pública, não só em termos de recursos financeiros, mas também com respeito às práticas de gestão institucional, planejamento e prestação de serviços. A transparência oferece uma ótima oportunidade para que os diretamente interessados monitorem e pressionem. A informação sobre as experiências positivas e os êxitos é tão importante quanto o acompanhamento dos fracassos e dos erros.

Manter sistemas de *feedback* entre os beneficiários e os responsáveis pelas atividades de desenvolvimento sempre envolve a promessa de uma resposta. Afinal, nunca se registrou uma fome generalizada em sociedades em que imperam a democracia e a liberdade de expressão (Sen, 1999). Por exemplo, quando os administradores dos serviços públicos passam a depender de *feedback* para receber suas parcelas dos recursos públicos, eles começam a valorizar mecanismos como caixas de sugestões, pesquisas sobre satisfação do usuário e audiências públicas. Os relatórios nacionais sobre os ODMs são outro recurso que proporcionará aos interessados um poderoso instrumento para avaliar os êxitos reais de seus líderes e da comunidade internacional.

O ideal é que o monitoramento seja percebido como um mecanismo para a aprendizagem e o ajuste às circunstâncias, e ao mesmo tempo permaneça como um instrumento valioso para a avaliação e a codificação do conhecimento. Sintonizar com as circunstâncias não deve mais ser percebido como uma debilidade no planejamento, mas, ao contrário, como um modo eficaz de responder à mudança. E embora os doadores tenham de prestar contas perante seus cidadãos e precisem captar apoio contínuo para o desenvolvimento mostrando o impacto de suas modalidades individuais de assistência, também é preciso encontrar maneiras realistas de determinar os resultados e os êxitos dos esforços coletivos.

As dimensões globais

Ao longo de todo este livro se percebe a dinâmica global que influi no desenvolvimento das capacidades. Em alguns casos, essa dinâmica pode prejudicar gravemente o desenvolvimento de capacidades. Por exemplo, a mobilização internacional de trabalhadores altamente qualificados, embora contribua para melhorar o intercâmbio internacional de conhecimentos e para formar enclaves de investigação e tecnologia, provoca a diminuição de pessoal especializado em alguns países e regiões. A provisão insuficiente de bens públicos mundiais pode anular ações realizadas durante muitos anos para o desenvolvimento de capacidades, como foi demonstrado com a pandemia do HIV/Aids.

Outras tendências mundiais têm implicações diversas. O crescimento explosivo das TICs está impulsionando poderosas redes sociais e econômicas e está melhorando radicalmente o intercâmbio de informações. As alianças comerciais mudam constantemente, com condições institucionais e sociais que contribuem para determinar se um país colherá potenciais benefícios, e em que medida o fará. Mais acordos e políticas comerciais baseados no desenvolvimento humano poderiam estimular a criação, a retenção e o emprego de capacidades.

Está também emergindo uma nova estrutura de assistência. A Declaração do Milênio assim como os ODMs oferecem um marco para o desenvolvimento que tem sido adotado por quase todos os países. Um compromisso dessa magnitude precisa ser respaldado com recursos: estima-se que o custo para alcançar os ODMs está entre 100 e 120 bilhões de dólares por ano – ou seja, menos de 0,5% do PIB mundial. Para colocar essa soma em perspectiva, cabe lembrar que o gasto militar em todo o mundo é de cerca de 800 bilhões de dólares anuais, enquanto os subsídios agrícolas nos países da OCDE chegam a 327 bilhões e os gastos totais com álcool e cigarro na Europa representam mais de 150 bilhões (Jahan, 2003). É hora de focalizar a atenção no tema da vontade política nos países doadores.

Contando com um firme consenso mundial e com os recursos financeiros para alcançar os ODMs, a pergunta seria: "Por onde começamos?". Se os líderes nacionais e a comunidade internacional assumirem com seriedade o compromisso compartilhado, reconhecerão que a consolidação de capacidades locais e nacionais duradouras pode preparar o caminho para a conquista dos objetivos de desenvolvimento do milênio e proclamar um futuro com crescimento sustentável.

10

PRINCÍPIOS BÁSICOS PARA O DESENVOLVIMENTO DE CAPACIDADES

01 Não se apressar
O desenvolvimento de capacidades é um processo de longo prazo. Devem-se evitar as pressões do cumprimento, as soluções apressadas e a busca de resultados de curto prazo.

02 Respeitar o sistema de valores e estimular a auto-estima
A imposição de valores externos pode solapar a confiança. O desenvolvimento de capacidades fundamenta-se no respeito e na auto-estima.

03 Indagar a escala local e mundial; reinventar a escala local
Não há soluções preconcebidas. O desenvolvimento de capacidades baseia-se na aprendizagem voluntária, no compromisso autêntico e no interesse verdadeiro. Não é possível transferir conhecimento; é preciso adquiri-lo.

04 Questionar preconceitos e diferenciais de poder
O desenvolvimento de capacidades não é neutro com respeito às relações de poder; é difícil questionar os preconceitos e os interesses criados. Para fazê-lo, são requisitos imprescindíveis o diálogo franco e uma cultura coletiva de transparência.

05 Pensar e agir tendo por objetivo os resultados da capacidade sustentável
A capacidade é o cerne do desenvolvimento, e qualquer curso de ação precisa promover esse objetivo. Os líderes responsáveis inspirarão suas instituições e sociedades para trabalhar nessa direção.

06 Estabelecer incentivos positivos
É necessário que as motivações e os incentivos se harmonizem com os objetivos do desenvolvimento de capacidades, inclusive mediante sistemas de governo que respeitem os direitos fundamentais. A área que, em virtude de suas distorções, apresenta os maiores obstáculos é a do emprego no setor público.

07 Integrar as contribuições externas às prioridades, aos processos e aos sistemas nacionais
As contribuições externas precisam responder à demanda real e devem ser suficientemente flexíveis para responder às necessidades e aos programas nacionais. Quando os sistemas nacionais não são suficientemente fortes, devem ser reformados e fortalecidos, mas jamais negligenciados.

08 Desenvolver as capacidades existentes antes de criar novas
Isso implica o uso preferencial dos especialistas nacionais, a restauração e o fortalecimento das instituições nacionais, assim como a proteção do capital social e cultural.

09 Manter o compromisso mesmo em circunstâncias difíceis
Quanto mais frágil for a capacidade, maior a necessidade. As baixas capacidades não justificam o abandono de programas ou a adoção de agendas externas. A população não deve ser deixada ao arbítrio de governos irresponsáveis.

10 Manter-se disposto a prestar contas aos beneficiários
Todos os governos responsáveis devem responder por suas ações diante de seu povo e devem fomentar a transparência como a principal forma de prestação pública de suas contas. Quando a administração pública é insatisfatória, é ainda mais importante basear firmemente o desenvolvimento na participação dos interessados diretos e manter meios de pressão para que exerçam vigilância ativa e participativa.

PARTE A

DESENVOLVIMENTO DE CAPACIDADES NA PRÁTICA: TEMAS, POTENCIAIS E CONSIDERAÇÕES CRÍTICAS

Introdução

Como os exemplos costumam ser melhores que os preceitos, a primeira metade deste livro destaca algumas considerações-chave para identificar bons casos de desenvolvimento de capacidades. Cada um dos quatro capítulos reúne um grupo de temas que os céticos quanto ao desenvolvimento de capacidades freqüentemente debatem. O livro não visa a convencê-los, mas se dispõe a demonstrar que o desenvolvimento de capacidades sustentáveis e autóctones é um processo que não tem receitas preconcebidas, direcionado pela aprendizagem e pelo avanço baseado em circunstâncias e experiências específicas. A Parte A aborda alguns dos principais desafios, como sintetizado a seguir.

Capítulo 1. Examina os princípios básicos do desenvolvimento de capacidades e define os parâmetros da apropriação, apresentando um processo endógeno com implicações para a apropriação nacional. Também explora alguns de seus obstáculos, começando pelas relações de assistência, que há muito vêm dominando as discussões sobre desenvolvimento e têm influenciado – positiva ou negativamente – os esforços realizados pelos países. Outros tópicos incluem os preconceitos, os interesses investidos e os diferenciais de poder, que militam contra o desenvolvimento de capacidades autóctones duradouras, deterioram o diálogo e minam a confiança. A apropriação nacional precisa constituir o padrão para o desenvolvimento de capacidades. Questões fundamentais incluem:

- Quais são os principais pontos de entrada para a mudança social? Para quê e para quem as capacidades são necessárias?
- Quais são os limites da apropriação, um conceito com tantas interpretações e presente em diversos tipos de agendas?
- Como se pode lidar com os preconceitos e os interesses investidos que distorcem uma aliança para o desenvolvimento? Como podem ser reduzidas as complexidades que sobrecarregam as instituições nacionais?
- Como podem ser desenvolvidos a confiança, o diálogo, o compromisso e a autoconfiança?
- Como pode ser estimulado o desenvolvimento em situações difíceis ou em Estados que passam por dificuldades?
- Que indicações são importantes para o desenvolvimento de capacidades?

Capítulo 2. Explora o potencial e as implicações para integrar a cooperação externa em prioridades, sistemas e processos nacionais. A integração tem conseqüências para a programação, a implementação e o monitoramento e a avaliação, ao mesmo tempo que também causa impacto no diálogo político amplo e no manejo da cooperação externa. O capítulo examina a interface entre os países e seus aliados, com base em discussões políticas que configuram os relacionamentos de assistência, a condicionalidade e a seletividade. Questões fundamentais incluem:

- A condicionalidade pode conduzir o desenvolvimento de capacidades?
- Qual é a maneira mais efetiva de definir os papéis e as responsabilidades entre as autoridades nacionais e seus aliados externos visando ao diálogo político, à programação, à implementação e ao monitoramento?
- Há oportunidades claras para se integrar a assistência externa aos sistemas e processos nacionais?
- Quais são os passos na avaliação da capacidade e no monitoramento de seu desenvolvimento?
- Como se pode assegurar a disposição dos envolvidos para prestar contas diante dos beneficiários dos esforços de desenvolvimento?

Capítulo 3. Concentra-se em alguns dos problemas mais persistentes no desenvolvimento. Um deles é o antigo mito de que especialistas ou consultores são um bem gratuito. Como as práticas de aquisição do conhecimento estão mudando rapidamente em todo o mundo, é necessário reavaliar a presença de especialistas estrangeiros nas nações receptoras da cooperação. Este capítulo também examina como governança e sistemas de incentivo do serviço público podem fortalecer e qualificar as instituições governamentais e capacitá-las para apoiar processos nacionais e o desenvolvimento do setor privado. São também analisados problemas de longa data relacionados às unidades de manejo de projetos e aos esquemas de compensação salarial individual. Questões fundamentais incluem:

- O que é necessário para atrair e reter as pessoas certas nos postos-chave?
- Como se pode lidar com a desmotivação causada pela mudança de condições de trabalho e de remuneração?
- De que maneira se pode passar de esquemas de incentivos dispersos para incentivos alinhados ou racionalizados?
- Há melhores enfoques para se tratar a efetividade e a adequação, assim como para se lidar com estruturas paralelas, como as unidades de implementação de projetos?
- Como se pode transformar a fuga de cérebros em "captação de cérebros"?

Capítulo 4. Trata dos desafios do desenvolvimento de capacidades em três níveis: individual, institucional e social. Aprofunda-se no desenvolvimento das habilidades individuais com um enfoque educativo, enfatizando a importância da formação e do fortalecimento institucional no planejamento de um caminho de desenvolvimento. No nível social, são examinados os papéis do capital social, a participação dos cidadãos e a auto-estima na capacitação de indivíduos e sociedades. Além disso, o capítulo explora as tendências globais com implicações para o desenvolvimento, examinando as redes emergentes de conhecimento global e as implicações da mobilidade social crescente. Questões fundamentais incluem:

- Quais as formas mais auspiciosas para aumentar as habilidades humanas?
- Como as instituições podem ser fortalecidas para prestar um serviço efetivo?
- Como podem ser dadas contribuições para a proteção e o incremento do capital social e da capacidade coletiva?
- Como as capacidades podem ser expandidas para captar os benefícios do mundo globalizado?

Este livro não pretende ser um manual de instruções. Seu objetivo é propor opções do modo mais concreto e específico, assim como abordar alguns temas antes considerados muito complexos ou controvertidos. Talvez sua contribuição mais importante para o diálogo sobre o desenvolvimento de capacidades encontre-se na Parte B, em que, por meio de um conjunto de estudos de caso, confirma as diversas maneiras pelas quais as pessoas podem transformar sua vida baseadas em sua própria criatividade e disponibilidade de recursos.

1 Aspectos fundamentais do desenvolvimento de capacidades

Desenvolvimento de capacidades é um termo abrangente que deve ser explicado e delimitado com precisão. Fundamentalmente, é uma meta ampla que se persegue no decorrer do tempo.[1] Mas não é sinônimo de desenvolvimento socioeconômico, apesar de o desenvolvimento das capacidades de conceber e executar tarefas ser fundamental para melhorar as condições de vida.

Outro termo utilizado freqüentemente como alternativa ao desenvolvimento de capacidades é o termo construção de capacidades. Entretanto, o primeiro é mais abrangente, pois indica o estágio inicial da criação e da construção de capacidades, assim como o uso e a retenção subseqüentes dessas capacidades. Não há nada de errado com a construção de capacidades, mas o termo em si não é suficiente, porque a capacidade existe em um contexto que inclui as tendências do mercado de trabalho, o manejo institucional e outras condições locais que, para o bem ou para o mal, são fatores influentes. Embora o desenvolvimento de capacidades possa não ser a designação perfeita para esse processo tão cheio de matizes e de extratos diversos, pelo menos se estende além do primeiro passo de construir ou criar. Em muitos casos, o primeiro passo tem-se mostrado o mais fácil em um caminho que é longo, difícil e, com freqüência, frustrante.

Este capítulo começa definindo o desenvolvimento de capacidades como um processo endógeno de duas interrogações: capacidades "para quê?" e "para quem?". Algumas capacidades fundamentais serão examinadas, seguidas de uma discussão sobre importantes pontos de partida. Como a apropriação nacional e a disposição para prestar contas têm sido sempre fundamentais para o desenvolvimento sustentável, este capítulo mostra como essas são parte integrante do esquema básico do desenvolvimento de capacidades. Do mesmo modo, cada país apresenta-se como um caso em si, com peculiaridades próprias que requerem soluções sob medida. Os preconceitos, os interesses criados, o poder e as situações especiais de desenvolvimento também surgem como temas desafiadores do presente capítulo.

---

[1] O desenvolvimento de capacidades como um objetivo corresponde à meta de pessoas que querem aprender e aumentar suas opções e escolhas. Isso se aplica também às instituições e às sociedades como um todo. O desenvolvimento de capacidades também é uma abordagem e um processo em desenvolvimento, um meio pelo qual os indivíduos, as instituições e as sociedades se fortalecem para tomar decisões e determinar por si mesmas o curso de seu desenvolvimento. Finalmente, o vasto alcance do conceito de desenvolvimento de capacidades não só o converte em um objetivo, um enfoque, um processo e um meio, mas também em um resultado.

1.1. O DESENVOLVIMENTO DE CAPACIDADES COMO UM PROCESSO ENDÓGENO

> Aprender a tocar um instrumento musical equivale a atravessar muitas fases em uma jornada longa e contínua. Ninguém além do próprio estudante pode trilhar o caminho para o sucesso. Ele o consegue através de tentativas e erros, de muita prática, de desafinações e de sucessos parciais. O aluno pode se beneficiar ouvindo belas execuções de seu professor, mas se este assume a condução do processo pode ser que o aluno se sinta inferiorizado e perca a confiança e a motivação. Aprender a produzir uma música harmoniosa requer motivação, perseverança e determinação.

A aprendizagem é o principal componente do progresso humano, ajuda as pessoas a crescer e a ser capazes de desempenhos cada vez mais sofisticados. Há, no entanto, um limite para o que um indivíduo ou uma organização pode conseguir por meio da aprendizagem informal. Uma sociedade que funciona requer "a habilidade das pessoas, das instituições e das sociedades para desempenhar funções, resolver problemas e estabelecer e atingir objetivos" (PNUD, 2002a).

Esta é uma definição concisa e direta do desenvolvimento de capacidades.[2] Mas como ele ocorre?

Ele é voluntário. O desenvolvimento das capacidades origina-se da motivação e do desejo de uma pessoa de fazer coisas e fazê-las bem. Aprender algo mais desafiador requer determinação e perseverança para finalmente chegar a fazer as coisas bem. Nas escolas, por exemplo, incentivos como honras acadêmicas e bolsas de estudo desempenham um papel importante no estímulo dos alunos para aprender mais e obter recompensas. Por outro lado, incentivos perversos podem desviar ou diminuir o interesse. Quando um aluno ouve continuamente que os outros são mais inteligentes ou melhores do que ele, por certo terminará perdendo a confiança em si.

Requer tempo. Construir e desenvolver capacidades sustentáveis é um esforço que requer décadas. O treinamento dos indivíduos demora anos se todas as etapas da educação forem incluídas, da mesma forma que conduzir uma organização a um ponto de auto-suficiência pode exigir muito mais que um orçamento anual ou qüinqüenal. Importantes mudanças sistêmicas ou sociais podem requerer o esforço de gerações. Apesar disso, os países tendem a operar em um horizonte de curto prazo, encorajados pela regularidade de suas eleições democráticas. Do mesmo modo, a cooperação externa rara-

---

[2] Há uma ampla série de definições e considerações conceituais enfatizando um aspecto ou outro do desenvolvimento de capacidades. A definição proposta, usada em *Capacity for Development: New Solutions to Old Problems* [Capacidade para o desenvolvimento: novas soluções para velhos problemas], editada por Sakiko Fukuda-Parr, Carlos Lopes e Khalid Malik, parece captar a essência do que o conceito implica.

mente é planejada para cobrir mais de cinco anos, e com freqüência abarca menos. Na verdade, os orçamentos são praticamente determinados em base anual – uma contradição interna que permanece sem solução.

Depende do caso. Todo cérebro se vale de um diferente conjunto de faculdades e noções. O que é significativo para uma pessoa pode não dizer muito a outra. A lógica cartesiana, que para alguns é essencial, para outras pode ser um enigma. Portanto, a fim de ser bem-sucedida, a pedagogia deve usar muitos meios para atingir as pessoas com diferentes modos de aprendizagem.

Baseia-se nas capacidades existentes. Cada geração aprende com as gerações precedentes, em um processo em que a linguagem, os valores, a cultura e os costumes atuam como fatores determinantes. Aprender as línguas tâmil ou amhárico pode constituir um desafio para qualquer pessoa que tenha crescido falando alemão ou português, assim como um ocidental pode achar muito difícil apreciar, e inclusive acompanhar, a ópera japonesa.

É dinâmico. A vida e as sociedades estão constantemente mudando, o que requer adaptabilidade e flexibilidade. As capacidades de hoje são construídas sobre aquelas estabelecidas no passado, mas também têm de ser atualizadas de modo permanente para responder às necessidades e oportunidades em constante evolução. Como capacidades inteiramente novas têm de ser desenvolvidas para responder a tecnologias emergentes, a capacidade para absorver e lidar com a mudança é, em si, reconhecida como uma habilidade fundamental atualmente.

Capacidade para quem?

O indivíduo investido de habilidades e de conhecimentos é a primeira e mais básica unidade da capacidade. O papel da educação, em especial da educação primária, é essencial. Como as capacidades vão se modificando com o tempo, uma educação primária sólida e apropriada é a base para alcançar os níveis superiores, assim como para adquirir as habilidades e as especialidades requeridas.

Uma área que se tornou de particular importância em termos de educação é a ciência e tecnologia: os países que não compreendem bem essa realidade condenam sua gente a um declínio relativo, se não absoluto, em seu padrão de vida. A era da internet oferece um acesso alternativo ao conhecimento, mas apenas para aqueles capazes de se beneficiar dela. No final de 2000, mais de quatrocentos milhões de pessoas podiam se conectar à rede, um aumento espetacular se considerarmos que havia menos de vinte milhões de usuários em 1995. Mais de vinte milhões de *websites* foram criados, um número surpreendente considerando-se que em meados de 1993 havia menos de duzentos. O custo por unidade média de transmissão universal de dados também diminuiu de 150 mil dólares em 1970 para apenas 12 centavos em 1999 (PNUD, 2001a, p.3). Lamentavelmente, os benefícios das "supervias" da informação raramente estão disponíveis para a maioria das pessoas que dela necessitam. Do mesmo modo, a aprendizagem sem um professor e sem um seguimento estruturado não é viável para algumas disciplinas.

O segundo nível de capacidades está relacionado às instituições, um termo que apresenta diferentes conotações: pode se referir tanto ao ato de instituir algo quanto a uma organização ou estabelecimento específico criado com um propósito específico; ao edifício onde essa organização está situada; ou a um costume estabelecido, uma lei ou uma relação em uma sociedade ou comunidade. As instituições proporcionam a estrutura para que as capacidades individuais se conectem e atinjam metas que excedem a capacidade de uma ou de até várias pessoas. Também oferecem continuidade e atuam como um repositório de conhecimentos e experiência, diminuindo a dependência de indivíduos, ao mesmo tempo que facilitam o acesso ao conhecimento acumulado.

Um estudo recente enfatiza que, dentro das organizações, as capacidades existem nos indivíduos e nos grupos, e também na organização como um todo. Os indivíduos possuem conhecimento, habilidades e atitudes que refletem sua experiência e seu treinamento. Quando os indivíduos compartilham estas coisas com colegas e se tornam incorporados em normas e processos de grupo, pode-se dizer que se tornam parte da capacidade do grupo. E quando as capacidades individuais e de grupo são amplamente compartilhadas entre os membros de uma organização e são incorporadas na cultura e nos sistemas de gestão, então se convertem em capacidades organizacionais (Silva; Boza, 2003).

Instituições e organizações criadas em resposta a uma demanda ou uma necessidade são provavelmente as que melhor funcionam. Seus fins são em geral claros e podem ser supervisionados pelos usuários finais, que normalmente são membros de suas estruturas de decisão. É também provável que contem com um financiamento adequado para executar as tarefas que lhes foram designadas, assim como para atrair e manter seu pessoal motivado pela relevância e visibilidade de suas atividades.

Em outros casos, as instituições podem ter perdido seu propósito original; podem não ter evoluído nem se adaptado às circunstâncias em mutação. Em alguns países em desenvolvimento há instituições estabelecidas por iniciativa e com um financiamento inicial de diferentes parceiros externos, mas não satisfazem às necessidades priorizadas e não contam com apoio suficiente após o término do financiamento externo.

Assim como os indivíduos são parte de instituições e organizações cujo impacto é maior do que a soma de contribuições individuais, as instituições e organizações se aglutinam para formar redes. Em geral seus êxitos superam o aporte de cada um de seus membros. Esse processo tende a ser espontâneo, mas também pode ser provocado de modo deliberado para se atingirem fins específicos.

O terceiro nível de capacidades é o de uma sociedade como um todo, e especialmente de um país e de sua governança. Uma sociedade reúne todos os segmentos da população por meio de muitos grupos e redes. Proporciona um *ethos* que determina em grande parte o sistema de valores em que as pessoas e a economia funcionam – abrangendo elementos como a confiança, a honestidade e a preocupação com os menos favorecidos ou, inversamente, a corrupção e a ambição. Estes padrões, por sua vez, moldam a visão e as estratégias de uma sociedade.

Faz muito pouco tempo que a importância do nível de capacidade foi plenamente apreciada. Os esforços de desenvolvimento de capacidades concentravam-se sobretudo nas habilidades individuais e institucionais, assumindo de modo tácito que outros fatores – em geral descritos como "externalidades" ou "entorno favorável" – acabariam se acomodando. Mas a experiência tem mostrado que externalidades, como a corrupção, os sistemas de governança ou as atitudes propensas ao conflito, são extremamente resistentes à mudança e têm impedido – e até desbaratado – muitas iniciativas de desenvolvimento de capacidades.

Os três níveis de capacidade são igualmente importantes e mutuamente inter-dependentes (ver Figura 1.1.1.), como ilustra, por exemplo, o funcionamento de um siste-ma judicial. Para que uma instituição desse tipo cumpra seus propósitos, necessita de juízes capazes e hábeis, advogados, escreventes e outros indivíduos. Tem de reger seu funciona-mento segundo leis, princípios e procedimentos bem estabelecidos. Em última instância, o bom funcionamento de um sistema judicial está ancorado em uma sociedade compreendida por pessoas que compartilham valores de certo e errado, conhecem seus direitos e tomam a liberdade de exercê-los e defendê-los. Em suma: se um nível de capacidade é mais valorizado que outros, todos os esforços ficam distorcidos e ineficientes (PNUD, 2002a).

Em todo momento, o papel do Estado no governo – que abarca funções como imple-mentar políticas, garantir o estado de direito e melhorar as condições socioeconômicas –

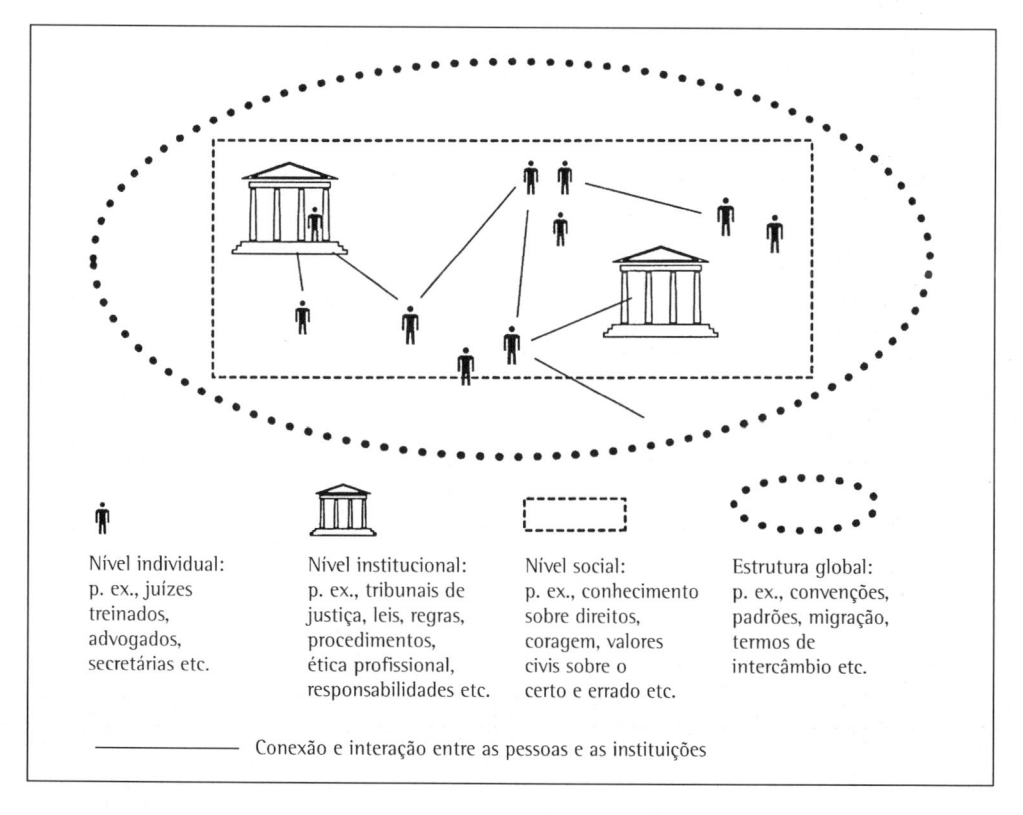

Nível individual:
p. ex., juízes treinados, advogados, secretárias etc.

Nível institucional:
p. ex., tribunais de justiça, leis, regras, procedimentos, ética profissional, responsabilidades etc.

Nível social:
p. ex., conhecimento sobre direitos, coragem, valores civis sobre o certo e errado etc.

Estrutura global:
p. ex., convenções, padrões, migração, termos de intercâmbio etc.

Conexão e interação entre as pessoas e as instituições

Figura 1.1.1. Os níveis de desenvolvimento de capacidades

é fundamental para expandir as capacidades, criar mais oportunidades e manter o crescimento. Qualquer visão de uma sociedade responsável por seu próprio destino deve incluir um Estado que funcione bem. Por isso, este livro afirma que prescindir do Estado, ainda que a legitimidade de sua liderança seja questionável, não é um curso de ação aceitável. Em qualquer circunstância, as iniciativas de cooperação para o desenvolvimento têm de incluir e atribuir responsabilidades ao Estado.

Capacidade para quê?

O amplo conceito do desenvolvimento de capacidades é fácil de captar, mas a realidade das capacidades específicas – e sua definição e contexto – é complexa e mais enganosa. Por algum tempo, o entendimento da capacidade foi influenciado pelo mundo da engenharia. Considerava-se que as habilidades técnicas e científicas eram exclusivas de determinados campos, como manejo da água, geração de energia, sistemas de saúde, princípios contábeis e sistemas de segurança social. A transferência desse conhecimento requeria processos específicos (Morgan, 2002) – uma abordagem vertical, específica do setor.

Tem-se prestado menos atenção a áreas em que os esforços horizontais podem transformar o apoio externo ao desenvolvimento de capacidades em impactos mais eficazes e de maior alcance. Estes são transversais e correspondem à área de estratégias de desenvolvimento e administração: incluem a formulação de políticas, a avaliação de opções de políticas, pesquisas econômicas e sociais para programar esquemas futuros de desenvolvimento, análise de sistemas e administração, monitoramento, mecanismos de revisão e *feedback* e avaliação de desempenho. Alguns desses pontos se enquadram na rubrica "boa governança" – nos últimos anos têm havido interesse crescente e apoio externo nesse sentido. Outros têm sido descritos de modo mais preciso como atributos do bom manejo do desenvolvimento.

A Tabela 1.1.1. enumera dois conjuntos de capacidades agrupadas por diferentes investigadores. Na coluna da esquerda figuram dez capacidades fundamentais para se atingir os Objetivos de Desenvolvimento do Milênio (ODMs), recentemente identificadas em um estudo do PNUD (Browne, 2002). À direita, Lavergne & Saxby apresentam uma lista similar de "capacidades básicas", que representam o que poderia ser esperado de um indivíduo, uma organização ou sociedade altamente desenvolvida, que "pode ser considerada fortalecida e capaz de moldar seu próprio destino – não por ser auto-suficiente e autônoma, mas por ser muito competente no manejo de seu próprio meio ambiente" (Lavergne; Saxby, 2001).

Parece haver reconhecimento de que essas capacidades são cruciais para se alcançar o desenvolvimento, assim como que todas elas são apoiadas por habilidades básicas. Por exemplo, a formulação de políticas e estratégias requer mais que uma mente estruturada e habilidade para a redação. Em primeiro lugar, requer visão da meta final. Depois, requer uma série de destrezas e mecanismos relacionados com a liderança, o compromisso e o diálogo. É também importante conhecer os destinatários e o manejo dos processos significativos que incluem grandes grupos de pessoas, assim como ter facilidade para lidar com temas ambíguos, negociar, mediar entre interesses divergentes e conhecer formas de resolução de conflitos.

A capacidade essencial para o planejamento requer análise, com a habilidade para visualizar e desenvolver cenários, avaliar conseqüências e priorizar. A capacidade para executar planos ou implementar estratégias demanda uma série de habilidades administrativas. Todas estas se baseiam nas capacidades fundamentais relacionadas à auto-estima, à criatividade e aos valores.

Esses exemplos ilustram a existência de importantes pontos de entrada para o desenvolvimento de capacidades não apenas em relação às capacidades essenciais, mas também em muitas áreas substantivas e mediante diversos processos setoriais. Diferentes escolas de pensamento e muitas experiências concretas têm-se concentrado em temas como a auto-estima, a educação e o treinamento, a aprendizagem permanente, a análise de destinatários, os processos de facilitação, os processos de grupos extensos, os mecanismos de voz e escuta, motivações/incentivos, administração, administração baseada em resultados, administração da mudança, administração do conhecimento, tecnologias da comunicação e da informação e conectividade, desenvolvimento de liderança e muitos outros, alguns deles analisados neste livro. Um desenvolvimento efetivo de capacidades necessitará recorrer a esse caudal de conhecimento e experiências, assim como se abrir de maneira criativa para disciplinas que tradicionalmente não faziam parte do repertório do desenvolvimento.

Tabela 1.1.1.   Algumas capacidades fundamentais

10 Capacidades fundamentais	Capacidades básicas
1. Estabelecer objetivos 2. Desenvolver estratégias 3. Traçar planos de ação 4. Desenvolver e implementar políticas apropriadas 5. Desenvolver estruturas legais e reguladoras 6. Criar e administrar alianças 7. Estimular um ambiente favorável à ação da sociedade civil, em especial do setor privado 8. Mobilizar e lidar com os recursos 9. Implementar planos de ação 10. Monitorar o progresso	• Guiar-se por valores fundamentais e um sentido de propósito • Definir e analisar seu ambiente e seu próprio meio no esquema geral • Definir os temas e obter acordos de trabalho sobre propósitos ou missões • Administrar e resolver conflitos • Formular estratégias • Planejar e atuar de acordo com esses planos • Obter e mobilizar recursos • Aprender novas habilidades e enfoques em uma base contínua • Cultivar relacionamentos de apoio com outros aliados • Avaliar o desempenho e realizar ajustes • Assumir de forma ativa novos desafios, mediante a adequação de agendas, enfoques e estratégias

PONTOS-CHAVE

⇨ O desenvolvimento de capacidades é um processo endógeno que ocorre em todas as sociedades nos planos individual, organizacional e social. Pode ser fortalecido ou distorcido pela intervenção externa.

⇨ O desenvolvimento de capacidades é voluntário e necessita ser motivado; requer tempo e não responde bem a pressões; é específico para cada caso e resistente às receitas preestabelecidas. Baseia-se na capacidade existente e cresce a partir dela; é dinâmico e aberto à adaptação.

⇨ Ignorar o Estado, mesmo quando a legitimidade de sua liderança é questionável, não é um curso de ação viável. Em qualquer circunstância, as iniciativas de cooperação do desenvolvimento devem envolver o Estado e lhe atribuir responsabilidades.

⇨ As capacidades fundamentais incluem competências que permitam aos indivíduos, às organizações ou às sociedades moldar seu próprio destino – como a capacidade para estabelecer objetivos, criar estratégias, planejar e implementar os planos. Também compreendem o estabelecimento de estruturas reguladoras, capacitação da sociedade civil, construção de alianças, gestão eficiente e monitoramento dos resultados.

⇨ Há capacidades básicas que favorecem a efetividade do desenvolvimento, entre as quais se encontram a auto-estima, a habilidade para escutar, a facilitação da mudança, o desenvolvimento da liderança e as redes de conhecimento.

REFERÊNCIAS DA PARTE B

➲ *ÁFRICA* Afric en création *apóia expressão e intercâmbio cultural (p.329)*
➲ *BUTÃO Uma visão nacional guia o progresso e a cooperação técnica (p.190)*
➲ *CHINA Investindo na capacidade de pesquisa farmacêutica para competir em escala mundial (p.208)*
➲ *EQUADOR Diálogo nacional propicia consenso sobre desenvolvimento sustentável (p.218)*
➲ *HONDURAS Foro de Fortalecimento da Democracia respalda consenso nacional em um ambiente meio político instável (p.247)*
➲ *MARROCOS E MONGÓLIA* MicroStart *respalda projetos de líderes com visão (p.285)*
➲ *RUANDA Ação coletiva* Ubudehe *alimenta esperança de reconstruir uma sociedade fragmentada (p.295)*

1.2. APROPRIAÇÃO

A Nova Associação para o Desenvolvimento da África busca construir e celebrar as realizações do passado e evocar as lições aprendidas através de experiências dolorosas, a fim de estabelecer uma aliança que seja ao mesmo tempo
confiável e capaz de ser implementada. Ao fazê-lo, o desafio apresentado aos
povos e aos governantes da África é entender que o desenvolvimento é um
processo de fortalecimento e autoconfiança. Por isso, os africanos não devem
ser sentinelas de guardiões benevolentes; ao contrário, devem se converter
nos arquitetos de seu próprio progresso sustentado. (NEPAD, 2001)

A assistência deve proporcionar a Cingapura postos de trabalho nas indústrias e não nos tornar dependentes de uma permanente injeção de ajuda.
Adverti os trabalhadores: "O mundo nos deve a subsistência. Não podemos
viver de esmolas." – Lee Kuan Yew, sobre a cooperação técnica tradicional a
Cingapura. (Lee, 2000b)

O desenvolvimento de capacidades encontra-se obscurecido pela percepção de que, com
freqüência, as iniciativas são introduzidas ou financiadas externamente. Isso, por sua vez,
criou uma necessidade de entender o papel central desempenhado pela apropriação nas
experiências de desenvolvimento bem-sucedidas. Há um amplo acordo entre os analistas
da cooperação no sentido de que a falta de apropriação por parte dos receptores tem sido
importante causa do fracasso de muitos projetos, incluindo os programas de ajuste estrutural apoiados por instituições financeiras internacionais (Devajaran; Dollar; Holmgren,
2001). Entretanto, há menos acordo com relação ao significado do termo apropriação.

Um grupo de "conhecedores" que examinou a cooperação para o desenvolvimento na
Tanzânia citou algumas opiniões típicas dos doadores, como: "Existe apropriação quando
eles fazem o que nós queremos que façam, mas o fazem voluntariamente", ou "Temos de
pressionar o governo local para praticar a apropriação" (Helleiner et al., 1995). Os doadores[3] com freqüência vêem-se como os detentores de um conhecimento profundo sobre o
que é bom para os receptores, e, nesse contexto, a apropriação por parte dos receptores
simplesmente significa que o equivalente governamental realiza o que é melhor para seu
país. Os receptores, por outro lado, encaram a apropriação como uma questão de comando
e controle do governo sobre os recursos e as políticas.

O termo apropriação (*ownership*, em inglês) com freqüência tende a criar confusão,
pois foi tomado emprestado do campo legal e é usado em um contexto mais subjetivo e
abstrato. Para evitar mal-entendidos, convém definir seu escopo e significado, tanto em

---

[3] No texto, a designação "doadores" é mais comum do que a agora preferida "contribuintes", ou mesmo
"associados externos". Doador identifica um papel específico e um conjunto determinado de atores, o que
não ocorre com as outras designações; daí o uso seletivo dos termos associado ou contribuinte quando o
texto se refere a papéis e agentes em um sentido mais amplo.

termos do *quê* é apropriado como de *quem* são os que exercem a apropriação. Um estudo da Agência Sueca para o Desenvolvimento Internacional (Sida) refere-se à apropriação como "o exercício de controle e comando sobre as atividades do desenvolvimento. Pode-se dizer que um país, ou uma organização em um país, se 'apropria' de seu programa de desenvolvimento quando está comprometido com ele e consegue traduzir esse compromisso em ação efetiva. Esta definição incorpora dimensões institucionais como o controle dos recursos empregados e dos recursos produzidos; dimensões políticas, como o compromisso; e de conduta, como a capacidade evidente de atingir resultados". O estudo segue a evolução do debate sobre os enfoques do desenvolvimento, que de início insistia no estabelecimento de prioridades, depois deslocou sua ênfase para o compromisso e a vontade política e, finalmente, culminou na apropriação.[4]

Isso dá lugar à pergunta: A apropriação é apenas uma metáfora poderosa, uma moda que logo será substituída por outra variante no âmbito do desenvolvimento? Certamente, o princípio não pode ser empregado de modo significativo sem uma definição de maior alcance. "Não deveria ser encarado de modo superficial; tem de ser definido e qualificado para situações específicas" (Edgren, 2003), considerando seus diferentes aspectos.

Estes últimos se iniciam com a *apropriação de idéias e estratégias*. Não há limite para o número de parceiros que podem compartilhá-las, e sua transferência de um para outro ocorre apenas pela persuasão baseada nas qualidades da idéia proposta. Quando um interlocutor escolhe um conceito específico entre vários que competem entre si, sua apropriação não será questionada, contanto que a escolha tenha sido livre e voluntária. No entanto, quanto maior a pressão dos doadores ou de outros interessados em favor de uma escolha, maior será o risco de quem decidir rejeitá-la depois.

Em segundo lugar, pode-se falar da *apropriação dos processos*. Esse aspecto é particularmente importante para a implementação de projetos de desenvolvimento de capacidades, e também é definido com mais freqüência em termos de comportamento – quem toma a iniciativa, redige os termos de referência, designa um elemento do projeto, e assim por diante. Quando se percebe que um projeto está demasiado controlado pelo doador, é chamado de "dirigido pelo doador". Se o resultado final for positivo, o receptor pode finalmente assumir alguma responsabilidade por isso, mas, se for um fracasso, a responsabilidade será do doador.

Em terceiro lugar, a apropriação está naturalmente relacionada com os *recursos*. A cooperação para o desenvolvimento envolve vários aportes de recursos – desde os políticos, que criam espaço para o projeto, até os humanos, tecnológicos e financeiros. Os governos ou as instituições receptoras que fazem grandes aportes por sua conta são percebidos como mais comprometidos e tendo maior sentido de apropriação de um projeto do que aqueles

---

[4] Foi proposta uma definição interessante de apropriação (Universidade das Nações Unidas, 2003): "Entretanto, o conceito de apropriação foi usado em contextos tão diferentes nos últimos anos que, como conseqüência, sua operatividade funcional diminuiu consideravelmente. Neste volume, a apropriação será usada para indicar que os governos internalizaram de tal modo as reformas que estão preparados para defendê-las diante de seus eleitorados internos".

que efetuam apenas aportes marginais. Esse aspecto é particularmente importante do ponto de vista da sustentabilidade, tema que será abordado mais adiante.

Em quarto lugar está a *apropriação dos resultados*. Com muita freqüência, os resultados de uma atividade são reivindicados por muitos, caso sejam bem-sucedidos, mas atribuídos a outros, se considerados um fracasso. A atribuição é uma preocupação importante e cria problemas de responsabilização pelos resultados gerais, em especial quando o impacto é negativo.

Os aspectos da apropriação ainda giram, em grande medida, em torno dos governos centrais e não satisfazem às exigências de uma participação mais ampla. É também necessário introduzir uma dimensão de "apropriação nacional" ou – quando a apropriação não se estender verdadeiramente a um escopo nacional – definir os interesses específicos dos destinatários finais. Quem são aqueles que esperam se beneficiar de uma iniciativa, e quem são os que poderiam apresentar resistência? Não há pautas gerais para essa análise, e por isso ela tem de ser específica para cada caso.[5] Mas o resultado dirá algo sobre as perspectivas de uma apropriação profunda e genuína.

Para complicar ainda mais o panorama, a apropriação é um conceito dinâmico com tendência a variar no tempo, inclusive durante o transcurso de um projeto ou de um programa. São muitos os casos em que, apesar de haverem captado uma resposta pouco entusiasmada dos receptores, os doadores deram andamento a projetos acreditando que o sentido da apropriação iria se desenvolver à medida que fossem sendo vistos os resultados positivos. Entretanto, é necessário contar com um compromisso forte do receptor antes de um projeto ser iniciado; à medida que ele avança, os beneficiários e/ou o governo podem ser motivados a assumir seu controle mediante incentivos incorporados ao projeto. Estes podem estar relacionados, por exemplo, ao controle da prestação de serviços, à mobilização de recursos ou ao uso de tecnologia avançada. Em todo momento, no entanto, a sustentabilidade financeira é um elemento fundamental, embora com freqüência ignorado (Catterson; Lindahl, 1999).

Quando, no início de uma aliança para o desenvolvimento, a apropriação é vista como baixa ou questionável, incorpora-se ao panorama um elemento específico de risco. Embora uma agência doadora possa achar que vale a pena a experiência de trabalhar em um país difícil, não é prudente ter em um mesmo portfólio muitos projetos de alto risco. Algumas instituições doadoras adotam a política de equilibrar projetos arriscados de baixa apropriação com projetos com um grau maior de compromisso por parte do receptor. Estes últimos, no entanto, são muitas vezes rejeitados pelos doadores, porque, pelo fato de estarem mais identificados com as prioridades dos receptores, têm maiores probabilidades de ser implementados, inclusive sem a cooperação externa. Ainda assim, a fim de que a cooperação

---

[5]   O Banco Mundial, por exemplo, na definição de apropriação formulada para o Marco Integral de Desenvolvimento (Comprehensive Development Framework), atribui particular importância à participação, na tomada de decisões, dos altos dirigentes políticos e instituições representativas, como os parlamentos (Banco Mundial, 2001). Outras agências de desenvolvimento sugerem que as organizações da sociedade civil e as comunidades locais devem estar envolvidas no processo como uma exigência para se conseguir a apropriação nacional.

para o desenvolvimento produza resultados, ela terá de ser projetada em torno das exigências dos receptores, embora à custa de outras preocupações.

Na verdade, todos os atores envolvidos em uma atividade específica de desenvolvimento podem reivindicar a apropriação, de um modo ou de outro e em qualquer das diferentes fases, o que vai contra o uso comum da palavra referindo-se à apropriação como um conjunto específico de atores. O fato ressalta a necessidade de demonstrar que há várias interpretações do mesmo conceito e de gerar demanda para uma identificação específica, menos geral, dos interesses reais vinculados a cada interpretação.

A análise dos atores envolvidos pode ajudar a precisar esses interesses. Todo projeto ou programa que transfere recursos recebe pressões de apoio e de repúdio que podem ser identificadas como os interesses que estão em jogo. Alguns destes estão baseados em expectativas favoráveis, abrindo espaço para colaborações positivas, enquanto outros conduzem à rejeição de determinado projeto. Shekhar Singh (2002) elaborou um esquema para a análise dos atores em jogo que identifica a participação direta e indireta, assim como os ganhadores e os perdedores previstos e não previstos (ver Quadro 1.2.1.). Tanto do lado do doador quanto do lado das instituições, em comunidades e grupos populares das nações receptoras podem surgir diferentes interesses. Estes também podem ser encontrados entre as muitas entidades intermediárias que podem ser afetadas, como empresas de consultoria, organizações não-governamentais (ONGs), fornecedores de equipamentos etc. (Banerje; Valdiva; Mkandia, 2002).

A análise dos atores é útil para se examinar os interesses criados que podem afastar um projeto dos objetivos propostos. Os fornecedores, por exemplo, podem distorcer o planejamento de um projeto com argumentos favoráveis ao emprego maciço de consultores e equipamentos. Os madeireiros ilegais podem influenciar a decisão de escolher um local mais próximo dos locais de derrubada de árvores. Funcionários corruptos do lado do receptor podem apoiar a reorientação de um projeto, enquanto os políticos podem querer reorientar qualquer coisa que melhore sua posição diante de seu eleitorado. Todos os tipos de atores afetam os projetos de desenvolvimento sobrecarregando-os com assuntos locais, prolongando-os além do ponto em que já não há valor acrescentado (Banerjee; Valdiva; Mkandia, 2002).

Os projetos e programas que se estendem por longos períodos precisam ser examinados nesses aspectos, sobretudo quando se tratam de clientes que dependem da tutela dos funcionários e das empresas envolvidas. Às vezes, é difícil dar por finalizada uma atividade que foi objeto de intenso *lobby* entre os destinatários previstos e os não previstos (Catterson; Lindahl, 1999).

PONTOS-CHAVE

 A falta de apropriação é uma das principais razões do fracasso de muitos programas de desenvolvimento. Por isso, é essencial que as intervenções de desenvolvimento sejam objeto de uma apropriação que começa com a idéia inicial e prossegue com a responsabilização pelo processo, o controle dos recursos e o compromisso diante de qualquer resultado que se obtenha.

Quadro 1.2.1. Interesses em jogo em uma proposta

Ganhadores e perdedores indiretos em um projeto de construção de ponte				
	Ganhadores previstos	Perdedores previstos	Ganhadores não previstos	Perdedores não previstos
Receptores	Governo central e governos locais	Nenhum	Madeireiros ilegais	Habitantes do bosque, proprietários de balsas, pequenos comerciantes, beneficiários alternativos
Doadores	Eleitores contribuintes	Nenhum	Fornecedores de equipamentos, funcionários de agências doadoras	ONGs ambientalistas
Intermediários	Nenhum	Nenhum	Consultores Especialistas	Nenhum

Este é um quadro esquemático do diagrama de interesses dos atores envolvidos no caso de um projeto de construção de uma ponte sobre um rio. A ponte beneficiará diretamente a indústria, os produtores agrícolas e os transportadores de ambas as margens, mas ocasionará a diminuição da atividade dos balseiros e dos comerciantes que trabalham nos embarcadouros. Supõe-se que o governo e a comunidade local não têm interesse em financiar a ponte, a menos que a cooperação estrangeira cubra a maior parte dos custos.

Essa configuração indica que o projeto receberá forte apoio dos governos e das comunidades locais do lado receptor, mas pode encontrar resistência das pessoas e das empresas que dependem dos serviços de transporte por intermédio das balsas. As conseqüências negativas não previstas no âmbito da exploração ilegal de madeira também podem encontrar oposição por parte dos grupos ambientalistas. Do lado do doador, os que esperam se beneficiar são os eleitores que contribuíram para o projeto, assim como os fornecedores.

Para extrair conclusões dessa análise com referência à apropriação por parte dos receptores, será necessário estimar o nível de apoio que o projeto receberá dos beneficiários diretos, do governo e das comunidades locais. A análise terá de se aprofundar na força do compromisso assumido pelos diversos atores, e também considerar os usuários alternativos da ajuda — por exemplo, aqueles que teriam-se beneficiado se os fundos não tivessem sido usados na construção da ponte.

Fonte: Singh, 2002.

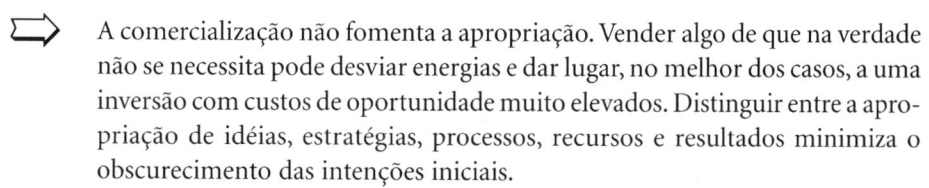 A apropriação é uma metáfora poderosa que, caso não seja compreendida em toda sua complexidade, especificidade e matizes, pode se desvirtuar até se converter em uma simples expressão em moda.

A comercialização não fomenta a apropriação. Vender algo de que na verdade não se necessita pode desviar energias e dar lugar, no melhor dos casos, a uma inversão com custos de oportunidade muito elevados. Distinguir entre a apropriação de idéias, estratégias, processos, recursos e resultados minimiza o obscurecimento das intenções iniciais.

A análise correta dos interesses em jogo e dos atores envolvidos é um passo fundamental para estabelecer quem persegue um interesse legítimo em uma identificação, identificar os beneficiários previstos e não previstos e também aqueles afetados de forma negativa.

REFERÊNCIAS DA PARTE B

➲ *ÁFRICA OCIDENTAL Cooperação Sul-Sul facilita cultivo de novo tipo de arroz (p.340)*
➲ *CAMBOJA Angkor Wat: Como combinar conservação com participação comunitária e desenvolvimento inovador (p.194)*
➲ *ETIÓPIA Uma Estratégia de Redução da Pobreza (ERP) enfrenta as limitações e as promessas de participação (p.227)*
➲ *INDONÉSIA Descentralização começa com diagnóstico de capacidades atuais (p.263)*
➲ *SUDESTE EUROPEU Um ponto de encontro virtual para reformadores da educação (p.354)*
➲ *TANZÂNIA Monitoramento independente coloca sob controle governo e seus associados (p.305)*
➲ *TURQUIA População urbana transforma governança municipal (p.316)*

1.3. LIDERANÇA

Aquele que exerce a apropriação não tem de ser necessariamente um líder. Os líderes caracterizam-se por ter determinadas habilidades, compromisso pessoal e a capacidade para executar ações concretas. Tanto entre as mais altas autoridades nacionais quanto naquelas de nível comunitário, os líderes são mais eficientes quando são inclusivos e proativos, e garantem a alocação de recursos internos adequados. Os líderes possibilitam as transformações porque têm coragem de assumir riscos, expandir a implementação, superar os obstáculos e capacitar os outros.

O relacionamento entre o desenvolvimento de capacidades e a liderança é fundamental: estimular a liderança protege os investimentos em capacidade nos âmbitos individual, institucional e social. A falta de uma liderança forte e responsável pode destruir décadas do cultivo paciente de habilidades humanas ou de desenvolvimento institucional. Pode semear consideravelmente a confusão em relação às reivindicações de apropriação e abrir as portas para uma série de interesses e demandas heterogêneas. Em outros casos, líderes influentes, porém retrógrados, têm na verdade usado todas as técnicas e os conhecimentos a seu alcance para degradar suas instituições ou sociedades. Também têm conseguido desviar a apropriação para acomodá-la às suas próprias agendas, impulsionando-a para uma cultura de autoritarismo ou nacionalismo excessivo, ambos perniciosos ao desenvolvimento de capacidades.

Dado o impacto da liderança, não surpreende que desde a antiga Grécia venham sendo condenados seus maus expoentes. No mundo moderno, uma crise de confiança na liderança vem se desenvolvendo desde o século XVIII, quando os filósofos do Iluminismo, como Rousseau e Voltaire, declararam que os indivíduos podiam controlar seu destino pelo uso da razão. Esse pensamento gerou duas crenças comuns: a crença no progresso e a crença na "perfectibilidade" dos seres humanos. O quadro era cor-de-rosa. No entanto, cem anos mais tarde, Sigmund Freud e, depois, Max Weber desafiaram tais suposições. Freud postulou que sob a superfície da mente racional estava o inconsciente, que, segundo ele, era responsável por boa parte do comportamento humano. Weber explorou os limites da razão, qualificando-a como a maior força destrutiva atuante nas instituições e chamando-a de racionalidade técnica – ou seja, racionalidade sem moralidade.

Mais tarde, essa análise afetou as mais importantes teorias do século XX sobre a liderança no Ocidente, que podem ser divididas em quatro categorias: as influenciadas por Max Weber, principalmente antiburocráticas e baseadas no esforço individual; a noção de traços, dos quais podem ser derivadas as qualidades de debilidade e diferença; a teoria da empatia, que se originou da teoria do estilo e se detinha nos diferentes tipos de relacionamentos entre os líderes e seus seguidores; e, finalmente, o conceito de contexto, que abriu caminho para a necessidade de saber que habilidades usar nas diferentes circunstâncias. Essas teorias influenciaram durante décadas a maneira de se apreciar a liderança, até que enfrentaram a onda das novas tecnologias, que transformou o acesso às informações, globalizou as idéias e corroeu a autoridade central.

Atualmente, o campo do desenvolvimento da liderança enfatiza o fortalecimento do indivíduo e a eficácia da equipe, assim como das instituições, e se baseia em princípios e práticas derivadas das pesquisas mais inovadoras realizadas nos últimos cinco a dez anos

nos campos da psicologia e da neurologia. Vista da perspectiva pós-moderna, a liderança é um processo consciente que se inicia com uma visão clara dos objetivos pessoais de um indivíduo, como estes se ajustam ao trabalho geral de uma instituição e como os sistemas e as pessoas devem trabalhar juntos. Os estudos mostram que a liderança bem-sucedida resulta em maior entendimento, melhores relações de trabalho e maior eficiência coletiva entre as equipes de trabalho e seus associados.

Visto que as pessoas com objetivos justapostos têm melhor idéia de como encaixar as partes de um sistema, os bons líderes são formados sobre a base de relações de confiança, mobilizando energias de um modo que seja sustentável, estimule a apropriação e gere o compromisso. Eles têm de saber se desenvolver em ambientes complexos e sobrecarregados de estresse e, ao mesmo tempo, "ler a mente" dos outros, compreender suas necessidades e conseguir que o trabalho seja realizado. Precisam saber o que inibe o desempenho eficiente dos indivíduos e da equipe e o que fazer para se contrapor a isso. O fundamental é que uma capacidade forte, quando associada a uma liderança fraca, pode transtornar uma organização ou um país. Mas mesmo com capacidades baixas, uma liderança forte e positiva pode produzir progresso (ver Figura 1.3.1.).

Um importante conjunto de competências para a liderança e o manejo eficazes parece ser aquele associado ao que tem sido chamado de inteligência emocional (PNUD, 2002). Baseados nesse conceito, Daniel Goleman, Richard Boyatzis, Annie McKee e Fran Johnston colaboraram para desenvolver uma estrutura e um conjunto de práticas que conduza a mudanças positivas profundas nos indivíduos e nas organizações. Seu modelo identifica quatro "fatores" da inteligência emocional – autoconhecimento, autogestão, consciência social e capacidade de relacionamento – que abrangem as competências relacionadas à liderança. Os pesquisadores enfatizam que qualquer um pode desenvolver essas habilidades e melhorar seu desempenho no trabalho. É fundamental para o processo ajudar as pessoas a entender por que devem mudar, como essa mudança beneficiará tanto o indivíduo quanto a instituição e como incidirá diretamente sobre os resultados.

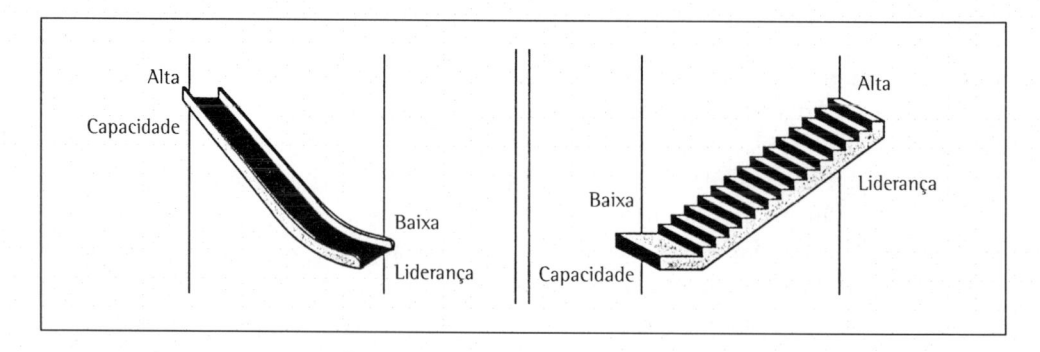

Figura 1.3.1. A importância da liderança

Os estudos indicam que a inteligência emocional é duas vezes mais importante que o conhecimento técnico e o QI combinados para os líderes atuais, e quase quatro vezes mais importantes em termos do sucesso geral da organização. Um estudo realizado com quinze companhias globais atribui 85 a 90% do sucesso da liderança à inteligência emocional (Goleman; Mckee; Boyatzis, 2002). Mas tal revelação é discutível. O PNUD tem experimentado esses conhecimentos em seu programa de HIV/Aids (ver Quadro 1.3.1.). Os principais achados apontam para a necessidade de os líderes serem capazes de escutar e dialogar (ver Quadro 1.3.2.). Isso é verdade para qualquer nível de liderança: comunitária, da sociedade civil, do setor privado, do governo local e de todas as escalas até alcançar o cenário nacional.

No contexto deste livro, a liderança deve visar a uma transformação cujo elemento mais importante seja expandir as opções dos indivíduos. Para isso, governar em democracia constitui um pré-requisito fundamental, algo que fica claramente demonstrado nos exercícios de construção de cenários em sociedades propensas ao conflito.

No ano 2000, o PNUD encomendou estudos de três projetos de construção de cenários em Mont Fleur, na África do Sul; Destino, na Colômbia; e Visión, na Guatemala. Os cenários são, basicamente, projeções de vias alternativas para o futuro que explorem as interações dinâmicas entre as forças sociais, culturais, tecnológicas, políticas e econômicas que operam em determinado contexto (como uma comunidade local ou uma nação). Os cenários ajudam a ressaltar oportunidades e riscos inerentes a temas estratégicos específicos; ao compartilhá-los, inicia-se um processo que reaviva o interesse das pessoas em moldar o futuro de forma ativa e se encarregar de seu destino socioeconômico e político. A construção de cenários[6] opera mediante um processo moderado de diálogo e exploração entre os grupos participantes, cuja composição é fundamental. Os participantes deverão ser potenciais líderes do futuro, representantes destacados e diversos do conjunto da sociedade.

---

[6] Recursos de construção de cenário:
- O PNUD realizou importantes alianças de construção de cenários por meio de suas oficinas regionais na África, na América Latina e no Caribe (www.undp.org/rblac/scenarios/DialogueExperiences/index.html).
- A Generon, um dos muitos associados do PNUD, tem atuado como facilitador de um conjunto de diálogos de cenário cívico, incluindo o projeto sul-africano Mont Fleur (www.generonconsulting.com/Publications/UNDPDocument.pdf).
- A Sociedade para a Aprendizagem Organizacional (Society for Organizational Learning) é uma comunidade global de aprendizagem estreitamente vinculada ao Centro de Aprendizagem Organizacional do Instituto de Tecnologia de Massachusetts (www.solonline.org/).
- A Rede Global de Negócios (Global Business Network) é a primeira rede que articula recursos intelectuais para o planejamento de cenários (www.gbn.org./).
- O Quênia na Encruzilhada: Cenários para o Nosso Futuro, uma iniciativa conjunta da Sociedade para o Desenvolvimento Internacional e o Instituto de Assuntos Econômicos (www.kenyascenarios.org).

Quadro 1.3.1. Metodologia do Programa de Desenvolvimento da Liderança HIV/Aids

A epidemia de HIV/Aids está obrigando as comunidades do mundo a olhar mais a fundo, a fazer a si mesmas perguntas difíceis, explorar novas perspectivas e desafiar o *status quo*. O HIV/Aids é um fenômeno profundamente humano que nos obriga a lidar com uma série de questões sensíveis relacionadas ao sexo e à morte. É imperativo que nos tornemos líderes e estrategistas melhores, mais responsáveis e, basicamente, mais solidários.

O Programa de Desenvolvimento da Liderança do PNUD oferece aos indivíduos, às comunidades, às instituições e às sociedades como um todo a rara oportunidade de explorar pontos fortes e fracos, motivações individuais e sociais, esperanças e sonhos, planos e compromissos na área de HIV/Aids. A metodologia é simples: reunir agentes de mudança que sejam figuras-chave e membros influentes da comunidade, oferecer-lhes a oportunidade de perceber e responder à epidemia de uma forma mais sistemática; investir no desenvolvimento de suas habilidades como líderes influentes e inovadores; e expandir sua capacidade para coordenar e manejar programas multissetoriais e de larga escala de HIV/Aids. O Programa de Desenvolvimento de Liderança está moldado especificamente para as necessidades e desafios de cada país em que ele tem-se estabelecido.

Participantes do programa
Entre 70 e 150 líderes importantes são identificados e convidados a participar do programa de cada país. Eles incluem membros do governo, da sociedade civil, de ONGs, do setor privado, das Nações Unidas e do PNUD.

Seminários de desenvolvimento de liderança
Os programas nacionais consistem tipicamente em três seminários separados, com quatro dias de duração, organizados durante cerca de nove meses. Cada seminário inclui atividades de desenvolvimento de liderança individual, assim como trabalho em grupo visando a implementar estratégias e atingir objetivos. Entre as sessões, grupos de reflexão, assessoramento a outros participantes e projetos de aprendizagem em ação reforçam e ampliam o trabalho.

Treinamento de agentes de mudança
Um dos aspectos centrais é identificar e aumentar a capacidade local para lidar com os programas de HIV/Aids. Por isso, oito a dez indivíduos influentes em cada país são escolhidos a fim de desenvolver suas habilidades e aptidões para atuarem como agentes de transformação e mudança. Eles são treinados para atuar como especialistas nos seminários do programa, cooperando no adestramento de grupos grandes e pequenos; atuam como tutores ou treinadores para apoiar os participantes nos projetos de aprendizagem na ação, e se reúnem periodicamente com equipes de participantes para lhes oferecer orientação, apoio e motivação.

O Programa de Desenvolvimento da Liderança contribui com os seguintes aportes:

- Maior capacidade de liderança efetiva e estratégica em resposta ao HIV/Aids.

- Fortalecimento da capacidade institucional e colaboração entre líderes de todo nível e de todos os setores para responder de modo coordenado e estratégico (governo, ONGs, sociedade civil, meios de comunicação e setor privado).

- Maior atenção e compreensão profunda das causas e desencadeadores fundamentais da epidemia, incluindo o impacto de HIV/Aids no desenvolvimento humano e na redução da pobreza e de temas inter-relacionados, como gênero e direitos humanos.

- Fortalecimento da capacidade de planejamento local e nacional para a implementação de iniciativas de HIV/Aids.

- Maior capacidade dos líderes comunitários-chave para apoiar e regular as respostas ao HIV/Aids no âmbito local.

Fonte: PNUD, 2002f.

Quadro 1.3.2. Escutando as pessoas

Pode-se afirmar, quase sem exceções, que as pessoas em geral não sabem escutar. Elas têm ouvidos com os quais ouvem muito bem, mas raramente adquiriram as habilidades auditivas necessárias que permitiriam a esses ouvidos serem usados de modo efetivo para o que se denomina "escutar".

Em geral, as pessoas acham que se concentrar para escutar é um problema maior do que se concentrar para outra forma de comunicação pessoal. Isso é verdade. Quando escutamos, exigimos que nosso cérebro receba as palavras em um ritmo extremamente lento, em comparação com sua capacidade de percepção. Por isso, quando escutamos continuamos a pensar em alta velocidade, enquanto as palavras faladas nos chegam com lentidão. Em outras palavras, podemos escutar e ainda dispor de tempo livre para pensar. O bom ou mau uso do tempo livre é responsável pelo nível de concentração de uma pessoa na palavra falada.

Os bons ouvintes, em geral, põem em ação quatro atividades mentais simultâneas, cada uma conectada com o discurso oral. Quando se escuta de modo correto, as quatro atividades estão perfeitamente coordenadas e o bom ouvinte tende a dirigir o máximo de sua atenção à mensagem que está recebendo, minimizando o tempo que deixa para excursões mentais ou reduzindo os caminhos secundários que afastam o pensamento da pessoa que fala.

1. Os bons ouvintes pensam antes daquele que fala e tentam prever até onde vai o discurso oral e quais conclusões podem ser extraídas das palavras pronunciadas até o momento.

2. O ouvinte pesa as evidências usadas pela pessoa que fala para sustentar suas afirmações. Pergunta a si mesmo: "Esta evidência é válida?"; "Esta evidência é suficiente?".

3. De tempos em tempos o ouvinte revê e resume mentalmente os pontos referidos pela pessoa que fala.

4. Ao longo da conversa, o ouvinte "ouve nas entrelinhas", buscando significados que nem sempre são verbalizados. Presta atenção na comunicação não-verbal (expressões faciais, gestos, tons de voz) para ver se reforça o significado do que se diz. O ouvinte pergunta-se: "Será que a pessoa que fala está evitando propositadamente alguma área do tema tratado? Por que está fazendo isso?".

A habilidade de escutar é afetada por nossas emoções. Figurativamente, antecipamos e depois nos desconectamos do que não queremos ouvir. Por outro lado, quando alguém diz algo que estamos esperando ouvir, abrimos bem nossos ouvidos e aceitamos tudo – verdades, meias-verdades ou ficções. Em organizações e instituições, a administração tem muitas maneiras de emitir mensagens de cima para baixo, mas o movimento das informações no sentido contrário é muito reduzido. Os maus ouvintes complicam o processo, porque as pessoas em geral não falam com liberdade, o que faz que o fluxo de comunicação raras vezes entre em movimento.

Fonte: Nichols; Stevens, 1999.

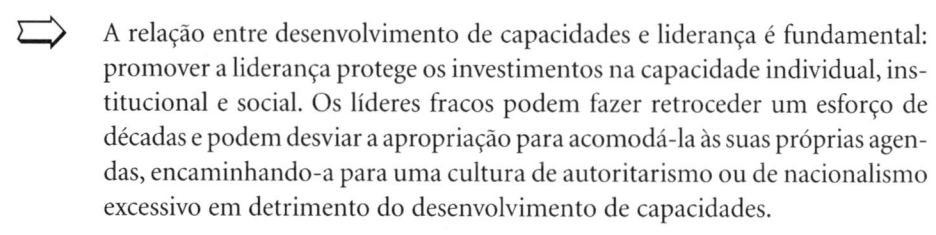

PONTOS-CHAVE

⇨ A relação entre desenvolvimento de capacidades e liderança é fundamental: promover a liderança protege os investimentos na capacidade individual, institucional e social. Os líderes fracos podem fazer retroceder um esforço de décadas e podem desviar a apropriação para acomodá-la às suas próprias agendas, encaminhando-a para uma cultura de autoritarismo ou de nacionalismo excessivo em detrimento do desenvolvimento de capacidades.

⇨ A liderança bem-sucedida resulta em maior compreensão, relacionamentos melhores e maior eficácia coletiva entre os grupos de trabalho e seus associados. Como as pessoas com metas justapostas sabem como encaixar melhor as diferentes partes de um sistema, os bons líderes contribuem para consolidar as relações e a confiança, mobilizando as energias de modo sustentável, ao mesmo tempo que fomentam a apropriação e estimulam o compromisso.

⇨ Ao que parece, a inteligência emocional está associada a importantes competências de manejo e liderança, assim como à habilidade de escutar e dialogar.

REFERÊNCIAS DA PARTE B

➲ *BUTÃO Uma visão nacional guia o progresso e a cooperação técnica (p.190)*
➲ *CHINA Uma visita de observação facilita profunda mudança de políticas (p.205)*
➲ *ESTÔNIA Tiger Leap populariza benefícios de novas Tecnologias de Informação e Comunicação (p.224)*
➲ *JORDÂNIA Um enfoque não-ameaçador para a colaboração interdisciplinar (p.269)*
➲ *MALÁSIA Aumentando a capacidade de grupos marginalizados para facilitar a ascensão social (p.275)*
➲ *MOÇAMBIQUE Como apoiar a reconstrução depois das inundações (p.292)*
➲ *UCRÂNIA Liderança transforma consciência e papéis na luta contra HIV/Aids (p.319)*

1.4. TENDÊNCIAS, INTERESSES INVESTIDOS E PODER

> Eles chegam com suas hipóteses, sua estrutura analítica e seus raciocínios. Uma vez estabelecidas suas premissas, não se pode escapar da sua lógica. Não há nada a fazer ... É melhor seguir seu raciocínio e ver o que se pode obter, ainda que não acreditemos nisso.
>
> Uma vez que o especialista enviado pelos doadores falou, não há mais nada a acrescentar. Ele tem uma lógica irrefutável. Tem a coerência e todo o peso de seus argumentos. Acredita nas verdades científicas. Faz uso dos avanços tecnológicos para implementar suas idéias. Mas, internamente, sabemos que esta verdade não é completa, que ele ignora muitas coisas, que pode estar equivocado ... O especialista não pode nos escutar; ou melhor, ele escuta, mas não entende. Não está preparado intelectual ou emocionalmente para questionar o que se supõe que deva nos dar. (Niang, 2002)

As duas citações são estereótipos, mas refletem um dilema profundo. Quando diferentes mundos de conhecimento, diferentes modos de pensar e argumentar, diferentes culturas e valores se encontram, nem sempre há entendimento mútuo. As pessoas vêem e interpretam o mundo por seus próprios olhos e sua própria posição. Os interesses motivam ações que podem não estar alinhadas com um objetivo comum de desenvolvimento, e as percepções podem alimentar a desconfiança e o cinismo que se interpõem no caminho. O problema é que essas questões são extremamente sensíveis, o que as tornam difíceis de lidar.

Mas é fundamental incluí-las em qualquer discussão sobre transformação e desenvolvimento de capacidades. Em geral, as tendências e as personalidades ditam o sucesso ou o fracasso da comunicação e da colaboração. Elas podem criar realidades virtuais influentes que determinarão o comportamento das pessoas, das instituições e das sociedades. Do mesmo modo, a linguagem, a cultura e os conceitos implicam noções que, ao se tornarem mais rígidas com o passar do tempo, transformam-se em tendências. A linguagem do desenvolvimento, por exemplo, está cheia de metáforas de hierarquia e desigualdade: ajuda, assistência, desenvolvido, países em desenvolvimento, doador, receptores etc. (Ribeiro, 2002).

Ser um doador implica um ato de boa-fé, altruísmo e caridade, além de interesse próprio. Entretanto, implica também certo tipo de superioridade, ter algo a dar que os outros não têm. Tal lógica estende-se ao reforço de crenças sobre os países em desenvolvimento terem uma capacidade institucional ou individual inadequada; ou a crença de que eles não são sinceros nem estão interessados em seu próprio desenvolvimento. Exemplos de uma capacidade deficiente e falta de compromisso são comumente citados nas comunidades em desenvolvimento. Mas conceitos como tempo, eficiência ou corrupção têm uma série de conotações. Aqueles que podem constituir elementos genuínos de diversidade cultural são facilmente entendidos como algo ruim, em vez de algo diferente.

A atitude de excessiva consciência de muitos especialistas estrangeiros é com freqüência percebida como reflexo de uma generalizada falta de auto-estima por parte do receptor. Os beneficiários, condicionados a receber a ajuda como um ato de benevolência, tendem a ser relutantes em questionar sua racionalidade ou sua eficácia, encarando-a sobretudo como algo gratuito ou barato. Além disso, a lógica impecável do conselho do especialista é inquestionável, em especial quando impõe sistemas de manejo de recursos que podem ser difíceis de controlar. A noção de responsabilização continua olhando para cima, enquanto as comunidades em desespero expressam apatia ou simplesmente declaram o que acham que o entrevistador quer ouvir (Niang, 2002; Singh, 2002). Os funcionários locais ou outros funcionários do governo que iniciam a participação comunitária em geral carecem de poder.

Muitos teóricos e praticantes do desenvolvimento falam em termos de "nós e eles". A divisão não é necessariamente percebida como estrangeiros e nacionais, já que em geral há uma coincidência entre os interesses dos aliados externos e as elites nacionais. Esse alinhamento é em parte causa e em parte resultado de uma homogeneidade de educação, aspirações e valores, que conduz à uniformidade da linguagem, dos conceitos e das percepções.[7] Apesar de uma enorme boa vontade, boa intenção e retórica adequada, essas tendências mantêm-se entre os limites das crenças e mitos mais conhecidos. Isso dá lugar a um círculo vicioso de dominação e debilitação que deteriora a busca de uma aliança real (ver Figura 1.4.1.). Um círculo virtuoso de fortalecimento requereria atitudes bastante diferentes de ambos os lados (ver Figura 1.4.2.).

Os interesses investidos que freqüentemente ajudam a manter esse ciclo podem ser encontrados em todos os lados de uma aliança para o desenvolvimento. Estes são indivíduos que se beneficiam do atual paradigma e por isso estão mais inclinados a resistir à mudança, verificando-se com freqüência importante drenagem dos esforços de desenvolvimento de capacidades. Por exemplo, eles podem desviar um projeto de seus objetivos pretendidos, fazendo que prossigam mesmo que a necessidade e a demanda de seus serviços diminuam ou desapareçam. Na verdade, os projetos raramente são concluídos até seu financiamento terminar, um processo que os interesses investidos tentam a todo custo evitar! Quando há dinheiro público envolvido, relatórios regulares e transparentes dos resultados, associados à aferição do desempenho, podem indicar – e realmente indicam – onde a mudança é necessária. Podem-se obter mais apreciações sobre esse tema discutindo a corrupção como uma das manifestações mais virulentas dos interesses investidos (ver seção 3.6).

Articular os dilemas criados por meio das tendências e dos interesses investidos significa poder. Max Weber (1977) definiu poder como a capacidade de conseguir que as pessoas façam coisas que elas não querem fazer.[8] Embora não haja nada de errado com as

---

[7]   Isso influi sobre a tomada de decisões; por exemplo, o trabalho por consenso realizado pelos anciãos em povoados da Ásia e da África. Um documento relacionado é "Getting Better Government for Poverty Reduction: So What's the Problem?", um resumo de Sue Unsworth que foi posto em circulação pela rede do Comitê de Assistência ao Desenvolvimento sobre Governança e Desenvolvimento de Capacidades, também conhecida como GOVNET (www.oecd.org/oecd/pages/home/displaygeneral/0,3380,EN-about-64-2-no-no-no-no,oo,oo.html). Outro exemplo pode ser encontrado contrastando-se a palavra "doador" em referência a *self* com o "receptor" em referência ao país em desenvolvimento.

[8]   Para mais reflexões sobre o poder, ver Ribeiro, 2002.

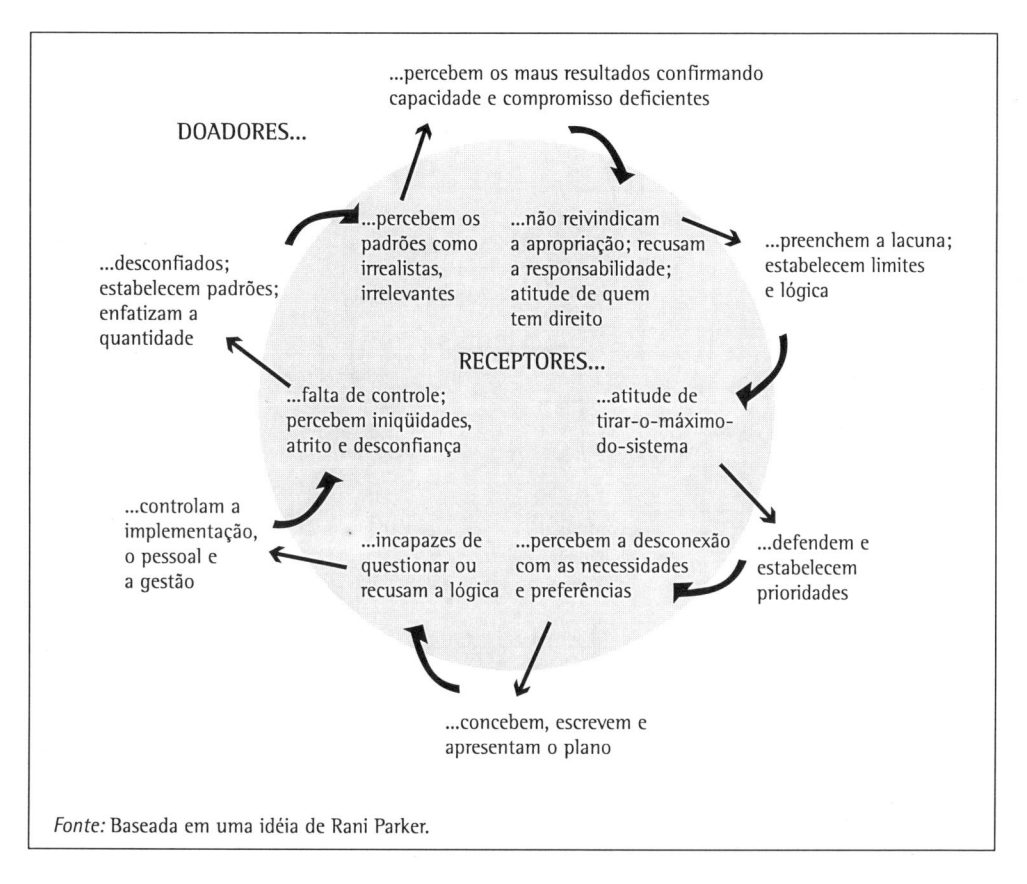

Fonte: Baseada em uma idéia de Rani Parker.

Figura 1.4.1. O círculo vicioso do fortalecimento

Quadro 1.4.1. Quem são os envolvidos?

✎ Quem está envolvido em determinado tema, intervenção etc.?

✎ Quem tem maior probabilidade de ser beneficiado? Como?

✎ Quem perde, direta ou indiretamente?

✎ Quais são as expectativas associadas com o tema ou a atividade?

✎ Que outros interesses podem entrar em conflito ou se alinhar com a iniciativa?

✎ Há potenciais conflitos ou coalizões?

✎ O que uma pessoa envolvida pensa sobre as outras pessoas envolvidas?

✎ Quem mais está envolvido – isto é, de que outra maneira eles podem ser afetados ou onde têm outro interesse?

✎ A que grupo pertence uma pessoa envolvida: gênero, idade, classe/casta (dimensão sócio-histórica), etnia, rico/pobre (dimensão socioeconômica)?

✎ Como o tema ou a iniciativa causam impacto nos papéis e nas responsabilidades de homens e mulheres?

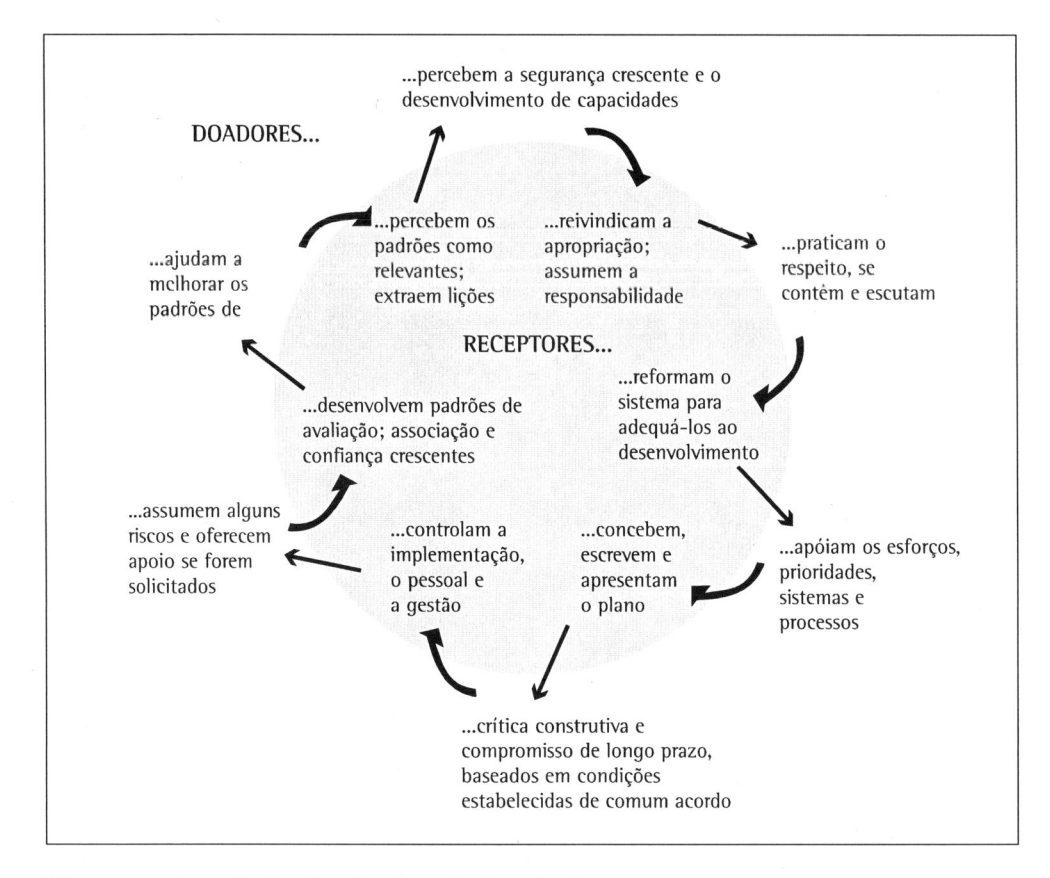

Figura 1.4.2.   O círculo virtuoso do fortalecimento

formas legítimas do poder, as normas prevalecentes ainda são baseadas em relações desiguais entre os governos e seus cidadãos, doadores e receptores, a elite e os desfavorecidos.

Os pobres em geral compreendem isso intuitivamente e demonstram seu desespero diante da ação das elites locais, quase sempre guiadas de acordo com seus próprios interesses e com fins ilegítimos. Mas, ainda assim, com freqüência os doadores não reconhecem que a sociedade civil não é um todo homogêneo, com grandes diferenças em termos de idade, classe, casta, etnia e, mais importante, gênero. Muitos grupos não têm um lugar à mesa porque abrir um lugar para eles poderia colocar em xeque as regras daqueles que detêm o poder. Apesar da retórica aceita da participação e do fortalecimento, os diferenciais de poder garantem que a maior parte das relações do desenvolvimento é unidirecionada e marcada por profunda desconfiança e pela exclusão.

Esse tema, com seu potencial para abalar profundamente o *status quo*, raras vezes é discutido de maneira direta e franca. A maioria dos analistas refugia-se em exemplos e analogias, porque não quer agitar o barco. No entanto, talvez seja a hora de reconhecer que, para ocorrer uma transformação real, é fundamental discutir seriamente o poder – uma vez que este gravita em torno do acesso aos recursos, sua distribuição e priorização – caso se deseje progredir em termos da apropriação e do assenhoreamento dos resultados do desenvolvimento.

A Tabela 1.4.1., embora longe de ser completa, destaca alguns tipos de interesses, motivações e incentivos que entram em jogo na cooperação para o desenvolvimento.

Uma dinâmica para a mudança

Apesar de as tendências, os interesses investidos e os diferenciais de poder estarem entrelaçados em dura couraça, ainda há espaço para abordá-los diretamente, sobretudo se há a determinação de fazê-lo nos mais altos níveis políticos. O processo consistiria provavelmente em:

- Deveria haver um reconhecimento inicial da atual estrutura de interesses.
- A análise dos destinatários finais pode ser particularmente útil com vistas a uma intervenção específica (ver seção 1.2 e Quadro 1.4.1.), o que dará lugar a um entendimento crescente sobre onde se encontram as principais dificuldades e oportunidades.
- Podem ser introduzidas medidas que ajudem a simplificar um conjunto extremamente complexo e fragmentado de relações e influências. No relacionamento de ajuda, isso pode significar a redução do espaço para o diálogo a portas fechadas e o encorajamento de formas de negociação mais transparentes.
- Os foros para o diálogo político – como grupos consultivos ou mesas-redondas, as ERPs ou outros processos de planejamento e revisão – oferecem a oportunidade de um debate mais autêntico. Pode ser preferível se basear nesses mecanismos para construir e consolidar; mas às vezes é melhor criar processos independentes, menos atados às dinâmicas estabelecidas.
- Promover medidas de harmonização pode facilitar a convergência em torno das prioridades, dos processos e de sistemas nacionais.
- As informações relevantes para os diferentes destinatários devem estar acessíveis a todos. Isso inclui lidar com questões concretas, como usar idiomas nativos, eliminar o jargão técnico e difundir as informações mais importantes de maneira concisa e fácil de entender.
- Abrir espaço para o diálogo pode encontrar resistência, mas será difícil para qualquer das partes argumentar que a participação pública e a transparência não são o melhor caminho. Os melhores elementos de uma participação civil dinâmica são liberdade de expressão, meios de comunicação ativos, grupos de oposição e de pressão e um sistema judicial eficaz.

Tabela 1.4.1. Motivações, interesses e incentivos

Entre todos os vinculados à cooperação para o desenvolvimento deve haver uma motivação básica para contribuir a fim de melhorar as condições de vida das pessoas; mas outras motivações, interesses e incentivos podem conduzir a distorções.

RECEPTORES	INDÚSTRIA DO DESENVOLVIMENTO	DOADORES
Eleitores políticos • Obter dólares dos doadores mostra habilidade política • O dinheiro da cooperação é usado para dissimular o clientelismo **Serviço civil** • Trabalhar com várias agências de doação é uma experiência produtiva • Prestígio e pretensões: computadores, veículos, salários em dólares, viagens ao exterior etc. • Desmoralização em virtude da comparação de diferenciais **Contratantes privados e fornecedores de bens/equipamentos** • Oportunidade de fazer negócios • Proteção trabalhista para sindicatos • A busca de vantagens pode continuar sob regimes de patronato político **ONGs do Sul** • Frustração da sociedade civil com o fracasso estatal • Oportunidades de acesso aos fundos disponíveis • Potencial para viagens ao exterior etc. **Elites e classe média** • Suas aspirações coincidem mais com aquelas de seus equivalentes dos países nórdicos do que com aquelas dos pobres de seus próprios países, criando um viés "natural" em suas decisões • Enriquecimento pessoal	**Indústria do desenvolvimento** • O desenvolvimento efetivo de capacidades tende a reduzir a importância dessa indústria ou criar novas oportunidades de consulta **Consultores** • Perspectivas profissionais: um meio de vida, *status*, não ter de trabalhar em um meio "estruturado", melhor salário do que nos trabalhos de horário integral do setor de desenvolvimento • Os funcionários do Norte podem levar uma vida abastada nos países do Sul **Empresas consultoras** • O tempo de vida das organizações e dos contratos de desenvolvimento tornam-se mais prolongados e mais atrativos • O uso de mecanismos paralelos de afluência de dinheiro para que as empresas consultoras se protejam das contrações do setor empresarial. Mercados mais "protegidos" por causa da ajuda "amarrada". **Universidades/instituições de pesquisa** • Introdutores de idéias • Muitas universidades encorajam seus professores a buscar trabalhos de consultoria para melhorar salários e gastos • Fonte de renda	**Oficinas de auditoria** • Relatar aos parlamentos **Legislaturas** • Preocupações de eleitores e contribuintes **Ministério de Relações Exteriores** • Interesses políticos e comerciais **Companhias privadas (fornecedores de bens, equipamentos e logística)** • Oportunidades de negócios • A filantropia é um bom negócio **Contribuinte médio** • Preocupação com o dinheiro dos impostos • Preocupação com a corrupção e a má administração nos países receptores **Agências doadoras** • Regras sobre o manejo dos recursos e a confidencialidade dos desembolsos etc. • Insegurança do pessoal de algumas agências doadoras, que temem redundância em um novo regime • Pressões para o desembolso • Emprego **ONGs do Norte** • Expectativas de grupos específicos de eleitores do país de origem (ecologistas, grupos de mulheres, igrejas etc.) • Competem com as ONGs do Sul

PONTOS-CHAVE

⇨ As tendências e os interesses investidos, com os diferenciais de poder, podem criar desconfiança e ceticismo. Os temas são extremamente sensíveis e difíceis de lidar.

⇨ Por fim, as tendências podem ser os determinantes mais comuns do êxito ou do fracasso de uma iniciativa; tanto podem alimentar um ciclo vicioso de dominação e debilitação como oferecer esperança de transformação.

⇨ Os interesses investidos podem, em grande medida, desgastar os esforços do desenvolvimento de capacidades. Exemplo comum é a perpetuação de projetos por muito mais tempo do que são necessários.

⇨ Apesar de toda a retórica sobre participação e fortalecimento, os diferenciais de poder fazem que muitas relações de desenvolvimento sejam unidirecionais e estejam marcadas por profunda desconfiança e exclusão. Já é tempo de reconhecer que uma discussão real sobre o poder – uma vez que gravita em torno do acesso aos recursos, sua distribuição e priorização – é essencial para se conseguir progresso, especialmente em termos de apropriação e assenhoreamento dos resultados do desenvolvimento.

⇨ Uma dinâmica para a mudança pode incluir: reconhecimento da estrutura dos interesses atuais em jogo; análise dos destinatários finais; adoção de medidas que simplifiquem relações extremamente complexas; estabelecimento de regras de participação claras; promoção da participação da sociedade civil e favorecimento de processos e consultorias que permitam a discussão de perspectivas divergentes.

REFERÊNCIAS DA PARTE B

➲ *ÁFRICA DO SUL Mulheres analisam o orçamento e Parlamento preenche as lacunas (p.179)*

➲ *EGITO Uma comunidade confiante aprende a lidar com seu meio ambiente (p.212)*

➲ *GUATEMALA Coordenação e flexibilidade ajudam a sociedade civil a recuperar a confiança depois da guerra (p.241)*

➲ *JORDÂNIA Um enfoque não-ameaçador para a colaboração interdisciplinar (p.269)*

➲ *RUANDA Ação coletiva Ubudehe alimenta esperança de reconstruir uma sociedade fragmentada (p.295)*

➲ *UCRÂNIA Liderança transforma consciência e papéis na luta contra o HIV/Aids (p.319)*

1.5. CONTEXTOS DIFÍCEIS PARA O DESENVOLVIMENTO

As crises têm muitas facetas, com condições que diferem em sua natureza e impacto. Mas essas situações agravam os dilemas do desenvolvimento de capacidades. Exemplos disso incluem: fuga de capital e de cérebros; perda de décadas de esforços de desenvolvimento na África do Sul em decorrência do HIV/Aids; dominação de um grupo étnico ou religioso sobre outros; conflitos internos e de fronteira; terrorismo; ausência de mecanismos de resolução confiáveis; setores judiciais corruptos; pobreza do meio político diante da riqueza dos recursos naturais; acesso urbano/rural desigual às fontes de decisão política; desastres naturais; desembolsos que privilegiam excessivamente os gastos militares sobre os investimentos sociais; e repressão que impede o livre intercâmbio de idéias.

Às vezes pode ser útil agrupar os países que têm problemas basicamente similares. As classificações que têm sido utilizadas incluem: Países de Baixa Renda e em dificuldades (LICUS),[9] países com desempenho pobre ou frágeis; países com baixos índices de desenvolvimento humano (IDH), nações com PIB negativo, com conflito armado, baixos níveis de democracia e prevalência de HIV/Aids. No entanto, classificar os contextos de desenvolvimento como difíceis tende à subjetividade e, em termos de desenvolvimento de capacidades, oferece pouca motivação para a transformação. Em vez disso, há o risco de gerar uma visão negativa de determinado país ou de uma realidade concreta.

As fases de pré-crise, crise e pós-crise têm suas próprias necessidades em termos de desenvolvimento de capacidades. São situações específicas e individuais e requerem análise e respostas sob medida, com certos parâmetros para determinar o curso de ação mais adequado. Em um país sem capacidade institucional básica, pode não ser possível trabalhar com os mecanismos existentes. Por exemplo, se não se conta com normas elementares de prestação de contas, pode não fazer sentido oferecer apoio na gestão orçamentária. É mais provável que os equivalentes externos queiram trabalhar com os países cujas autoridades se responsabilizem e respondam perante seu próprio povo.

Embora as respostas operacionais possam variar, os princípios do desenvolvimento de capacidades são universais e, sempre que possível, devem ser mantidos, apesar das dificuldades que possam enfrentar. As sociedades debilitadas, em particular, necessitam do desenvolvimento de capacidades para não ficar abandonadas em uma espiral crescente de analfabetismo, insalubridade e desesperança. Os argumentos elencados a seguir examinam alguns dos princípios básicos.

É essencial distinguir entre as necessidades de curto prazo de emergência e transição e as exigências e as oportunidades de longo prazo. Ainda assim, vincular a ajuda emergencial à assistência ao desenvolvimento envolve sempre um grande desafio. Os que trabalham com assistência conhecem o dilema que surge quando o apoio de emergência de curto prazo se transforma em uma instituição de longo prazo em virtude do tipo estabelecido de relações de dependência. As intervenções, em todos os seus diferentes momentos, devem buscar a maneira de fortalecer os agentes potenciais das transformações de longo prazo.

---

[9] Classificação do Banco Mundial.

Ao construir essas alianças para a mudança, é essencial entender o que está em jogo e para quem. Embora possa justificar-se um viés a favor de marginalizados, mulheres, pobres e minorias, não ocorre a mesma coisa com a liderança arrogante que alimenta a desconfiança e a resistência. Nem todos os sistemas de valores são aceitáveis. Por exemplo, a mutilação dos genitais femininos ou a morte em defesa da honra são violações dos direitos humanos. Outra questão é a presença esmagadora de agências de cooperação durante as situações de emergência, que, com freqüência, faz os líderes locais parecerem fracos e impotentes. Em vez de negociar com suas próprias autoridades, os nativos podem terminar mendigando diante de terceiros. Em alguns casos, para se contrapor a essas tendências têm sido usados exercícios de construção de cenários para desenvolver a confiança e a segurança (ver seção 1.3).

Nas crises mais difíceis prevalecem a sabedoria pessoal e as estratégias de sobrevivência. No entanto, grande parte desse conhecimento é tácito e pode não ser facilmente compartilhado ou codificado. Durante a reconstrução, apesar da vontade de se fazer uso do que foi aprendido, surgem obstáculos, entre eles o acesso limitado às tecnologias de informação e comunicação e a outros instrumentos de desenvolvimento de habilidades. Entretanto, continua sendo essencial as pessoas selecionarem, recompilarem e adaptarem conhecimentos para aplicá-los à melhora de suas condições de vida.

Freqüentemente, os interesses investidos e os diferenciais de poder exacerbam as situações difíceis de desenvolvimento. Alguns líderes conseguem captar apoio por meio do clientelismo, da coerção e de outras formas de dominação. Mas um compromisso consciente exige prestar atenção a esses interesses e jogos de poder. Desafiar abertamente não costuma ser uma opção viável; por isso, é necessário iniciar o diálogo com temas menos sensíveis para se chegar gradualmente aos mais complexos. Para não se reforçarem as estruturas de poder que tendem ao conflito, pode ser aconselhável estabelecer novos foros de debate, como os comitês locais (Pillay, 2003). A presença de agentes externos, se atuarem de modo cuidadoso, pode proteger os espaços para o diálogo.

As necessidades cotidianas imediatas não devem eliminar possibilidades de desenvolvimento de capacidades. As oportunidades podem ser aproveitadas desde muito cedo – por exemplo, as populaçõcs dcslocadas podem estar mais acessíveis para receber vários tipos de educação básica e cívica. Em alguns países, esquemas de treinamento vocacional, empresarial e profissional têm sido aplicados com êxito na transição para a independência (Angola, Moçambique e África do Sul são exemplos). De modo geral, o papel fundamental das mulheres e da educação no desenvolvimento está bem estabelecido, enquanto se acredita que um baixo nível de educação entre os homens jovens é fator de alto risco que precipita conflitos. "Cada ano de educação reduz o risco de conflito em cerca de 20%" (Collier; Hoeppler, 2001).

Em muitos casos, aqueles que se beneficiam recebendo treinamento e educação durante o exílio têm-se convertido no núcleo da liderança pós-conflito. Casos ilustrativos são o apoio proporcionado ao Congresso Nacional Africano na África do Sul, ou o programa de bolsas de estudo canadense que ajudou onze ministros do Chile durante o primeiro governo pós-Pinochet (OCDE/CAD, 2001). Pillay argumenta que o desafio é romper o círculo vicioso mediante um esforço imediato que coloque em andamento o desenvolvimento, visando a programas de cooperação técnica que fortaleçam a capacidade de um modo que permita prestar assistência para lidar com aquelas restrições críticas a fim de reverter a deterioração das condições econômicas e de desenvolvimento (Pillay, 2003).

Ele sugere que, embora qualquer resposta precise satisfazer as necessidades específicas de uma situação, as principais intervenções devem enfatizar a resolução sustentável dos conflitos, o estado de direito e da justiça, medidas anticorrupção, o fortalecimento das instituições locais, a diversificação econômica e o emprego, o emprego juvenil, a prestação de serviços e a prevenção e o controle do HIV/Aids.

Há poucas esperanças de mudança após qualquer crise se a coerção, a violência, a tortura, o paternalismo e a corrupção destroem o compromisso cívico, e se as pessoas capazes de desafiar o poder reinante se retiram frustradas da vida pública ou abandonam seu país desgostosas. Os incentivos fundamentais para o desenvolvimento de capacidades são a segurança pessoal e o cumprimento da lei, porque os agentes potenciais de mudança precisam se assegurar de que vale a pena assumir o desafio de se comprometer com a vida pública ou com o setor privado. É possível que, nos meios mais difíceis, a princípio só seja possível melhorar os incentivos no âmbito local. No entanto, para escapar de modo permanente da pobreza e da indigência é indispensável que os países contem com líderes nacionais responsáveis e determinados.

Os processos e os sistemas de planejamento, implementação e monitoramento têm de ser inclusivos e estar integrados em sistemas nacionais. Tem-se sugerido com freqüência que a comunidade internacional deve na verdade assumir os "países fracassados" durante certo tempo, a fim de garantir a prestação de serviços básicos, restaurar a ordem e manter a governança. Mais recentemente, foi proposto um papel relacionado com a criação de estruturas paralelas nas áreas de saúde e educação.[10] Mas o dilema é fundamentalmente o mesmo para as unidades de implementação de projetos (ver seção 2.4). À parte as considerações filosóficas e políticas, há com freqüência altos riscos associados aos interesses investidos nesses sistemas paralelos. No entanto, os esforços para melhorar a prestação de serviços básicos, em particular na educação e na saúde, permanecem menos sensíveis do que reformar os direitos humanos e possuir governança, até porque os primeiros podem ter um efeito importante de longo prazo sobre a capacidade nacional.

Em meios frágeis há a tentação freqüente de se preencher as lacunas da liderança, o que pode deteriorar a capacidade e a iniciativa locais.[11] Por isso, o desafio é identificar e trabalhar com agentes de mudança na própria sociedade e no governo, e alimentar o capital social onde quer que ele se encontre. Isso requer sensibilidade e engenho, assim como cooperação com ONGs, organizações do setor privado e autoridades locais. Os projetos de desenvolvimento territorial proporcionam uma estrutura de planejamento e manejo e têm

---

[10] O Banco Mundial propôs o estabelecimento de autoridades de serviço independente para os LICUS, assim como agências semi-autônomas que poderiam funcionar de modo similar às autoridades independentes de arrecadação tributária ou de gestão orçamentária estabelecidas em meios institucionalmente frágeis (Banco Mundial, 2002; OCDE/CAD, 2002).

[11] Em *Eroding Local Capacity*, Juma e Suhrke (2003) apresentam uma análise da ação humanitária internacional no Leste Africano, assim como seus efeitos sobre as capacidades locais ao enfrentar situações de crise.

sido utilizados com sucesso em muitos conflitos. Eles permitem que diferentes agentes externos apóiem a apropriação local de um modo coerente e coordenado, com um enfoque inicial que tende a reforçar as capacidades dos governos locais e as instituições tradicionais. Assim, as entidades podem planejar e manejar importantes atividades de desenvolvimento, convertendo-se no núcleo da transformação nos níveis regional e nacional.

Quando as crises resultam de governos menos comprometidos, mais corruptos ou indiferentes ao clamor dos pobres – ou dão lugar a eles –, os fluxos de cooperação tendem a diminuir. Os parceiros externos em geral impõem condições, assumem o controle de funções vitais ou, em alguns casos, desobrigam-se totalmente da situação. Como resultado, os cidadãos desses países ficam submetidos a uma "condenação dupla". É necessário manter o compromisso pelo bem dessas pessoas, o que significa às vezes trabalhar com o governo para promover a responsabilização e a prestação de contas em áreas como arrecadação de rendas, reconstrução e manutenção da infra-estrutura básica, e prestação de serviços sociais básicos. Isso também permite a sustentabilidade de longo prazo e oferece pontos de entrada para influir na formulação de políticas e em outras decisões. Nos países em crise, comunidades de doadores em geral atuam com enorme intensidade durante um ou dois anos e depois se retiram, abandonando-os justamente quando a agenda de longo prazo precisa ser impulsionada. Para que o desenvolvimento de capacidades possa ter alguma oportunidade de deslanchar, é fundamental que os doadores permaneçam envolvidos.

Os países frágeis tendem a se diversificar em uma multiplicidade de agendas e interesses, algo que os agentes externos com freqüência não entendem, e por isso é essencial realizar consultas de intercâmbio com as comunidades locais. As comunidades podem experimentar um fluxo e uma evolução rápidos em seguida a um conflito; por exemplo, quando os refugiados retornam. Assim, ajustar a sintonia ou reorientar projetos não deve ser visto como debilidade ou ausência de planejamento, mas como virtude em termos de reconhecimento de necessidades. Além disso, deve-se explorar o panorama político como condição-chave para determinar se as condições desse país podem melhorar. Para consolidar maior estabilidade futura são fatores importantes: reforçar os processos parlamentares, estabelecer sistemas de comunicação e prestação de contas adequados, criar espaço para a profissionalização dos setores de justiça e segurança, apoiar as alianças entre os pobres, a educação cívica e a promoção dos direitos humanos.

Quando a crise prevalece, há um amplo espectro de recursos potenciais, com risco de que qualquer um possa escolher e determinar o que é importante. Os doadores inadvertidamente terminam se concentrando nos mesmos setores, negligenciando outros que oferecem menor visibilidade e rendimento político, o que é particularmente evidente onde há ausência de liderança. Mas, mesmo nessas circunstâncias, os parceiros no desenvolvimento ainda precisam responder diante dos beneficiários. Os agentes externos devem estar dispostos a aceitar a coordenação, o que significa contar com a habilidade de assumir a responsabilidade e com a boa vontade dos participantes no desenvolvimento. O ideal é que o papel da coordenação seja desempenhado por uma instituição nacional emergente, como foi o caso da Autoridade Afegã de Coordenação de Assistência (AACA).

Quando uma estrutura nacional está deslocada, os agentes externos emergentes devem somar recursos em um acordo temporário, talvez mediante uma agência de âmbito nacional. Esta última poderia servir como centro de coleta e distribuição de informações e como intermediária local, e deveria oferecer alto nível de flexibilidade, competência pessoal e autonomia confiável.

PONTOS-CHAVE

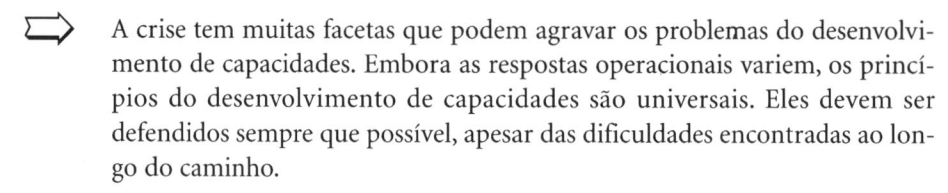 A crise tem muitas facetas que podem agravar os problemas do desenvolvimento de capacidades. Embora as respostas operacionais variem, os princípios do desenvolvimento de capacidades são universais. Eles devem ser defendidos sempre que possível, apesar das dificuldades encontradas ao longo do caminho.

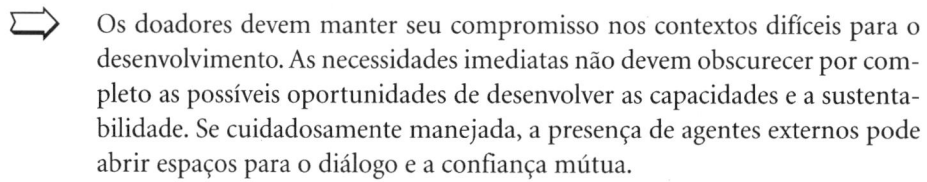 Os doadores devem manter seu compromisso nos contextos difíceis para o desenvolvimento. As necessidades imediatas não devem obscurecer por completo as possíveis oportunidades de desenvolver as capacidades e a sustentabilidade. Se cuidadosamente manejada, a presença de agentes externos pode abrir espaços para o diálogo e a confiança mútua.

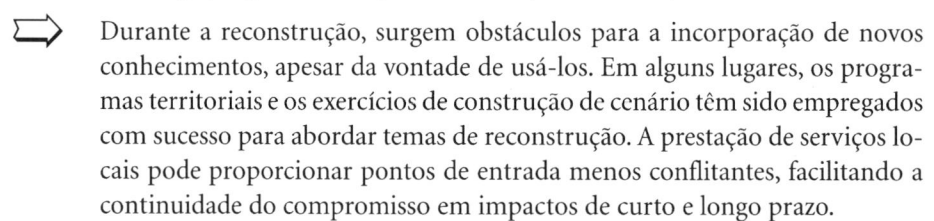 Durante a reconstrução, surgem obstáculos para a incorporação de novos conhecimentos, apesar da vontade de usá-los. Em alguns lugares, os programas territoriais e os exercícios de construção de cenário têm sido empregados com sucesso para abordar temas de reconstrução. A prestação de serviços locais pode proporcionar pontos de entrada menos conflitantes, facilitando a continuidade do compromisso em impactos de curto e longo prazo.

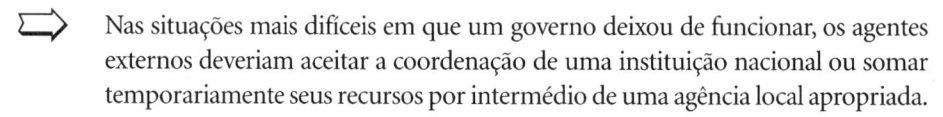 Nas situações mais difíceis em que um governo deixou de funcionar, os agentes externos deveriam aceitar a coordenação de uma instituição nacional ou somar temporariamente seus recursos por intermédio de uma agência local apropriada.

REFERÊNCIAS DA PARTE B

➲ *AFEGANISTÃO A capacidade local cresce em meio ao conflito e ao colapso da autoridade central (p.173)*

➲ *CAMBOJA A descentralização assenta as bases da reconstrução e da governança (p.198)*

➲ *EQUADOR Diálogo nacional propicia consenso sobre desenvolvimento sustentável (p.218)*

➲ *GUATEMALA Coordenação e flexibilidade ajudam a sociedade civil a recuperar a confiança depois da guerra (p.241)*

➲ *IÊMEN Uma Estratégia de Redução da Pobreza (ERP) prepara o caminho para as políticas de inclusão (p.251)*

➲ *RUANDA Ação coletiva* Ubudehe *alimenta esperança de reconstruir uma sociedade fragmentada (p.295)*

➲ *TIMOR LESTE   Voluntários facilitam transição entre guerra e reconstrução (p.312)*

2 Integração da cooperação externa nos sistemas e processos nacionais

Definir o desenvolvimento de capacidades como essencialmente um processo endógeno tem implicações fundamentais para a cooperação externa,[1] que este capítulo explora ao analisar, da perspectiva das capacidades, as relações de ajuda[2] e os diferentes estágios do ciclo de programação. Ressalta a necessidade essencial de integrar a cooperação internacional nos sistemas, processos e prioridades nacionais, seguindo o princípio fundamental de enraizar firmemente o desenvolvimento de capacidades na apropriação nacional.

Em todo o mundo, a cooperação externa desempenha um papel desproporcionalmente dominante. Os doadores, com um total de 63 mil projetos, dispensam boa vontade, prioridades, interesses e restrições – embora em geral derivem em confusão e ineficiência. Não surpreende que esse cenário se agrave nos países mais fracos e pobres, que, em geral, carecem da visão, da autonomia política e da perícia profissional necessárias para encontrar seu próprio caminho. Em contraste, os países com agendas mais definidas costumam contar com um esquema consistente e coerente de políticas, e têm mais probabilidades de aproveitar de modo favorável suas próprias capacidades.

---

[1] Há fatores mais amplos, como os encargos da dívida externa, os efeitos do ajuste estrutural e os déficits crônicos no comércio, que prejudicam decisivamente o desenvolvimento de capacidades. Consulte a seção 4.4.

[2] Estamos usando os termos estabelecidos "ajuda externa" e "doador-receptor" apesar de eles não refletirem as complexidades dessa relação. Na verdade, o doador também é parte receptora, inclusive de grandes quantidades de recursos, e vice-versa. Apesar de suas limitações, esses termos dão uma idéia da natureza da relação e ajudam a evitar confusão conceitual.

2.1. RELAÇÕES DE AJUDA: PARA ALÉM DA CONDICIONALIDADE

> O desenvolvimento sustentável ... deve ser objeto de apropriação local. O papel dos parceiros externos é ajudar a fortalecer as capacidades dos países parceiros para satisfazer essas grandes exigências integradas para o desenvolvimento sustentado, guiando-se pelas condições e compromissos de cada país. Para substanciar nossa fé na apropriação local e na parceria, devemos usar canais e métodos de cooperação que não deteriorem esses valores ... Em uma parceria, a cooperação para o desenvolvimento não tenta fazer as coisas pelos países em desenvolvimento e o seu povo, mas com eles ... As abordagens paternalistas não têm lugar nesta estrutura. Em uma verdadeira parceria, os atores locais devem pouco a pouco assumir a liderança, enquanto os parceiros externos respaldam seus esforços para assumir uma maior responsabilidade por seu próprio desenvolvimento[3] (OCDE, 1996).

Como as relações de ajuda podem chegar a desviar de modo significativo o resultado da cooperação para o desenvolvimento, convém examinar algumas das maneiras em que elas influenciam o desenvolvimento das capacidades. Baseada na simples noção de que toda operação de ajuda tem um doador e um receptor, essa relação é direcionada por dois grupos de motivos, objetivos e expectativas que podem coincidir ou diferir. Estes compreendem uma estrutura que não se pode dizer que repouse sobre um plano uniforme. A Figura 2.1.1. resume genericamente o ciclo de programação familiar a todos os profissionais da cooperação para o desenvolvimento.

Quando as relações de ajuda funcionam, são caracterizadas por forte correspondência entre os objetivos das partes, quer de forma abrangente, como em situações em que as duas se comprometem em usar a mesma estratégia, quer de maneira mais estrita, como em situações em que há acordo sobre objetivos operacionais específicos. No entanto, mesmo quando as partes convergem sobre algumas questões, podem estar buscando interesses diferentes, o que

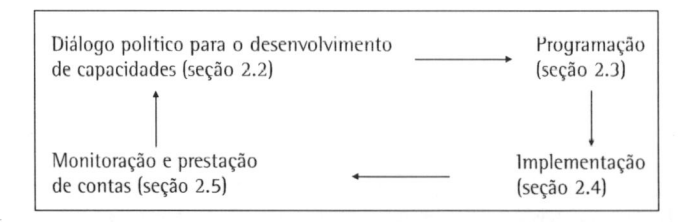

Figura 2.1.1. As relações de ajuda e o ciclo de programação

---

[3] Essa citação foi extraída do relatório pioneiro *Shaping the 21ˢᵗ Century*: The contribution of Development Co-operation, que foi endossado pelo Conselho Ministerial da OCDE em 1996 (www.oecd.org/search97cgi/stc.htm).

no devido curso pode gerar tensões e ameaçar um entendimento comum. Por exemplo, um lado pode estar mais interessado nos aspectos comerciais ou geopolíticos do que no desenvolvimento. Por isso, desde o primeiro momento, as duas partes devem ter clareza com relação ao compartilhamento dos objetivos básicos com respeito a *o quê* se espera conseguir.

Parece desnecessário dizer que os parceiros devem compartilhar também o *como*. Mas aqui é uma dimensão em que a ajuda externa tem cometido sérios erros há mais de quatro décadas. Já em 1969, a Comissão Pearson, em relatório ao presidente do Banco Mundial, enfatizou que a relação de ajuda devia ser baseada no respeito mútuo aos direitos e às obrigações, e declarou: "A formação e execução da política de desenvolvimento deve ser fundamentalmente de responsabilidade única do receptor, mas os doadores têm o direito de ser ouvidos e de ser informados de eventos e discussões importantes" (Comissão para o Desenvolvimento Internacional, 1969). Mas quando o volume das transferências de Ajuda Oficial para o Desenvolvimento (AOD) começou a aumentar, com a impaciência com relação à implementação lenta e a resultados deficientes nos países que proporcionavam os recursos, o envolvimento e o controle do doador expandiram enormemente, penetrando em aspectos que iam desde a formulação de estratégias à implementação real.

A dominância do doador tem sido mais comum em países pobres com baixa capacidade de manejo do desenvolvimento, com algumas exceções (Butão, Bolívia, Botswana, Cabo Verde, Egito, Etiópia, Índia, Jordânia e Vietnã, pelo menos durante alguns períodos nas duas últimas décadas). Mas, no geral, as relações de ajuda têm degenerado em paternalismo, especialmente porque muitos dos países mais pobres têm passado por recessão econômica e enorme endividamento. Atualmente há consenso de que essas abordagens paternalistas e manejadas pelo doador têm sido fator determinante para os resultados deficientes obtidos pela cooperação para o desenvolvimento.

Em vista disso, tornou-se necessário repensar as relações de ajuda, baseadas nos princípios originais e também nas realidades atuais. Estas últimas incluem o grande número de novos interessados não-governamentais (como os governos locais, organizações não-governamentais, grupos comunitários e o setor privado). Muitos desses atores, que anteriormente pertenciam ao lado do receptor, agora atuam como doadores por direito próprio – ONGs internacionais e locais e as fundações, por exemplo, habitualmente proporcionam aportes aos projetos ou programas. Mudanças como estas implicam a necessidade de uma abordagem mais sofisticada do que o antigo toma-lá-dá-cá. Embora o conceito de parceria seja uma tentativa de avançar nesse campo, ele não capta por completo as interações complexas entre todos os diferentes atores. Com freqüência, é requerida uma análise mais profunda dos envolvidos.

As relações de ajuda atuais também não são mais tão exclusivas quanto costumavam ser. Em países com quantidades de recursos externos excessivos em relação ao que eles conseguem efetivamente administrar, os doadores em geral acham fácil cooperar entre si, em vez de por meio de um coordenador do governo receptor. Essa estrutura oferece possibilidades para uma coordenação melhor, embora haja riscos de se agrupar de um modo que pode intimidar ou até mesmo marginalizar os representantes nacionais. Os riscos são particularmente acentuados quando os representantes do doador são tecnicamente mais experientes e mais bem informados do que seus contrapartes nacionais. Por sua própria natureza, as relações de ajuda são assimétricas, e requerem algumas medidas muito bem pensadas para contrabalançar as vantagens dos financiadores.

A configuração de vários doadores trabalhando com um único país receptor permanece importante, como a dinâmica entre um grupo doador e as instituições do governo anfitrião. Estas últimas podem variar consideravelmente entre um país e outro, ainda que a maioria dos participantes doadores seja a mesma, como têm revelado estudos de manejo e coordenação da ajuda em diferentes países africanos, em termos de respostas a problemas de baixa capacidade de absorção. O Centro Europeu para o Manejo de Políticas de Desenvolvimento (ECDPM),[4] por exemplo, relata que em Uganda e na Tanzânia os doadores estão se excedendo em suas funções para ajudar os governos receptores a encontrar caminhos para integrar todos os fluxos de ajuda externa em seus orçamentos, enquanto em Mali a tendência tem sido de cada doador tentar proteger seus próprios projetos de maneira que obstaculize a integração (Baser; Morgan, 2002; Danielson; Hoebink; Mongula, 2002; OCDE/CAD, 1998).

Mediante uma série de estudos de caso, o relatório do ECDPM determina que o relacionamento de ajuda é um importante fator na criação de precondições para o desenvolvimento de capacidades. Não há uma lição geral que possa ser extraída disso, porque cada situação nacional tem seu próprio potencial e suas próprias desvantagens. Mas o relatório deixa claro que um pequeno grupo de administradores da ajuda, com mentalidade parecida, pode conseguir melhores resultados para doadores e receptores por intermédio de um manejo integrado da ajuda.

Por sua parte, os governos receptores podem começar a mudar as relações de ajuda a seu favor experimentando novos métodos com os interessados e em seguida desenvolvendo uma política geral baseada nas avaliações. Quando um grupo importante de doadores acha possível colaborar sob novas condições, deve ser razoável esperar que outros o sigam.

Da condicionalidade às condições ajustadas

Há uma linha muito tênue, mas muito importante, entre as condições ajustadas que definem a maneira pela qual parceiros de desenvolvimento devem cooperar e as condicionalidades impostas por parte do parceiro dominante (ver Quadro 2.1.1.). O primeiro caso cria a apropriação; o segundo a destrói. Como afirma Joseph Stiglitz (1998):

> A condicionalidade e a apropriação por parte do receptor podem ser contrastadas mediante a seguinte pergunta: Se o país se apropriou de um programa de reformas, por que é necessária a condicionalidade?

Impor a mudança de fora (além do risco de ser inadequado) tanto pode facilitar o progresso quanto gerar resistência. Também solapa os incentivos para adquirir capacidades ana-

---

[4]   Em inglês European Centre for Development Policy Management.

líticas e mina a confiança dos receptores em sua habilidade para aplicá-las. Em vez de envolver grandes segmentos da sociedade em um processo de discutir a mudança – alterando assim seus modos de pensar –, a condicionalidade simplesmente reforça relações assimétricas tradicionais e fracassa na tentativa de capacitar aqueles que poderiam servir como catalisadores da transformação. Em alguns casos, demonstra abertamente suas fraquezas.

Depois de a Guerra Fria ter dominado a cultura de ajuda que caracterizou as décadas de 1960 e 1970, houve a ascensão de uma abordagem de condicionalidade vertical, de cima para baixo, promovida pelo Consenso de Washington nas décadas de 1980 e 1990.[5] Houve muitos casos em que um governo extremamente necessitado de recursos obteve empréstimos do Fundo Monetário Internacional (FMI) e do Banco Mundial que estavam condicionados à adoção de algumas medidas políticas. Na verdade, o governo não tinha condições de implementar essas medidas, não acreditava nelas e esperava por fim não precisar adotá-las. A falta de apropriação implícita nesses acordos explica muitos dos resultados negativos dos programas de reforma, agora bem documentados (Devarajan; Dollar; Holmgren, 2001).

Uma vez mais, o peso dessas condições recaiu principalmente sobre os países mais pobres, aqueles com a capacidade mais limitada para cumpri-las. A maioria deles está na África, mas podem ser encontrados também em outras regiões. Conduzidos para uma "armadilha da condicionalidade" pela carga pesada da dívida externa e suas necessidades de liquidez, esses países lutam para satisfazer demandas que lhes resultam exorbitantes e deterioram ainda mais suas já debilitadas capacidades. A perversidade da estrutura de incentivos se torna ainda mais notória pelo fato de países com mais capacidades, como Brasil, Indonésia e Turquia, enfrentarem menor condicionalidade. Eles podem evitar a armadilha, mantendo sua própria soberania nacional, simplesmente porque são fortes o suficiente para fazê-lo.

Uma razão por que tantos programas de ajuste estrutural falharam é que eles foram planejados sem um entendimento suficiente das situações enfrentadas pelas nações individuais. Embora a maneira pela qual a condicionalidade é aplicada não ofereça o teste final para alcançar os objetivos propostos, a abordagem cria um conflito de credibilidade relacionado à sua falta de conhecimento. Isso fez o Banco Mundial, que admitiu ter superestimado radicalmente seu próprio poder para encorajar a reforma em ambientes politicamente débeis (Santiso, 2002), substituir os programas de ajuste estrutural por uma agenda concentrada na redução da pobreza.[6]

Os próprios países em desenvolvimento concordaram coletivamente em implementar estratégias nacionais de redução da pobreza durante a reunião da Cúpula Mundial para o Desenvolvimento Social, realizada em Copenhague em 1995. Mas eles agora estão sendo solicitados para subscrever as Estratégias de Redução da Pobreza (ERP), introduzidas pelas

---

[5]   Em paralelo a isso, esforços significativos foram feitos para superar o enfoque tradicional do desenvolvimento, que é medido apenas pelo desempenho macroeconômico.

[6]   A ata de fundação do Banco Mundial proíbe-o de considerar os fatores políticos para estabelecer seus programas de ajuda. Mas tais princípios têm sido superados pelos fatos. Quando o Banco Mundial empresta dinheiro, em geral ele também faz sugestões para guiar o uso desses fundos (Ris et al., 1999; Stern, 1997).

Quadro 2.1.1. Condicionalidade, as ERPs e os ODMs

É difícil encontrar uma medida de desempenho que possa substituir a condicionalidade. O argumento original de David Dollar e Paul Cooliers para premiar os bons resultados foi apenas um estardalhaço calorosamente recebido pelos doadores que se preocupavam com a ausência de progressos. Mas quanto mais se examina esse argumento, mais questionável ele se torna.

O princípio de recompensar os bons desempenhos em primeiro lugar enfrenta o fato de que a maioria dos países está na média entre a boa e a má atuação (Banco Mundial, 1998). E quanto mais fraca a capacidade, maior a necessidade de apoio. Os doadores podem tentar limitar a questão sendo "seletivos", isto é, proporcionando ajuda apenas àqueles com bom desempenho?. Mas isso pode facilmente se tornar uma técnica de evasão, uma forma de condicionalidade apresentada de um modo mais diplomático.

Quanto mais atores e interesses diferentes envolvem-se no estabelecimento de seus próprios critérios de seletividade ou condicionalidade, mais difícil se torna para o governo anfitrião armar uma estratégia coerente que seja aceita pelo eleitorado e pelos doadores. Isso significa que se deveria dar dinheiro aos governos corruptos ou sem esperança? A resposta é não. Entretanto, há necessidade de trabalhar com a complexidade, em vez de se ater às condições genéricas ou escolher receptores "que gostamos" porque eles compartilham "nossos pontos de vista e nossas estratégias".

Estratégias de redução da pobreza

Um passo na direção da flexibilidade é o documento das Estratégias de Redução da Pobreza (ERP), introduzido para oferecer um amortecimento à dívida dos países pobres fortemente endividados como parte da iniciativa de mesmo nome do FMI e do Banco Mundial (HIPC/PPFE).[7] Os países membros preparam suas ERPs mediante um processo participativo que envolve tanto os interessados nacionais quanto os parceiros externos do desenvolvimento, incluindo o Banco Mundial e o Fundo Monetário Internacional. Atualizadas a cada três anos com relatórios anuais de progresso, as ERPs mapeiam as políticas e os programas macroeconômicos, estruturais e sociais do país com um horizonte de três anos ou mais, para promover um crescimento de base ampla e reduzir a pobreza, e também para garantir o financiamento externo. As ERPs interinas (ERPs-I) sintetizam o estado de conhecimento atual sobre a situação de pobreza de um país, descrevem as estratégias de redução da pobreza em uso e planejam o processo para produzir uma ERP completa de modo participativo. Para mais de setenta dos países mais pobres do mundo, as ERPs converteram-se no principal atrativo para se obter o apoio dos doadores.

O Banco Mundial e o FMI encaram as ERPS como um pacote de políticas baseado em um compromisso mútuo para reduzir a pobreza e empreender reformas políticas. Em vez de se valer da condicionalidade, o pacote organiza-se tendo como base objetivos e orientações que são formulados conjuntamente, deixando pouco ou nenhum espaço para as condições impostas, em especial aquelas, como a estabilidade econômica, que não comprovaram ser uma garantia de redução da pobreza. Criando uma abordagem em torno do diálogo, o Banco Mundial e o FMI estão tentando outorgar um novo significado às relações prestamista/doador, para revesti-las de maior confiança e compromisso. Os países em desenvolvimento podem afirmar sua liderança sobre as ERPs ou estratégias similares e negociar as bases de uma parceria de benefício mútuo. Os doadores, por sua vez, podem ser muito mais flexíveis no que constitui uma estrutura adequada de redução da pobreza, uma ERP ou uma iniciativa nacional equivalente.

Mas, apesar de representar um passo à frente, os documentos de ERP (DERP) ainda correm o risco de ser associados à condicionalidade vinculada à pobreza, e podem ser vistos como uma exigência superposta à longa lista de condicionalidades econômicas. Uma vez que os países formulam sua ERP, confrontam a exigência de refletir sobre essas prioridades em seus orçamentos nacionais, em um processo monitorado por revisões anuais. Se as ERPs tornarem-se tão-só outro requisito a ser cumprido para conseguir o amortecimento da dívida externa

---

[7]   Em inglês *Heavily Indebted Poor Countries.*

ou obter empréstimos concessionais, então será muito pouco o que elas poderão fazer para consolidar as capacidades nacionais ou promover os esforços de desenvolvimento.

A Declaração do Milênio

Os Objetivos de Desenvolvimento do Milênio (ODMs), como indicadores de resultados, poderão se tornar a chave para transformar o dilema da condicionalidade em oportunidade de medir o progresso sem receitas preestabelecidas para consegui-lo. A escolha de políticas permanece um fator determinante para o êxito, mas, como há diferentes caminhos para se atingir o mesmo alvo, os ODMs não especificam nenhum. Em vez disso, os atores nacionais precisam se envolver em ampla discussão para escolher os objetivos de relevância nacional que combinem ambição com factibilidade. Estes podem então compor uma estrutura realista consistente com as atuais restrições de capacidade as quais também estejam em consonância com o desenvolvimento de capacidades de curto e longo prazo. Como é possível medir o progresso em relação aos objetivos, a monitoração dos ODMs pode se converter em um instrumento poderoso para controlar o grau de responsabilidade daqueles que tomam as decisões nacionais, assim como o da comunidade internacional, e para vigiar se cumprem seus compromissos.

Para o desenvolvimento de capacidades, um aspecto importante dos ODMs é que eles oferecem uma perspectiva de longo prazo, em contraste com a condicionalidade, que se concentra no desempenho de curto prazo, em geral de um a três anos. Tanto os doadores quanto os receptores precisam expandir seu horizonte temporal para um prazo mais longo como componente essencial de uma nova estrutura de incentivos da ajuda oficial ao desenvolvimento (AOD). Agora que praticamente todos os países do mundo assinaram a Declaração do Milênio e se juntaram ao consenso em torno da correspondência de responsabilidades entre o Norte e o Sul, surge forte impulso nessa direção.

A Declaração do Milênio foi a culminação de várias décadas de conferências mundiais e acordos internacionais. Além de ter estabelecido os ODMs, exige que se preste atençao à governabilidade, à prevençao de conflitos, aos direitos humanos e à sustentabilidade, e baseia-se em valores fundamentais como liberdade, igualdade, solidariedade, tolerância, respeito pela natureza e responsabilidade compartilhada.

Inspirada nesta Declaração, a Terceira Conferência das Nações Unidas sobre Países Menos Desenvolvidos, realizada em Bruxelas, concordou em elaborar um programa de ação para a primeira década do milênio, com forte ênfase no desenvolvimento de capacidades em áreas críticas. Entre essas incluem-se a promoção de políticas orientadas para o povo, a governabilidade, as capacidades humanas e institucionais, capacidades produtivas e de comércio, reduzir a vulnerabilidade e mobilizar recursos financeiros. Esse encontro foi seguido da Conferência Internacional sobre Financiamento do Desenvolvimento, realizada em Monterrey, no México, onde a comunidade do desenvolvimento conseguiu importantes novos compromissos para avançar rumo aos ODMs. A Cúpula Mundial sobre Desenvolvimento Sustentável, que se reuniu em Joannesburgo, aprofundou-se na criação de um marco comum para obter progressos nas áreas de manejo de águas, energia, saúde, agricultura e biodiversidade. Aí também foi formalizado o compromisso com os ODMs como marco comum para se atingir o desenvolvimento sustentável.

instituições de Bretton Woods para avançar na apropriação nacional e nas estratégias de redução da pobreza. O problema é que, apesar de todas as boas intenções, as ERPs não trabalham necessariamente dessa maneira, em parte em virtude das escolhas limitadas disponíveis aos países em desenvolvimento. Há também o risco de que, sem confiança suficiente e diálogo aberto, esses documentos possam ser vistos como mais uma exigência do doador, em vez de uma mudança genuína nas modalidades. Como alguns casos recentes têm mostrado, a preparação das ERPs pode ainda ser direcionada pelo desejo de obter uma ajuda concessional continuada, em vez dos objetivos de desenvolvimento desejados.

Há algum modo de superar esse dilema? Uma coisa é certa: o sucesso da ajuda oficial ao desenvolvimento depende disso. E a esperança de avançar chegou pelas mãos dos ODMs, que representam uma nova estrutura para as políticas e o desenvolvimento de capacidades. Entendidos como um pacote entre os países doadores e os países em desenvolvimento, com uma ênfase na determinação nacional de alvos e caminhos de desenvolvimento, os objetivos proporcionam uma plataforma renovada de incentivos positivos e condições adotadas de mútuo acordo. Também oferecem uma abordagem de longo prazo, que tem como limite final o ano de 2015.

Se as ERPs conseguirem incorporar esses princípios, elas conseguirão atuar como estratégias nacionais específicas para atingir os ODMs. Como o planejamento das ERPs outorga às consultas aos interessados diretos e à participação um lugar central na definição das prioridades e ações nacionais, os países que contarem com as ERPs terão grande oportunidade de reclamar para si a apropriação de seus processos de desenvolvimento. E mesmo nos casos em que os governos não estejam comprometidos com os ODMs, outras forças sociais poderão exercer pressão para tornar as autoridades mais receptivas.

PONTOS-CHAVE

⇨ As relações de ajuda, que são por sua própria natureza assimétricas, têm influência importante nos resultados da cooperação para o desenvolvimento e em particular nas perspectivas para o desenvolvimento de capacidades. As relações de ajuda sólidas caracterizam-se por alto grau de correspondência entre os objetivos e as condições mutuamente acordadas entre doadores e receptores.

⇨ Os governos receptores, por seu lado, podem começar a mudar as relações de ajuda a seu favor, experimentando novos métodos com aqueles interessados e desenvolvendo depois uma política geral baseada em avaliações. Quando um grupo importante de doadores considera possível colaborar sobre novas condições, deve ser razoável esperar que outros os sigam.

⇨ A maneira pela qual a condicionalidade é aplicada não assegura o cumprimento dos objetivos previstos, e além disso apresenta um problema de credibilidade, quase sempre relacionado à falta de conhecimento sobre a situação de um país. Acomodar as metas às circunstâncias do país é a melhor maneira de planejar uma estrutura realística consistente com as restrições atuais das capacidades, que também estejam em consonância com as necessidades de desenvolvimento de capacidades de curto e longo prazo.

⇨ Se as estratégias nacionais, incluindo as ERPs, são nacionalmente orientadas pelos resultados, se são amplas, priorizadas, orientadas para a parceria e baseadas em uma perspectiva de longo prazo, contribuirão para alcançar ODMs adequados à realidade nacional. Como as ERPs outorgam um papel fundamental à consulta e à participação dos interessados diretos, os países em desenvolvimento têm a grande oportunidade de reclamar a apropriação de seus próprios processos de desenvolvimento.

REFERÊNCIAS DA PARTE B

- ➲ *EQUADOR Diálogo nacional propicia consenso sobre desenvolvimento sustentável (p.218)*
- ➲ *ESTÔNIA* Tiger Leap *populariza benefícios de novas Tecnologias de Informação e Comunicação (TIC) (p.224)*
- ➲ *LAOS Uma abordagem de equipe em sintonia com as formas locais de tomada de decisão (p.272)*
- ➲ *MOÇAMBIQUE Como apoiar a reconstrução depois das inundações (p.292)*
- ➲ *SUDESTE EUROPEU Um ponto de encontro virtual para reformadores da educação (p.354)*
- ➲ *TANZÂNIA Monitoramento independente coloca sob controle governo e seus associados (p.305)*
- ➲ *TANZÂNIA Irmanar instituições com confiança e eqüidade (p.309)*

2.2. DIÁLOGO POLÍTICO PARA O DESENVOLVIMENTO DE CAPACIDADES

Pode parecer óbvio afirmar que cada país está disposto a adotar e articular uma estrutura política que conduza ao desenvolvimento de suas capacidades. No entanto, não é bem assim. A política e as políticas estão muito relacionadas e oscilam ao ritmo de opções e sensibilidades parecidas. Para o diálogo político prestar-se à transformação, os objetivos e os resultados do desenvolvimento de capacidades precisam estar na agenda doméstica e aparecer nas negociações entre as autoridades nacionais e os doadores.

O diálogo é um instrumento fundamental para estabelecer o sentido de apropriação que produz resultados bem-sucedidos e se apresenta de três maneiras: *diálogo de parceiros* entre doadores e um governo receptor; *diálogo de doadores* entre os diferentes doadores; e *diálogo social* entre o governo e a sociedade civil. Todos os diálogos partem da premissa de que as condições impostas aos programas realizados em parceria podem ser de vários tipos, alguns mais técnicos e administrativos, outros mais políticos. Quando o diálogo não é efetivo ou não ocorre, e as políticas diferem dos valores ou das estratégias do governo, a apropriação e os resultados do desenvolvimento sofrem. Embora uma boa parceria possa criar oportunidades para aparar essas arestas, isso não dura muito. Se vários doadores estão apoiando as condicionalidades políticas impostas pelas instituições financeiras internacionais, por exemplo, até mesmo as parcerias individuais podem se deteriorar (Edgren, 2003).

À medida que os parceiros externos contribuem para o desenvolvimento de um país, é razoável permitir-lhes opinar ou até mesmo contribuir para os debates políticos. No entanto, o processo não deve substituir o diálogo político nacional contínuo. Quando este não existe, há momentos em que os governos receptores mostram-se mais dispostos a consultar os doadores do que seus eleitores. Segundo um pesquisador queniano,[8] essa dinâmica levou à organização de ministérios inteiros em torno das prioridades dos doadores, em vez de em torno dos imperativos nacionais.

A ênfase nos especialistas externos pode rapidamente suplantar os atores locais mais competentes, ainda que eles possam compreender melhor a sociologia e a política nacionais. É irônico que para muitos países receptores a dependência externa para levar a cabo as tarefas de planejamento tenha-se iniciado no próprio momento de sua independência nacional! Esses países nunca puderam traçar um plano ou uma estratégia de desenvolvimento sem ajuda externa; jamais vislumbraram seu desenvolvimento futuro sem apoio externo. Com o passar dos anos, a dependência produziu uma atitude entre os líderes nacionais que é de repúdio à busca de respostas endógenas, e os processos de desenvolvimento tornaram-se indefectivelmente dependentes da ajuda. Em vez de as atividades de desenvolvimento fluírem de uma estrutura política interna e de um conjunto de objetivos moldados pelo diálogo e apropriados pelo país receptor, eles tendem a começar e terminar no nível do projeto, um espaço em que o parceiro externo tem-se sentido sempre mais confortável, pois lhe permite maior controle e vigilância financeira.

---

[8]   Extraído de apresentação feita na mesa-redonda sobre Desenvolvimento de Capacidades realizada em Turim, na Itália, em dezembro de 2001 (http://capacity/undp.org/roundtables).

Em contraste, em uma parceria baseada em valores comuns e cimentada no diálogo, em que ambos os lados desejam o mesmo resultado, a condicionalidade política não representa grandes obstáculos, e a decisão sobre que medida política aplicar torna-se uma questão técnica. Apenas quando os valores e as visões estratégicas diferem, a condicionalidade pode retroceder os esforços de desenvolvimento, a ponto de precipitar a ruptura das negociações ou de levar os países receptores a adotar políticas nas quais na realidade não acreditam.

O diálogo, em um país, pode ser um valor fundamental na resolução de desacordos políticos; portanto, é uma capacidade que se constitui em uma forma importante de capital social e organizacional. Com freqüência surgem diferenças no contexto nacional, simplesmente porque as reformas trazem vantagens para alguns grupos e desvantagens para outros. Será mais fácil conseguir a aceitação se houver um esforço para formar consenso, sentido de eqüidade e de justiça, e um sentido de apropriação que derive da participação. Muitos exemplos já têm mostrado a importância do consenso na estabilidade macroeconômica. Por outro lado, uma decisão que, por exemplo, elimine os subsídios agrícolas, particularmente se imposta de fora mediante um acordo entre o partido governante e uma agência internacional, provavelmente não encontrará respaldo amplo.

Em outros casos, os países que não têm empregado processos de diálogo nem desenvolvido estratégias e políticas consistentes e nacionalmente apropriadas terminam se desintegrando em uma multiplicidade de estruturas de desenvolvimento justapostas que, por sua vez, os impede de concentrar efetivamente suas capacidades e assumir a liderança. Na medida das possibilidades, deve haver apenas uma estrutura de desenvolvimento nacionalmente desenvolvida e apropriada, seja uma ERP ou uma estratégia nacional equivalente. As autoridades nacionais estarão então em uma posição melhor para insistir no alinhamento da cooperação para o desenvolvimento e para rejeitar proposições que vão contra os objetivos nacionais. Também estarão em melhores condições para determinar claramente se suas políticas e estrutura institucional conseguirão facilitar o desenvolvimento sustentável das capacidades em uma escala necessária para apoiar a implementação.

Em termos do diálogo entre os parceiros da cooperação, é fundamental nivelar o campo de ação tratando do problema da assimetria nas informações. Os parceiros naturalmente têm fontes de informação diferentes, algumas podem ser mantidas protegidas para se obter vantagens táticas nas negociações. Os representantes dos países receptores podem manter em reserva o que os doadores lhes ofereceram, a fim de fazê-los competir entre si. Do mesmo modo, os doadores em geral são precavidos antes de se comprometerem com prazos longos. Às vezes não chegam a informar o país receptor sobre os custos reais de suas contribuições em espécie. Todas essas lacunas de informação aumentam os custos das transações, sobretudo porque conduzem a decisões baseadas em dados insuficientes e em considerações de curto prazo.

No passado, a maior parte do diálogo político era construída em torno de grupos consultivos e mesas-redondas, facilitadas pelo Banco Mundial e pelo PNUD, respectivamente. Pouco a pouco, os processos nacionalmente apropriados estão substituindo arranjos de origem externa como esses. Até mesmo alguns PMDs (ver Quadro 2.2.1.) estão começando a assumir o controle, estabelecendo foros nacionais de desenvolvimento. Estas e outras reformas na coordenação da ajuda deveriam levar em conta o seguinte:

Quadro 2.2.1. Foros de desenvolvimento nacional

O programa de ação da Terceira Conferência das Nações Unidas sobre os Países Menos Desenvolvidos (PMD) referia-se explicitamente à questão dos foros de desenvolvimento nacional nos seguintes parágrafos:

99. A implementação e o acompanhamento do Programa de Ação no âmbito nacional são de fundamental importância. Os governos dos PMDs devem realizar essa tarefa em suas estruturas nacionais de desenvolvimento e estratégias de redução da pobreza, incluindo, onde existirem, as ERPs, ECPs e Undaf, e com o envolvimento da sociedade civil, incluindo o setor privado, tendo como base um diálogo amplo e inclusivo. Os parceiros no desenvolvimento devem apoiar os objetivos e as políticas estabelecidas pelos PMDs, baseados no Programa de Ação e nas estruturas nacionais existentes de desenvolvimento e cooperação. Baseando-se no compromisso de cada PMD com essas estruturas políticas e planos de longo prazo, os parceiros no desenvolvimento se comprometem a estender o apoio adequado à sua implementação, incluindo apoio financeiro e técnico.

100. Alguns PMDs já tomaram medidas para iniciar um diálogo amplo e inclusivo sobre questões e políticas de desenvolvimento. Esses foros são fundamentais para garantir um consenso nacional genuíno e a apropriação dos programas nacionais de ação, e devem merecer todo o apoio. Outros PMDs devem seguir o exemplo desenvolvendo foros nacionais. Os Comitês Nacionais de Preparação criados para organizar a Conferência com a participação de representantes do setor público e da sociedade civil, incluindo o setor privado, devem ser incorporados a esses foros. Os foros nacionais, trabalhando em estreita cooperação com os parceiros no desenvolvimento, podem proporcionar uma plataforma para acompanhamento e monitoração sistemáticos da implementação de compromissos assumidos individualmente e no âmbito nacional pelos PMDs e por seus parceiros, assim como oferecer seu aporte para o acompanhamento nos níveis global, regional, sub-regional e setorial.

101. O sucesso dos PMDs na implementação do Programa de Ação no nível nacional vai depender *inter alia* da efetiva capacidade humana, institucional e técnica relacionada aos desenvolvimentos de políticas, monitoração da implementação e coordenação. Recomenda-se às equipes do coordenador residente da ONU e do próprio país, assim como a representantes nacionais das Instituições de Bretton Woods e a outros doadores bilaterais e multilaterais, assim como a outros parceiros no desenvolvimento, que apóiem e cooperem com os foros nacionais de desenvolvimento.

Fonte: Programa de Ação para os Países Menos Desenvolvidos, adotado pela Terceira Conferência das Nações Unidas sobre os Países Menos Desenvolvidos. Bruxelas, 20 de maio de 2001 (A/CONF 191/11).

- *O governo sempre dirige:* O governo deve assumir o controle, definindo a agenda, os programas e os resultados desejados. Isso pode incluir a subcontratação de algumas tarefas para aliviar a carga de execução.
- *Localização no país:* É preferível que o foro de desenvolvimento se realize no país interessado, e não em Paris ou Genebra. Isso não só envia um sinal claro de aprovação, mas também permite mais envolvimento dos participantes nacionais.
- *Diálogo contínuo:* Em muitos países, os grupos consultivos e as mesas-redondas desenvolveram-se de reuniões anuais para se converter em um processo.
- *Participação dos envolvidos:* Os grupos de interessados estão associados à transparência e à prestação de contas (ver seção 1.2).
- *Sinceridade e confiança:* Nem o número de participantes nem o tempo de duração determinam o valor de um foro. A qualidade do debate e as deliberações são mais importantes. Um movimento na direção do compromisso construtivo requer atenção ao processo, incluindo a facilitação, as dinâmicas de grupo e a resolução de conflitos (ver a seção 1.4).

A melhor garantia de consistência é aplicar ao diálogo político o princípio elementar de enraizar o desenvolvimento de capacidades na apropriação. Mediante reformas como as mencionadas anteriormente torna-se realmente possível proteger e impulsionar a apropriação, ao mesmo tempo que se melhora a qualidade do diálogo.

Como a escolha das modalidades de ajuda tem-se tornado cada vez mais um problema, e em particular a tendência de abandonar a ajuda a projetos em favor dos acordos de combinação de recursos e das transferências orçamentárias, o diálogo político a respeito das opções existentes deve ser aberto e direto (ver Quadros 2.2.3. e 2.2.4.). Embora os fatores que promovem ou solapam a apropriação possam ter sido suficientemente examinados no caso da ajuda a projetos, o panorama ainda está confuso com respeito às formas mais flexíveis de ajuda a programas. Alternativas como o apoio orçamentário geral aos SWAPs deveriam oferecer um caminho mais discreto para a apropriação local do que a ajuda a

---

Quadro 2.2.2. Uma estrutura para a cooperação do doador

A ajuda de um doador é delineada por uma estrutura institucional para suas relações com o governo parceiro e outros doadores, assim como por suas próprias regras e cultura internas. Um documento da OCDE/CAD estabelece nove princípios orientadores para oferecer uma assistência mais coordenada e efetiva. O documento também descreve práticas concretas específicas que os doadores podem adotar para desenvolver a estrutura geral para as relações entre doador e receptor e os sistemas de doador individual.

Princípios orientadores

1. Os doadores devem apoiar as estratégias de redução da pobreza impulsionadas pelo país receptor, ou estruturas nacionais equivalentes, e basear sua programação nas necessidades e prioridades neles identificadas.

2. A assistência ao desenvolvimento deve ser proporcionada de modo que construa – e não deteriore – a capacidade sustentável do país para desenvolver, implementar e prestar contas sobre essas políticas a seu povo e a seus legisladores.

3. A coordenação de ações entre os doadores aumenta a efetividade da ajuda, particularmente nos países dela dependentes. A coordenação da ajuda deve, sempre que possível, ser conduzida pelos governos parceiros.

4. A confiança nos sistemas de governo do país receptor, onde existir uma margem de segurança razoável sobre o uso adequado dos recursos, pode resultar em um melhoramento sustentável do desempenho governamental.

5. Os países e doadores associados têm um interesse compartilhado em garantir que os fundos públicos sejam utilizados de forma apropriada.

6. Os doadores devem trabalhar em estreita ligação com os países parceiros para lidar com as debilidades na capacidade institucional ou outras restrições que impeçam uma garantia razoável do uso adequado dos recursos de cooperação.

7. O desenvolvimento de sistemas nacionais apropriados nos países parceiros é um processo de médio prazo. Até os doadores poderem confiar nestes, devem simplificar e harmonizar seus próprios procedimentos para reduzir a carga depositada nos países parceiros.

8. Nenhuma abordagem isolada é adequada para todos os países. A maneira em que a harmonização é implementada precisa ser adaptada às circunstâncias locais e às capacidades institucionais.

9. A ajuda prestada para potencializar a sociedade civil e apoiar as organizações efetivas do setor privado também pode contribuir para melhorar o desempenho governamental.

Relações entre o doador e o parceiro

- Estabelecer os objetivos e as operações dos programas de um país e colocá-los ao alcance de todos.
- Programar a ajuda para vários anos.
- Usar indicadores comuns de desempenho.
- Construir um marco comum para a cooperação.
- Proporcionar informações completas sobre os fluxos de ajuda.
- Apoiar os governos parceiros na condução da coordenação da ajuda.
- Estabelecer uma estrutura comum de condicionalidade.
- Compatibilizar os ciclos de desembolso e de compromissos com os do governo associado.
- Integrar a revisão do apoio orçamentário aos processos nacionais de revisão.
- Abrir os processos para lidar com qualquer tipo de preocupação.
- Estabelecer regras claras para qualquer suspensão da ajuda.

Relações entre os doadores

- Consultar os governos parceiros.
- Estabelecer uma comunicação coerente com os governos parceiros.
- Compartilhar informações.
- Explicitar os acordos sobre a divisão de papéis.
- Reduzir a carga dos parceiros mediante a padronização de sistemas e procedimentos.
- Compartilhar os exemplos de procedimentos comuns.
- Empregar procedimentos comuns globais apenas em determinadas circunstâncias.

Sistemas de doador individual

- Criar promotores da harmonização nos níveis mais altos.
- Encorajar iniciativas na parceria e trabalhar com os escritórios nacionais.
- Descentralizar a tomada de decisões.
- Assegurar-se de que os administradores de programas estejam conscientes do grau de flexibilidade.
- Criar um ambiente de trabalho que facilite a colaboração e a flexibilidade.
- Estabelecer padrões de desempenho transparentes.
- Estar abertos a avaliações de desempenho na administração da ajuda.
- Rever regularmente os requisitos dos procedimentos.
- Rever a estrutura legal.
- Garantir a coerência entre as várias agências de um doador individual.

Fonte: O documento completo pode ser consultado em www.oecd.org/dc/donopractices.

projetos, caracterizada por uma estrutura de manejo mais complexa, facilmente descartada pelo doador. Mas as evidências obtidas dos programas de apoio orçamentário e do setor educacional em Uganda indicam que a flexibilidade proporcionada pela transferência de dinheiro é, em geral, circunscrita de modo progressivo por uma série de acordos informais pelos quais os doadores vigiam mais estreitamente o destino dos fundos que concedem. Esses acordos podem significar um retrocesso para as épocas anteriores da ajuda a projetos, podem impedir os programas de reduzir os custos de transação e ameaçar a apropriação nacional – o debate sobre o tema está fomentando a necessidade de compreender melhor a apropriação de recursos.

Quadro 2.2.3. Ajuda a projetos, enfoques programáticos e apoio orçamentário

A comunidade do desenvolvimento tem experimentado várias modalidades de ajuda que podem ser classificadas em três grupos: ajuda a projetos, enfoques programáticos ou setoriais e apoio orçamentário.

Ajuda a projetos

A ajuda a projetos tem sido há muito tempo duramente criticada por diversas razões, como seu alto custo e sua falta de sustentabilidade, por conduzir à duplicação, por estar pouco interessada nas preocupações intra e intersetoriais, além das razões de nível macro; porque, com freqüência, não se ajusta às prioridades locais, porque é facilmente dominada pelos doadores e pelo pessoal estrangeiro e por sobrecarregar as capacidades locais vinculadas ao manejo de relações com os doadores e intervenções fragmentadas.

Particularmente durante a era do planejamento centralizado do desenvolvimento, os Ministérios de Planejamento tentaram estabelecer regras para os projetos de ajuda externa, a fim de que se ajustassem às prioridades do planejamento. Esse foi também o princípio que em 1997 impulsionou a tentativa de Uganda de circunscrever as propostas de projetos a uma lista de atividades incluída no Plano de Ação para a Erradicação da Pobreza (Balihuta et al., 2002). Entretanto, essas regras gerais tendem a ser ineficazes, a menos que estejam respaldadas por revisões discricionárias de uma autoridade forte, financeira ou de planejamento. Uganda pôde fazê-lo, e isso explica por que a estratégia resultou, pelo menos parcialmente, bem-sucedida; China, Brasil e Índia, com seus governos centrais bem equipados, podem conseguir realizações similares. O Vietnã também tem um governo que atribui grande importância à identificação e à implementação de projetos de desenvolvimento, mas seu Ministério de Implementação de Projetos não tem alcance suficiente para evitar que ministérios setoriais aceitem projetos de ajuda administrados pelos doadores, a não ser que as contribuições da contraparte sejam excessivas (Vanarkadie; Boi; Tien, 2000).

Às vezes a peneira burocrática ajuda a eliminar projetos que são explicitamente desnecessários ou insustentáveis, mas nem por isso consegue instilar o sentido de apropriação requerido para operar com uma orientação nacional cara. Como foi explicado, a apropriação nasce do interesse dos envolvidos e da participação de todas as partes interessadas na identificação e na implementação de um projeto. Quando todos os participantes sentem-se responsáveis pelos resultados obtidos pelos beneficiários, a apropriação local está assegurada.

Esse processo exige diálogo, e este se apóia na capacidade de escutar (ver Quadro 1.3.2). Embora alguns especialistas estrangeiros possam presumir conhecer as necessidades do país inclusive melhor do que seus representantes, um doador sensível deve dar um passo atrás no momento de decidir sobre as linhas de um projeto e convidar os interessados para discuti-lo, assim como debater com eles todas as opções existentes e suas possíveis conseqüências. Como os doadores trabalham com a pressão de mostrar resultados em termos de desembolso e de ações concretas, as iniciativas para aplicar essa sensibilidade, que também exige que se disponha de mais tempo, devem provir dos escalões mais altos das agências doadoras.

Tem havido muita discussão sobre em que medida as modalidades de execução influenciam o sentido de apropriação local. Por exemplo, a transformação do PNUD da execução por agências para a execução nacional (NEX/EN) foi aprovada por seu Conselho Executivo como importante passo na direção da apropriação local. As reações dos receptores foram variadas. Os países com capacidade administrativa suficiente para se encarregar de todos os aspectos da implementação de um projeto acolheram a EN como uma oportunidade para aumentar o controle local. Ali onde a capacidade administrativa é menor, como em muitos países africanos, a EN tem sido vista como desnecessário aumento de papéis para projetos relativamente pequenos, e em muitos casos os receptores têm apoiado a execução diretamente a cargo dos escritórios nacionais (PNUD, 2002b).

Enfoques programáticos ou setoriais

Um enfoque setorial, mais conhecido como SWAP,[9] é uma estrutura de cooperação adotada por um grupo de agências doadoras e ONGs em parceria

---

[9] Em inglês, SWAP, *Sector Wide Approaches.*

com um governo receptor. A natureza multilateral de uma SWAP proporciona ao governo receptor (em geral representado por um ministério setorial) mais flexibilidade na implementação de um programa amplamente respaldado. Em princípio, os doadores apóiam o programa como um todo e não insistem em que suas contribuições individuais sejam direcionadas para uma atividade específica. Tanto quanto possível, os recursos externos são administrados com as contribuições do orçamento doméstico, e as regras e regulamentos de um ministério são aplicados a todos eles, assim como aos relatórios e às auditorias. Em algumas SWAPs, um grupo de doadores concorda em unir seus recursos nas denominadas "cestas" (ver o extrato sobre o CEGPD na seção a seguir). Em outros casos, os doadores contribuem com seus recursos para um programa setorial mediante financiamento paralelo, do qual mantêm contabilidade separada.

O enfoque setorial também reduz os custos administrativos e de transação ao eliminar uma infinidade de unidades de implementação de projetos, contas especiais, exigências de procedimentos e comissões de avaliação, que fascinam tantos departamentos do governo nos setores mais populares com os doadores (educação, saúde, estradas, agricultura etc.). Com o esquema da SWAP, o governo receptor traça seu próprio programa por meio de um ministério e antes que os doadores sejam convocados para oferecer seu apoio. A coordenação com os doadores é manejada pelo ministério designado por intermédio de reuniões conjuntas e revisões de programa, outorgando maior capacidade de controle aos funcionários dos ministérios. Entretanto, em alguns casos os funcionários ministeriais sentem-se intimidados pela perícia técnica exibida pelos doadores nas revisões dos programas, que ofusca as opiniões dos interessados e usuários nacionais e deixa claro que a forte liderança política não é suficiente para consolidar programas setoriais localmente apropriados (Reinikka, 2001).

O manejo conjunto pode resultar bastante complicado e incômodo quando as regras são negociadas caso a caso, ajustando-as às necessidades particulares de todos os agentes participantes. Em conseqüência disso, os custos de transação podem aumentar. Por razões similares, as investigações parecem mostrar que mancomunar esforços aumenta as pressões sobre capacidades que já se mostram débeis. Embora o objetivo das SWAPs possa ser reforçar a apropriação, o resultado às vezes pode ser o oposto, especialmente quando se deixa que um grande número de assistentes técnicos assuma o controle.

Apoio orçamentário

Em sua forma mais pura, o apoio orçamentário consiste em outorgar fundos que são entregues ao banco central ou ao tesouro do país receptor para cobrir um déficit previsto no orçamento governamental. Essa modalidade oferece um máximo de flexibilidade e se funde completamente com outros ingressos do governo. Essa forma de ajuda, que identifica o doador com todo o plano de gastos de um governo e não com um setor ou projeto específico, é justificada quando há baixa capacidade de absorção. É certamente menos complicada, mais concentrada e potencialmente mais efetiva em termos de custos.

O apoio orçamentário é comumente usado para prestar assistência financeira a um governo que necessita de ajuda flexível e de desembolso rápido (Justice, 2001), e com freqüência está associada a estas duas situações:

- O país sofre aguda necessidade de recursos financeiros, mas uma capacidade muito limitada para manejar novos projetos. É considerado capaz de expandir as atividades de desenvolvimento em curso sem por isso forçar excessivamente suas capacidades.

- O país tem uma capacidade demonstrada para manejar programas de desenvolvimento, mas enfrenta um déficit financeiro temporário. Uma injeção de fundos pode ajudar o governo a retomar o caminho de seu desenvolvimento.

O primeiro caso refere-se a uma situação em que ampliar a ajuda a projetos adicionais provavelmente não contribuirá para aprofundar o desenvolvimento de capacidades, uma vez que o país se encontra incapacitado de absorver mais recursos externos. Em geral, essa situação ocorre em países que dependem fortemente da ajuda a projetos. Por outro lado, é possível aprofundar o desenvolvimento e o crescimento mediante a expansão das atividades atuais, o que constitui um argumento a favor do aumento das transferências de ajuda. O segundo caso alude a países com capacidade para manejar programas de desenvolvimento, e por isso se refere sobretudo a situações de assistência financeira temporária.

O apoio orçamentário não é uma forma nova de ajuda. Como um subsídio político, é a forma de ajuda historicamente mais antiga. Tem sido praticada nos tempos modernos nas pequenas economias das ilhas do Pacífico Sul, embora, por diversas razões, seu uso esteja se tornando cada vez mais popular na África. Em primeiro lugar, a tendência ao ajuste estrutural abriu espaço para que as instituições financeiras internacionais se voltem para os pacotes de reforma que incluem um apoio orçamentário. Em segundo lugar, os doadores bilaterais têm percebido que a quantidade e apoio que os países mais pobres podem manejar é muito limitada. Em terceiro lugar, a expansão do empréstimo de programas e de alívio da dívida tem-se mostrado nas revisões sobre o gasto público como um instrumento efetivo para avaliar o desempenho dos países mutuários no campo do desenvolvimento. Atualmente é possível rastrear o uso de recursos orçamentários para se assegurar de que os fundos adicionais são usados para fins de desenvolvimento e não, por exemplo, para comprar equipamento militar. É claro que essa análise pressupõe a existência de informações detalhadas sobre os ingressos e os gastos, assim como o uso de modelos sofisticados

de previsão de resultados financeiros (Fozzard, 2001; Devarajan; Swaroop, 1998; FMI, 2001).

Do ponto de vista do desenvolvimento de capacidades, o apoio orçamentário é mais nacionalmente orientado do que a ajuda a projetos. Ao mesmo tempo, como é mais baseado nas condições políticas do que na implementação de atividades específicas, torna os países mais vulneráveis à pressão dos doadores. Para que um país receptor consiga dominar essa modalidade de cooperação, ele tem de contar tanto com sistemas de manejo efetivos quanto com excelentes bases de dados. Determinar se o apoio orçamentário pode contribuir para maior desenvolvimento das capacidades depende completamente das prioridades do governo.

O uso do apoio orçamentário e de outras transferências similares, como o apoio ao balanço de pagamentos ou a amortização da dívida, está se tornando cada vez mais freqüente, com crescente consciência dos doadores sobre a estreita conexão entre os custos de transação das transferências de ajuda e a verificação de atividades e relatórios. Quando diferentes fontes de financiamento estão disponíveis a um governo, em alguma medida elas serão intercambiáveis, não se levando em conta o quão estreitamente o gasto esteja vinculado a determinada atividade ou a uma aquisição (Devarajan; Swaroop, 1998). Quando há alto grau de intercâmbio, é menos lógico para o doador vincular uma contribuição a um projeto.

Quadro 2.2.4. Uma investigação do CEGPD[10] sobre acordos de combinação de recursos

A combinação de recursos de assistência técnica, especialmente em termos da ajuda setorial, é um dos aspectos em discussão sobre o tema da coordenação entre doadores. A combinação de recursos (pooling) é definida como uma ação coletiva entre as organizações internacionais de desenvolvimento e um governo para compartilhar ou transferir recursos a fim de alcançar objetivos políticos definidos pelo país.

O CEGPD conduziu uma pesquisa denominada "Harmonização da provisão de assistência técnica:

como encontrar o equilíbrio adequado e evitar a nova religião", que incluía os casos nacionais de Botsuana, Etiópia, Mali, Moçambique, Tanzânia e Uganda, assim como entrevistas com a maior parte dos doadores europeus bilaterais e algumas organizações internacionais de desenvolvimento de fora da Europa.

O estudo determinou que, embora o número de esquemas de combinação de assistência técnica em funcionamento seja reduzido, está aumentando na maior parte dos países investigados. Tendo como base essa pesquisa limitada, foram extraídas as seguintes conclusões, que devem ser testadas à medida que se acumula maior experiência.

---

[10] Em inglês, ECDPM, correspondente ao Centro Europeu para a Gestão de Políticas de Desenvolvimento.

Nos países estudados, o uso e o desempenho da combinação de recursos de assistência técnica parecem estar configurados por cinco fatores inter-relacionados:

1. A política e o contexto organizacional de cada país: a maioria dos governos ainda encoraja o uso de canais múltiplos de funcionamento nos programas setoriais que poderiam ser usados para financiar tanto a assistência técnica coordenada quanto a combinada.

2. Grande parte do comportamento da comunidade internacional de doadores com respeito à combinação de recursos de assistência técnica foi influenciada sobretudo por três fatores interconectados: restrições políticas e de procedimentos, estratégias e padrões de incentivos organizacionais.

3. Um fator fundamental que ajudou a mudança para a combinação de recursos de assistência foi a estrutura e o manejo das relações de ajuda entre um governo e os doadores. As relações que geraram um ambiente propício à combinação de recursos de assistência – a cultura de colaboração – determinou as bases nos níveis setorial, programático e de projetos.

4. As relações na comunidade internacional de doadores de um país também moldam o uso e a eficácia da combinação de recursos de assistência.

5. O projeto e o manejo do apoio aos programas setoriais constitui o contexto imediato de uma boa parte dos acordos de combinação de recursos. Assim como na generalidade das relações de ajuda, os mecanismos setoriais são uma forma de ação coletiva.

Melhoras e reformas para impulsionar maior combinação de recursos de assistência:

1. Os alcances da combinação de recursos são determinados em grande medida pela reflexão dos participantes sobre os meios e os fins da assistência técnica.

2. Persiste a necessidade de desenvolver estruturas melhores para avaliar a formação de capacidades. O surgimento de uma abordagem efetiva para a análise organizacional parece ser um dos elos que faltam para tornar mais efetiva a combinação de recursos de assistência técnica.

3. No traçado de estratégias com freqüência deve-se buscar equilíbrio entre a preparação detalhada e antecipada e enfoques mais graduais de aprendizagem com base na prática.

4. A decisão de começar a combinar os recursos de assistência técnica tem de ser acompanhada por uma idéia clara sobre o apoio organizacional requerido para seu sucesso.

5. A harmonização dos procedimentos é fator fundamental para a combinação de recursos.

6. Muitas das oportunidades potenciais para combinar recursos de assistência e harmonizar os procedimentos dependem da vontade dos parceiros externos para trabalhar na estrutura dos sistemas administrativos, financeiros e legais de um país.

7. A necessidade de melhorar a monitoração e a avaliação levanta a questão do equilíbrio de compensações entre os diferentes enfoques da combinação de recursos. Nos acordos de combinação, os papéis de "vigilância" da assistência técnica irão diminuindo à medida que os governos nacionais passem a se encarregar da assistência técnica de acordo com seus próprios interesses.

8. Há necessidade de acelerar o ritmo lento da reforma organizacional das agências doadoras internacionais. A mudança para uma atitude de maior colaboração e combinação de recursos, incluindo os de assistência técnica tem implicações para sua estrutura e para seu funcionamento.

9. Os resultados da pesquisa sugerem que a combinação de recursos de assistência técnica não constitui uma inovação decisiva, mas pode ser uma contribuição importante como parte de um conjunto maior de reformas combinadas. Entretanto, é importante avaliar a situação de um país antes de optar pela combinação de recursos e pela forma em que esta será executada.

Fonte: www.ecdpm.org/en/pubs/ technicalassistance_case_studies.htm.

Do ponto de vista das capacidades, estamos diante de um caso claro de aplicação do diálogo político para conseguir a integração de todas as formas de assistência às prioridades e processos nacionais. Quando um governo não representa plenamente sua população, ou onde os sistemas de administração não cumprem com padrões mínimos, o apoio orçamentário pode não ser factível, embora isso pudesse ser tomado como um bom ponto de partida para explorar opções e condições mutuamente acordadas. A apropriação de várias modalidades é de modo fundamental uma questão de escolha e adequação, com uma expectativa razoável de mais flexibilidade por parte do doador. Deve-se ter cuidado em não trasladar de maneira inadvertida os problemas da ajuda a projetos para os novos acordos.

Em geral, o diálogo político pode se beneficiar de maior flexibilidade dos doadores e isso constitui o cerne dos esforços atuais para harmonizar e simplificar suas práticas. As agências de desenvolvimento, com todas as suas boas intenções, criaram um emaranhado de regras, procedimentos e exigências que impõem altos custos de transação aos países em desenvolvimento e pressionam capacidades que já estão debilitadas, incluindo a de estimular discussões políticas produtivas sobre as prioridades nacionais. Ocorre o mesmo que com o aprendiz de feiticeiro: os sistemas criados aumentaram tanto que já não é possível escapar deles nem sequer modificá-los.

Em vez disso, deve existir a compreensão de que o objetivo principal é dialogar e convergir em torno das prioridades nacionais. Isso traslada o ônus da flexibilidade para os doadores, implicando que a maneira de negociar pode diferir muito de um país para outro. Do contrário, os acordos parciais e fragmentados entre os grupos de doadores podem encher de obstáculos o processo de harmonização.

Até o momento, os bancos multilaterais de desenvolvimento, os membros da OCDE/CAD, a União Européia e as agências da ONU se comprometeram a realizar maiores esforços para coordenar suas atividades, enquanto o impulso internacional refletido no Foro de Alto Nível sobre a Harmonização, realizado em Roma, oferece aos países em desenvolvimento uma plataforma para renegociar e racionalizar seus sistemas de ajuda. O registro de boas práticas desenvolvido pelo grupo de trabalho da OCDE/CAD sobre a atividade dos doadores representa um ponto de entrada concreto e potencialmente poderoso para iniciar novas formas de diálogo político.[11]

PONTOS-CHAVE

 O diálogo político com os doadores não substitui o diálogo político com o eleitorado nacional. Para canalizar a transformação, o diálogo político, tanto interno quanto entre receptores e doadores, precisa se concentrar explicitamente na questão das capacidades.

---

[11] Os participantes do grupo de trabalho do CAD sobre as práticas dos países doadores são, entre outros, Bangladesh, Bolívia, Camboja, Egito, Foro do Pacífico Sul, Guatemala, Mali, Marrocos, Moçambique, Quênia, República de Kirguiz, Romênia, Senegal, Tanzânia, Uganda e Vietnã. Na Declaração de Roma, os participantes comprometem-se a buscar soluções locais, a simplificar e a harmonizar em torno dos sistemas nacionais, reduzindo os custos de transação e promovendo o desenvolvimento de capacidades.

➡ Os países devem insistir na primazia de uma única estrutura de desenvolvimento, seja uma ERP, um plano de desenvolvimento nacional ou o equivalente, em torno do qual haja um amplo compromisso nacional. Isso requer a capacidade de reconciliar diferentes perspectivas políticas.

➡ Os foros de desenvolvimento nacional estão substituindo os grupos consultivos e as mesas-redondas, ambos dirigidos por agentes externos. Fator importante nesse processo é a orientação nacional dos foros, assim como os sérios esforços para intensificar a confiança e a franqueza entre os parceiros.

➡ Do ponto de vista das capacidades, percebe-se uma situação clara de integração dos aportes da assistência aos processos e prioridades nacionais. Este poderia ser o ponto de partida para explorar as opções existentes, mesmo naqueles casos em que as capacidades são fracas. Entretanto, determinar que modalidades de ajuda são as mais apropriadas é, definitivamente, uma questão de escolha e adequação.

➡ Como os programas de doador individual podem deteriorar o diálogo genuíno e adicionar complexidade ao manejo da ajuda, a tendência atual rumo à harmonização das práticas dos doadores oferece grande oportunidade para as reformas do sistema de ajuda com o objetivo de conseguir uma maior apropriação nacional e capacitação. A harmonização, em nível nacional, obviamente específica para cada realidade, difere muito da padronização entre grupos doadores. Na raiz do debate sobre a harmonização está o interesse em trasladar o peso da flexibilização dos países em desenvolvimento para seus parceiros externos.

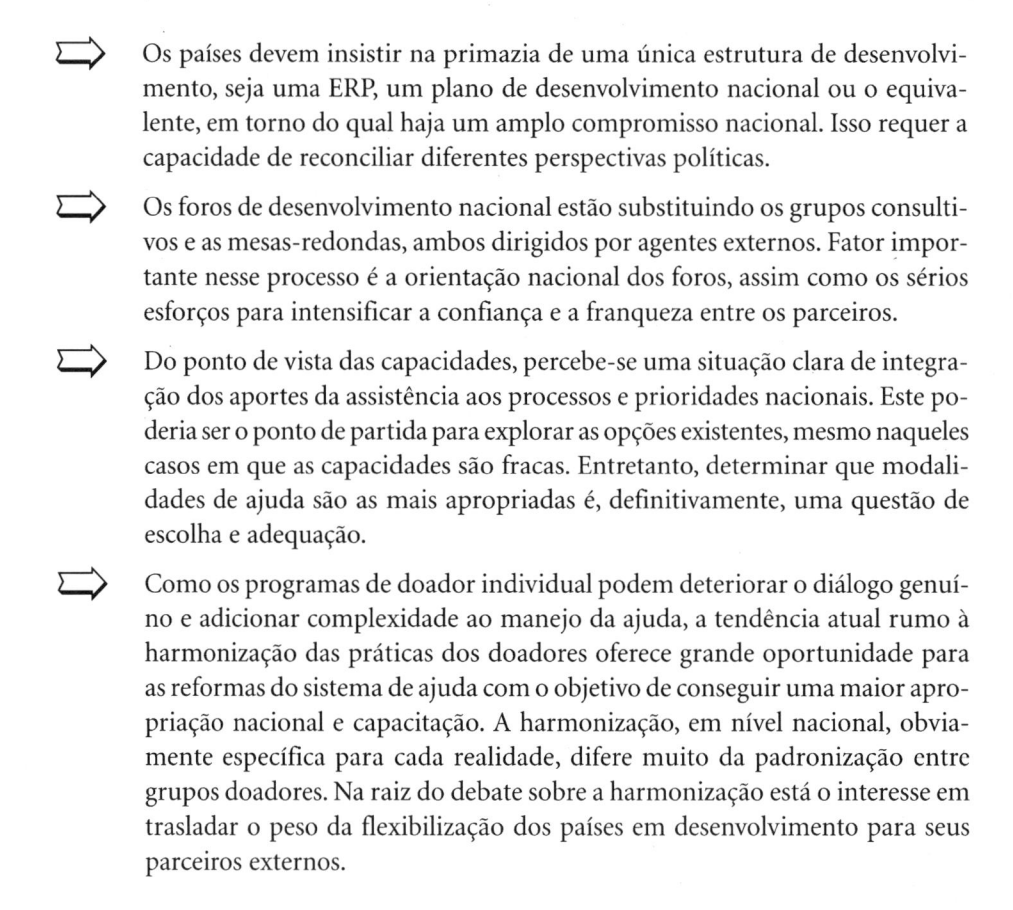

2.3. PROGRAMA DA COOPERAÇÃO EXTERNA

> O desafio não consiste em elaborar um documento técnico excelente, mas em facilitar a participação dos principais interessados e assegurar o pleno intercâmbio de informações relevantes. Por meio deste processo surge um delineamento que é o produto do intelecto, do conhecimento e da criatividade das pessoas participantes. Este processo é também ponto de partida da apropriação e da sustentabilidade. Em conseqüência disso, qualquer esboço de um projeto deve emergir de um processo e não ser elaborado em substituição ao processo. (Manual de Programação do PNUD)[12]

Programar atividades de desenvolvimento é uma parte estratégica da governança e também um exercício de repercussão interna para transformar uma visão nacional ampla em ações concretas. Entretanto, as aspirações de desenvolvimento de muitos países veriam-se drasticamente reduzidas caso não contassem com recursos externos, o que os obriga a escolher entre as prioridades e usar os escassos recursos locais. Embora os governos receptores possam tecnicamente recusar ofertas de cooperação externa que não se encaixem em suas prioridades, são muito poucos os países que recusariam essas oportunidades, ainda que elas se contrapusessem às estratégias nacionais de desenvolvimento.

Além disso, em muitos casos continua sendo mais fácil concordar sobre os objetivos operacionais do que sobre as políticas. Em vista disso, os desacordos em torno das políticas terminam escondidos sob o tapete quando um projeto é aprovado. Também pode ser uma falha não respeitar plenamente os procedimentos nacionais para definir e aprovar as prioridades e as designações orçamentárias relacionadas. A prática comum de camuflar esses mecanismos – entre eles o escrutínio parlamentar – é antidemocrática, desvia os recursos nacionais para atividades de pouca ou nenhuma prioridade e obscurece o verdadeiro custo dos esforços de desenvolvimento.

A programação em geral inicia-se com um diagnóstico que inclui a avaliação das necessidades, estudos setoriais, análises de gênero e do meio ambiente, de responsabilidade financeira e outros componentes. As avaliações de capacidade são um primeiro passo importante para qualquer tentativa séria de desenvolver um programa de reformas. Elas proporcionam as informações básicas para medir o progresso e o desempenho, assim como para identificar pontos fortes e fracos, lacunas e desafios. Embora as avaliações de necessidades costumem ser realizadas com regularidade, raramente são sistemáticas ou iniciadas pelas instituições nacionais, embora as auto-avaliações de capacidades às vezes sejam uma boa alternativa (ver Quadro 2.3.1).

Mesmo que não se possa cobrir toda a série de questões requeridas por uma análise sistemática, a simples formulação de perguntas abre as portas para a discussão interna. O exemplo de uma ferramenta útil nesse processo é a Avaliação Nacional de Responsabilidade e

---

[12] Para mais informações, consultar www.unep.org/bdp/pm/.

Quadro 2.3.1. Avaliação de capacidades

✎   O que é a auto-avaliação de capacidades?

Uma avaliação de capacidades é o resultado de algum tipo de decisão política, como a necessidade de melhorar a prestação de algum tipo específico de serviço público, de reduzir os custos de administração do governo ou de fortalecer o processo legislativo. Uma auto-avaliação das capacidades determina o estado atual de necessidades e prioridades em matéria de capacidades – identifica quais são as capacidades existentes e quais as que estão faltando. Também mede a magnitude das lacunas de capacidades. Ao identificar as lacunas, os países podem desenvolver um plano de ação para superá-las. Esse método reconhece o fato de que as necessidades de capacidades mudarão com o passar do tempo, bem como que a avaliação tem de ser contínua.

Como se pode realizá-la?

Determina-se o tema que deve ser tratado e a forma de abordá-lo

Identifica-se e envolve-se um conjunto amplo de interessados diretos

Investiga-se o que já se sabe sobre a necessidade de construir capacidades no país

Identifica-se a chave da capacidade construída

Desenvolve-se um plano de ação para consolidar e sustentar as capacidades

---

✎   Quais são os enfoques, os instrumentos e as técnicas para as avaliações de capacidade?

Avaliar a capacidade no nível individual refere-se ao processo de mudança de atitudes e comportamentos: compartilhar conhecimentos e desenvolver as habilidades a tempo de maximizar os benefícios da participação, o intercâmbio de conhecimentos e a apropriação.

- *Exigências de trabalho e níveis de habilidades:* Os trabalhos estão corretamente definidos? É possível contar com as habilidades requeridas?
- *Treinamento e atualização:* Está-se aprendendo o necessário?
- *Ascensão profissional:* Há oportunidades de avanço e progresso profissional?
- *Ética/responsabilidade:* Há efetiva delegação de responsabilidades? As pessoas são responsabilizadas por suas ações?
- *Acesso às informações:* Há adequada cobertura das necessidades de informação?
- *Redes pessoais e profissionais:* As pessoas estão em contato entre si e trocam informações com os colegas?
- *Desempenho e conduta:* Está-se medindo corretamente o desempenho?

- *Incentivos e segurança:* São suficientes para promover a superação?
- *Valores, integridade e atitudes:* Ocupam e mantêm o lugar que lhes corresponde?
- *Estado anímico e motivação:* Estão adequadamente mantidos?
- *Relocalização no trabalho e emprego compartilhado:* Há alternativas para as práticas vigentes?
- *Interação e trabalho de equipe:* Há efetiva interação entre as pessoas? Formam equipes de trabalho efetivas?
- *Interdependência:* Há níveis apropriados de interdependência?
- *Habilidades de comunicação:* São eficientes?

Avaliar a capacidade no nível institucional significa concentrar-se no desempenho e na capacidade geral da organização, assim como em sua habilidade para se adaptar à mudança. Visa a desenvolver a instituição como um sistema total, incluindo indivíduos, grupos e a organização em si.

- *Avaliação da missão e da estratégia:* As instituições definiram e entenderam com clareza suas respectivas missões?

> - *Avaliação da cultura, da estrutura e das competências:* As instituições estão bem estruturadas e são administradas de forma eficiente?
> - *Avaliação dos processos:* Os processos institucionais, como o planejamento, o manejo de qualidade e a monitoração e avaliação, são eficazes?
> - *Avaliação de recursos humanos:* Os recursos humanos são adequados? Estão suficientemente capacitados e são distribuídos de modo adequado?
> - *Avaliação de recursos financeiros:* Estão sendo manejados de forma eficaz e estão distribuídos de modo que facilite as operações?
> - *Avaliação dos recursos de informação:* A informação requerida está disponível e é manejada e distribuída de maneira eficiente?
> - *Avaliação da infra-estrutura:* Os recursos materiais – prédios, escritórios, veículos e computadores – estão distribuídos apropriadamente e são manejados com eficiência?
>
> **Avaliar a capacidade no nível da sociedade** enfatiza a estrutura geral das políticas na qual os indivíduos e as organizações operam e interagem com o meio externo; assim como nas relações formais e informais entre as instituições.
> - *Avaliação dos sistemas ou estruturas políticas:* Quais são os pontos fortes, pontos fracos, oportunidades e ameaças com respeito aos fatores sociopolíticos, do governo e do setor público, econômicos e tecnológicos e do meio físico?
> - *Avaliação legal e reguladora:* Conta-se com legislação apropriada e as leis são efetivamente aplicadas? (Isso inclui tanto as regulamentações formais quanto as informais, como as normas culturais.)
> - *Avaliação da estrutura administrativa e de prestação de contas:* As responsabilidades institucionais estão claramente definidas e se prestam contas publicamente da sua administração?
>
> - *Avaliação da estrutura política:* O meio político é favorável?
> - *Avaliação da estrutura econômica:* Os mercados funcionam de maneira efetiva e eficiente?
> - *Avaliação dos recursos no nível dos sistemas:* Os recursos humanos, financeiros e de informação necessários estão disponíveis? (Podem tanto ser dos governos locais ou nacionais, do setor privado, da sociedade civil ou das ONGs.)
> - *Avaliação de processos e relações:* Há interação entre as diferentes instituições e processos e eles trabalham em conjunto de forma efetiva? (Isso inclui os governos locais e nacionais, o setor privado e a sociedade civil.)
>
> ✎ **Quais são as considerações críticas para se fazer funcionar a avaliação de capacidades?**
>
> *Princípios-chave que devem guiar o processo de desenvolvimento de capacidades durante a fase de avaliação:*
> - Trabalhar com base nas capacidades existentes para assegurar a apropriação nacional, a liderança e o compromisso político.
> - Adotar um enfoque totalizador com respeito ao desenvolvimento de capacidades.
> - Utilizar as estruturas e os mecanismos de coordenação existentes toda vez que for apropriado.
> - Promover ampla participação.
> - Ajustar os programas de desenvolvimento de capacidades às necessidades locais.
> - Adotar um enfoque de longo prazo no contexto amplo do desenvolvimento, mediante a coordenação e a vinculação com os esforços existentes, e a integração com outras iniciativas de desenvolvimento.
>
> *Fonte:* Adaptado da UNDP-GEF, 2001; PNUD, 1998.

Transparência do PNUD (Contact).[13] Ela proporciona um conjunto de diretrizes genéricas formuladas para ajudar os governos na condução de auto-avaliações de seus sistemas de administração financeira e na luta contra a corrupção. O Grupo de Trabalho da ONU sobre Harmonização e Padronização respaldou o Contact, especialmente por sua capacidade para avaliar sistemas de administração das finanças públicas.[14]

---

[13] Em inglês, Country Assessment in Accountability and Transparency (Contact).

[14] Pode-se encontrar mais informações sobre o tema em www.undp.org/governance/contact_cdrom.htm.

De modo geral, a programação ainda sofre alguns problemas comuns que obstaculizam a obtenção de resultados duradouros. Um deles são as idéias preconcebidas, uma tendência que pode excluir soluções alternativas e talvez mais adaptáveis, ou de aplicação doméstica, para os problemas do desenvolvimento. Outro problema é a ambição excessiva e as expectativas de mudança pouco realistas. Roma e Pequim não foram produto de um dia; a democracia é o resultado de séculos. A determinação de etapas deve ser realista e baseada nos processos sociais e históricos. O que interessa são os resultados finais, e embora possa ser desejável definir o rendimento e as atividades, isso costuma provocar uma rigidez que obriga os programas a perder contato com as realidades emergentes. Sempre que for possível, os governos devem tentar se valer de enfoques de construção de cenários ou outros similares para estimular o debate entre instituições para definir orientações futuras. A construção de cenários é particularmente adequada para países que atravessam circunstâncias especiais de desenvolvimento.

Infelizmente, as estruturas atuais de incentivos para a indústria do desenvolvimento colocam a quantidade muito acima da qualidade. Uma ênfase na quantidade pode ter sentido para o setor privado, em que a maior parte das atividades se concentra em projetos relacionados com fábricas, serviços e outras empresas, cujo valor é determinado de acordo com sua capacidade para produzir bens e serviços. No setor público isso também aplica-se, mas com duas importantes distinções: primeiro, em geral a quantidade e a qualidade do rendimento – quando os serviços são gratuitos ou sem fins lucrativos, não se pode falar em utilidades nem em competências; segundo, pode haver intervenções múltiplas – literalmente centenas delas – para apoiar um mesmo empreendimento.

Por exemplo, melhorar o desempenho agrícola pode exigir uma combinação de ações no nível nacional, como fixar preços justos para os produtores, regularizar a posse da terra, escolher os cultivos mais adequados, melhorar as sementes e o equipamento e facilitar créditos e o acesso a mercados mediante uma infra-estrutura melhor. Quais são, então, os fatores fundamentais para se ter êxito na agricultura? Obter maiores rendimentos pode ser um dos fatores, mas será que isso é sustentável? Será mais importante a fertilização do solo? Os benefícios chegam a todos os agricultores ou apenas aos que têm fazendas maiores e mais capital? Melhorou a segurança alimentar no país e em toda a região? E assim sucessivamente. A implementação isolada de qualquer dos aspectos mencionados pode conduzir a um desempenho insatisfatório, ou ao fracasso.

Ainda assim, todo doador tem sua lista individual de demandas em um Programa Nacional ou documento similar. Este descreve os aportes do doador, e é invariavelmente seguido por documentos mais detalhados que especificam grande variedade de processos e metas. Eles surgem em todos os tamanhos e formas, orientando trabalhos como a criação de um pequeno posto de saúde, o financiamento de treinamento vocacional, a construção de uma estrada secundária, o estabelecimento de cooperativas rurais, o reforço do sistema judiciário ou a abertura de uma universidade. A maioria dos projetos é administrada por uma entidade contábil discreta, com estruturas de funcionamento, responsabilidades de implementação e obrigações legais claramente definidas. Os marcos lógicos converteram-se em um instrumento "para assegurar a consistência entre os objetivos, rendimentos, atividades e aportes; para identificar riscos ou suposições importantes, e para assegurar que a intervenção pode conseguir resultados mensuráveis".[15] Entretanto, ao desenvolver programas e documentos de projetos é essencial deixar um espaço aberto para a repetição, a aprendizagem e o reajuste.

Os documentos do projeto deveriam ser elaborados em colaboração com os representantes do país receptor e mediante contínuas consultas com os principais envolvidos (ver Quadro 2.3.2.). Mas, na verdade, o consultor muitas vezes não chega a realizar essa tarefa, pois os procedimentos para fazê-lo intensificam as demandas sobre funcionários do governo que, em geral, já trabalham sob intensa pressão. Isso evidencia o fato de que a programação ainda está dominada pela preocupação de apenas cumprir, que é uma atitude legítima, mas o verdadeiro desafio está em iniciar um processo significativo que gere participação e apropriação, e ao mesmo tempo fixe as bases para conseguir resultados sustentáveis e o desenvolvimento de capacidades. Os documentos de programas ou de projetos não servem apenas como referência básica para a implementação e o monitoramento, mas também devem considerar os aspectos da sustentabilidade como base financeira e contexto institucional de progresso contínuo no período posterior ao projeto.

Quadro 2.3.2. Práticas úteis para o trabalho analítico por países e preparação de projetos e programas

1. Princípios básicos
- O governo receptor deve se envolver plenamente no trabalho de análise nacional e na preparação das operações do doador toda vez que a apropriação nacional seja relevante para a efetividade analítica ou operativa.
- Os sistemas do governo receptor devem ser utilizados quando puderem oferecer a qualidade de análise requerida. Quando a capacidade nacional for insuficiente, os doadores devem se encarregar da análise de um modo que ajude a consolidá-la.
- Quando os sistemas do país parceiro não merecerem a confiança do doador, este deve tentar harmonizar o trabalho analítico de seu próprio país com a atividade preparatória, a fim de minimizar a pressão sobre o governo receptor.
- A harmonização da análise não significa se reduzir a uma única fonte de assessoramento político.

2. Práticas úteis
a) Desenvolvimento de instrumentos de análise
- Os doadores devem colocar todo seu instrumental de diagnóstico à disposição dos governos parceiros, das outras agências e de outros grupos interessados.
- Os doadores devem cooperar entre si, assim como com os países parceiros, para determinar se são necessários novos instrumentos de diagnóstico, como desenvolvê-los e como racionalizar os existentes.
- Se for necessário maior desenvolvimento ou racionalização dos instrumentos de diagnóstico, os doadores devem dar prioridade: à redução das superposições ou duplicações desnecessárias, particularmente na análise de sistemas e capacidades; e à orientação da aplicação dos instrumentos para o desenvolvimento de capacidades. No delineamento de qualquer instrumento deveria ser incluído um seguimento sistemático, para monitorar como os governos e os doadores administram sua aplicação. Um exemplo de racionalização dos instrumentos de diagnóstico no nível nacional é o Sistema de Monitoração da Pobreza da Tanzânia.
- Os doadores devem incluir os países receptores no desenvolvimento e na racionalização dos instrumentos de diagnóstico.
b) Aplicação de instrumentos de diagnóstico
- Os doadores devem visar a confiar no trabalho analítico produzido pelos governos parceiros e por outros doadores.
- Sob a liderança do governo parceiro, os doadores devem ajudar coletivamente no planejamento do

---

[15] Tal como o define o Manual de Programação do PNUD (www.undp.org/bdp/pm/).

trabalho analítico que será realizado no período seguinte.

- Os doadores devem encarar o trabalho analítico de forma conjunta ou confiar no desempenho do país receptor ou dos outros doadores. Quando isso não for possível, devem coordenar seu trabalho e suas tarefas com outros doadores e com o governo receptor, planejando tarefas de análise similares que aliviem a carga dos funcionários nacionais.
- Os doadores que realizarem trabalho analítico em um país associado precisam ter os contatos apropriados com o governo receptor.
- Quando o trabalho de análise for transversal, os pontos de contato com o governo deverão convergir de todos os departamentos mais afetados.
- Ao planejar o abastecimento de dados e análise, os doadores devem trabalhar em estreita associação com os departamentos do governo que os utilizam, assim como com os produtores técnicos (p. ex., os escritórios de estatística).
- Os doadores devem estimular o trabalho conjunto de análise de política setorial e programação como base para as operações que apóiam nesse setor.
- Sempre que possível, os doadores devem usar a experiência em trabalho em equipe do país parceiro para o trabalho de análise, a fim de consolidar a capacidade analítica nacional.
- No trabalho analítico de doadores múltiplos, o tamanho ideal da equipe deve ser determinado pela função e pela tarefa que serão cumpridas, e não pela representação do doador.

c) Disseminação e uso do trabalho analítico no desenvolvimento de políticas

- Todo trabalho analítico deve ser plenamente compartilhado, respeitando as normas dos doadores individuais e os acordos prévios com o país receptor.
- Nos países cujas leis garantem o direito público à informação, os doadores devem respeitar e promover o direito de acesso ao trabalho analítico, como determina a lei.
- Os doadores devem se assegurar de que todos os seus documentos sejam redigidos de modo compreensível, com linguagem e conceitos simples e claros.
- Os doadores devem assegurar ampla difusão eletrônica dos documentos de análise, por meio de bibliotecas virtuais.
- Os relatórios e os termos de referência deveriam incluir listas de distribuição para os relatórios de investigação (incluindo os governos regionais e locais).

- Deve-se colocar à disposição dos países parceiros material impresso que condense o trabalho de análise em quantidade suficiente para circularem pelo interior do país.
- No caso de trabalhos especialmente importantes, "versões populares" devem ser difundidas para gerar ampla compreensão do tema, inclusive por intermédio dos meios de comunicação.
- Os doadores devem apoiar a formulação de políticas nacionais baseadas em evidência empírica.
- Os documentos de estratégia devem reconhecer o aporte dos estudos analíticos.
- Os seminários de capacitação centralizados nos resultados de trabalhos importantes devem estar abertos a membros do poder legislativo e a outros especialistas em políticas para os quais o tema seja relevante.

d) Trabalho específico para preparar operações apoiadas pelos doadores

- Os doadores devem assegurar a compatibilidade de suas operações com a estrutura de programação que tenha sido combinada com o governo receptor. Se essa compatibilidade ou estrutura não existirem, deve-se verificar com o governo a congruência das operações com a estratégia nacional de redução da pobreza ou um esquema equivalente.
- Os doadores devem promover um entendimento compartilhado das abordagens um do outro na preparação dos projetos adotando uma terminologia comum para as diversas fases do ciclo de um projeto. Quando possível, este deve se basear na terminologia empregada pelo governo receptor.
- Os doadores devem introduzir flexibilidade em seus procedimentos para permitir o uso de notas do projeto, estrutura lógica e propostas de financiamento do governo receptor ou de outro doador. A flexibilidade deve se estender ao uso de formatos e às designações.
- Os doadores deveriam buscar as oportunidades que se apresentam no delineamento de um projeto para envolver os países parceiros de modo que desenvolvesse sua capacidade para compreender esse tipo de trabalho.
- Quando os doadores usarem uma estrutura de resultados para identificar as possíveis atividades, deveriam fazê-lo com o governo associado e outras agências, a fim de chegar a um entendimento compartilhado dos problemas e de suas soluções.

Fonte: OCDE (www.oecd.org/dac/donorpractices)

PONTOS-CHAVE

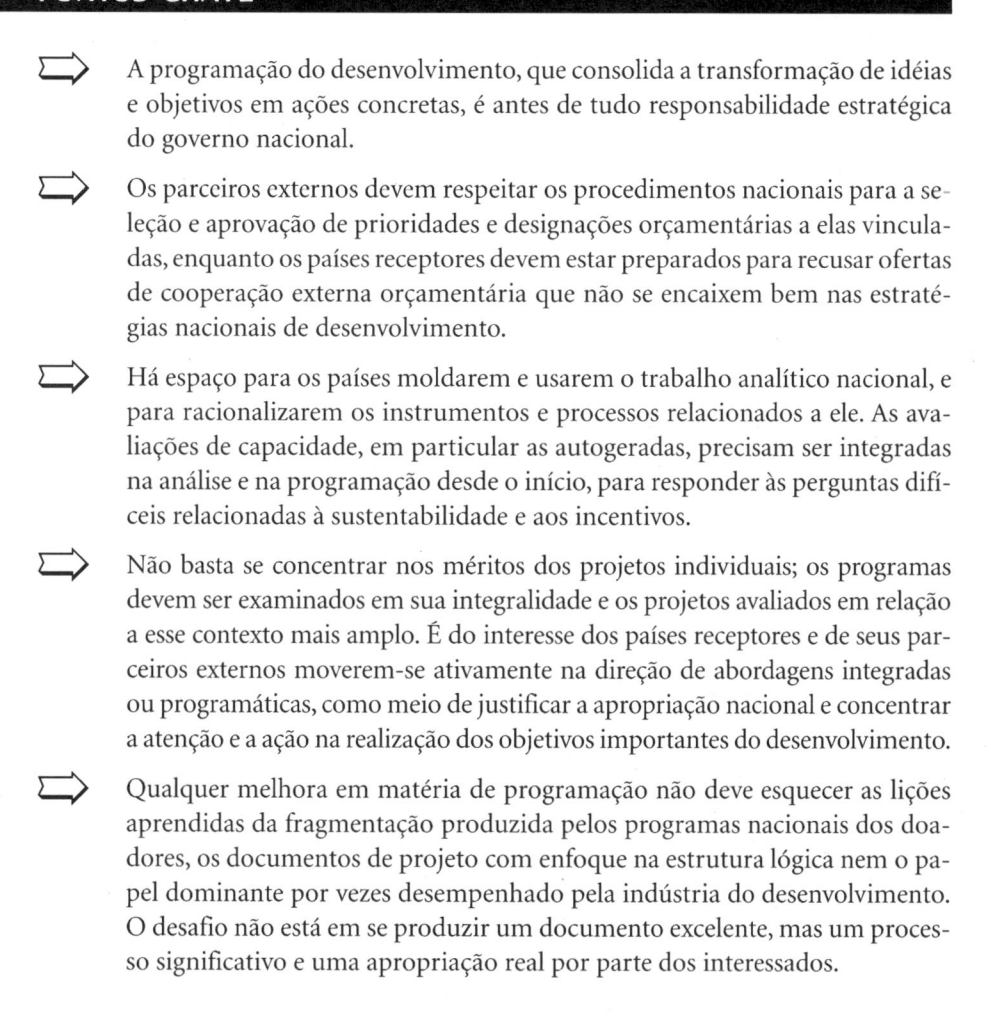

⇨   A programação do desenvolvimento, que consolida a transformação de idéias e objetivos em ações concretas, é antes de tudo responsabilidade estratégica do governo nacional.

⇨   Os parceiros externos devem respeitar os procedimentos nacionais para a seleção e aprovação de prioridades e designações orçamentárias a elas vinculadas, enquanto os países receptores devem estar preparados para recusar ofertas de cooperação externa orçamentária que não se encaixem bem nas estratégias nacionais de desenvolvimento.

⇨   Há espaço para os países moldarem e usarem o trabalho analítico nacional, e para racionalizarem os instrumentos e processos relacionados a ele. As avaliações de capacidade, em particular as autogeradas, precisam ser integradas na análise e na programação desde o início, para responder às perguntas difíceis relacionadas à sustentabilidade e aos incentivos.

⇨   Não basta se concentrar nos méritos dos projetos individuais; os programas devem ser examinados em sua integralidade e os projetos avaliados em relação a esse contexto mais amplo. É do interesse dos países receptores e de seus parceiros externos moverem-se ativamente na direção de abordagens integradas ou programáticas, como meio de justificar a apropriação nacional e concentrar a atenção e a ação na realização dos objetivos importantes do desenvolvimento.

⇨   Qualquer melhora em matéria de programação não deve esquecer as lições aprendidas da fragmentação produzida pelos programas nacionais dos doadores, os documentos de projeto com enfoque na estrutura lógica nem o papel dominante por vezes desempenhado pela indústria do desenvolvimento. O desafio não está em se produzir um documento excelente, mas um processo significativo e uma apropriação real por parte dos interessados.

REFERÊNCIAS DA PARTE B

➲   *CAMBOJA Um marco para ingressar no comércio mundial (p.201)*
➲   *CHINA Uma visita de observação facilita profunda mudança de políticas (p.205)*
➲   *EGITO Uma comunidade confiante aprende a lidar com seu meio ambiente (p.212).*
➲   *IÊMEN Uma Estratégia de Redução da Pobreza (ERP) prepara o caminho para as políticas de inclusão (p.251)*
➲   *INDONÉSIA Descentralização começa com diagnóstico de capacidades atuais (p.263).*
➲   *RUANDA Ação coletiva Ubudehe alimenta esperança de reconstruir uma sociedade fragmentada (p.295).*
➲   *UGANDA Desenvolvendo as capacidades de descentralização e governança local (p.322)*

2.4. IMPLEMENTAÇÃO DA COOPERAÇÃO EXTERNA

Embora os países normalmente estabeleçam regras e regulamentações para a implementação de programas e projetos, muitos processos introduzidos pelos doadores podem se contrapor a elas dando origem a sistemas e a exigências paralelas que competem entre si e diluem as capacidades importantes. A execução pode ser da responsabilidade das instituições nacionais, mas a realidade muitas vezes parece diferente, com a indústria do desenvolvimento continuando a desempenhar um papel preponderante, em detrimento da apropriação e das capacidades nacionais. Em alguns casos, até mesmo a execução nacional tem conduzido à criação de unidades paralelas de execução conduzidas nacionalmente, mas cuja implementação segue mais as regras da ONU do que as do país de origem.

Seja em uma estrutura estabelecida do setor público, seja em outra projetada para um projeto específico, a implementação efetiva depende de um manejo cabal.[16] As linhas de responsabilidade e de prestação de contas devem ser claras e concordar com as práticas estabelecidas e com a legislação. Se forem débeis ou carecerem de transparência, devem-se tomar providências para fortalecê-las, em vez de criar mecanismos paralelos.

A implementação também necessita estar bem vinculada a níveis mais exigentes de vigilância; em última instância, deve responder perante o parlamento ou instituição equivalente. Os corpos de vigilância rastreiam o progresso e asseguram que as atividades sejam executadas de modo eficiente, que os objetivos continuem sendo válidos e as estruturas apropriadas. Também desempenham importante papel no tratamento das interdependências, tanto horizontais quanto de vinculação entre os níveis micro e macro. Embora o manejo possa e deva assegurar que as autoridades apropriadas estão conscientes dos efeitos colaterais de decisões relacionadas, os corpos de vigilância devem mostrar que estão aí para lidar com os afunilamentos e se tornar particularmente acessíveis às preocupações da equipe nacional, que pode se sentir ofuscada pelos especialistas estrangeiros.

Uma vez que se chega a um acordo financeiro com os doadores, os recursos devem estar à disposição da instituição nacional responsável e devem ser por ela administrados, seguindo os procedimentos de prestação de contas e de auditoria que tenham estabelecido em comum. Nesse ponto, o sentido de apropriação de um administrador de fundos depende, em grande parte, da autoridade que ele tem sobre o orçamento. Quando os recursos estão comprometidos por certo período de tempo e os administradores desses recursos têm a capacidade de usá-los de acordo com as normas governamentais e as regulamentações do convênio da ajuda, é provável que se responsabilizem pessoalmente pelos resultados desse manejo de uma forma que seria impossível se fossem os doadores que tomassem as decisões (Edgren, 2003). A demora nos desembolsos de recursos cria um tipo especial de restrição para os países receptores e ocasiona frustração, deteriora a confiança e desencadeia uma sucessão de falhas.

---

[16] A administração é a chave para avaliar a apropriação. No entanto, deve-se diferenciar manejo de implementação: o primeiro implica decisões estratégicas sobre a forma pela qual os recursos serão distribuídos, enquanto a implementação alude à aplicação que um país faz do conteúdo de um documento de projeto.

A sustentabilidade financeira e institucional além do período do financiamento externo deve ser tratada durante a implementação; uma administração responsável deve considerá-la prioridade. É vital tomar algum tipo de providência para o financiamento futuro, seja sob a forma de recursos governamentais recorrentes, tarifas para o usuário ou outras formas de ingresso direto. A história do desenvolvimento está repleta de exemplos de instituições apropriadamente estabelecidas que afundaram em virtude da falta de recursos para se manterem, uma vez finalizada a cooperação.

Entram também no âmbito do manejo as decisões cotidianas sobre subcontratações e abastecimento, que de algum modo também conduzem ao desenvolvimento de capacidades. Por exemplo, contratar consultores nacionais ou estrangeiros exige cuidadosa seleção que inclui fatores estranhos à perícia técnica, como domínio do idioma, sensibilidade cultural e capacidade de relacionamento interpessoal. Os termos de referência devem ser explícitos com respeito ao que se espera obter, não só no nível técnico, mas também em relação ao intercâmbio de conhecimentos e destrezas com a equipe nacional. Os administradores não devem hesitar em solicitar um *feedback* regular da equipe nacional com referência à utilidade e qualidade dos serviços recebidos, um pouco na linha das miniavaliações realizadas em workshops e em capacitação.

Unidades de implementação de projetos ou programas

As unidades de implementação de projetos ou programas (UIPs) constituem um dilema maior. Embora alguns comentaristas afirmem que elas têm um impacto negativo sobre as capacidades, os profissionais tendem a considerá-las inevitáveis (ainda que não estejam necessariamente em desacordo sobre seu potencial de impacto negativo). Tem ficado bem estabelecido que essas unidades são com freqüência rápidas e de execução conveniente quando justapostas a organismos equivalentes do governo, caracterizados por serem lentos, pesados e sem coordenação. Quando um projeto específico conta com financiamento amplo, as UIPs são um mecanismo útil para enfrentar cargas de trabalho excessivas. Proporcionando a oportunidade para processos transacionais potencialmente complicados, ajudam a prevenir o crescimento das burocracias que florescem em torno dos fluxos de cooperação, seguindo a lógica das magras instituições públicas. Os projetos patrocinados por um doador têm impulso próprio, e as UIPs facilitam-lhes uma gestão e desembolso rápidos, assim como implementação mais clara.

Entretanto, o impacto sobre as capacidades é uma história diferente. Como estruturas paralelas, as UIPs podem introduzir uma quantidade de efeitos duvidosos.[17] Quando a

---

[17] Essa questão foi discutida em alguma profundidade durante a Segunda Mesa-redonda sobre Reformas da Cooperação Técnica realizada em Turim em dezembro de 2002 (http://capacity.undp.org/roundtables/index.html) e em muitas redes de conhecimento do PNUD. O organismo prepara atualmente um informe prático sobre as UIPs.

implementação de projetos supera as instituições existentes, aumenta a fragmentação e distorce os incentivos (Hilderbrand, 2002). As entidades paralelas realmente tendem a deteriorar as estruturas e cadeias de comando, e por norma desviam os escassos recursos humanos qualificados da administração central. Quando vistas da perspectiva das capacidades, com freqüência as estruturas de implementação paralela parecem ser um enxerto estranho. Um pesquisador chileno declarou que as UIPs se convertem em miniministérios, com pessoal muito bem remunerado, excelentes possibilidades de capacitação e equipamentos de primeira linha, o que desperta a inveja de outras repartições do governo (Banerjee; Valdiva; Mkandia, 2002).

Algumas desvantagens das estruturas de implementação paralela incluem:

- O processo rápido da tomada de decisões e da implementação pode não ser necessariamente compatível com a aprendizagem institucional.
- As UIPs podem ser usadas como mecanismos para se fugir de reformas fundamentais.
- Os arranjos paralelos introduzem incentivos negativos.[18]
- As UIPs mais poderosas podem manejar uma agenda de desenvolvimento e impor receitas sobre como um governo deveria trabalhar.

A discussão sobre as vantagens ou desvantagens das UIPs continua intensa porque a evidência das avaliações não é por si só suficiente para se chegar a um veredicto claro. Sob certas circunstâncias, essas unidades podem ser sintonizadas para satisfazer os objetivos de capacidade. Por exemplo, as UIPs têm sido mais favoráveis à capacidade quando atuaram como parte de ministérios ou departamentos (ou inclusive em um esquema de harmonização conduzido por um doador), e não quando usadas como estruturas isoladas.[19] Também têm sido relatadas experiências mais positivas das UIPs "orgânicas". Por exemplo, nas Filipinas, elas têm sido encabeçadas e integradas por um número significativo de indivíduos de origem nacional. O uso de fundações (algumas respaldadas pelo governo) pode equiparar as vantagens do desenvolvimento de capacidades sem deslocar as atividades.

Também pode-se argumentar que a harmonização dos doadores deveria ser aplicada às UIPs. Na verdade, pode não haver justificativa para uma quantidade exorbitante de unidades. Uma estrutura de serviço mais permanente, administrada no nível nacional e unificada para a execução de projetos pode oferecer importantes economias de escala.

Mas, em perspectiva ampla, o dilema fundamental continua o mesmo: o problema de drenar as capacidades de suas instituições legítimas. Verifica-se claramente que o uso das

---

[18]   Isso é intensamente discutido no próximo capítulo.

[19]   O Brasil apresenta um caso interessante nesse sentido, já que há muitos anos vem praticando a integração. Enquanto o país adquiria domínio sobre o manejo de processos de desenvolvimento, a Unidade Nacional de Execução era restituída às agências da ONU mediante um acordo de subcontratação. Apesar das conotações negativas das UIPs com respeito à capacidade, é possível usar alguns modelos da UIP que têm mostrado de modo consistente produzirem os melhores resultados na criação de capacidades.

UIPs ou de estruturas similares está mais disseminado do que é normalmente admitido. Em geral, os grupos de trabalho, as unidades de financiamento e contratação, os conselhos de reforma e os centros de coordenação são UIPs ligeiramente disfarçadas. Por exemplo, na República de Kirguiz (Cukrowski, 2002), o Grupo de Trabalho de Reforma da Administração Pública funciona como uma UIP sem receber tal designação. Muitos outros atores do cenário do desenvolvimento também encontraram maneiras criativas de disfarçar as UIPs com diferentes nomes e atribuições. Entretanto, é fácil detectá-las mediante suas modalidades de financiamento. As etiquetas pré-fabricadas não conseguem ocultar o fato de que elas não poderiam sobreviver sem o dinheiro dos projetos de cooperação.

Os países que mantêm firme controle sobre seus processos de desenvolvimento têm mais probabilidade de empregar as UIPs com menor risco de deteriorar o sentido de apropriação e com mais possibilidades de se beneficiar em termos de ganhos de eficiência. Mas os países com capacidades débeis enfrentam uma situação fundamentalmente diferente, pois o risco de esmagar as entidades nacionais é muito alto. Nesses casos, embora possa constituir um desafio incômodo, o ponto de partida ainda deve ser trabalhar com as prioridades, processos e sistemas nacionais. Os mecanismos do tipo UIP deveriam ser uma exceção nos países menos desenvolvidos (PMD) e seu funcionamento deve ser muito justificado e contar com uma estratégia clara de saída. Em alguns casos, a melhor opção pode ser a política de "cobrir as lacunas sem vergonha" (Berg et al., 1993); por exemplo, colocar os assistentes técnicos em funções de linha. O Quadro 2.4.1. resume várias considerações críticas, embora a questão das UIPs e dos esquemas de incentivo esteja discutida mais a fundo na seção 3.3.

PONTOS-CHAVE

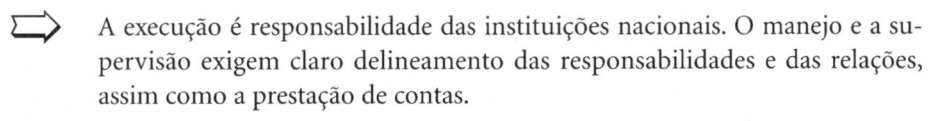 A execução é responsabilidade das instituições nacionais. O manejo e a supervisão exigem claro delineamento das responsabilidades e das relações, assim como a prestação de contas.

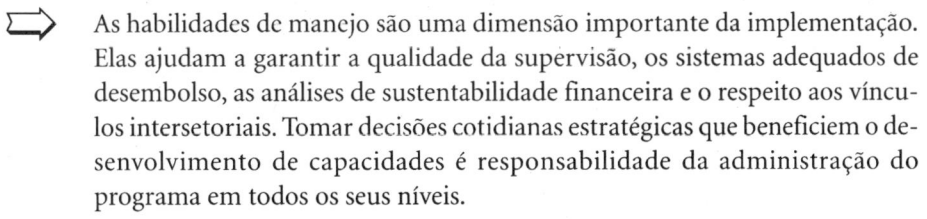 As habilidades de manejo são uma dimensão importante da implementação. Elas ajudam a garantir a qualidade da supervisão, os sistemas adequados de desembolso, as análises de sustentabilidade financeira e o respeito aos vínculos intersetoriais. Tomar decisões cotidianas estratégicas que beneficiem o desenvolvimento de capacidades é responsabilidade da administração do programa em todos os seus níveis.

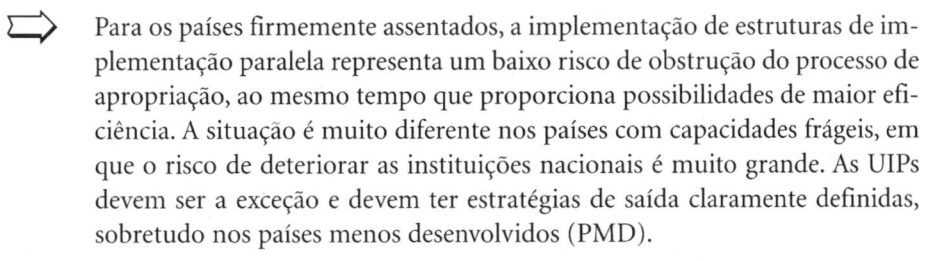 Para os países firmemente assentados, a implementação de estruturas de implementação paralela representa um baixo risco de obstrução do processo de apropriação, ao mesmo tempo que proporciona possibilidades de maior eficiência. A situação é muito diferente nos países com capacidades frágeis, em que o risco de deteriorar as instituições nacionais é muito grande. As UIPs devem ser a exceção e devem ter estratégias de saída claramente definidas, sobretudo nos países menos desenvolvidos (PMD).

Quadro 2.4.1. Preenchendo as lacunas: separando a ideologia da realidade

Quando se discute a reforma do sistema de ajuda internacional, é critério generalizado que a política de preencher vazios deteriora o desenvolvimento das capacidades e sob nenhuma circunstância deveria ser considerada uma opção viável. Ainda assim, esse critério pode ser questionado.

Atualmente, há vários países em que grandes deficiências em matéria de capacidades não chegarão a ser resolvidas em, pelo menos, uma geração. Nesses casos, a situação é tão problemática que não deixa outra saída senão cobrir as funções de linha, ou deixar que os serviços entrem em colapso. Entretanto, mesmo quando a necessidade é assim tão clara, a experiência sugere várias áreas que requerem reflexão profunda antes de se optar por cobrir vazios. Tais reflexões seriam:

- *Apropriação:* Em que lado se registra a necessidade de preencher vazios: no governo de um país em desenvolvimento ou no país doador?

- *Capacidade institucional:* O governo será capaz de definir suas necessidades e administrar a cooperação uma vez que esta tenha sido outorgada? A capacidade institucional atual é suficiente para administrar as exigências institucionais do país? A capacidade de absorção é suficiente para assegurar a prestação de contas?

- *Reformas do serviço público:* O programa de reformas em curso pode enfrentar as restrições para que o serviço público seja mais atrativo a longo prazo?

- *Avaliação das capacidades:* Foi desenvolvida alguma avaliação das habilidades disponíveis em setores fundamentais, ou algum plano para enfrentar essas deficiências?

- *Áreas críticas e estratégicas:* Os cargos a serem preenchidos são necessariamente fundamentais para o funcionamento do governo?

- *Programas de treinamento:* Há programas paralelos para treinar o pessoal e compensar as deficiências de habilidades a longo prazo?

- *Integração no sistema:* Os estrangeiros estão integrados ao aparelho governamental ou trabalham como extranumerários? Os estrangeiros respondem perante os administradores locais ou diante de dirigentes do projeto que não são parte do governo e também eles são estrangeiros?

- *Alternativas:* O governo considerou ou desenvolveu planos para reverter o êxodo? Foram postos em andamento mecanismos alternativos e de menor custo para recrutar pessoal?

Conclusões

O desafio não consiste em insistir nas vantagens do assessoramento sobre a política de preencher vazios na execução de tarefas, mas em satisfazer as necessidades da situação com o mecanismo com maior probabilidade de facilitar a concretização dos objetivos do desenvolvimento nacional. À medida que os países em desenvolvimento assumirem um papel mais importante na definição da assistência para o desenvolvimento, podem optar por preencher os vazios em algumas áreas estrategicamente importantes. Recusar-se a respeitar uma decisão desse tipo que já foi bastante ponderada significaria voltar ao paradigma de "o especialista sempre sabe mais". Dito isso, preencher vazios não é um enfoque que deva ser usado levianamente nem, mais importante ainda, de um modo que deteriore as capacidades locais.

Fonte: Baser, Hauck & Land: www.capacity.undp. org/cases/insights/index.html.

Embora trabalhar com as prioridades, sistemas e processos nacionais possa ser um desafio incômodo, isso deve continuar sendo um ponto de partida. É preferível integrar o assessoramento externo para cobrir lacunas "sem vergonha" do que estabelecer instituições paralelas.

REFERÊNCIAS DA PARTE B

➲ *ÁFRICA Crescimento do setor privado começa com melhores administradores (p.332)*
➲ *ÁFRICA OCIDENTAL Cooperação Sul-Sul facilita cultivo de novo tipo de arroz (p.340)*
➲ *ESTÔNIA Uso inovador das fundações para implementar políticas nacionais (p.221)*
➲ *JORDÂNIA Um enfoque não-ameaçador para a colaboração interdisciplinar (p.269)*
➲ *MARROCOS E MONGÓLIA MicroStart respalda projetos de líderes com visão (p.285)*
➲ *MOÇAMBIQUE Como apoiar a reconstrução depois das inundações (p.292)*

2.5. MONITORAMENTO: PRESTAÇÃO DE CONTAS *VERSUS* CONTROLE

"O cliente tem sempre razão."
"Satisfação garantida ou seu dinheiro de volta."

A indústria de serviços institucionalizou conceitos de serviço ao cliente como os citados na epígrafe para destacar suas linhas de ação. A fórmula tem funcionado porque o verdadeiro espírito empresarial reconhece que proporcionar serviços de qualidade, consolidar a confiança, aceitar o *feedback* do cliente e estabelecer um canal de vigilância mútua são coisas que atraem e mantêm a clientela. Desenvolver o sentido de responsabilização e prestação de contas na área do desenvolvimento não deveria ser muito mais complicado.

A prestação de contas está vinculada a um registro do desempenho: o uso de recursos públicos precisa ser justificado. Para isso, os doadores bilaterais e multilaterais têm de pôr em marcha sistemas de informação que, de modo geral, estejam compreendidos em duas áreas: financeira e programática. Esta última é definida de modo habitual pelo monitoramento e pela avaliação.

Atualmente, as discussões sobre a prestação de contas nos níveis financeiro e programático não se ocupam do desenvolvimento de capacidades. Ainda assim, há três maneiras em que os procedimentos de prestação de contas poderiam deteriorar os esforços de desenvolvimento:

- A implementação de projetos pode se converter em um objetivo em si, que se busca atingir independentemente dos efeitos colaterais ou do dano que poderiam causar em aspectos como a capacidade.
- Quando se separa dos sistemas nacionais de administração, a prestação de contas sobre projetos e programas pode estar mais orientada para satisfazer os eleitorados externos do que os nacionais, à custa de outras formas mais orgânicas de responsabilização.
- Os padrões discrepantes de prestação de contas e monitoramento e de formatos de avaliação criaram enormes empreendimentos de coleta de estatísticas nacionais e de manejo das informações que, no entanto, estão pouco conectados com os resultados finais.

Todas essas características podem criar um círculo vicioso: para responder às capacidades nacionais débeis são criadas estruturas paralelas de prestação de contas que, por sua vez, contribuem para maior debilitação das capacidades.

Características essenciais da prestação de contas

As agências de desenvolvimento – como parte integrante de seus programas – deveriam apoiar os mecanismos de prestação pública de contas do país receptor. Nesse sentido, a transparência é um dos principais instrumentos da prestação de contas, porque permite aos interessados monitorar e exercer pressão sobre o processo. Para estimular a transparência, as informações públicas devem incluir dados sobre designação orçamentária, contratações, gastos presentes, definição de metas operacionais, esforços de ampliação de cobertura, prestação de serviços anteriores e *feedback* às reclamações dos usuários (Hauge, 2002). As informações sobre as experiências e casos de sucesso podem ser tão importantes quanto os relatórios sobre fracassos e erros de administração.

O *feedback* sistemático dos beneficiários finais do desenvolvimento e daqueles responsáveis pelas atividades de desenvolvimento também ajuda a assegurar respostas adequadas. Como declara um observador, nenhuma grande fome foi registrada em sociedades caracterizadas pela democracia e pela liberdade de expressão (Sen, 1999). Os administradores de serviços públicos que dependem do *feedback* e da aprovação dos clientes para obter sua parcela dos recursos públicos (assim como para receber suas remunerações e a valorização do seu trabalho) compreendem a importância do serviço ao cliente e das caixas de sugestões. Estas são práticas comuns nas grandes corporações.

Outras maneiras de assegurar a prestação de contas incluem mecanismos como cartões de avaliação preenchidos pelos clientes, pesquisas sobre o nível de satisfação dos usuários, audiências públicas, apresentação pública de contas e escritórios de defesa do consumidor. Quaisquer que sejam as imperfeições desses mecanismos "no fim do dia, é melhor ter uma informação aproximada sobre os assuntos importantes do que ter dados exatos sobre os temas irrelevantes para o desenvolvimento humano" (Hauge, 2002).

Conseguir a integração total nas estruturas e nos sistemas nacionais é algo que também se aplica à prestação de contas. Os doadores devem apoiar os procedimentos nacionais estabelecidos e ao mesmo tempo facilitar o surgimento de capacidades adicionais das instituições do próprio país. A confiança nas capacidades nacionais pode fazer que, em curto prazo, sejam reduzidos os padrões de exigência para a prestação de contas. Isso não significa a eliminação de padrões, mas o estabelecimento de um conjunto mínimo de exigências comuns, baseadas em padrões internacionais. Além disso, a introdução de tecnologias de informação e comunicação pode acarretar novos benefícios: aumentar a precisão, reduzir os custos de transação, simplificar a definição de prioridades e ampliar a designação e o acompanhamento dos recursos. Definitivamente, todos os envolvidos podem aportar ao mesmo sistema, preencher solicitações, acompanhar os desembolsos e monitorar os rendimentos por meio da internet.[20]

Para que um sistema integrado de prestação de contas funcione no âmbito nacional, é essencial deixar de perseguir a atribuição individual. É verdade que os próprios doadores precisam responder perante seus eleitores de origem e, se não puderem demonstrar o que fazem com o dinheiro que recebem dos contribuintes, cria-se um problema de credibilidade. Mas, por outro lado, um compromisso verdadeiro com o desenvolvimento humano é

---

[20] O PNUD apoiou a instalação desse tipo de sistemas em países tão distintos como Egito, Fiji, Nepal e Síria.

incompatível com a atribuição individual. O desenvolvimento humano é holístico e as mudanças são produto de muitos envolvidos. Conseqüentemente, o simples fato de tentar conectar um resultado particular com um aporte externo específico torna-se inadequado e alheio a uma realidade que é muito mais complexa. É fundamental que a comunidade do desenvolvimento se volte da microadministração e do controle unilateral para a medição do desempenho e da prestação de contas mútua baseada em padrões estabelecidos de comum acordo e em resultados coletivos – por exemplo, o monitoramento das realizações dos ODMs com indicadores de resultados.

Um recurso cada vez mais importante para o monitoramento e a avaliação da política pública é a revisão do gasto público (RGP), que já se transformou em um dos instrumentos macroeconômicos mais populares disponíveis (ver Quadro 2.5.1.). Comparando-se os gastos com os resultados e as metas de desenvolvimento, as RGPs mostram a relação entre as atribuições de recursos e os resultados. A aplicação disseminada da abordagem de gestão baseada nos resultados evidencia em que medida se generalizou a outra tendência. Integrar esse enfoque nos sistemas de planejamento pode ser um instrumento poderoso, e os países em desenvolvimento deveriam mostrar um grande interesse em institucionalizá-lo.

Em geral, as práticas de monitoramento e entrega de informações adequadas às exigências do desenvolvimento de capacidades podem ser resumidas do seguinte modo (OCDE/CAD, 2003):

- "Os doadores devem trabalhar com seus parceiros para consolidar os sistemas de relatórios e monitoramento."
- "Onde os sistemas nacionais não proporcionam as informações adequadas, os doadores devem trabalhar com os países associados para melhorá-los seguindo uma estratégia nacional para o desenvolvimento e o fortalecimento desses sistemas que seja localmente conduzida e claramente definida."
- "Os doadores devem evitar criar sistemas de relatórios e monitoramento paralelos que deteriorem a capacidade sustentável dos países associados para oferecer informações de qualidade que satisfaçam suas próprias exigências."
- "Os doadores que financiam de forma conjunta grupos de atividades diferenciadas – apoio a projetos, setorial ou orcamentário – devem tentar entrar em acordo, em consulta com os países parceiros, sobre o emprego de formatos comuns, o conteúdo e a freqüência de um relatório único que satisfaça as exigências de todos os associados. Os relatórios devem cobrir todas as atividades da área definida e também satisfazer as necessidades de informação dos principais interessados no país e dos doadores individuais."
- "Além de se alinhar com os sistemas de governo e de coordenar com os outros doadores, esses devem buscar simplificar suas próprias exigências de informação, sempre que possível, a fim de aliviar a carga dos sistemas do governo parceiro."
- "Os doadores devem procurar reduzir o número de suas missões e inspeções, e se assegurar de que estão cobrindo as necessidades de aprendizagem e prestação de contas, tanto dos países associados como dos doadores".

Quadro 2.5.1. Revisões do gasto público

As revisões conjuntas dos dados de gastos públicos por representantes dos países doador e receptor têm sido comuns há muitos anos, em particular em conexão com o artigo IV do FMI. O ajuste estrutural, a amortização da dívida e o equilíbrio da balança de pagamentos provocaram o interesse pelas RGPs. Recentemente, esse mecanismo deu provas de ser uma das melhores formas de controlar o gasto social quando há prioridades que competem, e os doadores começaram a confiar nele cada vez mais. Em vários países africanos (em especial na Etiópia, em Gana, em Moçambique, na Tanzânia e em Uganda), a RGP converteu-se em um importante instrumento para rever as estratégias de desenvolvimento, apesar da escassez de dados reinante.

As RGPs são úteis para diferentes fins. Uma norma do Banco Mundial (Pradhan, 1996) identifica seis propósitos principais:

1. Análisar os níveis agregados do gasto e seu significado macroeconômico.
2. Monitorar as designações para programas e setores respeitando a otimização do bem-estar.
3. Monitorar a complementaridade e a divisão de papéis entre os setores público e privado.
4. Analisar o impacto dos padrões de gasto dos pobres.
5. Monitorar recursos combinados; por exemplo, capital, desembolsos recorrentes e distribuição setorial.
6. Determinar se a estrutura de incentivos conduz à disciplina fiscal e à designação e eficiência técnica.

Esta constitui uma perspectiva mais ampla que a das primeiras revisões do gasto, que se concentravam estritamente na máquina orçamentária e nos insumos, em vez de no produto. Além disso, as primeiras revisões não envolviam o governo em papéis ativos, mas se orientavam para os doadores (Schick, 1998). A RGP tenta valorizar a relevância e a efetividade de todo o gasto em relação à estratégia de desenvolvimento, além de sugerir mudanças na designação de recursos baseadas nos resultados obtidos.

A RGP também proporciona a oportunidade de analisar com muito mais detalhe as estruturas do gasto, assim como os resultados. Às vezes, é difícil relacionar as designações orçamentárias por departamentos com os objetivos de programa e os indicadores de êxito, mas ao tentar se contrapor os insumos e os produtos, a RGP contribui para encurtar as distâncias entre eles. Usando um enfoque mais participativo, a nova geração de RGPs tem apoiado a análise política nos níveis central e setorial, e tem estimulado os administradores financeiros a valorizar seu desempenho em relação aos resultados políticos e programáticos, e não só em relação às finanças. A RGP também tem sido aplicada para rever programas interdepartamentais de pobreza, que muitas vezes envolvem grande quantidade de itens orçamentários manejados por diferentes ministérios.

Outro resultado do crescente interesse pelas RGPs é uma melhora na transparência e na qualidade dos dados, assim como o aumento das demandas de prestação de contas, inclusive por parte dos usuários e interessados. Como essas revisões cobrem virtualmente todos os gastos do governo, incluindo os recursos externos, a palavra final deve provir dos corpos legislativos responsáveis pela aprovação do orçamento geral, e não dos doadores, das agências técnicas ou mesmo dos diferentes ministérios (Foster; Fozzart, 2000).

Fonte: capacity.org, número 17, abril de 2003.

O que não se deve perder de vista na discussão sobre a prestação de contas é que o monitoramento e a avaliação são basicamente mecanismos para a aprendizagem e o ajustamento às condições em mutação, assim como valiosa ferramenta para codificar o conhecimento.[21] O processo é parte essencial do manejo do desenvolvimento em qualquer país, e também extremamente útil para o intercâmbio para comparar experiências além das fronteiras. É vital que os relatórios de avaliação, em vez de ficar nas prateleiras acumulando poeira e enchendo os discos dos computadores, encontrem o caminho de volta para a elaboração de estratégias, a tomada de decisões e a obtenção de mais e melhores resultados de desenvolvimento sustentável.

PONTOS-CHAVE

⇨ É essencial que tanto os governos nacionais quanto os doadores prestem contas perante os beneficiários finais. A transparência é o principal instrumento da prestação pública de contas, não só em relação aos recursos financeiros, mas também com respeito às práticas de manejo institucional, ao planejamento e à prestação real de serviços.

⇨ As questões relacionadas à atribuição têm sido há décadas um obstáculo para o debate sobre o desenvolvimento. Os doadores são responsáveis perante seus eleitores nacionais; entretanto, é importante encontrar maneiras realistas de vincular os resultados e o êxito aos empreendimentos coletivos.

⇨ Com a ampliação de várias formas de programas de ajuda, as RGPs estão se convertendo rapidamente em um instrumento importante de monitoramento e avaliação das políticas públicas.

⇨ Os doadores devem respeitar os processos e sistemas estabelecidos no nível nacional para prestar contas, relatar e avaliar, ao mesmo tempo que deve ser promovido o surgimento, a partir das instituições nacionais, das capacidades de monitoramento e de avaliação. Os países receptores devem integrar a administração baseada nos resultados aos mecanismos nacionais para a administração do desenvolvimento.

---

[21] Os resultados da avaliação podem ser usados de três maneiras principais:
- O *uso direto* ocorre quando alguém com poder decisório atua baseado em conclusões e recomendações de um relatório de avaliação.
- O *uso indireto* ocorre quando um relatório de avaliação é apenas uma das muitas fontes de informação usadas por um administrador para determinar sua posição a respeito de um tópico específico.
- O *uso simbólico* ocorre quando se tem a impressão de que os resultados de uma avaliação foram aceitos ou estão sendo usados para a tomada de decisões, mas na verdade não o são.

O monitoramento e a avaliação são instrumentos essenciais para a aprendizagem e a adaptação às condições em mutação, ao mesmo tempo que codificam conhecimentos fundamentais para os sistemas de prestação de contas e as opções alternativas de desenvolvimento.

REFERÊNCIAS DA PARTE B

➲ *ÁFRICA DO SUL. Mulheres analisam o orçamento e Parlamento preenche as lacunas (p.179)*
➲ *BOLÍVIA Cidadãos exercem seu direito de participar do sistema de ajuda (p.181)*
➲ *BRASIL Como melhorar a qualidade de vida com o orçamento participativo (p.187)*
➲ *CAMBOJA Descentralização assenta as bases da reconstrução e da governança (p.198)*
➲ *FILIPINAS A sociedade civil de olho nos gastos públicos (p.235)*
➲ *ÍNDIA Audiências públicas inibem a corrupção no Rajastão (p.260)*
➲ *TANZÂNIA Monitoramento independente coloca sob controle governo e seus associados (p.305)*

3 Dos incentivos negativos aos positivos

Os seres humanos não se guiam apenas por diretrizes, mas também por objetivos, valores, expectativas e emoções. Até os mandatos dos governos ou das autoridades religiosas podem ser ignorados caso não estejam conectados a recompensas por seu cumprimento ou sanções por seu não-cumprimento. Embora muitas pessoas sejam motivadas pela esperança de melhorar o bem-estar da sociedade ou outros objetivos coletivos, a maioria também precisa de incentivos sob a forma de recompensas individuais, como salários, segurança no emprego, *status* profissional e social e uma série de benefícios colaterais relacionados com o trabalho ou com a posição política.

Os incentivos podem motivar não apenas os indivíduos, mas também os atores coletivos, como empresas, departamentos ou agências de governo, instituições acadêmicas e grupos cívicos. As aspirações nacionais podem se manifestar com a forma do desejo de vitória ou o sonho de ser uma "grande nação". Em muitos casos, a motivação gira em torno do poder, e há indivíduos e organizações dispostos a postergar certos benefícios materiais em troca de maior influência ou de uma posição mais sólida e de mais longo prazo.

O Estado, por sua vez, é obrigado a estabelecer uma estrutura de incentivos para "motivar seus empregados, proporcionando-lhes segurança, honra, estabilidade, civilidade e realização" (Mkandawire, 2002). A criação de boas condições para o serviço civil ou para o funcionamento das instituições públicas repousa tanto sobre incentivos materiais quanto morais, como ter acesso a um curso de atualização, participar da construção da nação, praticar a caridade, ter superioridade militar, desenvolvimento econômico e afinidade cultural. Entretanto, os incentivos morais não podem florescer em culturas caracterizadas por uma cobiça e ambição excessivas (Mkandawire, 2002).

Este capítulo examina os diferentes sistemas de incentivo que direcionam a cooperação para o desenvolvimento, mostrando que enquanto alguns deles apóiam o desenvolvimento de capacidades, outros não o fazem. Merecem especial preocupação os incentivos que, havendo-se introduzido originalmente para produzir efeitos positivos, terminaram se convertendo em sérios entraves para o desenvolvimento. Nas páginas a seguir serão discutidos os efeitos desses incentivos negativos[1] e examinada a forma pela qual obstruem a sustentabilidade, promovem o uso de recursos externos em vez de favorecer os nacionais, que podem ser mais baratos e efetivos; desencorajam as iniciativas locais; e, pelo menos indiretamente, estimulam a fuga de cérebros.

---

[1] O *Collins English Dictionary* define o termo inglês *perverse* como "deliberadamente desviado do que é considerado normal, bom e apropriado; persistentemente ligado ao incorreto, adverso ou contrário; obstinado".

3.1. OS INCENTIVOS E A COOPERAÇÃO PARA O DESENVOLVIMENTO

A experiência de desenvolvimento acumulada nos últimos cinqüenta anos do século XX ensinou como é difícil provocar mudanças mediante a imposição de controle e direção. Também mostrou que o que estimula as pessoas a mudar é com freqüência uma mescla muito complexa e abstrata de objetivos e expectativas, com alguns elementos de preocupação para a sociedade em geral, mas com forte ênfase nas recompensas individuais.

Do lado do receptor de uma parceria para o desenvolvimento, muitos agentes (administradores, consultores, acadêmicos e organizações oficiais) são fortemente atraídos para os benefícios que os projetos podem proporcionar à sua sociedade. Envolver os usuários e beneficiários no planejamento e na implementação de projetos pode intensificar essa tendência. Mas não se pode esperar que os agentes de implementação posterguem suas aspirações pessoais básicas apenas pela causa do bem maior. Eles podem ter modos alternativos de ganhar a vida e, se sua participação for necessária para o êxito de um projeto, devem-lhes ser oferecidos salários competitivos.

Do lado dos doadores, a cooperação para o desenvolvimento depende do interesse do eleitorado e dos líderes políticos para transferir os recursos obtidos de impostos ou doações voluntárias. Também depende de administradores e intermediários que devem destinar os recursos aos fins acordados. Como os poderes legislativo e executivo dos países doadores não podem supervisionar pessoalmente cada operação, é necessário montar todo um sistema de incentivos e "desincentivos" que leve em conta fatores como os mercados mundiais de trabalho e os papéis dos setores público e privado. Os incentivos devem pressionar os encarregados de manejar o dinheiro da cooperação para se assegurar de que esses recursos serão usados para os fins acordados.

Incentivos negativos

Os países que dependem da cooperação para o desenvolvimento estão mais expostos ao estímulo de incentivos externos, com freqüência baseados em intenções legítimas que na prática enfrentam realidades complexas. Por exemplo, se todos os doadores de um país se esforçarem ao mesmo tempo para cumprir suas próprias agendas, os resultados gerais serão afetados. Quando cada doador se esforçar para obter resultados visíveis e positivos pode ocorrer de todos desejarem relacionar suas realizações com seus aportes específicos, distorcendo assim os esforços para consolidar as capacidades sustentáveis fundamentais, dando lugar a iniciativas de desenvolvimento fragmentadas, assim como a organizações, processos e estruturas paralelos.

Esses tipos de incentivos negativos se alimentam de objetivos e limitações presentes em ambos os lados de uma parceria. Em geral os doadores acreditam que o melhor caminho para a transformação é estabelecer unidades que funcionem bem, produzam relatórios e mantenham fluxos de recursos. No entanto, esses elementos podem alterar as práticas habituais dos receptores. Por exemplo, a pressão dos desembolsos é um dos incentivos negativos mais fortes, e faz que os administradores de ambos os lados sacrifiquem a qualidade para gastar a maior quantidade de dinheiro possível no menor tempo. Em países onde a corrupção está muito disseminada e as habilidades administrativas são escassas, os projetos de desenvolvimento estão em geral desde o início condenados ao fracasso.

Os objetivos comerciais também distorcem os esforços de desenvolvimento. Quando a venda da maior quantidade possível de bens e serviços do país doador é um componente obrigatório da transferência de recursos, os incentivos comerciais entram em jogo, ainda que não sejam o principal objetivo. Há estudos que mostram que, em média, os bens e serviços comprados mediante esse tipo de ajuda vinculada são pelo menos 15% mais caros do que custariam se fossem contratados sob outros termos (Iniciativas de Desenvolvimento, 2000). Mas isso não se refere apenas ao custo de vincular a ajuda. Ao distorcer toda a estrutura de preços dos grandes projetos de desenvolvimento, a ajuda vinculada conduz ao uso de tecnologia capital intensiva e à discriminação das habilidades locais em benefício das importadas (ver Quadro 3.1.1.).

As considerações políticas e estratégicas continuam sendo conhecidas geradoras de incentivos negativos. Apesar de os atores do desenvolvimento serem os primeiros a proclamar que a assistência ao desenvolvimento é fundamentalmente orientada pelos objetivos do desenvolvimento, a realidade é que a política sempre se interpõe no caminho. Isso tem conduzido a aumentar os fundos de ajuda a países onde os resultados do desenvolvimento são contrapostos, e não aqueles que conseguiram com maior crescimento e eqüidade (Banco Mundial, 1998). Essas tendências geram o que os analistas de mercado chamam de "risco moral" – em que não há recompensa para o bom desenvolvimento. O problema aparece muito nas experiências de ajuste estrutural das instituições financeiras internacionais.

No lado receptor, há em geral uma avidez por obter aprovações rápidas e grandes desembolsos de financiamento externo, com poucos países dizendo "não" a ofertas de financiamento do desenvolvimento, apesar de saberem que a qualidade da oferta é questionável e os objetivos do doador diferem de seus próprios objetivos. Os incentivos negativos aparecem enquanto os governos ganham tempo esperando, eventualmente, poder desviar os recursos para objetivos que consideram de maior prioridade nacional.

Finalmente, a própria cooperação para o desenvolvimento incrementou uma cultura de trabalho pesada e densa ao longo de seus cinqüenta anos de existência. É difícil imaginar alternativas, embora se possa fazer uma comparação com o Plano Marshall depois da Segunda Guerra Mundial, ou com o apoio orçamentário proporcionado pela Comissão Européia às regiões devastadas da Europa. Esse agudo contraste dá uma idéia clara da enormidade do aparato criado pela comunidade internacional para lidar com um fluxo de recursos relativamente modesto. Há centenas de agências, normas, regulamentos, missões, procedimentos, formatos de relatório e incentivos de todo tipo. Sem modificar o aparato, e em especial o sistema de incentivos negativos que está entrelaçado nele, a reforma da cooperação para o desenvolvimento não poderá ir muito longe. A mudança deve abarcar também os interesses investidos em instituições profissionais, empresas de consultoria e encarregados de aquisições que trabalham com os doadores e os governos receptores, e muitas vezes oferecem opções não sustentáveis em termos de capacidades (ver seção 1.4).

> **Quadro 3.1.1. A posição da OCDE/CAD sobre a ajuda vinculada**
>
> Em abril de 2001, a OCDE/CAD aceitou desvincular "ao máximo possível" a ajuda aos PMDs a partir de janeiro de 2002. Embora o acordo ainda não inclua todos os países em desenvolvimento, é um reconhecimento de que a ajuda vinculada desvaloriza e deteriora a assistência ao desenvolvimento.
>
> O CAD argumenta que essa recomendação representa um sinal concreto de seu compromisso com a reforma das práticas de assistência e contribuirá para estender os esforços para aumentar a efetividade da ajuda e também fortalecer o sentido de apropriação e a responsabilidade dos países parceiros. Segundo a recomendação, os empréstimos e as concessões de ajuda que cobrem ampla gama de atividades de apoio financeiro e apoio a projetos (como equipamento de capital, assistência setorial e apoio às importações) estarão abertos à competência internacional e já não se limitarão aos provedores do país doador.
>
> De acordo com os critérios do CAD, isso aumentará o valor do dinheiro, tanto para os contribuintes do país doador quanto para os países receptores. Calcula-se que a ajuda vinculada represente um custo médio de 20 a 25% mais do que se os bens e serviços fossem procurados por meio da competência internacional. O acordo contribuirá também para que os países receptores consolidem capacidades de gestão mais eficientes e racionais.
>
> Atualmente a ajuda bilateral total aos PMDs gira em torno de oito bilhões de dólares (cerca de 17% do total). A recomendação desvincula cerca de cinco bilhões de dólares dessa soma. Os membros dos CADs foram convidados a continuar oferecendo ajuda não vinculada nas áreas não cobertas pela recomendação e estudar as possibilidades de estender a ajuda não vinculada a outras áreas e a outros países em desenvolvimento.
>
> *Fonte:* OCDE.

Incentivos positivos

Com o objetivo de estabelecer um ambiente político que apoie o desenvolvimento de capacidades, os sistemas de incentivo devem ser revertidos, começando pelos custos. Um problema fundamental relativo a toda a indústria da cooperação para o desenvolvimento é que poucos dos bens e serviços que ela provê têm um preço visível, que informe ao usuário quanto o serviço custa ao provedor, o que o usuário tem de sacrificar para obtê-lo. Mesmo que os dois lados conheçam todas as cifras, o receptor raramente tem consciência dos possíveis usos alternativos desse dinheiro. Eliminar os incentivos negativos consiste, em boa medida, em desenvolver maior consciência sobre preços entre os usuários, assim como entre os provedores e intermediários (Bert et al., 1993; Ajayij; Afeikhena, 2002).

Se for possível visualizar mudanças significativas na estrutura de incentivos, deve-se começar a difundir mais amplamente as experiências bem-sucedidas e determinar se são ou não replicáveis. Há necessidade de estabelecer redes de conhecimento envolvendo profissionais dos países em desenvolvimento para discutir seriamente como reorientar a relação de assistência a favor da demanda e como fazer que os incentivos se baseiem mais na integração do que na fragmentação das organizações de governo. Um dos principais problemas é manter o equilíbrio entre recompensar o bom desempenho e abastecer as exigências dos necessitados. É algo delicado, que não pode ser resolvido facilmente. Ainda assim, uma coisa está clara: é necessária uma liderança política forte entre os países receptores. A reorientação da indústria da assistência é tarefa que não pode ser realizada sem incluir o governo anfitrião.

PONTOS-CHAVE

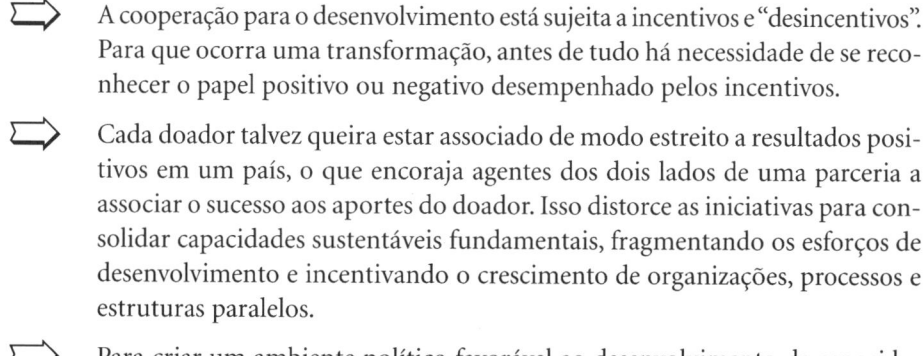

A cooperação para o desenvolvimento está sujeita a incentivos e "desincentivos". Para que ocorra uma transformação, antes de tudo há necessidade de se reconhecer o papel positivo ou negativo desempenhado pelos incentivos.

Cada doador talvez queira estar associado de modo estreito a resultados positivos em um país, o que encoraja agentes dos dois lados de uma parceria a associar o sucesso aos aportes do doador. Isso distorce as iniciativas para consolidar capacidades sustentáveis fundamentais, fragmentando os esforços de desenvolvimento e incentivando o crescimento de organizações, processos e estruturas paralelos.

Para criar um ambiente político favorável ao desenvolvimento de capacidades, os sistemas de incentivo devem ser revertidos. A experiência mostra que a liderança política emite fortes sinais para aqueles que manejam a cooperação para o desenvolvimento. Esses líderes podem pressionar para que se adote um enfoque mais flexível dos incentivos. Entretanto, a reorientação da indústria da assistência também é uma tarefa que não pode ser cumprida sem a inclusão do governo anfitrião.

REFERÊNCIAS DA PARTE B

- ➲ *AFEGANISTÃO A capacidade local cresce em meio ao conflito e ao colapso da autoridade central (p.173)*
- ➲ *ÁFRICA Crescimento do setor privado começa com melhores administradores (p.332).*
- ➲ *BRASIL O Bolsa Escola ajuda mães a enviar os filhos à escola (p.184)*
- ➲ *EGITO Relatórios de desenvolvimento humano subnacionais facilitam a análise no nível comunitário (p.215)*
- ➲ *ÍNDIA Cartões de avaliação dos cidadãos para melhorar o desempenho do serviço público (p.257)*
- ➲ *TANZÂNIA Subsídios governamentais a incentivos sustentáveis para os funcionários públicos (p.302)*

3.2. SISTEMAS DE GOVERNANÇA

Como o desenvolvimento de capacidades refere-se às competências que permitem aos indivíduos, às organizações ou às sociedades moldarem seu próprio destino, ele está diretamente ligado ao governo. O sistema de governança que mais conduz ao desenvolvimento de capacidades é o que oferece os incentivos positivos que emergem da democracia inclusiva e da proteção dos direitos humanos, apoiados pelo estado de direito, fortes instituições judiciais, uma imprensa livre e uma sociedade civil brilhante. É caracterizado por uma administração pública efetiva, transparente, responsável, que descentraliza o que é necessário e mantém alianças de respeito e benefício mútuos com o setor privado, as ONGs e os parceiros do desenvolvimento externo. Por isso, o desenvolvimento de capacidades requer mais que aspectos básicos de boa governança e desempenho eficiente; exige governança humana, que abrange a boa governança, mas é também sensível à eqüidade.

As conexões entre a governança humana e o desenvolvimento de capacidades iniciam-se com a democracia inclusiva, que não se remete apenas às eleições, mas também à oportunidade de todas as pessoas participarem, em qualquer esfera, do processo político – quer ele envolva o estabelecimento de prioridades ou a formulação e a implementação de estratégias de desenvolvimento. Essa forma de governança não está assentada na força das maiorias, mas nos direitos das minorias. Por isso, é essencial o desenvolvimento de capacidades, com sua ênfase na capacidade de estabelecer objetivos e formar e implementar planos e estratégias. A democracia inclusiva também envolve uma estrutura política sensível aos interesses nacionais, aberta ao público e capaz de responder perante ele por suas ações, outro dos pré-requisitos para o desenvolvimento de capacidades.

Obviamente, nada disso é possível se os direitos humanos básicos não estiverem garantidos. Uma abordagem ao desenvolvimento baseada nos direitos enfatiza vários fatores que sustentam o desenvolvimento de capacidades. Primeiro, as pessoas que não têm acesso ou não têm-se beneficiado do desenvolvimento têm direito de reivindicar sua inclusão. Segundo, os responsáveis estão claramente identificados. No desenvolvimento tradicional, a implicação é que ninguém pode ser responsabilizado por algo que não acontece. E, na verdade, quando o governo (um dos principais responsáveis) não pode cumprir, com freqüência atribui a culpa a outros atores ou aos próprios problemas. Mas com o enfoque baseado nos direitos, os responsáveis devem prestar contas e as pessoas podem submetê-los a processos judiciais. Na Índia, é prática comum processar publicamente o governo quando este não cumpre sua obrigação de prover escolas para as crianças; e isto só tem sido possível porque nesse país a educação é considerada um direito humano.

O terceiro ponto consiste no fato de que o enfoque baseado nos direitos acentua tanto o processo quanto seus resultados finais. Por exemplo, se dois países – A e B – conseguem reduzir a taxa de crescimento de sua população de 4 para 2%, de acordo com o enfoque tradicional do desenvolvimento, que prioriza os resultados sobre o processo, os dois países terão conseguido êxito similar. Mas de uma perspectiva baseada nos direitos, se as realizações do país A baseiam-se nos incentivos e as do país B na coerção, então o processo usado no país B é inaceitável.

Para que os direitos humanos signifiquem mais do que apenas princípios nobres, eles devem ter o apoio consistente do estado de direito e um sistema legal apropriado. Sem estes, nem mecanismos de incentivo nem intervenções externas para o desenvolvimento de capacidades produzirão os resultados desejados. A reforma judicial e legal pode envolver a melhora da estrutura e da administração dos tribunais e do cumprimento da lei, treinando juízes e advogados na aplicação dos direitos humanos e garantindo um judiciário independente e um acesso igual à justiça para todos.

Além das leis, uma imprensa livre e uma sociedade civil energética exercem um papel vigilante no aprofundamento da democracia inclusiva, estimulam o respaldo aos direitos humanos e permitem controlar o uso inadequado dos mecanismos de incentivos, que abrangem aspectos monetários, formas de reconhecimento de esforços individuais e institucionais e intervenções externas. Tanto os meios de comunicação quanto a sociedade civil também podem desempenhar um papel crítico na iniciação de debates e diálogos de amplas bases sobre várias questões relacionadas ao desenvolvimento de capacidades. A falta de consciência e conhecimento, assim como a internalização dos princípios de direitos humanos, particularmente entre os grupos marginalizados, talvez seja um dos maiores obstáculos para a assimilação dos direitos humanos pelo desenvolvimento. Além disso, os meios de comunicação e outras organizações da sociedade civil podem sensibilizar os formuladores da política quanto a suas obrigações internacionais de atingir as metas mínimas estabelecidas.

Talvez a melhor forma de apoiar o desenvolvimento das capacidades seja uma administração pública eficiente, transparente e responsável, em alguma medida porque uma parte importante de todo o trabalho do desenvolvimento tem lugar neste sistema. Mais importante ainda, a administração pública influencia a estrutura geral das capacidades de desenvolvimento – inclusive mediante políticas, estratégias e instituições. Um sistema eficiente pode ajudar a identificar, sem nenhuma distorção, o grau e os locais onde há lacunas de capacidade; as estratégias de desenvolvimento para superá-las, tanto em termos de incentivos quanto de mecanismos de reconhecimento; e pode assegurar que estes últimos sejam implementados e monitorados de modo adequado.

De maneira geral, para garantir boa governança efetiva e capaz de levar adiante o desenvolvimento de capacidades é necessário considerar cinco elementos:

- A capacidade não reside apenas nos sistemas formais ou nos governos, mas também nos sistemas informais, nas comunidades e na sociedade civil. As entidades nacionais têm melhor entendimento das realidades do país, enquanto os parceiros externos não têm necessariamente melhores capacidades.
- Há vantagens em se promover um sistema de administração público suficientemente descentralizado com governos locais robustos e efetivos, de tal forma que o desenvolvimento de capacidades possa ser tratado tanto nos níveis macro quanto nos níveis micro.
- Alianças sólidas entre diferentes atores do desenvolvimento – governos, setor privado, sociedade civil e agentes externos do desenvolvimento – podem ser benéficas.

- É necessário um mecanismo viável que facilite a aprendizagem e a replicação das experiências das comunidades, das ONGs e do setor privado.
- Os agentes externos deveriam atuar como catalisadores.

No fim, o Estado desempenha um papel fundamental para definir se um país pode adotar um enfoque do desenvolvimento baseado nos direitos humanos e de alcance nacional. Determinar até que ponto um país protege os direitos humanos não depende apenas do tipo de governo, mas também da força de suas leis, da qualidade de suas instituições de governo, da voz da sua sociedade civil e das políticas macroeconômicas que tenham sido estabelecidas.

PONTOS-CHAVE

⇨ Os sistemas de governança são diretamente responsáveis pelo estabelecimento de um ambiente em que os incentivos positivos possam prevalecer. Isso começa com a democracia inclusiva e com uma abordagem do desenvolvimento baseada nos direitos humanos.

⇨ Nem os mecanismos de incentivo nem as intervenções externas para o desenvolvimento de capacidades gerarão resultados se não imperarem as leis e um sistema legal apropriado. Uma imprensa livre e uma sociedade civil ativa desempenham vigilante papel, que contribui para aprofundar a democracia inclusiva, estimular o apoio aos direitos humanos e detectar o uso incorreto dos incentivos.

⇨ O papel do Estado continua sendo fundamental para se adotar um enfoque nacional do desenvolvimento baseado nos direitos humanos.

REFERÊNCIAS DA PARTE B

➲ *BOLÍVIA Cidadãos exercem seu direito de participar do sistema de ajuda (p.181)*
➲ *BRASIL Como melhorar a qualidade de vida com o orçamento participativo (p.187)*
➲ *ESTÔNIA Uso inovador das fundações para implementar políticas nacionais (p.221)*
➲ *HONDURAS Foro de Fortalecimento da Democracia respalda consenso nacional em um ambiente político instável (p.247)*
➲ *IÊMEN Uma Estratégia de Redução da Pobreza (ERP) prepara o caminho para as políticas de inclusão (p.251)*
➲ *ILHAS SALOMÃO Conectar-se é a opção para ilhéus de regiões remotas (p.254)*
➲ *TURQUIA População urbana transforma governança municipal. (p.316)*
➲ *UGANDA Desenvolvendo as capacidades de descentralização e governança local (p.322)*

3.3. OS INCENTIVOS NO SERVIÇO PÚBLICO

A solicitação de um governador de província de Moçambique de 50 mil dólares para contratar mais cem professores foi negada por falta de recursos orçamentários. Ao mesmo tempo, foi possível pagar 150 mil dólares a um consultor estrangeiro porque seu salário não fazia parte do orçamento nacional.[2]

Um fator com freqüência esquecido é que o serviço civil é algo novo para muitos países em desenvolvimento (Mkandawire, 2002). Os rudimentos do serviço civil só podem ser rastreados até o final do período colonial, quando os serviços civis eram com freqüência limitados às funções de fazer cumprir a lei e a ordem, com alguns mais tarde expandidos para cuidar das atividades fiscais. Nas décadas posteriores à Independência, quando passaram a ser vistos como uma força modernizadora, tais serviços civis passaram a ficar protegidos de qualquer solapamento, mas logo as dimensões e a eficiência do Estado se viram constrangidas diante dos imperativos da disciplina fiscal; a redução do aparato burocrático dominou boa parte da literatura do desenvolvimento nas décadas de 1980 e 1990. Ao mesmo tempo, por intermédio de programas de ajustamento estrutural, o surgimento de uma onda de reformas do serviço público provocou a necessidade de examinar a questão da capacidade.

Atualmente, países como Butão, Botsuana, Brasil, Cabo Verde, Cingapura, Costa Rica, Ilhas Maurício e Tunísia podem reivindicar níveis de eficiência nos serviços públicos comparáveis aos dos países industrializados. Mas, em geral, a maioria das experiências em matéria de serviços públicos tem lutado para reconciliar a modernização com a prestação eficiente de serviços e as capacidades sustentáveis. Nesse processo, os incentivos têm desempenhado um papel importante – embora com freqüência um papel negativo. Na maioria dos países em desenvolvimento, a estrutura da administração pública é conhecida por seus efeitos contraproducentes no estado de ânimo e na eficiência do pessoal, sem mencionar os resultados medíocres obtidos quando os incentivos se misturam, como ocorre nas associações com agências doadoras. Em muitos dos países mais pobres, o nível geral de salários dos funcionários públicos é demasiado baixo para manter uma família, o que obriga o empregado a buscar empregos complementares ou a cair em práticas de corrupção, algo que reduz sua habilidade e motivação para um bom desempenho no trabalho cotidiano.

Esse cenário lento e desesperador estendeu-se de forma alarmante na década de 1970, quando muitos governos, em particular na África e na América Latina, usaram o setor público para se contrapor aos altos níveis de desemprego. As estruturas de governo cresceram muito rapidamente, ignorando o tema do emprego extranumerário, que tem seus próprios incentivos negativos. Durante a década de 1980, os anos de ajuste estrutural, da crise da dívida e da estagnação da economia mundial reduziram de forma drástica os ingressos

---

[2]   Mencionado pelo ex-ministro das Finanças de Moçambique durante a mesa-redonda sobre a Reforma da Cooperação Técnica realizada em Genebra em 16 e 17 de julho de 2001.

dos governos; pouco depois, um verdadeiro desastre aproximava-se dos serviços civis dos países mais afetados. Muitos governos africanos reagiram congelando os salários nominais apesar da inflação galopante. Os funcionários civis sofreram dramático corte em seu salário real, o que em muitos casos os colocou abaixo da linha da pobreza. Tais medidas foram seguidas de maciças reduções de pessoal: na África e na América Latina, a média foi de um terço; na Ásia, pelo menos o dobro disso (Schiavo-Campo; De Tommaso; Mukherje, 1997; Colclough, 1991). Tudo isso gerou conseqüências devastadoras sobre a qualidade da prestação de serviço público nos países mais pobres.

A compressão das diferenças salariais que se produziu ao mesmo tempo e de forma ampliada criou problemas adicionais, sobretudo na África. Isso se deveu em parte a razões de ordem política e, em parte, às técnicas usadas para as revisões salariais. Na década de 1990, profissionais e administradores ganhavam salários pouco mais elevados do que os da equipe de apoio. Muitos emigraram para países que ofereciam melhor pagamento, ou para o setor privado. Professores habilitados, como médicos e engenheiros, usavam seus cargos de serviço público com fins privados, o que conduziu à excessiva confiança na subcontratação, na deterioração do desenvolvimento de capacidades nas instituições de governo. No início da década de 1990, algo precisava ser feito. A maioria dos países recorreu à "descompressão" como medida corretiva (Schiavo-Campo; De Tommaso; Mukherje, 1997).

Os níveis salariais, embora primordiais, não são o único incentivo para os funcionários públicos. Também é importante a maneira pela qual o recrutamento é realizado e os critérios que determinam a promoção. A motivação do pessoal é mais elevada quando os salários aumentam, e o recrutamento e a promoção costumam ser considerados justos. Pode-se também argumentar que, em um sistema que é percebido como eqüitativo, há mais probabilidades de estes aceitarem salários mais baixos, pelo menos até certo ponto. Entretanto, esses casos não são freqüentes, e a maioria dos estudos realizados nos PMD detecta nepotismo em contratações e promoções, assim como pouca delegação de autoridade. Praticamente ninguém propõe alguma inovação, pois as possibilidades de promoção dependem mais de se evitar erros do que de se tomar iniciativas, em particular em organizações desmoralizadas por cortes salariais e reduções de pessoal.

Quando tal tipo de estrutura de incentivos se entrelaça com aquelas oferecidas pelos doadores, os resultados podem chegar a ser extremamente contraproducentes. Os doadores buscam produzir resultados visíveis no menor tempo possível e não estão dispostos a esperar que a administração pública desenvolva a capacidade de obtê-los. Assim, surgem várias organizações paralelas, como as unidades de manejo de projetos, que atraem os membros mais competentes e empreendedores da sociedade civil (ver seção 2.4). Os diretores de departamentos e outros funcionários-chave recebem incentivos como cursos de capacitação, viagens de estudo e veículos, a fim dar especial atenção aos produtos financiados pelos doadores. Ao contratar consultores de curto prazo, escapa-se dos cânones salariais rígidos do serviço civil e das regulamentações do emprego, e às vezes as contratações são usadas como simples instrumento para se favorecer altos funcionários.

Essas práticas com freqüência afastam do serviço civil as pessoas mais qualificadas e atraem as que costumam fugir do cumprimento de suas obrigações e buscar uma forma de se infiltrar nas atividades financiadas pelos doadores. Os poucos afortunados que conseguem ser recrutados para trabalhar nas unidades especiais dos doadores têm motivações que os impulsionam mais a perpetuar suas novas condições de trabalho do que a concluir suas tarefas e retornar aos empregos governamentais (Godfrey et al., 2000). Onde a ajuda estrangeira é importante fonte de financiamento, os efeitos de tais práticas podem ser desastrosos e deixar em ruínas as unidades do serviço público, que, em contraste, terão ao lado escritórios de projetos bem administrados e mais bem equipados (ver Quadro 3.3.1.).

Em muitos países foram estabelecidos acordos entre os doadores para não oferecerem salários, viagens ou ajudas de custo acima de certos limites. Quanto mais próximos esses tetos estiverem dos padrões de pagamento do governo, menos distorções haverá em termos das condições de emprego oferecidas pelo governo.[3] Embora os tetos salariais estabilizem as estruturas de incentivos e as tornem mais previsíveis, não resolvem o principal problema: o pessoal que recebe salários integrais ou parciais dos doadores compromete sua fidelidade para com o novo padrão, e com freqüência deposita nele suas aspirações de trabalho futuro, que vão se afastando do serviço civil.

Outro impacto desafortunado dos incentivos salariais financiados pelo doador é a perda do interesse do serviço civil para se reformar em termos de salários e organização do trabalho. Aqueles que já começaram a ter acesso a suplementos salariais não mais pressionarão a favor dessas mudanças, e os ministros e os altos funcionários responsáveis pela administração do serviço civil encontrarão resistência a seus planos se estes implicarem um reforço orçamentário do governo para atividades já financiadas pelos doadores.

Ainda assim, embora a reforma de pagamentos possa resultar essencial para o desenvolvimento de capacidades, é necessário considerá-la incluindo todo o serviço civil. As iniciativas de reforma que têm tido êxito costumam se basear em princípios comumente aceitos, como:

- Os empregados em tempo integral que realizam as tarefas requeridas por seu cargo deveriam ter salários decentes.
- Homens e mulheres devem receber pagamentos iguais por trabalhos iguais realizados em condições comparáveis, independentemente da fonte de financiamento.
- As diferenças salariais devem ser suficientes para assegurar a contratação de pessoal competente que cumpra com eficiência as tarefas administrativas, profissionais e técnicas requeridas.
- A seleção, a titularidade e a promoção devem ser transparentes e se basear nos méritos geralmente aceitos.

Os pontos a seguir são tentativas para delinear uma seqüência que vai dos cursos de ação mais preferíveis aos menos preferíveis para abordar os esquemas de incentivos. Uma solução sensível deverá se ajustar a cada contexto.

---

[3] Ver o caso da Tanzânia, que Philip Cortnadge apresenta em uma discussão sobre o tema dos incentivos (www.capacity.undp.org/projec-does/index.htmal).

- Os esquemas de condução nacional são preferíveis às soluções dos doadores.
- A comunidade dos doadores, incluindo parceiros multilaterais, não deve se esquivar de financiar esses esquemas por meio da combinação ou fusão dos recursos que aportam; melhor ainda se isso ocorrer mediante o orçamento nacional.
- Quando isso não for possível, os governos devem ser encorajados a liderar com mecanismos relativamente autônomos de gestão dos recursos conjuntos da cooperação.
- Quando o governo não assume a liderança, como nas situações de conflito ou de pós-crise, a solução poderia consistir em um enfoque coletivo negociado e coordenado pelos doadores e pelos principais interessados nacionais.

Quadro 3.3.1. Esquemas *ad hoc* financiados por doadores

A pressão dos doadores para encampar projetos de desenvolvimento grandes em países pobres com baixa capacidade de manejo de projetos é o fator que conduz à introdução de suplementos salariais especiais para os funcionários civis e à criação de unidades administrativas separadas para manejar a implementação dos projetos. Em vez de adequar o projeto à capacidade de implementação existente, os doadores outorgam financiamento adicional para criar capacidades temporais sob a forma de unidades e salários. Supõe-se que esse tipo de arranjos são medidas *ad hoc* para superar as deficiências iniciais de capacidades, mas têm a tendência de aumentar e se tornar permanentes, e nos países mais pobres distorcem os sistemas de incentivo e a estrutura de manejo do governo como um todo.

Propósitos dos esquemas de incentivos

Os arranjos e os incentivos especiais introduzidos pelos doadores são muito freqüentemente motivados por seu interesse em estar associados a progresso nos programas que financiam. Muito raramente, seus objetivos relacionam-se ao meio macropolítico, como apontar melhor uso dos recursos humanos. As justificativas mais comuns para tais arranjos especiais são:

1. Nas esferas institucional e individual, as capacidades são demasiado baixas para permitir que as agências e os ministérios implementem o novo projeto ao mesmo tempo que desempenham suas funções principais.

2. O nível geral de pagamento no serviço civil é baixo demais para manter os trabalhadores, o que dá lugar a índices deficientes de cumprimento e produtividade. Em casos extremos, os governos afirmam que não podem efetuar nenhum tipo de pagamento aos trabalhadores.

3. Os diferenciais de salário devidos à capacidade, à responsabilidade etc. são demasiado baixos para estimular o esforço adicional que a implementação de um projeto exige.

4. A rigidez das regras de contratação do serviço público e dos sistemas de desenvolvimento de carreiras dificulta responder com prontidão e eficiência a exigências que mudam rapidamente.

Os instrumentos

Seguem-se os instrumentos mais comuns usados para arranjos especiais:

1. *Pagamento de subsistência:* O doador entrega alimentos ou paga o salário completo dos funcionários públicos engajados em um projeto. Isso é comum quando o governo declara não poder pagar salários básicos a seus próprios empregados.

2. *Suplementos salariais:* Como a implementação de projetos financiados por um doador envolve esforços adicionais para os trabalhadores civis, o doador sente-se justificado a oferecer bonificações salariais a alguns ou a todos os funcionários participantes. O doador não assume a responsabilidade financeira pelos pagamentos, que podem ser realizados após o limite temporal de um projeto.

3. *Viagens de treinamento e estudo:* Os projetos de cooperação técnica em geral outorgam sub-

venções generosas para viagens e cursos de treinamento.

4. *Consultorias e empregos não-governamentais:* Os doadores oferecem consultorias bem pagas e cargos em projetos alheios ao aparato do governo. Os funcionários civis com freqüência estão bem colocados e não precisam competir por esses trabalhos.

A prática de estabelecer unidades especiais de implementação em geral está associada aos incentivos salariais e de contratação. Essas unidades com freqüência recrutam seus dirigentes entre aqueles que já trabalham para os ministérios e para o governo. As vantagens salariais que oferecem também lhes permitem atrair os profissionais do setor privado e das ONGs. As unidades de projetos especiais têm maior liberdade de ação do que as unidades do governo, porque em geral são manejadas de forma conjunta pelo governo e o doador, e com maior acesso aos recursos externos e às autoridades governamentais de nível mais elevado. Muitas delas regularmente ultrapassam as estruturas estabelecidas para garantir a rápida implementação da agência financiadora.

Problemas causados por esquemas de incentivos especiais

As dificuldades surgidas desses arranjos especiais são bem conhecidas. Pagar os salários dos funcionários públicos em geral conduz à falta de apropriação de um programa por parte do governo. Os empregados e o público percebem que toda a atividade em questão é manejada pelo doador, e isso pode fazer que desapareça o interesse do governo em se encarregar da responsabilidade financeira.

Caminhos para uma possível solução

A fim de encontrarem uma solução sustentável para o problema dos incentivos, os aliados no desenvolvimento têm de enfrentar primeiro duas deficiências fundamentais:

1. *Estrutura de incentivos do serviço civil:* É impossível consolidar um esquema racional de incentivos com base em uma estrutura de serviço social que proporcione incentivos insuficientes

para trabalhar e às vezes contenha "desincentivos" aos esforços para empreender as tarefas mais importantes do desenvolvimento. É necessário pelo menos imaginar os princípios de uma reforma geral do sistema de pagamento, mesmo que ainda não se tenham definido os detalhes da reforma. Se for esse o caso, podem-se adiantar os passos em direção à mudança geral partindo de departamentos específicos.

2. *Integração das contribuições externas:* Os doadores terão de reduzir suas ambições de visibilidade e oferecer contribuições partindo de uma base coletiva, em vez de individual. Há maneiras de organizar unidades especiais que não promovam uma separação das principais operações de um ministério ou agenda. Inclusive uma integração parcial da unidade no trabalho regular como um todo reduziria o grau de separação. Desde o início, uma estratégia de saída clara deveria fazer parte do acordo com o doador, proporcionando um incentivo para que os funcionários da unidade consigam chegar a uma integração.

Implementação

Como os problemas das unidades especiais e os esquemas de incentivos obedecem a vários fatores inter-relacionados, só se poderá começar a enfrentá-los com enfoques amplos que envolvam tanto doadores quanto receptores. Para isso será necessário estabelecer coalizões amplas e alianças que não dependam totalmente de um único doador ou de um departamento de governo que tenha tido a capacidade de romper o molde. Tampouco é realista esperar um apoio imediato. Em muitos casos, há disposições que proíbem as agências doadoras de se juntarem aos SWAPs ou de estabelecerem acordos de combinação de recursos. Por isso, os esforços nacionais e internacionais devem se orientar para formar coalizões de associados convencidos da necessidade de reformar o sistema atual. Uma vez que a coalizão seja posta em andamento, é provável que novos membros se somem e seu impacto produza um novo impulso.

Fonte: Documento de discussão elaborado por Gus Edgren para a PNUD, 2003.

- Em casos em que uma âncora nacional não possa ser encontrada ou construída, soluções coletivas harmonizadas são preferíveis a uma multiplicidade de esquemas diferentes, como agências da ONU, instituições financeiras internacionais e doadores bilaterais.
- Os esquemas de incentivos anárquicos, em dinheiro ou em espécie, são a opção menos preferível e deveriam ser rechaçados.
- Uma estratégia de saída é totalmente indispensável, independentemente da opção selecionada.

PONTOS-CHAVE

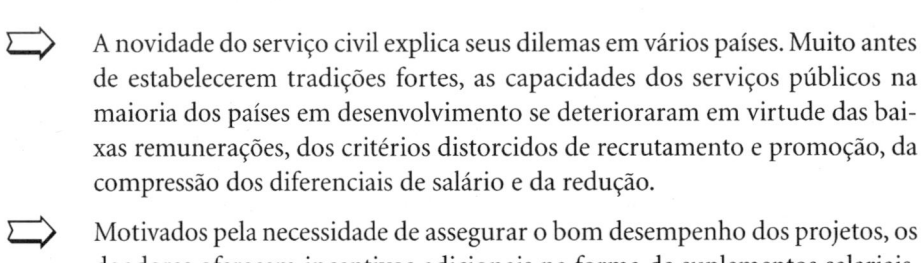 A novidade do serviço civil explica seus dilemas em vários países. Muito antes de estabelecerem tradições fortes, as capacidades dos serviços públicos na maioria dos países em desenvolvimento se deterioraram em virtude das baixas remunerações, dos critérios distorcidos de recrutamento e promoção, da compressão dos diferenciais de salário e da redução.

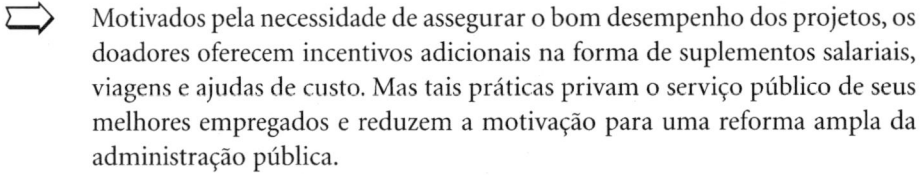 Motivados pela necessidade de assegurar o bom desempenho dos projetos, os doadores oferecem incentivos adicionais na forma de suplementos salariais, viagens e ajudas de custo. Mas tais práticas privam o serviço público de seus melhores empregados e reduzem a motivação para uma reforma ampla da administração pública.

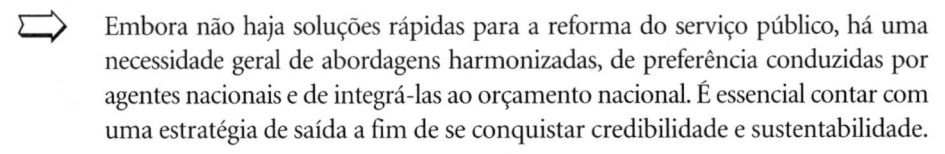 Embora não haja soluções rápidas para a reforma do serviço público, há uma necessidade geral de abordagens harmonizadas, de preferência conduzidas por agentes nacionais e de integrá-las ao orçamento nacional. É essencial contar com uma estratégia de saída a fim de se conquistar credibilidade e sustentabilidade.

REFERÊNCIAS DA PARTE B

- ⮞ *ÁFRICA OCIDENTAL Pesquisa em ação ensina a resolver problemas no trabalho (p.336)*
- ⮞ *BUTÃO Uma visão nacional guia o progresso e a cooperação técnica (p.190)*
- ⮞ *LESTE EUROPEU Iniciativa IPF promove pesquisa e reduz fuga de cérebros (p.351)*
- ⮞ *GUINÉ-BISSAU Criação de uma instituição de pesquisa em um meio desfavorável (p.244)*
- ⮞ *MALAVI Enfrentando a erosão de capacidades no setor público (p.278)*
- ⮞ *TANZÂNIA Subsídios governamentais a incentivos sustentáveis para os funcionários públicos (p.302)*
- ⮞ *UGANDA Desenvolvendo as capacidades de descentralização e governança local (p.322)*

3.4. ESPECIALISTAS, CONSULTORES E SERVIÇOS DE ASSESSORAMENTO

Mamadou emigra para a Europa com a esperança de encontrar trabalho. Como as perspectivas de encontrar algo importante vão se tornando cada vez mais difíceis, começa a freqüentar as discotecas da moda, esperando conhecer pessoas que possam lhe ser úteis. Dança com pessoas que acaba de conhecer e, em pouco tempo, sua lista de relações se amplia enormemente. Mas não consegue evitar as perguntas cada vez mais freqüentes sobre como ele ganha a vida, de onde vem e coisas do tipo. Como seus novos amigos se mostram evidentemente fascinados pelas culturas exóticas, decide convencê-los de que é um curandeiro. Funciona! Ele é solicitado a dar consultas e conselhos, e pouco a pouco isso se transforma em um grande negócio. Depois de ganhar uma boa quantidade de dinheiro, Mamadou volta para sua aldeia para desfrutar de merecidas férias. Sua família, intrigada ao vê-lo gastar dinheiro desbragadamente, quer saber o que ele faz na Europa. Mas Mamadou não pode revelar-lhes toda a verdade. Seria muito difícil seu povo entender ou aceitar os fatos. Mas ele pode lhes dizer como percebe aquilo: Sou um especialista!

Esse relato caricaturiza a figura tradicional do especialista: alguém que sabe mais sobre algo apenas porque provém de determinada região. Isso é suficiente para que, sem mais perguntas, lhe seja paga boa soma por seus conselhos, embora muitas vezes suas respostas sejam inventadas. Embora essa caricatura não reflita a maior parte dos especialistas, alude ao uso disseminado que eles fazem dos projetos de cooperação técnica, que deve ser seriamente questionado (Berg, 1993).

As instituições do governo a que são oferecidos os serviços do pessoal da cooperação técnica em geral não têm a opção de decidir se usam seu dinheiro para contratar um especialista ou se o usam para outros propósitos, como adquirir experiência sobre assuntos internos ou investir na capacitação de seu pessoal. Os especialistas são oferecidos com o critério de "pegue-os ou largue-os", e, ao se verem diante de um serviço gratuito, os funcionários do governo querem ter tantos especialistas estrangeiros quanto for possível.

Entretanto, os custos de oportunidade real são consideravelmente mais elevados o que significa, no âmbito local, prover o especialista estrangeiro com pessoal de apoio, escritórios, telefones etc. Os especialistas importados representam também o custo de deteriorar as capacidades nacionais quando trabalham com estruturas paralelas, distorcendo os mercados de trabalho locais e afugentando as escassas capacidades locais. Embora nesses casos o que se espera é que os estrangeiros façam algo de que realmente se necessita, o que na verdade ocorre é que eles substituem os especialistas nacionais que poderiam ter sido contratados.[4] Em

---

[4]   Caso contrário, sua contribuição será adicional ao que se poderia ter conseguido sem o projeto de ajuda, mas a apropriação e a sustentabilidade serão muito duvidosas. Apesar disso, é importante reconhecer a existência da genuína necessidade de cobrir lacunas nos países que saem de uma crise ou que atravessam situações de pós-conflito.

alguns dos países mais pobres, há com freqüência disponibilidade de profissionais, que podem ser contratados tanto no setor privado quanto entre aqueles que emigraram, a um custo muito menor do que o que se paga para usar os estrangeiros.

Há alguma alternativa para se prescindir desses recursos locais e esbanjar os externos? Obviamente, a resposta é sim. Isso se torna evidente examinando o setor privado ou os países em desenvolvimento que conseguiram êxito porque compreenderam que a capacidade nacional só poderá ser utilizada se os princípios que se aplicam à criação de incentivos para os estrangeiros também forem válidos para os nacionais. Entretanto, aplicar os mesmos princípios não significa usar o mesmo pacote de incentivos. As corporações transnacionais como as empresas de consultoria e contabilidade atraem os melhores talentos de um país. Mas a PriceWaterhouseCoopers, a Ernst & Young ou a Accenture não oferecem os mesmos salários na Suíça e em Zâmbia. Elas se remetem ao mercado local de trabalho e elaboram seus incentivos partindo dessa base para captar e recuperar capacidades. Do mesmo modo, o sistema de agências da ONU não paga ao pessoal contratado no país os mesmos salários de Nova York, Genebra ou Viena. Em cada país se emprega um elaborado sistema de comparação com os parâmetros locais, a fim de garantir que as tendências do mercado sejam consideradas. Supõe-se que esse pacote, somado aos incentivos profissionais e morais, seja suficiente para atrair os maiores talentos de um país.

Qualquer plano de reforma da cooperação técnica também deveria priorizar claramente a fixação de incentivos mais baseados na competência, a fim de maximizar o uso eficiente dos especialistas estrangeiros. Os doadores que fazem que os consultores e especialistas do país receptor compitam com suas próprias firmas consultoras nacionais já estão dando um passo nessa direção. Embora até o momento o impacto dessas medidas ainda seja bastante limitado, em alguns países em desenvolvimento já surgiu um pujante setor de consultoria que está recebendo grandes quantidades de cooperação técnica. Isso em si representa um impulso para as capacidades nacionais no âmbito individual e em alguns casos até mesmo no âmbito institucional.

Muitos doadores, no entanto, continuam a ver *seus* consultores e especialistas como pontas de lança de sua própria capacidade, e consideram que oferecem uma combinação única de domínio da tecnologia nacional e *feedback* sobre as condições econômicas e sociais no país anfitrião. Na verdade, uma das principais razões para oferecer ajuda bilateral é precisamente promover os vínculos técnicos, comerciais e culturais. Talvez Kanbur e Sandler (1999) estejam certos em não esperar um rápido respaldo à sua proposta de fundir os recursos da ajuda oficial ao desenvolvimento (AOD). É verdade que o impulso da reforma da assistência ao desenvolvimento está vinculado à percepção de que o mundo mudou e agora se necessita de maior efetividade no uso dos recursos públicos, incluindo a AOD. O que ainda não está claro é se uma questão essencial é ajustar a maneira pela qual os recursos são contabilizados e desembolsados. Poderia ser muito mais importante deter-se nas mudanças conceituais com respeito à forma em que operam algumas áreas, como a cooperação técnica.

Qualquer reconsideração da cooperação técnica deve primeiro reconhecer o impacto fundamental das redes de conhecimento no mundo de hoje. Stephen Denning (2002) aprofundou-se no tema e identificou doze aspectos que abalam a visão a respeito do assessoramento de especialistas:

1. Compartilhar o conhecimento transformou-se em algo essencial (não é inteligente pôr fim a isso).
2. Compartilhar o conhecimento é voluntário (baseia-se no desejo de aprender).
3. O conhecimento local é a base (o conselho em um contexto pode ser inapropriado para outro).
4. Saber "quem é quem" é estratégico (as conexões pessoais conduzem o processo).
5. Aprender toma tempo (deve-se processar mediante a internalização e a experiência).
6. Aprender com o conhecimento requer autonomia e respaldo (a combinação do conhecimento local e o cosmopolita faz que uma equipe tenha sucesso).
7. A capacidade necessita de conhecimento tácito (não precisamos saber como agir).
8. Desaprender faz parte da transformação social (às vezes as pessoas precisam desaprender o que acreditavam ser a maneira correta de fazer as coisas).
9. Um grupo usa melhor o conhecimento tácito (para a transformação é necessário mais do que contribuições individuais).
10. O conhecimento não pode ser transferido (ele tem de ser aprendido, adaptado ou reinventado em um contexto diferente).
11. O conhecimento não é linear (os paradigmas mudam constantemente).
12. Compartilhar o conhecimento é difícil (pois exige modificar conceitos arraigados, sistemas e processos).

Apenas quando esses aspectos são reconhecidos torna-se possível lidar com muitos dos dilemas colocados pelo mito do especialista "gratuito". Para começar, deve ser considerado o seguinte menu de opções:

- *Custos da cooperação técnica incorporados ao orçamento nacional*: Na Índia, o governo central exige que os governos estatais cubram o custo da assistência externa, um mecanismo equivalente a um empréstimo leve. Cobrar dos usuários o custo total da cooperação técnica talvez seja o modo mais efetivo de refutar o mito de que os especialistas são gratuitos. Elaborar um orçamento revela os custos reais de todos os insumos, e as instituições usuárias devem cobrir total ou parcialmente os custos da atividade financeira financiada por um agente externo. Se for possível convocar várias fontes de financiamento, esse esquema poderá se enriquecer incorporando formas competitivas de licitação.
- *Mecanismos de supervisão independente*: Os pontos anteriormente mencionados podem ser integrados em abordagens mais holísticas da racionalização da cooperação técnica, incluindo melhor programação e mecanismos de supervisão que aprovem ou desaprovem as solicitações mais adequadas às "regras do jogo". A lista mencionada deveria prever opções que favoreçam o uso de soluções mais

efetivas, respeitando as condições reinantes no mercado local. Às vezes um profissional estrangeiro é a melhor opção. Mas isso deve ser óbvio para todos.

- *Maior uso dos consultores locais* (OCDE/CAD, 1991; Berg, 1993): Esse ponto é respaldado por todos, e houve enorme progresso no uso de consultores locais sempre que há a possibilidade de fazê-lo.
- *Maior uso de assessores de curto prazo e modelos de treinamento*: Depois que a OCDE/CAD expressou em 1991 seu respaldo a tal princípio, que foi incluído na análise do PNUD *Repensando a cooperação técnica*, essa abordagem se tornou uma doutrina estabelecida (OCDE/CAD, 1991; Berg, 1993). No devido tempo, abrirá espaços para um uso melhor e mais freqüente dos talentos locais.
- *Suplências por tempo definido*: O modelo definido pela Companhia Africana de Serviços de Administração (AMSCO),[5] amplamente aplicado em países como a China, é muito atrativo. Os estrangeiros são empregados por um período predeterminado, e em geral por um prazo muito curto, para desempenhar funções produtivas, mas acompanhados daqueles que irão assumir a titularidade desses postos. Isso estimula a aprendizagem sem a perversão dos convênios de longo prazo ou por tempo indefinido. Entretanto, é importante que as suplências que cobrem lacunas sejam complementadas com os incentivos adequados para aqueles que serão os verdadeiros titulares desses postos (ver Quadro 3.4.1.).
- *Uso de voluntários*: Uma forma importante de melhorar a efetividade da cooperação técnica é abrir espaços para o trabalho de voluntários, inclusive por intermédio da designação de voluntários nacionais e internacionais. O trabalho voluntário não só promove soluções efetivas, mas também fomenta o compromisso cívico e a coesão social. Isso pode resultar particularmente valioso em situações especiais de desenvolvimento em que a necessidade de aporte externo possa ser urgente e claramente definida. Esse é o caso dos países devastados pelo HIV/Aids, por conflitos ou por outras formas de crise (ver Quadro 3.4.1.).
- *Fraternidade institucional*: No mundo das empresas é prática comum facilitar o acesso sistemático e contínuo de uma instituição ao conhecimento e à especialização acumulados por outra. Mesmo assim, esse tipo de esforço continua sendo raro no setor público. Embora a fraternidade tivesse sido usado por longo tempo como um mecanismo efetivo para evitar o modelo transicional especialista-participante, pode também gerar incentivos negativos. A elaboração do convênio é fundamental para estabelecer os incentivos adequados (OCDE/CAD, 1991; Berg, 1993).
- *Uso de talentos nacionais emigrados*: Grande número de instituições técnicas de Bangladesh, por exemplo, beneficia-se da perícia técnica aportada por talentos nacionais que residem fora do país (ver seção 3.7).

---

5 Em inglês African Management Services Company.

Quadro 3.4.1. Voluntários – especialistas com algo mais

A cooperação internacional para o desenvolvimento tem a preocupação premente de lidar com a pobreza, tanto em termos de suas principais causas quanto de suas manifestações. Em quase todas as sociedades, o valor básico consagrado é que as pessoas se ajudem umas às outras e, no processo, ajudem a si mesmas. As pessoas podem se ajudar de muitas maneiras, seja participando de sociedades fúnebres ou patrulhando as ruas para torná-las mais seguras; seja substituindo os tetos das casas após uma tempestade ou cuidando de pessoas com HIV/Aids.

A ajuda mútua voluntária ou auto-ajuda constitui uma rede de segurança importante para os pobres. A pobreza extrema pode também ser expressa em situações nas quais uma pessoa ou uma família não tem amigos ou vizinhos a quem recorrer para atenuar um perigo ou enfrentar os efeitos de um golpe. Uma pesquisa realizada pelo Banco Mundial mostra que a tendência dos indivíduos trabalharem em conjunto é proporcionalmente maior entre os mais pobres. Também destaca a contribuição positiva do trabalho voluntário para a coesão social, em especial em situações de conflito ou posteriores a um conflito. O trabalho voluntário organizado oferece novas habilidades ao mesmo tempo que trabalha com os habitantes locais para concretizar suas aspirações.

Em qualquer discurso sobre a apropriação local, os profissionais do desenvolvimento deveriam abrir o debate a todas as modalidades de participação voluntária. Nenhuma campanha nacional de imunizações ou de alfabetização nem nenhum programa habitacional de baixo custo teriam alcançado êxito completo sem a participação voluntária maciça da população local.

No Hemisfério Norte, o espírito do voluntariado é atualmente exaltado e cada vez mais valorizado, mas nos países em desenvolvimento a tendência é referir à ação voluntária local como "ajuda em espécie", algo que as pessoas têm de oferecer no âmbito local para conquistar o direito à "generosidade" do doador. Há menor reconhecimento ainda do trabalho de consolidar tradições arraigadas como a ajuda mútua ou o fortalecimento do governo democrático. Se não se encarar este "ponto fraco" –

claramente identificado no título de uma publicação recente dos Voluntários das Nações Unidas (VNU), *Below the waterline of public visibility* (Abaixo do nível da visibilidade pública) –, será muito mais difícil a tarefa de avançar de modo significativo na direção do ODM 2105 e reduzir à metade os níveis atuais de pobreza.

Tanto nos países industrializados quanto nos países em desenvolvimento, os grupos de voluntários fazem contribuições substanciais para o desenvolvimento humano mediante ações individuais ou conjuntas. A solidariedade, a consolidação das próprias iniciativas dos beneficiários, a igualdade, a confiança e a fé mútuas são alguns dos princípios-chave que orientam seu trabalho, que repousa na noção de que o desenvolvimento de capacidades é um processo local que se vale da cooperação técnica sobretudo como fonte externa de estímulo.

Os voluntários podem trabalhar em prol do crescimento político ou institucional e também apoiar o desenvolvimento organizacional e o intercâmbio de destrezas. Esses serviços criam vínculos não só entre os indivíduos, mas também entre as instituições do Norte e do Sul, gerando o desejo de compartilhar e aprender. Trabalhar ao lado de outros em uma comunidade aumenta as possibilidades de desenvolver destrezas e contrasta com a pouca ênfase dada a esses aspectos em muitas outras áreas da cooperação técnica.

Também ajuda a reduzir os desequilíbrios de poder pelos quais com freqüência se critica a cooperação técnica. Os benefícios econômicos limitados obtidos pelas organizações de voluntários e as detalhadas investigações participativas realizadas pelas melhores delas antes de decidir as colocações mostram que há uma agenda compartilhada. Também são estimuladas as alianças de longo prazo e há menos possibilidades de a cooperação técnica ser uma condição imposta para a agência receptora.

Mesmo quando o voluntário regressa à sua casa, ele continua aprendendo e compartilhando, o que contribui para o processo de entendimento e solidariedade mundial. Muitas organizações que acomodam voluntários os estimulam a transmitir às suas próprias comunidades o que aprenderam. Isso contribui para que o debate nos países doadores sobre as realidades do Sul se realize com bases mais sólidas, além de estimular as organizações do Norte a defender maior igualdade nas políticas globais.

Algumas das reformas necessárias para a cooperação técnica também se aplicam ao voluntariado. Há, por exemplo, espaço para a melhora da identificação de áreas adequadas para o envolvimento de voluntários, incluindo o equilíbrio entre a criação de capacidades e a prestação de serviços, o vínculo entre as agências mais amplas dos países e dos doadores, e a necessidade de monitoração e avaliação. Ainda assim, o potencial geral e a necessidade de voluntariado permanece clara. Como forma de ação colaborativa que dá apoio à sociedade civil e ao bom governo, ambos fatores fundamentais para se enfrentar a pobreza, e como uma abordagem para a cooperação técnica, há muito a se aprender com ela.

Fonte: VNU e Serviços Voluntários de Ultramar (SVU)

PONTOS-CHAVE

⇨ Os serviços dos especialistas não são gratuitos. Seu custo tem de ser conhecido, orçado, manejado de forma transparente e comparado com as outras alternativas existentes. Os doadores devem deixar espaço para abordagens mais inovadoras e efetivas.

⇨ A agenda para a reforma de incentivos deve priorizar as lições que o mercado oferece para reter talentos e respeitar as condições vigentes do mercado de trabalho, e ao mesmo tempo evitar a deterioração das capacidades.

⇨ Até mesmo quando novas abordagens são permitidas ou introduzidas, é importante conhecer o papel do compartilhamento do conhecimento. Isso cria um marco completamente diferente para o uso dos especialistas.

⇨ Recorrer com maior freqüência ao uso de assessores de curto prazo, de modelos de treinamento e consultores locais; fraternidade/irmanamento institucional; suplências com prazo definido; incorporação do custo da cooperação técnica ao orçamento nacional; o uso de voluntários e de mecanismos independentes de supervisão, são modalidades consistentes com os incentivos positivos.

REFERÊNCIAS DA PARTE B

➲ *ÁFRICA* Afrique en création *apóia expressão e intercâmbio cultural (p.329)*
➲ *ÁFRICA Crescimento do setor privado começa com melhores administradores (p.332)*
➲ *ÁFRICA OCIDENTAL Cooperação Sul-Sul facilita cultivo de novo tipo de arroz (p.340)*
➲ *CAMBOJA Angkor Wat: Como combinar conservação com participação comunitária e desenvolvimento inovador (p.194)*
➲ *FILIPINAS* Accenture: *uma estratégia para atrair e reter talentos locais (p.231)*
➲ *GLOBAL Tecnologias da Informação e da Comunicação (TIC) abrem novos caminhos à capacitação (p.348)*
➲ *SUDESTE EUROPEU Um ponto de encontro virtual para reformadores da educação (p.354)*
➲ *TIMOR LESTE Voluntários facilitam transição entre guerra e reconstrução (p.312)*

3.5. APROVISIONAMENTO

O aprovisionamento de bens e serviços está mais estreitamente ligado aos incentivos do desenvolvimento de capacidades do que originalmente parece. Abarca a contratação de serviços de consultoria, emprega especialistas de longo prazo financiados pelos projetos, e garante os itens não relacionados ao pessoal. Normalmente, exige manejar o processo de seleção, compreender os preços e custos, estabelecer modalidades de contratação, aplicar princípios de administração de qualidade total, introduzir considerações legais e de medição e avaliação do desempenho. Se uma agência nacional não conta com uma política de aprovisionamento explícita e transparente, provavelmente não poderá tomar decisões estratégicas, lidar com as expectativas das diferentes partes e garantir uma modalidade de gestão que assegure efetividade e perícia. Com muita freqüência, esse tipo de situação leva os doadores a adotar procedimentos próprios. Mas é assim que as oportunidades se perdem, porque o aprovisionamento pode servir para atrair e utilizar talentos aos quais de outro modo não estariam acessíveis, e as diferenças entre as regras para o aprovisionamento e outras regras de prestação de contas podem ser entendidas e inseridas em uma estratégia que promova o desenvolvimento de capacidades.

O Banco Mundial define cinco preocupações básicas que regem suas políticas de aprovisionamento:[6]

1. Assegurar que os bens e serviços necessários para levar adiante um projeto sejam adquiridos atendendo a razões de economia e eficiência.
2. Assegurar que o empréstimo seja usado para comprar apenas os bens e os serviços necessários para dar andamento ao projeto.
3. Dar a todos os licitantes dos países membros do Banco Mundial igual oportunidade para competir pelos contratos financiados pelo banco.
4. Encorajar o desenvolvimento de fornecedores e fabricantes locais nos países prestamistas.
5. Assegurar que o processo de aprovisionamento seja transparente.

Com cerca de quarenta mil contratos adjudicados anualmente, para o Banco Mundial é imperativo contar com sistemas claros de prestação de contas para as aquisições realizadas em todo o mundo do desenvolvimento internacional. As tarefas mais importantes do aprovisionamento – incluindo a análise das estruturas legais e organizacionais, a avaliação do impacto dos acordos internacionais, a direção das inspeções e das monitorações e a busca de maneiras de reduzir a corrupção – contribuem para o desenvolvimento de capacidades que as agências de desenvolvimento estão prontas para financiar. Entretanto,

---

[6]   Ver as notas sobre aprovisionamento do Banco Internacional de Reconstrução e Desenvolvimento (Bird) e da Associação Internacional de Desenvolvimento (AID) (www.worldbank.org/html/opr/procur/index.htm).

também é essencial examinar em detalhes os incentivos involuntários que deterioram o desenvolvimento de capacidades sob a fachada de uma boa gestão.

Uma das causas que com freqüência obstruem o desenvolvimento de capacidades de gestão propriamente dita é o fato de os países estarem saturados de procedimentos complexos. Os complicados regimes de aprovisionamento das grandes agências de desenvolvimento são comumente traçados considerando como licitantes os organismos nacionais dos países doadores e para projetos de desenvolvimento de capacidades financiadas por esses governos. Nesses casos, uma política internacional projetada para assegurar a transparência tem o efeito colateral de evitar a competição com os provedores locais. Os dados sobre o aprovisionamento revelam que pelo menos metade de todo o dinheiro da ajuda volta aos países doadores (Banerjee; Valdiva; Mkandia, 2002), uma tendência exacerbada pela vinculação da ajuda. Algumas agências de desenvolvimento oferecem inclusive contratos de cooperação técnica (Banerjee; Valdiva; Mkandia, 2002), reservando-os para suas co-nacionais (como a maioria dos contratos de ajuda europeus, que são atualmente a principal fonte de financiamento da maior parte dos PMDs).

Mediante o processo de licitações em dois níveis, os grandes provedores desdobram-se (como para uma licitação técnica e uma licitação financeira, ou um componente local e um componente internacional). Entre as firmas consultoras estrangeiras que trabalham nos países do Sul existe algo semelhante a uma "garantia implícita" de que essas licitações bifurcadas terão maior probabilidade de sucesso. Há uma competição feroz entre elas pelo componente da perícia, mas o fato de existir tal forma de condicionalidade permite que acabem ocorrendo algumas práticas pouco recomendáveis. O aprovisionamento, como se tem visto em muitos casos, constitui uma das principais fontes de corrupção e suborno, chegando inclusive a originar práticas fraudulentas e enfrentamentos violentos entre grupos de oponentes.

Um problema específico enfrentado pelas licitações em dois níveis é a proliferação de consultores externos que não respeitam nem a própria essência da competência. Suponhamos que uma agência bilateral renomada na área lingüística e cultural – também muito ativa no mercado de consultores – se apresente à licitação por contratos nos setores de saúde, água e saneamento. A agência sabe que, em um país onde não há o domínio do idioma inglês, ela pode produzir relatórios bem elaborados, o que lhe dá uma vantagem sobre a maior parte das firmas consultoras locais, apesar de não haver perícia na área temática. Também ajuda o fato de seus executivos, assim como os executivos da cooperação técnica multilateral, manterem contatos sociais informais. Mas será correto deixar que os fatores lingüísticos ou de comodidade cultural definam a decisão?

Melhorar a fachada também é um resultado anômalo da licitação em dois níveis. Os consultores locais recorrem a consultores externos renomados para melhorar suas oportunidades de adjudicar os contratos. Mas esse recurso também pode ser usado no sentido inverso, quando os consultores locais são vistos como pára-choques dos licitantes externos. Às vezes, na formulação de um projeto, vários processos elaborados ocorrem para demonstrar a participação nacional, embora os funcionários civis ou outros agentes locais mal tivessem contribuído com uma idéia.

Outro tipo de prática surge quando se avaliam os pesos relativos na decisão das licitações. Os critérios de licitação em geral enfatizam a necessidade de experiência (alguns com variantes específicas, como "experiência cultural"), em oposição a critérios de competência, como a formação e as habilidades administrativas. Isso faz que as oportunidades de consultoria se afastem das firmas locais que estão apenas começando. O grande peso que se atribui à experiência pode ser usado para eliminar as mulheres e os novos atores com idéias inovadoras, conduzindo, por exemplo, à adoção de enfoques obsoletos do desenvolvimento de capacidades.

Em último lugar, mas não menos importante, está o tema da publicação de licitações e vagas. Os anúncios de contratos são com freqüência divulgados no sistema "boca a boca" ou como "convites sem compromisso" a consultores. Uma rede bem conectada entre os doadores permite que grande quantidade de avisos sobre abertura de cargos de consultoria ou posições de tempo integral seja difundida por intermédio de seus boletins internos, e não tanto externamente. Em outras palavras, há muitas barreiras de entrada que não se baseiam no método e desanimam os aspirantes a participar da indústria nacional do desenvolvimento, deteriorando as exigências de transparência.

Todos esses fatores contribuem para a existência de um sistema de agremiação informal, porém muito bem conectado. Isso deve ser revertido simplificando a burocracia governamental, tanto do lado dos doadores quanto dos receptores da ajuda, a fim de melhorar a transparência e assegurar que as políticas de aprovisionamento se ajustem às exigências do desenvolvimento de capacidades. No processo, ficam eliminados os "porteiros" que impõem "direito de trânsito" aos usuários, reduz-se o número de passos requeridos para se obterem aprovações e pagamentos por bens e serviços e se esclarecem as regulamentações para facilitar as transações. Há também necessidade de reduzir o espaço que se outorga à discrição, publicando-se delineamentos claros sobre a forma de exercê-la e difundindo-se manuais de gestão acessíveis nos departamentos encarregados de vigiar funções.

PONTOS-CHAVE

⇨ A transparência no aprovisionamento é essencial para estabelecer uma cultura de prestação de contas e efetividade. As organizações que manejam enorme quantidade de contratos necessitam de procedimentos bem delineados.

⇨ Os procedimentos complexos que exigem requerimentos específicos dos doadores tendem a oprimir os países e os agentes locais com uma capacidade ou exposição limitadas a políticas de aprovisionamento sofisticadas.

⇨ É essencial examinar criticamente os incentivos involuntários que deterioram o desenvolvimento de capacidades sob o disfarce da boa gestão, incluindo a forma em que as licitações são manejadas e processadas.

As políticas de aprovisionamento dos doadores e dos receptores deveriam tratar explicitamente dos requerimentos do desenvolvimento de capacidades. A melhor linha geral de ação consiste em se aderir a padrões institucionais que sejam simples e transparentes e minimizem as áreas de discrição.

REFERÊNCIAS DA PARTE B

- *CAMBOJA Descentralização assenta as bases da reconstrução e da governança (p.198)*
- *FILIPINAS A sociedade civil de olho nos gastos públicos (p.235)*
- *MARROCOS Decisões claras sobre telecomunicações para fortalecer o crescimento econômico (p.282)*
- *GLOBAL Responsabilidade social corporativa em The Body Shop (p.344)*
- *VENEZUELA Indústria petroleira prospera, assim como capacidades nacionais que a impulsionam (p.326)*

3.6. CORRUPÇÃO

A corrupção é o uso inadequado do poder público, de uma função ou da autoridade para obter benefício pessoal, seja pelo suborno, seja por extorsão, tráfico de influências, nepotismo, fraude, dinheiro rápido ou desfalque. Embora a corrupção seja considerada patrimônio do governo e de funcionários públicos, também está muito difundida no setor privado (PNUD, 1999).

Os incentivos e as oportunidades que conduzem à corrupção variam de acordo com as instituições econômicas e políticas de uma sociedade. Isso explica em parte por que se manifesta de forma tão diferente em todo o mundo, apesar de se poder diferenciar entre dois tipos gerais de corrupção: a pequena e a grande. A corrupção pequena é encontrada onde os funcionários públicos recebem salários escandalosamente baixos e dependem de primeiras propinas do público para sustentar suas famílias. A grande corrupção envolve tipicamente altos funcionários que tomam decisões relativas a contratos públicos de maior peso.

A quantidade de corrupção no sistema político de um país está relacionada à interação de vários fatores. Os níveis mais baixos são caracteristicamente encontrados onde os mecanismos institucionais impedem, detectam e penalizam os maus procedimentos; quando a natureza da atividade do governo proporciona relativamente poucas oportunidades; e quando a sociedade reprova essa prática. As oportunidades econômicas são abundantes e, apesar de os funcionários estatais terem fácil acesso aos grupos de interesse, a corrupção pode ser controlada porque muitos interesses concorrentes, inclusive os críticos, têm acesso às elites. As pessoas e as empresas que deparam com funcionários desonestos têm alternativas e recursos contra aqueles que tentam explorá-las.

Os mais altos níveis de corrupção prosperam onde os mecanismos institucionais para combatê-la são fracos ou não são usados; quando o controle governamental e a regulamentação dos recursos econômicos proporcionam amplas oportunidades; e quando já é tão proeminente que é aceita e tolerada. Uma elite política entrincheirada domina e explora as possibilidades econômicas, manipulando contatos políticos valiosos em troca de ganhos pessoais. Os grupos ou interesses explorados têm poucas saídas alternativas e as oportunidades de controlar a manipulação são muito reduzidas. Em alguns casos, os piores problemas são os criados pelos funcionários que deveriam combater a corrupção.

O fato de a corrupção transcender fronteiras acrescenta outra dimensão ao problema, uma vez que a integridade nacional é ameaçada por fatores externos que os funcionários locais podem achar mais difícil de controlar. A globalização criou muito mais oportunidades – o crime organizado, por exemplo, aproveitou o desenvolvimento explosivo das comunicações globais para fugir às sanções da lei. Embora os países em desenvolvimento precisem combater esse flagelo, os tratados e as convenções internacionais também podem contribuir buscando a harmonização das leis nacionais e assentando as bases para uma assistência legal mútua.

Conseqüências da corrupção para o desenvolvimento de capacidades

A corrupção custa bilhões de dólares por ano ao mundo em desenvolvimento, perverte os direitos humanos, desvia os recursos, degrada o meio ambiente e impede o desenvolvimento – incluindo o desenvolvimento de capacidades – do seu devido caminho. Pode conduzir ao conflito em e entre as nacões e destrói a confiança na democracia e na legitimidade dos governos. Nos lugares onde a corrupção é endêmica, suas conseqüências afetam desproporcional e cruelmente os pobres, pois estes não têm recursos para competir com aqueles que podem e querem pagar subornos.

Nos países em desenvolvimento e nas economias em transição, em particular nos PMDs, os antigos programas de ajuste estrutural destinados a gerar crescimento e viabilidade externos em muitos casos baixaram os ingressos *per capita* e os salários reais, aprofundando em última instância a pobreza. Muitos membros do serviço civil viram-se obrigados a recorrer à corrupção para sobreviver. Assim, à medida que a corrupção se estende, entra em um círculo vicioso: mesmo quando há sinais de desempenho econômico positivo, há medo de que as perspectivas de desenvolvimento possam ser facilmente frustradas. A falta de integridade dos sistemas políticos e administrativos emergentes converte-se em um dos mais sérios "desincentivos" para a mobilização da poupança interna e do investimento, e as reformas econômicas e políticas acabam sendo desvirtuadas.

Infelizmente, os processos de mudança econômica, política e social que estão ocorrendo em muitos dos PMDs, em particular da África, dão um impulso extra às práticas corruptas. As oportunidades de corrupção multiplicam-se em especial nos países que enfrentam crises ou etapas de transição porque há alguns conjuntos de regras que já não têm vigência, enquanto há outros que ainda não puderam ser institucionalizados.

As oportunidades de corrupção e suas causas

A corrupção é sobretudo um problema de governança que reflete falha nas instituições. As instituições débeis não podem oferecer um marco adequado para os processos competitivos nem vincular efetivamente os cenários político e econômico. Quando as instituições de um governo democrático desmoronam, fica difícil implementar e aplicar leis e políticas que garantam a transparência; surge então a corrupção, como uma resposta natural e orgânica. Ela se torna entrincheirada quando as instituições destinadas a governar os relacionamentos entre os cidadãos e o Estado são rotineiramente usadas para o enriquecimento pessoal dos funcionários públicos e a provisão de benefícios para os corruptos (Rose-Ackerman, 1997). Em geral isso ocorre quando os funcionários públicos exercem uma autoridade desmedida, quando são motivados por incentivos negativos e quando não prestam contas, ou quando o fazem mediante regulamentações mais informais do que formais.

Para os funcionários públicos, a estrutura de recompensas na administração estatal tem sido tradicionalmente vista como um dos principais determinantes na evolução da corrupção. Se os funcionários recebessem salários compatíveis com aqueles disponíveis para serviços similares no setor privado, se fossem recompensados de acordo com seu desempenho, as possibilidades de se comprometerem em atos de corrupção não seriam tantas em termos relativos para compensar o risco. Em vez disso, os funcionários do setor público em geral recebem salários bem abaixo daqueles do setor privado e as oportunidades para a corrupção podem se tornar a principal razão para escolherem trabalhar no setor público (Goudie; Stasavage, 1997). Esse cenário ameaça o desenvolvimento de capacidades, pois o incentivo é negativo desde o início. Os indivíduos simplesmente não terão motivação para participar de um desenvolvimento ou transformação institucional.

Enfrentando o dilema da corrupção

Para preservar e desenvolver a capacidade, é essencial combater a corrupção. Como o governo sozinho não consegue lidar com ela sem o apoio e envolvimento ativo de todos os seus cidadãos, uma campanha bem-sucedida exige a participação plena de todos os setores da sociedade, incluindo a sociedade civil e a comunidade empresarial. Embora as ações internacionais possam ajudar, a luta para conter a corrupção no âmbito nacional é essencialmente uma responsabilidade interna. Os atores externos, incluindo os doadores, podem ajudar nesse processo, mas para ele ser efetivo e duradouro deve ser apropriado, concebido e conduzido na esfera local (ver Quadro 3.6.1.).

Não há um modelo para combater a corrupção, mas em geral os esforços que têm causado o maior impacto são abrangentes e participativos. Eles também se iniciam com um forte compromisso político, que distingue entre reformas superficiais e as que corroboram uma mudança real e sustentável. O ideal é que as reformas se concentrem em incentivos para a prevenção e em sistemas em mutação, em vez de em caça às bruxas. É essencial avaliar as sensibilidades históricas e culturais, entender as vulnerabilidades existentes e construir estruturas estatais de apoio que promovam a boa governança e reduzam a pobreza como base fundamental para a mudança.

Um país em desenvolvimento que seja sério no combate à corrupção pode precisar estabelecer novas instituições ou fortalecer as existentes para realizar algumas funções específicas anticorrupção. Uma opção é a criação de uma comissão anticorrupção independente, com amplas atribuições para investigar (inclusive prender, deter, registrar e capturar) e poderes de acusação judicial, assim como de educação pública. Essa comissão deve ser genuinamente independente dos governantes do país, mas sujeita ao estado de direito, ou corre o risco de se transformar em uma força de repressão. Deve também contar com um respaldo político de alto nível, ter independência política e operativa para poder investigar mesmo nos escalões mais altos do governo, poderes necessários para ter acesso à documentação e interrogar testemunhas e uma liderança totalmente íntegra.

Entretanto, a criação de comissões anticorrupção independentes não é a única solução para o problema da corrupção. A maioria dos países que recentemente embarcou em campanhas anticorrupção concentraram-se apenas, e de modo alarmante, na criação e no fortalecimento dessas instituições, percebidas como uma solução rápida. Na verdade, há muito poucos exemplos de comissões anticorrupção que tenham obtido resultados bem-sucedidos. Entre as mais freqüentemente citadas estão as experiências da Comissão Independente contra a Corrupção de Hong Kong (CICC), o Escritório de Investigações de Práticas Corruptas de Cingapura (EIPC) e o Diretório para Crimes Econômicos e Corrupção (DCEC) de Botsuana. Mas esses modelos em geral não são replicáveis em virtude do contexto específico em que operam (e a história particular de sua evolução). Para uma comissão funcionar efetivamente, ela requer um ajuste às circunstâncias locais, deve contar com apoio governamental sustentado, uma estratégia coerente e capacidade organizativa,[7] além de recursos humanos, financeiros e técnicos importantes.

Com freqüência, as comissões independentes constituem apenas um dos pilares de um pacote maior de reformas ancoradas em um programa de governança abrangente, que

---

Quadro 3.6.1. As *jan sunwais* ou participação de cidadãos na vigilância

As *jan sunwais* (audiências públicas da Índia) constituem um bom exemplo do envolvimento dos cidadãos na vigilância. Elas envolvem essencialmente uma revisão pública dos gastos de desenvolvimento conduzida pelos habitantes de um povoado. Os objetivos buscados com tal prática são quatro: transparência, prestação de contas por parte dos funcionários, solução de reclamações e legitimação do processo de auditorias públicas.

As *jan sunwais* iniciam-se com a demanda dos cidadãos de uma *panchayat* (unidade local do governo rural) para se obter cópias de recibos, faturas e listas de gastos. Quando se obtém essa informação, ela é organizada e preparada para que seja entendida por todos. É estabelecida e difundida a data da realização de uma auditoria em que serão lidos os relatórios, colocados ao alcance das pessoas para que elas possam verificar seu conteúdo. Ao mesmo tempo, convida-se um conjunto destacado de pessoas de fora para que elas verifiquem a regularidade dos procedimentos. São convidadas todas as pessoas relacionadas ou as que tenham manifestado preocupação pelo trabalho, incluindo os representantes eleitos e os do governo. Depois da leitura dos relatórios, as pessoas são convidadas a testemunhar e os outros participantes podem corroborar ou contradizer o que foi afirmado. Ao terminar a jornada, os achados são compilados, incluindo quaisquer irregularidades, e o painel os comenta. Os residentes da aldeia podem então avaliar que ação deve ser tomada e quem será responsável por ela.

Esse exemplo é bastante inspirador, pois começou como uma experiência em uma aldeia afastada e terminou como ponta de lança de uma campanha nacional sobre o direito à informação. Pela primeira vez, a prestação de contas local emergiu dos confins de um debate intelectual e foi reivindicada pelos pobres como algo relacionado à sua sobrevivência. O *slogan* da campanha tornou-se "O direito de saber, o direito de viver". O impacto das audiências públicas, que agora se realizam em todo o país, foi devastador. Os dirigentes locais dos escritórios públicos e os burocratas foram obrigados a assistir a essas audiências e, ao ser confrontados em alguns casos com as provas de corrupção, alguns desculparam-se publicamente e devolveram o dinheiro roubado. Além do efeito desse fato sobre os preocupados membros do *panchayat*, o temor da exposição pública agora dissuade os funcionários de cometer atos de descarada desonestidade que em passado recente eram muito mais comuns.

Fonte: Roy; Dey; Rajasthan, 2001.

---

[7] "As agências anticorrupção independentes são uma solução efetiva para o problema da corrupção?" Documento apresentado na IX Conferência Internacional Anticorrupção pelo Projeto de Investigação de Estratégias de Corrupção e Anticorrupção que financia o DFID, em outubro de 1999 (não publicado).

busca identificar as atividades que mais tendem à corrupção e rever as leis substantivas e os procedimentos administrativos para reduzir as vulnerabilidades. Outros mecanismos de vigilância que devem ser fortalecidos incluem instituições como o Escritório do Auditor Geral, o Escritório do Defensor do Povo (*Ombudsperson*) e o Escritório de Contratações Gerais (ou Diretório Nacional de Licitações). As reformas também devem examinar o papel desempenhado pela Comissão de Eleições para garantir uma revisão independente e imparcial do processo eleitoral, e deve deter a influência corruptora do dinheiro sobre os processos democráticos, reduzindo em parte os custos das eleições e restringindo os gastos.

Os mecanismos mais estritos para a prestação de contas, como os Comitês de Contas Públicas, podem garantir o acesso público aos procedimentos de vigilância, enquanto, para assegurar que sejam investigados os casos de corrupção relatados pelos grupos de vigilância e controle, os governos também podem melhorar a capacidade e a integridade da força policial. As práticas solventes de administração financeira deveriam introduzir sistemas de contabilidade pontuais e eficientes, com revisões oportunas e profissionalmente elaboradas por auditores internos e independentes (Pope, 2000). Finalmente, os países precisam restaurar a integridade no seu Judiciário, instilando-se espírito de prestação de contas sem deteriorar a independência essencial do sistema judiciário.

Com todas essas reformas, é também necessário construir a capacidade da sociedade civil, incluindo os meios de comunicação, para servirem como corpos de vigilância independentes. Eles desempenham um papel importante em aumentar a consciência pública sobre a seriedade da corrupção, que é fundamental para a luta contra ela, e no desenvolvimento de um público engajado e informado que exija ser governado com honestidade. Os governos precisam assegurar que os cidadãos responsáveis possam denunciar as situações de corrupção sem temer represálias, bem como que os meios de comunicação possam informar livremente sobre problemas que exijam que os indivíduos e as instituições importantes prestem contas de suas ações. Em geral, qualquer processo de reforma deve inspirar um sentido amplo de apropriação mediante alianças entre o governo e a sociedade civil que favoreçam a ação coletiva participativa e baseada no consenso.

Outro componente fundamental na luta contra a corrupção é o setor privado, especialmente por seu papel cada vez maior na provisão de bens e serviços essenciais, muitos dos quais têm sido há gerações exclusividade das entidades estatais. Melhorar a condução empresarial é uma ferramenta poderosa (Pope, 2000) para reforçar o cumprimento das normas não apenas por meio de regulamentações escritas, mas também mediante um comportamento empresarial correto. O manejo empresarial depende em grande parte do desenvolvimento institucional de um país e pode se transformar em um grande desafio nos países em desenvolvimento cujas instituições são frágeis. Mas é fundamental não só conter a corrupção, como também reforçar os valores do estado de direito, da transparência e da imparcialidade,[8] e transformar a corrupção em uma ação inaceitável.

---

[8] *Manejo empresarial: um antídoto contra a corrupção.* Relatório do Centro para a Empresa Privada Internacional perante a X Conferência Internacional Anticorrupção realizada em Praga em outubro de 2001.

Os esforços para melhorar o manejo empresarial incluem garantias de transparência em todas as transações empresariais, abrangendo os procedimentos de contabilidade, auditoria e aquisições. O desenvolvimento de um conjunto de padrões para os negócios demonstra, de maneiras independentemente verificáveis, um compromisso com a integridade. Os códigos de conduta empresarial também podem ter alguma influência positiva, dependendo do grau em que estão "incorporados" ou sejam parte da cultura empresarial. A chave para determinar a adesão a um código parecem ser as atividades de treinamento, monitoramento e imposição de suas normas (Pope, 2000). Finalmente, os membros da comunidade bancária e de outras entidades financeiras desempenham um papel importante para estabelecer mecanismos que registrem com precisão as transações, incluindo os que se impõem por meio de obrigações internacionais, para registrar com precisão as transações e limitar a lavagem de dinheiro, o que em alguns casos facilitaria a devolução aos países em desenvolvimento do dinheiro roubado por líderes corruptos.

A comunidade internacional é outra fonte de apoio para iniciativas contra a corrupção, em particular aquelas que fortalecem a construção de capacidades nacionais e locais criando soluções concebidas no âmbito nacional mediante processos participatórios. Justamente porque as organizações internacionais estão em posição de compartilhar conhecimentos, recursos e perícia acumulada no mundo todo, podem ajudar com metodologias inovadoras que analisam a natureza e a extensão da corrupção, e estabelecer a efetividade das reformas específicas. Podem também facilitar o acesso às novas tecnologias de informação e comunicação que oferecem instrumentos de diagnóstico rigorosos, análise empírica e monitoramento. Isso, por sua vez, acrescenta a capacidade nacional de transformar os sistemas de manejo da informação como parte integrante da reforma institucional.

As organizações internacionais têm a responsabilidade de apoiar a ratificação e implementação dos tratados regionais e mundiais referentes à oferta e à demanda de subornos e à corrupção, assim como de estimular a cooperação internacional nesse campo. A Transparência Internacional, uma coalizão global de ONGs que tem conseguido atrair a atenção mundial para o combate à corrupção, é um importante parceiro da sociedade civil nesse esforço; agora pode-se fazer mais nos países em desenvolvimento para fortalecer as vozes da sociedade civil independente. As redes internacionais podem também ajudar a estimular os arranjos de assistência legal mútua e o desenvolvimento de convenções anticorrupção para as regiões africana e asiática. Também será de grande importância o trabalho realizado pela Organização das Nações Unidas para levar a efeito uma Convenção Mundial sobre a Corrupção que vise a tornar crime todas as formas dessa prática. O monitoramento adquirirá assim vital importância para os fins de cooperação e consistência nas esferas mundial, regional e nacional.

PONTOS-CHAVE

 O desenvolvimento de capacidades exige a adoção de uma posição ativa contra a corrupção mediante esforços que se concentrem na prevenção, impulsionando os valores positivos, criando uma cultura de profissionalismo e meritocracia nas instituições, estimulando a transparência e a denúncia e estabelecendo a prestação de contas no âmbito externo.

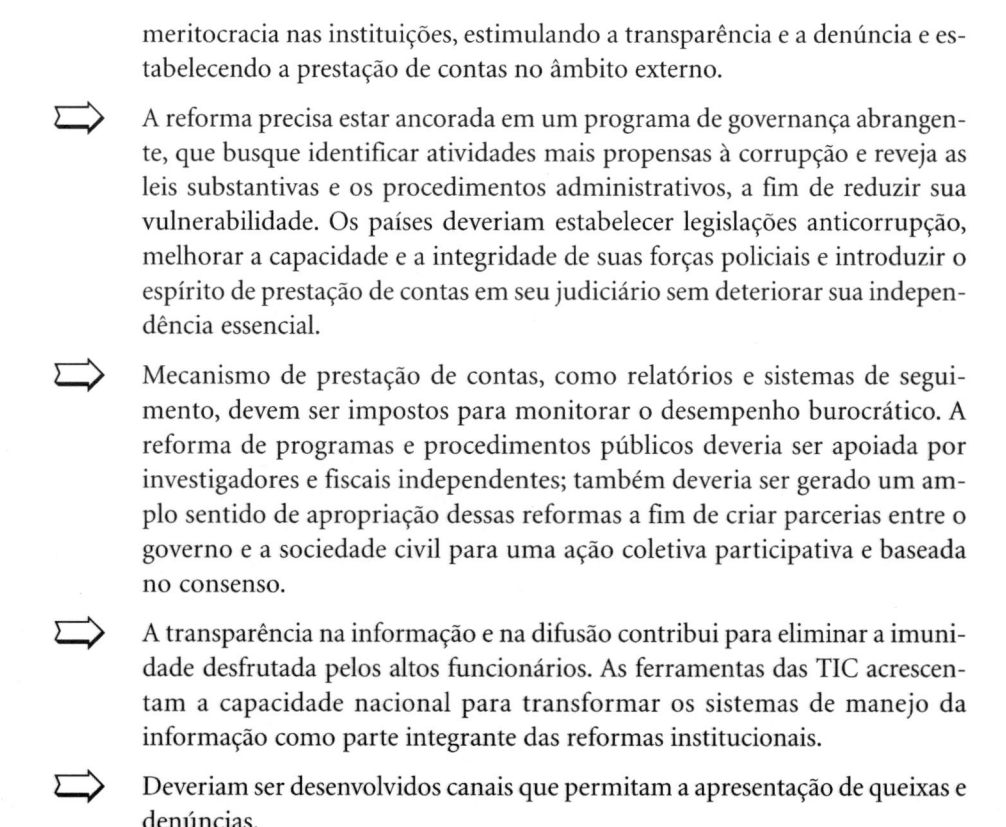 A reforma precisa estar ancorada em um programa de governança abrangente, que busque identificar atividades mais propensas à corrupção e reveja as leis substantivas e os procedimentos administrativos, a fim de reduzir sua vulnerabilidade. Os países deveriam estabelecer legislações anticorrupção, melhorar a capacidade e a integridade de suas forças policiais e introduzir o espírito de prestação de contas em seu judiciário sem deteriorar sua independência essencial.

Mecanismo de prestação de contas, como relatórios e sistemas de seguimento, devem ser impostos para monitorar o desempenho burocrático. A reforma de programas e procedimentos públicos deveria ser apoiada por investigadores e fiscais independentes; também deveria ser gerado um amplo sentido de apropriação dessas reformas a fim de criar parcerias entre o governo e a sociedade civil para uma ação coletiva participativa e baseada no consenso.

A transparência na informação e na difusão contribui para eliminar a imunidade desfrutada pelos altos funcionários. As ferramentas das TIC acrescentam a capacidade nacional para transformar os sistemas de manejo da informação como parte integrante das reformas institucionais.

Deveriam ser desenvolvidos canais que permitam a apresentação de queixas e denúncias.

REFERÊNCIAS DA PARTE B

- *ÁFRICA DO SUL Pobres lutam por um espaço em foros organizados (p.176)*
- *BOLÍVIA Cidadãos exercem seu direito de participar do sistema de ajuda (p.181)*
- *BRASIL Como melhorar a qualidade de vida com o orçamento participativo (p.187)*
- *BUTÃO Uma visão nacional guia o progresso e a cooperação técnica (p.190)*
- *FILIPINAS A sociedade civil de olho nos gastos públicos (p.235)*
- *ÍNDIA Audiências públicas inibem a corrupção no Rajastão (p.260)*
- *MOÇAMBIQUE Restauração da justiça, da lei e da ordem põe à prova compromisso de longo prazo (p.289)*

3.7. FUGA DE CÉREBROS

Apesar das aparências, a migração global não está tão disseminada como parece. Atualmente, 175 milhões de pessoas vivem fora dos países em que nasceram, aproximadamente 3% da população mundial. Embora o número de emigrantes tivesse duplicado desde 1975, as regiões mais desenvolvidas receberam apenas um número estimado de 2,3 milhões de imigrantes por ano, ou cerca de 12 milhões durante o período 1995-2000. Um número importante de migrantes permaneceu em suas regiões, embora, ao contrário da impressão geral, os fluxos de migrantes entre os países industriais e em desenvolvimento se desloquem nas duas direções.

Um dos impactos mais divulgados das migrações atuais é o êxodo de capital humano, conhecido coloquialmente como fuga de cérebros, que tem um impacto negativo sobre o desenvolvimento de capacidades. Com freqüência, os jovens dos países pobres que vão estudar no Ocidente e lá permanecem depois de se graduar, em vez de voltar a seus lugares de origem, sentem-se atraídos pelos salários mais elevados e pelas perspectivas de trabalho melhores das nações industrializadas. Quando esse êxodo de profissionais qualificados adquire maiores proporções, as instituições mais afetadas são as que realizam esforços para se consolidar.

As dimensões do problema

O fenômeno de profissionais altamente qualificados dos países em desenvolvimento que trabalham em economias industrializadas, em particular nos Estados Unidos, começou a tomar forma na década de 1960 e se tornou cada vez mais comum nos últimos quarenta anos. Um estudo do FMI com dados de 1990 mostrava que uma alta porcentagem de profissionais com educação superior provenientes dos países em desenvolvimento estava trabalhando nos Estados membros da OCDE. Porcentagens especialmente elevadas provinham dos países pequenos do Caribe, da América Central e da África. Os efeitos da fuga de cérebros foram sentidos inclusive em alguns países maiores da Ásia, como Irã, Filipinas, República da Coréia e Taiwan, embora em porcentagens menores. O Gráfico 3.7.1. apresenta uma lista de países cujas cifras de profissionais altamente capacitados que residiam nos Estados da OCDE oscilavam em cerca de 15% em 1990.

Esses dados não podem ser interpretados como expressão direta da drenagem de recursos humanos experimentada pelos países pobres, nem da perda que essas nações sofreram em termos de investimento na educação. Os dados incluem também muitos profissionais que continuavam realizando estudos superiores fora de seus países. Além disso, grande porção do número total recebeu sua educação superior em seu país de residência, e não em seus países de origem, com o apoio financeiro de suas famílias e, até certo ponto, também dos países que os receberam.

A migração de profissionais capacitados para países com níveis salariais mais elevados e melhores condições de trabalho é uma velha estratégia de sobrevivência a que recorre a população dos países pobres, inclusive a de muitas das nações que agora estão industrializadas. Um membro da família pode ser escolhido para ir para o exterior e completar sua educação, para que mais tarde possa sustentar a família com remessas de dinheiro ou de outras maneiras. Esses fluxos migratórios podem ser positivos, não apenas para os migrantes, mas para as sociedades de onde eles vêm, contribuindo com um fluxo constante de renda e abrindo novos horizontes. Nas últimas décadas, os fluxos migratórios aumentaram muito para algumas profissões por causa do recrutamento ativo por parte das firmas e instituições dos países desenvolvidos em que a indústria do conhecimento supera a oferta de profissionais qualificados.

O recrutamento tem-se concentrado em algumas profissões que são de importância fundamental para o desenvolvimento dos países receptores e também para os países doadores. Por exemplo, estima-se que há mais cientistas e engenheiros africanos trabalhando nos Estados Unidos do que em toda a África. Cerca de metade de todos os médicos formados na África sai para trabalhar no exterior (Ndulu, no prelo). As enfermeiras emigram das Filipinas em um índice de mais de 3 mil por ano para trabalhar no Golfo ou nos Estados Unidos. O fenômeno mais recente é o auge das contratações de profissionais em ciências da computação em países industrializados como Alemanha, Canadá, Estados Unidos, Japão e

Figura 3.7.1. Porcentagem de nativos de países em desenvolvimento com nível superior residentes em países industrializados

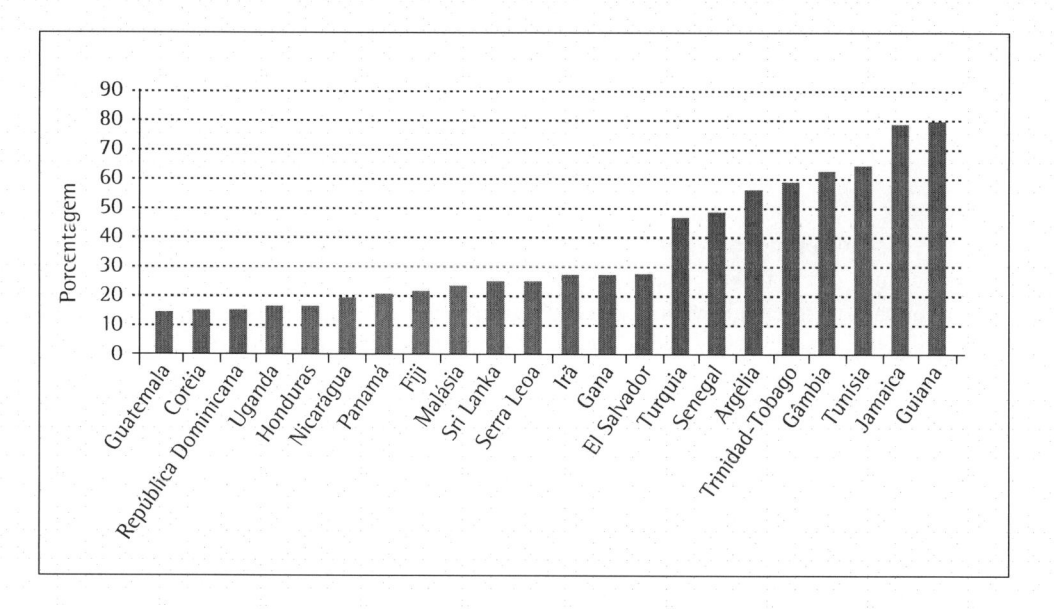

Fonte: Carrington; Detraglache, 1998. (Devido a problemas de compatibilização de dados, as estimativas são dadas por faixa.)

Quadro 3.7.1. Migração na indústria de TI

Durante o período 1964-1986, 58,5% dos graduados em Ciências da Computação do Instituto de Tecnologia da Índia, ITI, da cidade de Madrás, emigraram para o estrangeiro. Isso ocorreu antes que se acelerasse a demanda global por trabalhadores qualificados em TI. Daí em diante, os Estados Unidos aumentaram seus requerimentos de engenheiros de computação indianos a 195 mil, enquanto a Alemanha busca vinte mil, o Japão dez mil para os próximos três anos; a Irlanda precisa de 32 mil até 2005, a França de dez mil, a Itália de oito mil e a República da Coréia de outros dez mil. Outros países, como Bélgica, Cingapura, Espanha, Irã e Síria também mostraram interesse em recrutar talentos indianos, embora sem indicar dados precisos. Como a oferta total de graduados em engenharia de TI na Índia supera os noventa mil por ano, evidentemente o país irá enfrentar um grande problema no momento de reter para si os melhores e os mais capazes.

Na África do Sul, um estudo calculou que a fuga de cérebros abarca, a cada ano, de duzentos a trezentos especialistas em TI altamente qualificados, o que seria a principal causa de desabastecimento de talentos locais. O estudo sugeria que o mercado internacional de trabalho vê a África do Sul como um objetivo fácil, considerando a situação de sua moeda, as estatísticas de criminalidade, a quanti-

dade disponível de especialistas em TI e a conseqüente mobilidade dos profissionais capacitados. No Paquistão, onde a qualidade dos profissionais que saem das instituições educativas parece não se enquadrar nos requerimentos das companhias de software, há, apesar disso, um movimento importante de trabalhadores qualificados para o mercado internacional. Os melhores estudantes deixam o país imediatamente depois de se formar, ou tão logo consigam completar seus trâmites de visto. Outros alunos de qualidade são absorvidos pela indústria local, mas se incorporam logo em seguida ao mercado internacional, depois de haverem adquirido experiência. A massa profissional que fica não resulta aceitável para as companhias de computação locais.

A fuga de cérebros tem um impacto até mesmo nos países industrializados que procuram colher seus benefícios. Muitas organizações que representam trabalhadores profissionais, como o Comitê de Ação Política dos Profissionais em Software (Softpac),[9] destacam que a razão principal para que os empregadores prefiram os imigrantes é que eles aceitam salários muito mais baixos. Esses grupos sugerem que treinar a força de trabalho doméstica superaria grande parte da escassez de habilidades existente no país.

Fonte: Illo, 2002.

outros, que flexibilizaram suas exigências de visto para imigrantes que reúnem essas qualificações. Grande proporção de graduados nessa especialidade na Índia atualmente opta por trabalhar no mundo industrializado (Illo, 2002).

Enquanto a força motivadora dos fluxos migratórios é a oportunidade de obter rendas mais elevadas e melhores condições de trabalho, há outros incentivos igualmente importantes. Nos países de origem, os lugares de trabalho não são atraentes e a contratação de pessoal passa pelo nepotismo e pela corrupção. Os salários são baixos, não só em comparação aos do estrangeiro, mas com freqüência são insuficientes para sustentar uma família. Apesar da ampliação influenciada pelo mercado na década de 1990, que seguiu a compressão das estruturas salariais do serviço civil durante as décadas de 1970 e 1980, os obstáculos financeiros e também políticos em muitos países abalaram a restauração dos salários profissionais a níveis que possam ser considerados razoáveis (Schiavo-Campo; De Tommaso; Mukherje, 1997).

---

[9]   Em inglês Software Professionals Political Action Committee.

Possíveis soluções

A fuga de cérebros é provocada por vários fatores inter-relacionados, e não há um remédio único para enfrentá-los todos ao mesmo tempo. As medidas tomadas terão de ser direcionadas tanto ao lado da demanda quanto da oferta, e todos os atores envolvidos devem abandonar sua atitude derrotista diante das forças do mercado, substituindo-a com a confiança de poder reverter essa corrente em outra, de "fluxo de cérebros", ou seja, para recuperar as perdas causadas pela fuga de cérebros e para desenvolver uma capacidade sustentável para a redução da pobreza. O debate atual sobre o êxodo de talentos gerou a seguinte lista de soluções:

- *Melhorar o* status *e a qualidade dos serviços públicos*: Como foi mencionado (ver seção 3.3), a qualidade profissional dos serviços civis é em sua maioria baixa nos países que sofrem de fuga de cérebros. Os funcionários são mal remunerados e seu ambiente de trabalho é inadequado para produzir bons resultados. Melhores incentivos materiais são requeridos para o recrutamento de uma equipe competente, com um ambiente institucional que a atraia e estimule. Quando padrões profissionais mais elevados são atingidos, a equipe qualificada estará preparada para trabalhar para os serviços públicos mesmo que os níveis salariais sejam mais baixos do que nos países industrializados.
- *Elevar os padrões da educação superior:* Uma das razões de muitos estudantes deixarem seu país para estudar no estrangeiro é que as universidades de seu país são mal equipadas, mal servidas de professores e não podem manter níveis acadêmicos confiáveis. É possível até mesmo que os títulos expedidos pelas universidades nacionais não sejam reconhecidos, a menos que mediante apadrinhamento ou suborno. Os governos devem reconhecer o problema como um obstáculo crucial para o desenvolvimento de capacidades sustentáveis e devem empreender a reforma da educação superior para introduzir melhores métodos de ensino e currículos atualizados, assim como padrões de certificação aceitáveis e imparciais. Concretizar acordos regionais ou internacionais de cooperação com outras universidades pode ajudar a estabelecer padrões que evitem a migração estudantil em busca de melhor formação acadêmica básica (Ndulu, a ser publicado).
- *Usar melhor a capacidade nacional existente*: Embora a capacidade institucional possa ser baixa no setor público, capacidades individuais subutilizadas freqüentemente existem na sociedade civil e no setor privado. Estas podem ser mais bem aprofundadas se os monopólios para o trabalho profissional forem atenuados – p. ex., nas areas de saúde, educação e legal – e as pequenas empresas puderem competir em termos iguais com o governo e as grandes firmas internacionais no mercado de consultoria local.
- *Restringir o uso da cooperação técnica às áreas onde ela é necessária*: A estrutura de incentivos prevalecente favorece o uso de pessoal técnico da cooperação estrangeira em lugares onde há disponibilidade de perícia local. Há casos em que a

excessiva confiança depositada na cooperação técnica estrangeira parece ter empurrado os profissionais nacionais para fora de seus países, encorajando assim a fuga de cérebros (Banerjee; Valdiva; Mkandia, 2002).

- *Vincular os graduados universitários ao serviço nacional:* No passado, vários países impuseram um vínculo aos estudantes que se graduavam em programas financiados pelo governo, obrigando-os a trabalhar em postos governamentais determinado número de anos. Tendo em vista as grandes diferenças de pagamento entre os empregos oferecidos pelos governos locais e as alternativas oferecidas pelos países industrializados, a vinculação não parece ser um método eficaz para restringir a migração internacional. Entretanto, essa vinculação se tornaria mais atrativa se, assim como um empréstimo, pudesse ser redimida, por exemplo, por um empregador privado que quisesse recrutar o graduado antes do final do período de vinculação.
- *Restrições à imigração nos países receptores:* Durante as últimas décadas, as restrições à imigração por parte dos países do mundo em desenvolvimento tornaram-se um obstáculo importante à mobilidade internacional do trabalho. Isso também se aplica a pessoal habilitado e profissional, com exceções ocasionais àquelas áreas ocupacionais em que a imigração é considerada um meio para cobrir aguda escassez de recursos humanos.
- *"Fluxo de cérebros":* Os migrantes que retornam a seu país chegam com o aporte de uma educação estrangeira, experiência de trabalho valiosa, vínculos mais estreitos com instituições estrangeiras de pesquisa e acesso às redes globais (ver Quadro 3.7.2.). O êxodo de profissionais pode ser assim percebido como um recurso latente ao qual se pode ter acesso via internet; e os fundos que retornam ao país sob a forma de remessas podem ser canalizados para o desenvolvimento, incluindo o desenvolvimento de capacidades (ver Quadro 3.7.3. e Tabela 3.7.1.).

A percepção dos emigrados como um "banco de cérebros" do qual os países originários podem extrair conhecimento não é nova, mas nos últimos dez anos o desenvolvimento da internet tem inspirado aplicações novas e promissoras desse conceito. Em todo o mundo proliferam redes de conhecimento criadas para conectar os profissionais emigrados com seus países de origem e promover o intercâmbio de habilidades e de conhecimento, particularmente em países com grande população de imigrantes, como os Estados Unidos. A motivação para se unir a essas redes em geral é uma combinação de solidariedade nacional com o interesse em se manter informado. As redes de expatriados podem se converter em importantes canais de transferência de conhecimentos, por meio do que a OIM chama de "a migração de retorno virtual", em oposição à de retorno físico. As redes também podem ter o efeito de aumentar os níveis de autoconfiança e de credibilidade no país de origem, como ocorreu com as numerosas redes estabelecidas por indianos emigrados (Kapur, 2002).

Mercy Brown identificou 41 redes de conhecimento associadas a emigrados de trinta países diferentes, a maior parte dos quais está situada nas camadas de ingressos médios ou elevados (Brown, s.d.). Segundo Brown, para que essas redes sejam bem-sucedidas o inter-

Quadro 3.7.2. Facilitação do retorno de migrantes qualificados

Como portadores de capital, tecnologia e espírito empreendedor, os migrantes qualificados podem contribuir para o desenvolvimento de suas comunidades nativas. Por isso, organizações como o PNUD e a OIM iniciaram programas destinados a facilitar seu retorno (permanente, temporal e inclusive virtual). Mesmo quando às vezes não se consegue o retorno definitivo, já que os países em desenvolvimento não podem oferecer salários e infra-estrutura comparáveis, a repatriação temporária e virtual pode chegar muito longe quando se trata de utilizar o conhecimento e a capacidade dos emigrados.

O programa Tokten do PNUD

O programa de Transferência de Conhecimentos por intermédio de Profissionais Emigrados (Tokten[10]) colabora com os profissionais emigrados para que voltem a trabalhar em seu país em projetos específicos e com características similares às do voluntariado. Os consultores do Tokten realizam tarefas que do contrário estariam a cargo de consultores internacionais a um custo maior e com menor conhecimento do contexto social e cultural do país. Desse modo ocorre uma transferência de conhecimentos a um custo muito menor (com freqüência com economia de 50-70%) e a uma velocidade maior (a motivação dos especialistas do Tokten é, naturalmente, muito alta). Em praticamente todos os casos são criadas redes de trabalho e se efetua um acompanhamento.

As missões do Tokten em geral duram entre três semanas e três meses. As instituições dos países em desenvolvimento enviam suas solicitações aos comitês nacionais do Tokten, que buscam candidatos nas redes de conhecimento. Mesmo que os consultores não exijam pagamento por seus serviços profissionais, recebem ajudas de custa no nível daquelas fixadas para as Nações Unidas e são reembolsados pelos gastos de viagem de seu país de residência para o país de destino. Além disso, também recebem seguro-saúde durante o tempo que durar seu trabalho.

Os programas tipo Tokten conseguem maior êxito quando são apoiados por alguma organização ativa de profissionais emigrados (como a Rede Colombiana de Investigadores e Engenheiros no Exterior, também conhecida como Caldas). O programa do Tokten no Banco Ocidental e na Faixa de Gaza foi introduzido em janeiro de 1995 como parte do Programa do PNUD de Assistência ao Povo da Palestina (PAPP). As duas experiências constituem eloqüente prova das vantagens de mobilizar os nativos de um país radicados no exterior, que do contrário encontrariam dificuldades em se reinserir em virtude dos conflitos existentes. O Tokten também tem sido aplicado com sucesso em outras circunstâncias, inclusive em etapas posteriores à independência, e como componente de iniciativas sobre oportunidades de inversão.

Os Voluntários das Nações Unidas (VNU) administram o Tokten para o PNUD, assim como outro programa importante: o Serviço Internacional das Nações Unidas de Assessoramento de Curto Prazo (Unistar). Este último se concentra nos aportes relacionados ao setor privado, enquanto o primeiro se orienta para o setor público. O Unistar também mobiliza aposentados e especialistas voluntários das corporações privadas em missões de curto prazo.

Os programas de Retorno de Profissionais Qualificados da OIM

Os programas de Retorno de Profissionais Qualificados da Organização Internacional para as Migrações (OIM) promovem as repatriações permanentes de curto e longo prazo. Eles são implementados em três etapas: pré-partida, de transporte e pós-chegada; e consistem em facilitar a contratação, a colocação em postos de trabalho, o transporte e uma retribuição reduzida pelo trabalho. A organização Retorno de Africanos Nativos Qualificados (RQAN)[11] orienta seus esforços para devolver os profissionais africanos a seu país de origem que apresentem grande demanda por seus serviços. Esse programa é manejado mediante missões de recrutamento na Europa e na América do Norte, e em várias missões de localização que trabalham na África. Durante a década de 1990, a RQAN dedicou-se à repatriação permanente de refugiados.

---

[10] Em inglês Transfer of Knowledge through Expatriate Nationals.
[11] Em inglês Return of Qualified African Nationals.

O programa de Retorno de Afegãos Qualificados (RQA)[12] tem como objetivo ajudar o engajamento ativo de afegãos capacitados que vivem fora de seu país no processo de reconstrução, construção de capacidades e desenvolvimento do Afeganistão. A OIM, em coordenação com a Administração Interina do Afeganistão, as autoridades provinciais e as organizações locais e internacionais desse país, trabalha para identificar as áreas críticas para a reconstrução do país e para o desenvolvimento sustentável onde a perícia dos expatriados é mais urgentemente necessária. O enfoque inicial nessas prioridades ajudará a construir a infra-estrutura necessária para finalmente encorajar o retorno em maior escala e contribuir para uma estabilidade e um desenvolvimento maiores e de mais longo prazo para o Afeganistão. Até agora, são cerca de trezentos os afegãos que voltaram e mais de quatro mil que se registraram para fazê-lo. Com esse projeto, quinhentos empresários receberão subvenções para abrir seus próprios negócios, com a meta de gerar novas oportunidades para a força de trabalho local e os repatriados.

Fonte: VNU, OIM.

câmbio deve ser facilitado por um sistema efetivo que assegure o compromisso continuado dos integrantes da rede e, em última instância, sua sustentabilidade. Para gerar projetos e atividades similares a esta é também fundamental o apoio dos governos e de outras instituições do país de origem.

Quadro 3.7.3. Remessas

O programa 3 por 1 do México

A crescente importância social e econômica está atraindo a atenção nacional e internacional. Em 1998, o total global foi de 52,4 bilhões de dólares, tanto quanto a ajuda oficial para o desenvolvimento do mesmo ano (Kapur, 2001). Na Albânia, o valor das remessas é equivalente a 150% das exportações nacionais; para a Grécia, a Índia e o Marrocos equivalem a 20% de suas exportações. Em 1999, 70% dos cinqüenta bilhões de dólares de investimento direto estrangeiro (IDE) na China provieram de pessoas de origem chinesa no exterior. Entretanto, há casos, como os de Sri Lanka, em que os emigrantes qualificados não enviam remessas. Essa é uma das razões por que é importante estimular os fluxos de retorno em termos de investimentos e remessas, a fim de captar os benefícios potenciais e aplicá-los para as metas de desenvolvimento.

O governo mexicano anunciou em julho de 2001 um "programa de apadrinhamento" que encoraja os mexicanos-americanos a investir no México. No Estado de Zacatecas, por exemplo, que depende fortemente das remessas, cada dólar contribuído por um migrante ou associação de residentes dos Estados Unidos com destino a projetos de desenvolvimento comunitário, como pavimentação de ruas, será complementado com outros três dólares, um de cada um dos três governos: federal, estatal e local. Este enfoque de 3 por 1 é efetivo para melhorar a infra-estrutura, mas não cria postos permanentes de trabalho. Entretanto, em virtude de uma nova iniciativa, o governo estatal e o Banco Interamericano de Desenvolvimento proporcionam apoio de infra-estrutura e financeiro aos repatriados que investirem suas remessas em empresas que gerem fontes de trabalho.

---

[12]   Em inglês Return of Qualified Afghanis.

Tabela 3.7.1 Países cujas remessas do exterior constituem 10% ou mais de seu PIB

	País	Remessas de trabalhadores; ano 2000 (em milhões de dólares americanos)		
		Total	Em % do PIB	*Per capita*
1	Jordânia	1.664[b]	22,5	339
2	Samoa	45[c]	18,7	282
3	Iêmen	1.288	15,1	70
4	Albânia	531	14,1	169
5	El Salvador	1.751	13,3	279
6	Cabo Verde	72[a]	13,2	169
7	Nicarágua	320	13,2	63
8	Bósnia Herzegovina	549	12,9	138
9	Jamaica	789	10,9	306
10	Equador	1.317	9,6	104

Fonte: Relatório Internacional de Migrações 2002
[a] Dados de 1998; [b] Dados de 1999; [c] Dados de 1999

Apesar de apenas em alguns casos os fluxos de trabalhadores muito qualificados poderem ter efeitos sociais e tecnológicos positivos, sobretudo quando se faz uso virtual de suas destrezas ou quando retornam fisicamente, ainda se precisa muito mais para voltar a situação em benefício do mundo em desenvolvimento. Os programas de desenvolvimento e as políticas de migração que lidam com o problema das capacidades nacionais escassas precisam trabalhar juntos para fortalecer as capacidades existentes e transformar o êxodo em fluxo. Em particular no caso de países que são extremamente vulneráveis aos efeitos negativos da fuga de cérebros, há necessidade de expandir a capacidade nacional para monitorar, avaliar e responder à emigração dos mais capacitados, assim como para estimular e ajudar a migração de retorno. As políticas que promovem o desenvolvimento e aludem aos incentivos do mercado de trabalho são a melhor resposta de longo prazo. Os incentivos podem consistir em abrir oportunidades para a inovação e para as atividades empresariais de alta tecnologia, que podem atrair os trabalhadores altamente qualificados e reter aqueles que, do contrário, iriam embora.

PONTOS-CHAVE

⇨ Para combater a fuga de cérebros que deteriora o desenvolvimento de capacidades é necessário adotar medidas que reduzam os fatores de pressão que obrigam as pessoas a deixar seus países; assim como outras medidas que as encorajem a retornar.

⇨ Os fluxos de retorno de ingressos e investimentos são o vínculo mais forte entre os emigrados e suas comunidades de origem.

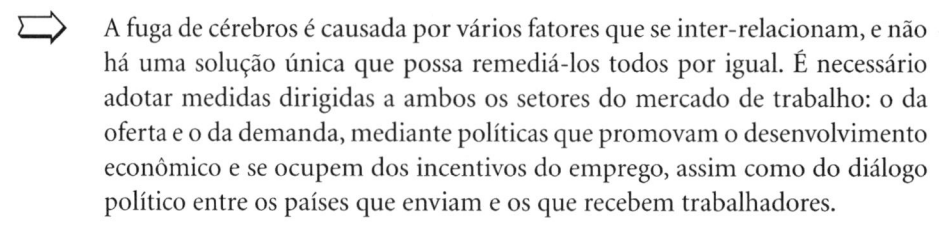

A fuga de cérebros é causada por vários fatores que se inter-relacionam, e não há uma solução única que possa remediá-los todos por igual. É necessário adotar medidas dirigidas a ambos os setores do mercado de trabalho: o da oferta e o da demanda, mediante políticas que promovam o desenvolvimento econômico e se ocupem dos incentivos do emprego, assim como do diálogo político entre os países que enviam e os que recebem trabalhadores.

Os países particularmente vulneráveis aos efeitos negativos da fuga de cérebros têm de ampliar as capacidades nacionais para monitorar, avaliar e responder à migração dos mais capacitados e estimular e apoiar o retorno dos emigrados.

REFERÊNCIAS DA PARTE B

- *CHINA Investindo na capacidade de pesquisa farmacêutica para competir em escala mundial (p.208)*
- *FILIPINAS Accenture: uma estratégia para atrair e reter talentos locais (p.231)*
- *GUINÉ-BISSAU Criação de uma instituição de pesquisa em um ambiente desfavorável (p.244)*
- *GLOBAL Tecnologias da Informação e da Comunicação (TIC) abrem novos caminhos à capacitação (p.348)*
- *LESTE EUROPEU Iniciativa IPF promove pesquisa e reduz fuga de cérebros (p.351)*
- *SUDÃO Técnica de indagação de cenários futuros cria uma visão de paz (p.298)*

4 Revisão dos componentes do desenvolvimento de capacidades

Não basta oferecer conselhos práticos sobre o que precisa ser feito para desenvolver as capacidades; permanece igualmente importante reexaminar os "pressupostos" e se deter em questões básicas como educação, fortalecimento das instituições ou o nível de participação dos cidadãos. Este capítulo aprofunda esses aspectos, ao mesmo tempo que desconstrói as três camadas justapostas que integram o desenvolvimento de capacidades. Conclui com algumas ponderações sobre o relacionamento entre o desenvolvimento de capacidades e a agenda do desenvolvimento global, que recobrou novo vigor graças à Declaração do Milênio e aos ODMs, assim como aos debates da Conferência Internacional sobre Financiamento do Desenvolvimento.

Qualquer discussão atual sobre transformação como o motor do desenvolvimento deve se referir a uma nova direção importante na sociologia: a relação entre os sujeitos e a observação externa (Corcuff, 2002). A chamada abordagem da construtividade social tenta ir além das tradicionais oposições entre o objetivo e o subjetivo, o coletivo e o individual. Interpreta a realidade social como um todo que resulta de um processo, em vez de considerar a sociedade e seus elementos apenas como dados; e ao mesmo tempo leva em conta os papéis históricos desempenhados pelos indivíduos e pelas instituições, tanto individual como coletivamente.

> Como um jogo de xadrez, toda ação vista como uma relação independente representa um movimento no tabuleiro social, que inevitavelmente desencadeia um movimento de resposta por parte de outro indivíduo (na verdade, no tabuleiro social muitos indivíduos produzem muitos contramovimentos) que limita a liberdade de movimento do primeiro jogador. Por isso, a sociedade é percebida como uma trama mutável e flutuante de relações múltiplas, recíprocas e dependentes que vinculam os indivíduos uns com os outros. (Corcuff, 2002)

Como ocorre comumente com os projetos de desenvolvimento, nem o especialista estrangeiro nem os beneficiários do projeto chegam a perceber todos os vínculos existentes entre as decisões e as escolhas, pois o conhecimento individual e a apreciação dos fatos são condicionados pelas atitudes de cada pessoa em particular. Portanto, quanto maior o repertório de percepções que possa ser introduzido em um processo estruturado, maiores as chances de ocorrência de genuína transformação. O discurso e a prática encontrarão um campo fértil comum se o conhecimento tácito for respeitado e as conseqüências não intencionais forem minimizadas. Para que isso aconteça são necessárias flexibilidade e abertura.

Digamos que um ativista de uma ONG promova a introdução de uma emenda constitucional para proteger o acesso dos migrantes à terra em determinada região. Essa região é a única que oferece possibilidades de cultivo em todo o país, e por isso qualquer ameaça aos pequenos agricultores porá em risco seu sustento e aumentará a pobreza. E embora esta não seja a intenção original da ONG, se tal possibilidade não for considerada pode gerar graves conseqüências, que poderiam ser evitadas simplesmente mediante uma análise mais completa.

Felizmente, hoje a agenda do desenvolvimento está se movendo em um sentido mais holístico. Depois de um período em que os planos e o planejamento foram desafiados, eles estão de volta, mas com técnicas mais inovadoras e respeitando a flexibilidade. Há novas oportunidades de se inserir as preocupações sobre a capacidade no debate do planejamento estratégico, que é uma garantia de sustentabilidade. Isso pode ser alcançado apesar de o planejamento estratégico se concentrar nos resultados imediatos, enquanto o desenvolvimento de capacidades rende frutos a longo prazo.

4.1. DESENVOLVIMENTO DE RECURSOS HUMANOS

Em toda sociedade, a unidade básica de capacidade é o indivíduo, em quem as habilidades e o conhecimento estão investidos. No conceito de capacidades o enfoque é a funcionalidade que uma pessoa pode ou não conseguir de acordo com as oportunidades que tem. A funcionalidade se refere a várias coisas que uma pessoa pode fazer ou ser, como viver muito, ser saudável, estar bem nutrida, relacionar-se bem com os outros na comunidade etc. A abordagem das capacidades se concentra nas informações sobre a funcionalidade, suplementadas pela consideração, quando possível, das opções que uma pessoa teve e decidiu ignorar. Por exemplo, uma pessoa rica e saudável que fica desnutrida porque entra em jejum pode ser distinguida de uma pessoa que fica desnutrida pela carência de meios de subsistência ou como resultado de sofrer de uma doença parasitária (PNUD, 1997).

Para exercer ao máximo suas capacidades, um indivíduo precisa ter opções, o que enfatiza a necessidade de capacitar aqueles que não as têm, independentemente das razões que determinaram a distribuição do poder. Há três níveis em que essa capacitação pode ocorrer: individual, local e comunitário e estadual ou nacional (Lopes, 2002).

A capacitação dos indivíduos começa com a educação e o desenvolvimento das habilidades, que oferecem a chance de garantir o emprego e um padrão de vida melhor – em outras palavras, a expansão das opções individuais.[1] No mundo em desenvolvimento, tem-se estimado que os salários aumentam dez vezes a cada ano adicional de estudo (Summers, 1992). A partir daí o impacto dissemina-se, à medida que o capital humano fortalece os processos de produção e alimenta o crescimento econômico. "O desenvolvimento humano enfatiza a necessidade de investir nas capacidades humanas e de assegurar depois que essas capacidades sejam usadas em benefício de todos" (PNUD, 1993).

A educação também é intrinsecamente valiosa, pois contribui para o desenvolvimento cognitivo dos seres humanos, expande seu conhecimento e lhes proporciona confiança e auto-estima para que possam, parafraseando Adam Smith, "interagir em público sem sentir vergonha". Por essa razão, embora a educação possa não ser a abordagem mais efetiva e barata em certas circunstâncias, é claramente um fim em si (Lopes, 2002).

Com o passar dos anos, o vasto trabalho analítico e empírico realizado na área da educação apresentou algumas conclusões amplamente aceitas, que têm importantes implicações políticas, em particular para o desenvolvimento dos recursos humanos. Essas conclusões são genéricas e devem ser ajustadas e priorizadas segundo circunstâncias específicas. Nem sempre são garantia de êxito, e em muitos casos implicam concessões dolorosas.

Atualmente reconhece-se que a educação primária é um direito humano básico, e conseguir acesso universal a ela até o ano de 2015 é um dos ODMs. A educação primária proporciona às pessoas a alfabetização básica e o domínio elementar dos números, ambos essenciais para desenvolver mais amplamente as habilidades e, desse modo, assentar as bases

---

[1] Selim Jahan deu importante contribuição a esta seção.

da formação do capital humano. Comparado com outros níveis de educação, o índice de retorno da educação primária parece se prolongar por períodos mais longos (Illo, 2002).

Nos países em desenvolvimento há hoje mais de 113 milhões de crianças fora da escola. Em países como Camboja, Etiópia, Guatemala e Nicarágua, metade das matriculadas não chega à 5ª série. Mesmo em países desenvolvidos, como a Irlanda, o Reino Unido e os Estados Unidos, um em cada cinco adultos é um analfabeto funcional. Na Polônia, em Portugal e na Eslovênia, quatro de cada dez adultos não chegam a ser considerados funcionalmente alfabetizados (PNUD, 2002d).

É surpreendente que, em todos os países, independentemente dos níveis de renda, tanto os índices privados quanto sociais para a educação primária sejam os mais elevados. Em termos de retorno privado, as cifras são de 27% para a educação primária, 17% para a secundária e 19% para a superior, e em termos do índice social de retorno, 19% para a primária, 13% para a secundária e 11% para a superior (Psacharopoulos; Patrinos, 2002). Nos países de baixa renda, o índice social de retorno para a educação primária é de 21%, consideravelmente mais alto que os 17% alcançados nos países de renda média e os 13% nos países de rendas mais elevadas.

Isso destaca a urgência da educação primária universal, embora, considerando o ritmo atual do progresso, é improvável que esse objetivo seja alcançado em 57 países até o ano de 2015 (Unesco, 2002). Não obstante, o mundo firmou um compromisso de caminhar nessa direção por meio dos ODMs, de modo que, em qualquer visão de longo prazo para o desenvolvimento dos recursos humanos, as políticas e os recursos deverão se orientar nesse sentido.

Se a educação primária é fundamental para o desenvolvimento cognitivo, a educação secundária é essencial para a formação de habilidades, como sustentam muitos pesquisadores (Colclough; Lewin, 1993; Illo, 2001). Sua importância foi aumentando à medida que os países foram orientando suas economias para a exportação, para capitalizar a globalização e enfrentar os desafios da era da informação. É especialmente a educação secundária em ciência e tecnologia que pode estabelecer precedentes, como mostram os exemplos de Hong Kong (China, SAR), da República da Coréia e de Taiwan (uma província da China). Entretanto, em 1998, considerando apenas os países com dados disponíveis, cerca de vinte países em desenvolvimento tinham uma taxa de cobertura do nível secundário de menos de 15% (PNUD, 2002d). Em 2000, quase 212 milhões de meninos e meninas em idade de educação secundária encontravam-se fora do colégio (PNUD, 2001a).

A educação superior é fundamental para habilidades altamente especializadas, para o desenvolvimento da tecnologia e para a expansão das fronteiras do conhecimento. A educação universitária cria indivíduos altamente habilitados que conseguem os rendimentos mais elevados: o índice privado real de rendimentos para a educação superior é de mais de 10% em países como Dinamarca, França, Suécia, Reino Unido e Estados Unidos (OCDE, 2002). Mas também é essencial para desenvolver as capacidades nacionais que geram emprego, para adaptar a tecnologia às necessidades do país e para administrar os riscos da mudança tecnológica, processos que beneficiam toda a sociedade. Essas capacidades têm crescido de forma exponencial em países em que o emprego terciário aumentou rapidamente – como aconteceu na República da Coréia, onde o índice de emprego da população com educação terciária conseguiu mais que quadruplicar em menos de vinte anos, subindo de 16% em 1980 para 68% em 1996.

No mundo de hoje, tanto a educação secundária quanto a superior têm de satisfazer as demandas da alta tecnologia em particular – alguns pesquisadores sustentam atualmente que o conteúdo e o *modus operandi* dos sistemas educacionais, em qualquer nível, incluindo o primário, devem ser reprogramados nessa direção (PNUD, 2001a). Algumas tendências e questões que estão sendo discutidas hoje incluem:

- *Penetração dos computadores e matrícula escolar:* Foi determinado que no Leste e no Oeste Europeu a penetração dos computadores é um fator determinante no aumento das matrículas escolares. Mas mesmo nessas regiões há importantes variações. Por exemplo, enquanto em 1997-1998 havia em Portugal mais de 140 alunos de escola primária por computador, havia menos de dez na França (Illo, 2002). A disponibilidade de computadores pode se tornar um fator de atração dos estudantes para as escolas de outros lugares; e nesse caso a maior parte do mundo em desenvolvimento se encontra em desvantagem, apesar dos avanços significativos atingidos em países como Brasil, Costa Rica e Malásia.
- *Alfabetização digital e digitalização da alfabetização:* Por intermédio da informatização das escolas e da criação de redes escolares, alguns países em desenvolvimento conseguiram que as escolas tivessem amplo acesso à internet mediante redes nacionais, entre eles o Chile, a Tailândia e a África do Sul.[2]
- *Alfabetização digital para professores:* Embora alfabetizar digitalmente os professores seja fundamental para a educação, o orçamento para a capacitação de professores, mesmo nos países da OCDE, representa apenas 1 ou 2% do orçamento geral da educação destinado às TICs. O Conselho de Ministros da União Européia endossou uma estratégia para conseguir que os sistemas escolares alcancem 100% de conexão no ano de 2001 – com todos os professores treinados nessas tecnologias no ano de 2002 (Illo, 2002). Mas a questão ainda constitui importante desafio para os países em desenvolvimento, ainda que países como a Malásia venham realizando importantes progressos.
- *Aprendizagem na ação:* A aprendizagem na ação converteu-se em poderosa ferramenta para capacitar pessoas que têm potencial, mas pouca experiência, em particular onde é necessário desenvolver rapidamente a formação de líderes. Esse enfoque educativo garante que aqueles que o aplicam possam relacionar o que

---

[2] O Projeto Enlaces, do Chile, vinculou em sua rede cerca de cinco mil escolas e colégios dos níveis básico e secundário. A Tailândia desenvolveu a primeira rede educativa gratuita e de amplo alcance no sudeste da Ásia; e a Rede Escolar da África do Sul (School-NetSA) constitui um exemplo interessante por sua estrutura e forma de associação (PNUD, 2001a).

aprenderam na aula com os problemas que enfrentam no trabalho diário. Essa abordagem em geral garante que um investimento na formação de líderes ou em qualquer outro mecanismo de consolidação de capacidades tenha efeito imediato (ver Quadro 4.1.1.).

- *Universidades virtuais:* Estas emergiram como um instrumento poderoso na capacitação dos professores, na aprendizagem a distância por meio da extensão agrícola e no desenvolvimento de outras habilidades profissionais. Nos Estados Unidos, o custo anual médio por aluno para as universidades virtuais é de 350 dólares, em comparação com os 12.500 gastos nesse país com uma universidade tradicional (Illo, 2001). Uma instituição como a Universidade da África do Sul (Unisa), com longa tradição em educação a distância e mais de 140 mil alunos, pode ter uma grande projeção muito além das fronteiras nacionais.

- *Pesquisa e desenvolvimento:* Nos países da OCDE, 2,3% do PIB são gastos em desenvolvimento e pesquisa, e quase três mil em cada 1 milhão de pessoas são cientistas e engenheiros nesses campos. Em contraste, na América Latina e no Caribe destina-se apenas 0,9% do PIB a essa área; e no sul da Ásia somente 158 de cada milhão de pessoas são cientistas e engenheiros em pesquisa e desenvolvimento (PNUD, 2002d). Para aproveitar os benefícios da tecnologia, os sistemas educativos dos países em desenvolvimento devem se orientar nessa direção. O valor da estratégia já foi provado em Hong Kong (China, SAR), na República da Coréia, em Cingapura e em Taiwan (província da China).

Entre os investimentos realizados na educação, os que produzem maiores e mais consistentes benefícios são os efetuados na área da participação da mulher. Cada ano adicional de educação representa um aumento de 15 a 20% nos salários das mulheres e uma redução de 5 a 10% no nível de fertilidade. Caso se trate de uma mãe, para cada ano adicional de educação a mortalidade infantil diminui até 10% (Banco Mundial, 1993). O índice geral de retorno da educação de mulheres é mais alto (10%) do que a de homens (9%). O índice de rendimento da educação secundária é de 18% para as mulheres, em comparação com 14% para os homens (Psacharopoulos; Patrinos, 2002).

Há outros temas muito debatidos na maior parte dos países desenvolvidos: quantidade *versus* qualidade e educação pública *versus* educação privada. Com respeito ao primeiro tema, o consenso atual assinala que a quantidade não é o bastante; os países devem se esforçar também para atingir alta qualidade. A baixa qualidade tem vários impactos adversos. Em primeiro lugar, perturba o fluxo da educação – educação secundária de má qualidade conduz a índices baixos de graduação e, portanto, a um índice menor de matrícula na universidade. Em segundo, produz habilidades de baixa qualidade. Em terceiro, debilita o potencial de aproveitamento das oportunidades oferecido pela tecnologia. Melhorar a qualidade exige outorgar tanta importância ao software, como seriam o currículo e os educadores, quanto ao hardware, por exemplo, as instalações e os equipamentos. Também pode exigir a melhora dos conteúdos curriculares, dos recursos de infra-estrutura, mais professores, treina-

Quadro 4.1.1. A experiência da África do Sul com aprendizagem na ação

Muitas instituições destinam enormes somas de dinheiro à formação de seus empregados de maior potencial mediante programas internos de capacitação ou de titulação universitária. Caracteristicamente, os programas de capacitação desafiam as atitudes reinantes entre os indivíduos e as organizações, pois despertam certa dissonância entre a funcionalidade real e a desejada. Eles expõem os participantes a práticas e pesquisas de nível global, desenvolvem habilidades avançadas para resolver problemas e estimulam o debate.

Ainda assim, muitos graduados abandonam seus empregos logo depois de obter seu diploma, e muitos programas internos de capacitação com freqüência não chegam a provocar mudanças importantes em suas instituições. É comum os empregados não chegarem a vincular as iniciativas de desenvolvimento administrativo com a estratégia geral de trabalho de suas instituições, de modo que a formação se converte em um episódio isolado, em vez de gerar um processo de construção de capacidades para o crescimento individual e organizacional.

Como resultado, na África do Sul, por exemplo, muitas multinacionais, como a General Electric, a Boeing, a ABB e a Johnson & Johnson, com companhias locais como o Standard Bank, a Nedcor e a Sasol, estão assumindo uma abordagem mais estratégica e holística. Essas organizações estão empregando cada vez mais a aprendizagem integrada, em que vários processos de aprendizagem são combinados para desenvolver uma série de competências diretamente vinculadas a estratégias organizacionais.

Um dos instrumentos particulares é chamado aprendizagem na ação, em que os alunos, por meio da reflexão guiada, lidam com problemas reais da empresa e desenvolvem a compreensão conceitual requerida para resolvê-los. A aprendizagem na ação em geral tem lugar entre equipes de projetos, e os problemas empresariais escolhidos precisam satisfazer critérios específicos. Estes incluem ter apropriado grau de complexidade, funcionalidade cruzada e importância operacional ou estratégica.

Embora não sejam excluídos os aportes acadêmicos nem os de outras modalidades de aprendizagem, a aprendizagem na ação quase nunca se afasta das situações reais, analisa e generaliza seus alcances para aplicar esse conhecimento em situações similares, e institucionaliza a aprendizagem para assegurar que seja geradora de mudanças.

A aprendizagem na ação em geral envolve cinco elementos-chave:

- O envolvimento e o apoio ativo dos níveis superiores de administração.

- O trabalho em equipes e sobre problemas reais, explorando novas oportunidades estratégicas.

- A pesquisa e a aprendizagem na ação em experiências internas e externas da instituição e orientação do raciocínio para a resolução de problemas.

- Desenvolvimento da liderança por meio do trabalho em equipe e do trabalho guiado.

- Seguimento do desenvolvimento de questões e da liderança, aumentando assim os resultados positivos e assegurando, desse modo, maior aprendizagem.

Como filosofia, a aprendizagem na ação é baseada na crença e na prática de que algumas das melhores soluções podem e devem se originar nos mesmos empregados. Muitas instituições que se valem dessa estratégia mostram elevado respeito por seus empregados e acreditam que a aprendizagem provém com freqüência das experiências abertamente compartilhadas, o que por sua vez encoraja a reflexão e a aplicação prática.

Essas organizações compreendem agora que o conhecimento, com ênfase no "conhecimento aplicado", é uma vantagem competitiva. A ênfase tradicional no desenvolvimento individual e na aprendizagem foi substituída pela visão de que a aprendizagem individual deve contribuir claramente para o fortalecimento da organização.

Fonte: Business Day, Joannesburgo/Cidade do Cabo, 25 de setembro de 2002.

mento mais efetivo para os professores, melhor uso da tecnologia de informação e comunicação e mais flexibilidade na educação superior para manter abertas as diversas opções educacionais e profissionais.

No que se refere ao debate da educação pública *versus* a educação privada, é importante reconhecer dois fatos. Primeiro, a educação privada pode ser complementar à educação pública, mas não substituta para uma boa educação pública. Segundo, a educação privada em muitas sociedades transformou a educação em um produto de luxo, mesmo no nível primário, e tem contribuído para maiores desigualdades e polarização social (Jahan, 1997). A privatização em si não garante eficiência ou qualidade e, em muitos casos, não garante a eqüidade. No entanto, ela é amplamente usada para atividades de trabalho no setor privado e pode ser adequada para a educação superior, como mostra a experiência da República da Coréia. No início da década de 1990, as instituições privadas eram responsáveis por 81% das matrículas na educação universitária. Atualmente, os gastos na educação privada equivalem a 2,5% do PIB (PNUD, 2001a). Mas o país também canaliza a maior parte dos recursos da educação pública para o nível primário, e é mais seletivo com respeito à combinação de fundos privados e públicos para a educação secundária e superior.

No contexto geral do desenvolvimento dos recursos humanos, as políticas educacionais devem visar a três questões importantes: recursos, professores e mercado de trabalho. Em quase todo o mundo desenvolvido, os gastos com a educação pública ainda representam menos de 5% do PIB e menos de 20% dos gastos do governo (Banco Mundial, 2001). Nos países mais pobres, a situação é ainda pior. Mas nos países de baixa renda, o índice social de retorno da educação primária é de 21% – significativamente mais elevado do que o índice esperado de 4% de uma usina nuclear (Psacharopoulos; Patrinos, 2002; Summers, 1992). As exigências de recursos no entanto não são tão grandes. No início da década de 1990 estimava-se que um adicional de 4 a 6 bilhões de dólares por ano poderia atingir o objetivo da educação primária universal em dez anos (PNUD, 1994).

Para se assegurarem a conclusão e a qualidade da educação também são necessários professores bem treinados, que, por sua vez, precisam de estruturas de incentivo apropriadas, ambientes mais adequados e melhores serviços. Para refletir as demandas do mercado de trabalho, os sistemas de educação como um todo devem moldar cuidadosamente saídas para refletir essas demandas e reconhecer a dinâmica de um mundo que muda rapidamente. Se a educação não se vincula a áreas como a aprendizagem na ação, treinamento e desenvolvimento empresarial, continuará sendo um fator determinante da fuga de cérebros (ver seção 3.7) e da deterioração das capacidades.

Dois fatores adicionais surgidos na década de 1990 (HIV/Aids e conflitos armados) valem a pena ser mencionados em virtude de seus impactos importantes na educação e no desenvolvimento de recursos humanos (ver Quadro 4.1.2.). Uma observação geral pode ser pertinente. Independentemente do contexto da educação, e de modo diferente do que ocorre com a tecnologia, nesse campo não se podem queimar etapas. Entretanto, se uma estrutura educativa for gradualmente construída sobre uma base forte, ela permitirá à sociedade queimar etapas em outras áreas fundamentais.

Quadro 4.1.2. HIV/Aids e conflito

Há dupla intersecção em relação ao HIV/Aids: tanto no impacto da enfermidade no setor educacional quanto no uso da educação para enfrentar o fenômeno. No primeiro caso, a evidência é clara: a epidemia está causando estragos na matrícula, nos professores e nos recursos, minando profundamente a capacidade geral. Por causa do HIV/Aids, em 2010, a população em idade escolar será reduzida em 24% no Zimbábue, em 21% em Zâmbia, em 14% no Quênia e em 12% em Uganda (Banco Mundial, 2002). Somente em 1999, cerca de 860 mil crianças perderam seus professores para a Aids na África Subsaariana (Unesco, 2002). São necessários recursos e políticas para manter os sistemas de educação em funcionamento, inclusive porque estes também oferecem a melhor possibilidade de difundir mensagens importantes sobre as formas de cura e de prevenção da enfermidade e de contribuir para criar uma consciência que impulsione as pessoas a exigir políticas mais efetivas. Os custos de se atingir uma educação básica universal com respeito ao HIV/Aids na África Subsaarina, segundo foi calculado, alcançariam 975 milhões de dólares (Unesco, 2002).

O conflitos também têm sido sentidos com todo seu peso no campo da educação. As numerosas e difíceis emergências humanitárias que surgiram durante a década de 1990 foram percebidas como fatos comuns, e em 2001 o total de refugiados no mundo era de 15 milhões. A quantidade total de pessoas deslocadas internamente em 2001 foi estimada em pelo menos 25 milhões (Acnur, 2001). O dilema impõe uma necessidade aguda de educação para situações de emergência: apenas em 2000, a Alta Comissão das Nações Unidas para os Refugiados (Acnur) financiou a educação de 850 mil crianças de nível primário e 63 mil jovens de nível secundário. A educação tem sido descrita como provavelmente o melhor instrumento para aliviar muitos dos problemas que prolongam as situações de crise. Os sistemas a serem estabelecidos para as situações de crise devem oferecer flexibilidade em termos de infra-estrutura física, instalações, professores e currículos; deverão atrair significativa participação comunitária e gozar de forte apoio internacional, tanto em termos de recursos quanto de respaldo institucional.

PONTOS-CHAVE

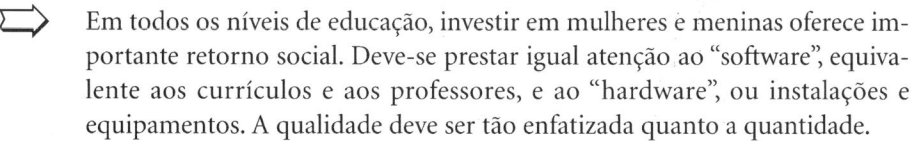

O desenvolvimento de capacidades começa com a educação. Garantir uma educação básica universal para todos é a base, oferecendo alfabetização básica e compreensão numérica elementar. O nível secundário deve servir como a estrutura para o desenvolvimento de habilidades, enfatizando particularmente as ciências, a engenharia e a tecnologia. A educação superior deve estar vinculada às exigências do mercado de trabalho da era das redes, acentuando a pesquisa e o desenvolvimento e garantindo opções flexíveis para os participantes.

Em todos os níveis de educação, investir em mulheres e meninas oferece importante retorno social. Deve-se prestar igual atenção ao "software", equivalente aos currículos e aos professores, e ao "hardware", ou instalações e equipamentos. A qualidade deve ser tão enfatizada quanto a quantidade.

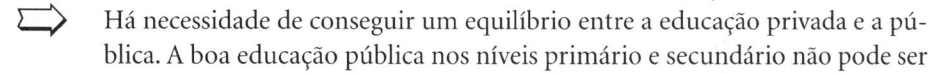

Há necessidade de conseguir um equilíbrio entre a educação privada e a pública. A boa educação pública nos níveis primário e secundário não pode ser substituída pela educação privada, que serve a um propósito maior no nível terciário e para as iniciativas de ação de longo prazo.

 A educação em países muito atingidos pelo HIV/Aids ou por conflitos é fundamental, mas deve refletir as realidades dos dois fenômenos. Com o HIV/Aids, os efeitos depressores sobre a educação devem ser tratados para manter o sistema em funcionamento, mesmo que esteja sendo usado para ajudar a conter a epidemia mediante a criação de uma consciência preventiva.

REFERÊNCIAS DA PARTE B

- *ÁFRICA OCIDENTAL Pesquisa em ação ensina a resolver problemas no trabalho (p.336)*
- *BRASIL O Bolsa Escola ajuda mães a enviar os filhos à escola (p.184)*
- *GLOBAL Tecnologias da Informação e da Comunicação (TIC) abrem novos caminhos à capacitação (p.348)*
- *ILHAS SALOMÃO Conectar-se é a opção para ilhéus de regiões remotas (p.254)*
- *MALÁSIA Aumentando a capacidade de grupos marginalizados para facilitar a ascensão social (p.275)*
- *MALAVI Enfrentando a erosão de capacidades no setor público (p.278)*
- *SUDÃO Técnica de indagação de cenários futuros cria uma visão de paz (p.298)*

4.2. FORTALECIMENTO INSTITUCIONAL

A construção de capacidades e o fortalecimento institucional têm sido freqüentemente tratados como sinônimos. Apesar de o novo conceito de desenvolvimento de capacidades ser mais amplo e mais complexo, o fortalecimento das instituições – o segundo nível do desenvolvimento de capacidades – permanece um componente essencial. É importante enfatizar que as instituições são algo mais do que organizações. Elas abrangem regras, normas e comportamentos aceitos por um grupo de pessoas. No entanto, o desenvolvimento tem tendido a se concentrar nas instituições do organizacional, diferenciando mais do que devia a capacidade dos indivíduos daquela das instituições. Embora as instituições cresçam de capacidades individuais sustentáveis, ignorar os comportamentos grupais pode acabar corroendo os esforços para sustentar esse desenvolvimento.

Gestão e instituições

O fortalecimento de uma instituição refere-se em grande medida à melhora de sua administração. Paradoxalmente, a importância da gestão de qualidade para o sucesso institucional não tem sido em geral enfatizado ou mesmo reconhecido nos países em desenvolvimento, e a própria cooperação para o desenvolvimento tem, em grande parte, ignorado a necessidade de aperfeiçoar os aspectos referidos à gerência ou à administração institucional. Entretanto, recentemente essa direção começou a mudar e os profissionais do desenvolvimento estão recorrendo à literatura sobre gestão para buscar idéias relativas à melhora do desempenho institucional. Mas subsiste certo mal-estar. Em recente compilação feita pela revista inglesa *The Economist* (Hindle, 2000), fica claro que parte do problema está na grande quantidade de teorias e enfoques introduzidos no mercado pelos especialistas em administração, que montaram um grande negócio em torno do tema. A ênfase mercantil tem muitas vezes intimidado os especialistas em desenvolvimento, que acabam acreditando que lhes será difícil dominar ou aplicar os conceitos de administração.

Mas as lições da pesquisa em administração são extremamente úteis. As teorias e as práticas modernas caracterizam-se por seu movimento pendular entre o trabalho de Frederick Taylor, criador da administração científica, e outros enfoques mais humanistas. O desafio atual está em sintetizar as duas posições, e muitos líderes do mundo dos negócios têm feito isso com sucesso. Essencialmente, o taylorismo baseia-se na produtividade em termos de resultados, medindo o tempo e os produtos e deixando pouco espaço para a imaginação e para as iniciativas individuais, que dirá para a diferenciação e a diversidade. Embora hoje saibamos que a administração não deve transformar as pessoas em robôs, ainda existe a tendência para as medições e os resultados. Simultaneamente, autores como Peter Senge e Peter Drucker, que introduziram as dimensões da aprendizagem e a cultura, insistem na necessidade de confiar tanto no instinto e no critério individual quanto nos critérios econômicos. Cada vez aceita-se mais que certo grau de poder torna as pessoas mais produtivas, e as organizações têm de confiar nas capacidades e na iniciativa de seu pessoal.

Não há uma abordagem única para se dirigir uma companhia ou organização, e tampouco há receitas para a boa administração; as instituições, os indivíduos que estão nelas e seus contextos variam muito, requerendo diferentes estilos e estratégias de administração para cada situação. Mas há alguns pontos fundamentais, identificados por estudos de bom desempenho institucional nos países em desenvolvimento e baseados na literatura sobre administração. Um destes é que os administradores de instituições bem-sucedidas encontram maneiras de invocar forte dedicação entre a equipe com relação à instituição e a seu trabalho e exigem e recompensam um bom desempenho.

Um estudo sobre bom desempenho governamental realizado no estado do Ceará no Nordeste do Brasil (Tendler, 1997) demonstrou que a importância do compromisso do trabalhador na melhora da produtividade e em outros aspectos do desempenho institucional se aplica igualmente ao governo. A pesquisa revelou um desempenho melhor do que o esperado, dada a história e o contexto – o estudo incluía trabalhadores rurais da saúde, programas de apoio a pequenas empresas, um programa de obras públicas e extensão agrícola. O melhor desempenho governamental estava estreitamente relacionado à dedicação que os empregados demonstravam em relação a seu trabalho. O governo cearense havia conseguido desenvolver forte sentido "vocacional" em torno de seus programas e trabalhadores, mediante um processo de seleção pública para os candidatos, campanhas de informação pública, orientação profissional e reconhecimento público dos sucessos obtidos pelos programas. A forma pela qual o trabalho era organizado também constituía uma das fontes motivadoras do compromisso, pois dava aos trabalhadores a liberdade de desempenhar uma variedade de tarefas diferentes em resposta às necessidades específicas de seus clientes. Isso lhes outorgou o poder de escolher e realizar seu trabalho. O controle e a prestação de contas eram facilitados pelo acesso público às informações e às tarefas que cada um deveria efetuar e as exigências de ajustá-las às exigências de seus clientes.

Merilee Grindle estudou vários casos institucionais de países em desenvolvimento, entre os quais se incluíam exemplos de bom e de mau desempenho. Baseando-se na literatura da cultura organizacional, ela concluiu que a identificação de uma missão para a instituição e de uma "mística" sobre o valor do trabalho eram elementos-chave por trás de uma instituição de alto desempenho, e a presença e a força de uma cultura desse tipo separavam o bom do mau desempenho. Além disso, a administração era fundamental para o desenvolvimento da cultura organizacional, não só identificando a missão, mas também estimulando sua internalização e sua mística, com a dedicação dos trabalhadores. Os bons administradores apoiaram essa abordagem e atuaram transmitindo uma mensagem clara e consistente de que o desempenho era importante (Grindle, 1997). Vários aspectos de seu estilo de manejo eram relativamente consistentes: fórmulas francamente abertas de relacionamento com o pessoal, em vez de hierarquias; estímulo à participação na tomada de decisões e na resolução de problemas; esforços para proteger a instituição de elementos disruptivos do meio e esforços consistentes para premiar o bom rendimento dos trabalhadores (ver seção 1.3).

Tendler e Grindler enfatizam uma abordagem muito positiva do manejo, com a qual garantem ser possível cultivar a dedicação dos trabalhadores e criar organizações nas quais o bom desempenho seja algo esperado e premiado (Grindle,1997). Isso soa familiar e lógico, e provavelmente não surpreende ninguém, já que é uma prática generalizada nas companhias privadas dos países do Norte. Ainda assim, está muito em desacordo com a maneira pela qual as questões do manejo têm sido abordadas na cooperação para o desenvolvimento. A discussão sobre governança nos países em desenvolvimento, pelo menos nos últimos vinte anos, tem enfatizado problemas persistentes, com interesses privados assumindo precedência sobre o bem público, o clientelismo, o apadrinhamento, a corrupção, a má administração e a falta geral de cumprimento. Em resposta, os enfoques do manejo institucional propostos para os países em desenvolvimento foram orientados para a redução, o controle e a diminuição da discricionalidade. Ainda assim, tanto a literatura sobre gestão quanto a experiência dos países em desenvolvimento assinalam que se deve prestar mais atenção aos enfoques que buscam não apenas reduzir os problemas, mas também gerar sucesso.

Integrar o espírito empresarial nas instituições públicas

Osborne e Gaebler apontam que a gestão institucional dos governos deve se guiar por um conjunto básico de regras, quais sejam: 1) é melhor guiar do que remar ("não é obrigação do governo prover serviços, mas cuidar para que eles sejam providos"); 2) capacitar as comunidades para que resolvam seus próprios problemas, em vez de simplesmente lhes prestar serviços; 3) encorajar a competição em vez dos monopólios; 4) deixar-se orientar por missões, em vez de regras; 5) orientar-se para os resultados financiando os produtos, e não os insumos; 6) responder às exigências do cliente, não à burocracia; 7) concentrar-se em ganhar dinheiro, em vez de gastá-lo; 8) investir na prevenção de problemas em vez de na solução de crises; 9) descentralizar a autoridade; e 10) resolver problemas influindo nas forças do mercado e não criando programas públicos (Osborne; Gaebler, 1992).

Mas, como também ressaltaram Osborne e Gaebler, os mercados são apenas metade da resposta. Impessoais, implacáveis e injustos, deveria ser possível dotá-los da "calidez e do afeto das famílias, dos vizinhos e das comunidades" (Osborne; Gaebler, 1992). Em outras palavras, à medida que se afastam das burocracias administrativas, os governos empreendedores precisam se aproximar dos mercados e das comunidades.

Eles também precisam melhorar suas estratégias. Há dois grupos principais envolvidos na formulação de estratégias e o desafio está em aproximá-los. Eles são:

- *Os que desenvolvem as decisões:* grupos de indivíduos com experiência técnica e profissional cujo papel é em geral de consultor ou assessor. A maioria das organizações é de base nacional ou local, mas há agentes externos, como bancos internacionais, agências multinacionais de cooperação, doadores bilaterais e ONGs estrangeiras. Eles são responsáveis por refletir e coordenar as necessidades e aspirações de vasta gama de grupos legítimos de interesse.
- *Os que tomam as decisões:* os governos centrais e locais, os políticos e os membros da diretoria de grandes companhias nacionais e multinacionais. Neles reside a responsabilidade final das decisões e dos efeitos que estas produzem.

Por outro lado, construir estruturas institucionais mais fortes requer:

- Estabelecer estruturas em que diversos interessados atuem de maneira conjunta e com perspectivas de mais longo prazo como base para a indagação, o desenvolvimento e o esclarecimento normativo dos valores e dos procedimentos que sustentarão a tomada de decisões.
- A provisão de *workshops* de facilitação, que podem ser instrumentais para se chegar às decisões. Deve-se manter em mente que eles são um meio para se encontrar decisões, não para predeterminá-las.
- A busca de consenso pleno ou no mínimo parcial que integre a maioria das decisões estratégicas. O consenso atuará como uma base de acordo valiosa e para consolidar o entendimento, a confiança e o compromisso.
- O desenvolvimento de diretrizes para a negociação ajuda a garantir que os interessados sejam consultados a respeito da fixação de metas, bem como que realizarão e levarão em conta uma análise de riscos adequada.

Bom exemplo de como empregar esses princípios para o desenvolvimento de capacidades é a consulta sobre processos (ver Quadro 4.2.1. e Figura 4.2.1.); várias organizações têm identificado técnicas similares para aumentar a participação e melhorar os padrões organizacionais. Embora seja necessário haver um entendimento básico de que as instituições crescem organicamente e refletem a sociedade, pode-se também usar a experiência de manejo e de intercâmbio de conhecimentos para sustentar o desenvolvimento de capacidades.

Quadro 4.2.1. A consulta sobre processos

Uma adição importante ao arsenal do profissional do desenvolvimento é a consulta sobre processos. Usada no início com sucesso nas corporações privadas e nas Forças Armadas, essa forma de consultoria de gestão visa a iniciar e sustentar um processo de mudança e de aprendizagem continua para o melhoramento sistemático.

O papel do consultor de processos difere de forma significativa daquele do típico especialista técnico ou de negócios. Em vez de simplesmente analisar a situação do cliente e prescrever um curso de ação, o consultor do processo envolve a organização na elaboração e na implementação passo a passo de seu próprio processo de aprendizagem e mudança. Ao contrário da abordagem do especialista – que impõe novos papéis e relações, correndo o risco de suas diretrizes não serem totalmente entendidas nem aceitas –, a consulta sobre processos deixa

espaço para a mudança, eliminando as hierarquias e o poder. Outorga a todos os participantes uma atitude de respeito mútuo ao desenvolver um entendimento coletivo de como funciona o sistema e de como ele poderia ser transformado. A consulta sobre processos por meio do diálogo genuíno deposita a responsabilidade da mudança nos mesmos membros da organização e assegura a apropriação e o compromisso com as melhores propostas.

Dessa maneira, a consulta sobre processos oferece princípios que poderiam guiar o curso geral da assistência ao desenvolvimento e à cooperação técnica efetiva. Poderia também ajudar a sustentar a evolução dos sistemas da administração pública nos países em desenvolvimento. Nesse caso, o primeiro passo adiante é a identificação e o fortalecimento do cliente. É essencial reconhecer os interesses e as perspectivas de todos os participantes, porque a apropriação é fundamental para o bom desempenho. O papel do condutor não é o de quem defende alguns procedimentos ou mudanças, mas o de um líder que guia a comunicação e o debate para levar a cabo um processo buscado e aceito por todos, sem depender das agências externas. Uma unidade de consulta interna pode atuar como comitê condutor do processo, enquanto os consultores externos oferecem treinamento e orientação (PNUD, 1996).

Um dos enfoques da consulta sobre processos é a metodologia de "indagação de futuro", que é mundialmente usada no mundo dos negócios por organizações sem fins lucrativos e de comunidades, com o objetivo de potencializar ao máximo sua capacidade de ação. Mediante essa técnica, grupos diferentes de interessados que representam todo um sistema exploram juntos o passado, o presente e o futuro; identificam valores compartilhados e se comprometem com planos de ação. Seu propósito é concordar sobre o futuro que desejam para todo o sistema – isto é, para a comunidade, a organização etc. Isso diverge dos encontros tradicionais para o desenvolvimento organizacional, que tendem a diagnosticar lacunas entre intenções e realidade e prescrevem ações para fechar as lacunas por meio do treinamento, baseando-se na suposição de que as pessoas não sabem como fazer o que declaram querer fazer. Em contrapartida, os encontros de indagação do futuro não oferecem modelos de gestão porque não pretendem se esforçar para reduzir a complexidade a alguns temas básicos, nem resolver desacordos ou problemas de longa data. A in-

dagação do futuro não julga as práticas atuais boas ou más. Em vez disso, permitindo que os participantes de diferentes origens e agendas diversas se envolvam no diálogo aberto, atinge níveis de integração inalcançáveis por outros meios. Quando os participantes descobrem novas formas de cooperação, usam o tempo, a energia e os recursos de maneira proveitosa. Os encontros de indagação do futuro superam as barreiras de cultura, classe, idade, gênero, etnia, poder, *status* e hierarquia, unindo as pessoas como companheiros que trabalham em tarefas de interesse mútuo. O processo rompe as tendências das pessoas para seguir velhos padrões e repetir erros. Em vez de tentar mudar o mundo ou umas às outras, as pessoas mudam as condições sob as quais interagem.

Figura 4.2.1. O ciclo de consultas nos processos

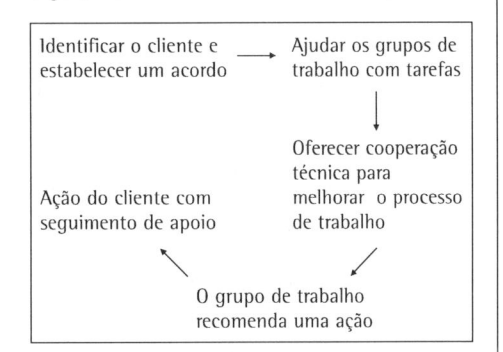

Redes de conhecimento

Nenhuma discussão sobre a consolidação das instituições é completa nos dias de hoje sem fazer referência às redes de conhecimento, também chamadas de comunidades de prática ou grupos temáticos. Estes se converteram rapidamente em um modo essencial de as instituições aproveitarem o fluxo das informações globais por meio de instrumentos de alta tecnologia e revolucionaram a forma pela qual as organizações do mundo todo abordam a aprendizagem e compartilham o conhecimento.

As redes de conhecimento abrem oportunidades para melhorar a eficiência e o valor das técnicas de cooperação e para o desenvolvimento das capacidades em particular. Elas reduzem o espaço e o tempo da aprendizagem, expandem as fronteiras e as afiliações institucionais e constituem uma forma de compartilhar o conhecimento muito mais estreitamente guiada pela demanda real do que outras. As redes podem oferecer às organizações e aos governos a capacidade de se manter em dia com um mundo em constante mudança, em que os novos conhecimentos emergem continuamente para guiar o uso dos recursos, estimular a formação de equipes e o manejo de relações de matrizes complexas.

Têm um valor especial as comunidades Sul/Sul, as quais, ao mesmo tempo que compartilham experiências e disseminam conhecimentos, combinam o saber autóctone com os sistemas de produção modernos e reduzem o custo do assessoramento externo no nível, em alguns casos, das referências virtuais e do assessoramento informal gratuito (Denning, 2002).

PONTOS-CHAVE

⇨ Durante longo tempo, o fortalecimento das instituições no contexto do desenvolvimento não levou em consideração desenvolvimentos essenciais no setor privado e na ciência da administração. Essa lacuna atualmente é reconhecida e a literatura sobre gestão está sendo explorada no campo do desenvolvimento.

⇨ A administração institucional desenvolveu-se de uma hierarquia mecanicista para uma crença no valor dos indivíduos, cuja capacitação e participação melhoram a produtividade. O fortalecimento das instituições deve levar em conta essas lições e ao mesmo tempo reconhecer que não há um forma única de dirigir um negócio ou uma organização. O respeito pela diversidade é fundamental para despertar todo o potencial das capacidades.

⇨ As redes de conhecimento transformaram-se rapidamente em um recurso essencial para que as instituições tenham acesso ao fluxo das informações globais por meio de instrumentos de alta tecnologia. Outras tendências importantes incluem o papel da consulta sobre processos e a formulação de estratégias com técnicas participativas, como a indagação do futuro.

REFERÊNCIAS DA PARTE B

➲ *ÁFRICA Crescimento do setor privado começa com melhores administradores (p.332).*
➲ *EGITO Relatórios de desenvolvimento humano subnacionais facilitam análise no nível comunitário (p.215)*
➲ *FILIPINAS Longo caminho até as estatísticas agrícolas confiáveis (p.238)*
➲ *GUINÉ-BISSAU Criação de uma instituição de pesquisa em um ambiente desfavorável (p.244)*
➲ *JORDÂNIA Um clube de mergulho converte-se em agente de manejo do litoral (p.266)*
➲ *MARROCOS E MONGÓLIA MicroStart respalda projetos de líderes com visão (p.285)*
➲ *MOÇAMBIQUE Restauração da justiça, da lei e da ordem põe à prova o compromisso de longo prazo (p.289)*
➲ *TANZÂNIA Irmanar instituições com confiança e eqüidade (p.309)*
➲ *VENEZUELA Indústria petroleira prospera, assim como capacidades nacionais que a impulsionam (p.326)*

4.3. PARTICIPAÇÃO DOS CIDADÃOS

> Se concordamos com a idéia de que agora, e especialmente no futuro, a informação e a opinião pública são vetores que podem produzir tantos efeitos políticos quanto os votos dos cidadãos, a formação de opinião converte-se em uma questão democrática. De agora em diante, a interação dos indivíduos é ao mesmo tempo multiplicada e deslocalizada. Pertencer a comunidades que têm interesses diversos não é mais determinado pela proximidade ou pela densidade demográfica local. Po meio do transporte e das telecomunicações, estamos envolvidos em um número crescente de relações diversas, como membros de comunidades abstratas ou de comunidades cujas configurações especiais não mais coincidem ou oferecem estabilidade duradoura. (Bellanger, 2002)

O *Relatóio de Desenvolvimento Humano* do PNUD define participação dos cidadãos "como um processo, não um evento, que envolve intimamente as pessoas nos processos econômicos, sociais, culturais e políticos que afetam suas vidas" (PNUD, 1993). Quando os profissionais do desenvolvimento tornam-se mais interessados nos vínculos informais entre as pessoas e também no capital social,[3] o papel da participação dos cidadãos se desloca para o centro dos debates sobre o desenvolvimento. Na discussão do desenvolvimento de capacidades, a terceira camada de capacidades, o plano social, depende de modo fundamental da participação dos cidadãos.

Isso, no entanto, não reduz o plano social apenas à participação da cidadania. A sociedade reúne todos os segmentos de uma população abarcando muitos grupos e redes. Proporciona um *ethos* que determina em grande parte o sistema de valores em que as pessoas e a economia funcionam. Elementos como confiança, honestidade e preocupação com os pobres – ou, inversamente, corrupcão e cobiça – derivam do *ethos* prevalente; e, é evidente, influenciam de modo significativo a direção e o desempenho dos esforços de desenvolvimento e o curso da participação dos cidadãos.

Putnam et al. (1992) demonstraram a centralidade dos valores e das instituições cívicas na transformação da sociedade italiana. Mais do que as instituições tradicionalmente associadas ao crescimento econômico e à modernização do Estado estavam as atitudes e redes de cidadãos italianos que contribuíram para o que o país é hoje. Putnam insistiu na natureza de longo prazo da participação dos cidadãos e descreveu como um sistema de valores é construído sobre bases históricas. As lições da Itália são válidas para toda parte e definem o que é participação dos cidadãos: o envolvimento das pessoas na tomada de decisões, na solicitação de suas contribuições para as intervenções de desenvolvimento e o desfrute compartilhado dos benefícios.

---

[3] O capital social foi definido como os aspectos da organização social, incluindo as redes, as normas e a energia social, que facilitam a coordenação e a cooperação para o benefício mútuo (Putnam et al., 1992).

Segundo o PNUD (2002e), a participação dos cidadãos promove:

* O desenvolvimento da vida comunitária e a capacidade de os grupos melhorarem seu próprio bem-estar mediante recursos políticos, econômicos, culturais e morais do Estado.
* Estilos específicos de interação que valorizam sobretudo a flexibilidade, a adaptabilidade, a colaboração, a prestação de contas e a capacidade de resolver problemas.
* Informações mais precisas e fidedignas sobre as necessidades locais.
* Uma diversidade de interesses e perspectivas da sociedade civil, que asseguram que o Estado não será capturado por alguns grupos.
* Maior adequação das intervenções públicas às necessidades das pessoas.
* Mobilização de atitudes e recursos locais.
* Prestação de contas por parte do Estado.
* Criação de bases institucionais que reduzam o custo de acesso a vários grupos sociais nas intervenções de desenvolvimento.
* Apropriação nacional, ampliando a base de interessados conscientes que têm a oportunidade de se fazer escutar.
* Confiança entre os doadores e o governo receptor e, o que é mais importante, entre as autoridades nacionais e os usuários finais.

A participação dos cidadãos é, portanto, uma forma de reforçar a importância do "como fazer" o desenvolvimento em oposição a "o que fazer" (ver a seção 1.1).

A nova agenda para o desenvolvimento de capacidades tem de entender os papéis reais do Estado e da sociedade civil, além da retórica da participação. Durante um longo tempo, a participação dos cidadãos tem sido percebida como um debate sobre obrigações e direitos, que daí em diante se desenvolveu voltado para um entendimento dos papéis individuais desempenhados coletivamente em uma estrutura em prol do bem público. Uma cultura cívica abrange tanto a busca de privilégios coletivos quanto a submissão à autoridade, e cada faceta é importante (Bellanger, 2002).

A promoção da participação dos cidadãos realizada pelas instituições locais e comunitárias tem contribuído para a legitimação das ONGs e se situa no centro das discussões sobre temas que vão desde as atividades de auto-ajuda e geradoras de rendas até a participação política na democracia. Ao mesmo tempo, as instituições que se baseiam em tradições culturais e religiosas têm uma longa história como vanguarda da proteção do capital social.

O Estado também pode facilitar ou entorpecer a participação dos cidadãos ao determinar o grau de acesso geral do cidadão aos fluxos de informação, processos de tomada de decisão e sistemas de prestação de contas. Mesmo assim, "a soberania reside em última instância na cidadania ... sua participação se refere ao direito de decidir sobre o bem comum, de determinar as políticas pelas quais se vai procurar esse bem comum e de modificar ou substituir aquelas instituições que já não são úteis" (Korten, 1998). Isso decididamente coloca a participação dos cidadãos no âmbito da política e demonstra que, mais que qualquer outro aspecto da governança, a participação dos cidadãos é fonte de transformação. O processo é tão valorizado quanto seus resultados, a começar pelo reconhecimento dos indivíduos (mediante certidões de nascimento, registros de diferentes tipos etc.) e o acesso à educação como formas de socialização que impulsionarão a participação dos cidadãos (Bellanger, 2002).

De acordo com os achados provenientes das experiências bem-sucedidas, estas são as atividades com as quais se pode promover a participação dos cidadãos:

- Incluir atores não-estatais nas iniciativas de desenvolvimento para melhorar o sentido de apropriação e a governança participativa.
- Promover estratégias de compartilhamento de informações para aumentar o capital de conhecimento dos países, assim como sensibilizar as autoridades públicas para produzir recursos de informação adequados.
- Construir a capacidade dos cidadãos para que baseiem seu desempenho na informação, abrangendo assim seu compromisso e espaço políticos.
- Valer-se da vigilância dos cidadãos como um reservatório de recursos políticos, econômicos, culturais e morais para verificar a disposição de prestar contas e a transparência das instituições estatais.

Embora a participação dos cidadãos seja fundamental para a transformação, assim como uma das principais áreas que exigem uma resposta política quando se desenvolvem as capacidades, deve ser elevada a uma hierarquia superior. As iniciativas de participação dos cidadãos permaneceram em grande parte nos âmbitos local e comunitário. Embora isso fosse importante, não chegou a fazer sentir seu impacto nos níveis estatal ou nacional, em que poderia marcar uma diferença em termos de guiar o diálogo político interno, estabelecer as grandes prioridades e garantir a transparência e a prestação de contas (Malik; Wagle, 2002).

Outro aspecto que deve ser considerado está menos relacionado aos processos e mais às atitudes. A qualidade e o alcance da participação dos cidadãos surgem diretamente da confiança em si mesmo e da auto-estima, como mostra a citação a seguir:

> Tenho algo a lhe oferecer; você necessita disso e eu sou generoso o bastante para dá-lo a você. Se não usá-lo bem, é porque você é um fracasso: sua gente é corrupta e suas instituições são frágeis.[4]

Quando as pessoas têm sólida auto-estima, essa declaração é intolerável. Mas quando as assimetrias do poder, o dinheiro e o conhecimento fragilizam os indivíduos e a trama social, as pessoas descartam a idéia de que podem conseguir algo com sua participação, opondo uma barreira ao desenvolvimento de capacidades em seu nível mais básico. Como

---

[4] Expressão utilizada por Rani Parker em sua contribuição para a Reforma da Cooperação Técnica para a Iniciativa de Desenvolvimento de Capacidades.

as formas de poder que se beneficiam do *status quo* – em geral alinhadas em torno dos mesmos antecedentes, aspirações e atitudes – raras vezes se aprofundam nestes temas, é necessário incorporá-las no traçado e na implementação das políticas e das atividades de participação dos cidadãos.

PONTOS-CHAVE

⇒   A terceira camada do desenvolvimento de capacidades, o âmbito social, reconhece o papel fundamental do Estado. Para os bens públicos serem garantidos, o Estado deve desempenhar um papel indispensável de governança, enquanto a participação dos cidadãos também é indispensável.

⇒   As iniciativas de participação da cidadania têm-se registrado com mais freqüência nas comunidades. Atualmente, é necessário elevá-las para que tenham um impacto no nível macro, em que a participação poderá marcar uma diferença em termos de guiar o diálogo político interno, estabelecer as grandes prioridades e assegurar a transparência e a prestação de contas.

⇒   A confiança em si mesmo e a auto-estima devem ser reconhecidas como fatores de peso na hora de traçar e implementar as políticas e as atividades de participação dos cidadãos.

REFERÊNCIAS DA PARTE B

- ➲ *ÁFRICA* Afrique en création *apóia expressão e intercâmbio cultural (p.329)*
- ➲ *ÁFRICA DO SUL Pobres lutam por um espaço em foros organizados (p.176)*
- ➲ *EGITO Uma comunidade confiante aprende a lidar com seu meio ambiente (p.212)*
- ➲ *ETIÓPIA Uma Estratégia de Redução da Pobreza (ERP) enfrenta as limitações e as promessas de participação (p.227)*
- ➲ *FILIPINAS A sociedade civil de olho nos gastos públicos (p.235)*
- ➲ *GUATEMALA Coordenação e flexibilidade ajudam a sociedade civil a recuperar a confiança depois da guerra (p.241)*
- ➲ *ÍNDIA Cartões de avaliação dos cidadãos para melhorar o desempenho do serviço público (p.257)*
- ➲ *JORDÂNIA Um clube de mergulho converte-se em agente de manejo do litoral (p.263)*
- ➲ *SUDÃO Técnica de indagação de cenários futuros cria uma visão de paz (p.298)*

4.4. DIMENSÕES GLOBAIS

> Há duas coisas que tendem a acontecer: sua economia cresce e sua política se contrai ... A gaiola de ouro reduz as escolhas políticas e econômicas daqueles que estão no poder a parâmetros relativamente estreitos. Por isso hoje em dia é cada vez mais difícil encontrar quaisquer diferenças reais entre o governo e os partidos de oposição nesses países que entraram na gaiola de ouro. Se o seu país entrou na gaiola de ouro, suas escolhas políticas se reduzem a escolher entre Pepsi ou Coca-Cola, a leves matizes políticos, a pequenas alterações de traçado na referência às tradições locais, a algum afrouxamento aqui e ali, mas nunca a nenhum desvio importante das principais regras de ouro. (Crook, 2001)

O propósito desta seção não é apresentar um ensaio sobre a globalização, nem tentar fazer uma resenha de todas as facetas globais que influenciam e caracterizam o debate sobre o desenvolvimento de capacidades. A intenção é apenas identificar as principais tendências que precisam ser consideradas à medida que se relacionam com o desenvolvimento de capacidades. Cada uma dessas tendências, examinadas a seguir, oferece desafios e oportunidades. Quando são abordadas com sofisticação, podem ser poderosas facilitadoras da transformação, embora, mesmo assim, requeiram uma ação comum combinada.

Estrutura de ajuda e o financiamento do desenvolvimento

Como as intervenções do desenvolvimento são financiadas por aqueles que provêm, não por aqueles que recebem, basta tocar na questão da assimetria nas relações de ajuda para fortalecer a voz dos países receptores no debate sobre as políticas de assistência. A criação de uma instituição equivalente à OCDE/CAD nos países do Sul poderia pavimentar o caminho para equilibrar as relações. O Sul também precisa de maior coordenação e sofisticação em sua capacidade de conduzir as negociações de ajuda ao desenvolvimento. Atualmente, sua voz é ouvida sobretudo nas grandes conferências mundiais e em seus processos preparatórios. Embora isso seja louvável, não é suficiente. De algum modo, pode ser também demais, pois essas conferências parecem estar perdendo impulso. O Grupo dos 7 e a China, assim como outras instâncias de negociação coletiva, têm mostrado em muitos foros que não possuem a força exibida pelos membros da OCDE/CAD. Com freqüência, os governos do Sul vêm debatendo isso sem a devida preparação – um problema particularmente grave nas conversas sobre comércio.

Apesar desses obstáculos, acordos recentes, consolidados na Conferência Internacional sobre Financiamento para o Desenvolvimento,[5] puseram em andamento uma agenda

---

[5] Para mais informações sobre a Conferência Internacional sobre Financiamento para o Desenvolvimento, consultar www.un.org/esa/ffd.

global clara sobre assistência ao desenvolvimento para os próximos anos.[5] As principais ações recomendadas são:

- Mobilizar recursos financeiros locais para o desenvolvimento.
- Mobilizar recursos financeiros internacionais para o desenvolvimento, incluindo investimento direto e outros fluxos privados.
- Concordar em que o comércio internacional é um motor do desenvolvimento.
- Aumentar a cooperação internacional financeira e técnica para o desenvolvimento.
- Abordar questões sistêmicas, como o aumento da coerência e da consistência nos sistemas monetário, financeiro e de comércio internacional para apoiar o desenvolvimento.

O Consenso de Monterrey também inclui um conjunto de recomendações sobre cooperação técnica, como: procedimentos de harmonização e simplificação, ajuda não vinculada, melhora da capacidade de absorção e manejo financeiro nos países receptores, utilização da ajuda oficial para o desenvolvimento como plataforma para mobilizar outros recursos, fortalecimento da cooperação triangular (Sul/Sul, com o apoio do Norte) e melhora da orientação da ajuda para os mais pobres, assim como a coordenação e a avaliação dos resultados. Essa agenda não podia ter sido mais clara em seu apoio ao desenvolvimento de capacidades. Também é fundamental para se avançar na direção dos ODMs, pois pela primeira vez oferece uma aliança mundial que alude à responsabilidade compartilhada para o desenvolvimento e o acordo internacional sobre as metas e as opções políticas para atingi-las.

Comércio e investimento

A globalização tem o potencial de avançar no desenvolvimento humano de todo o mundo pelo crescimento econômico. O comércio internacional pode expandir os mercados, facilitar a competição, disseminar o conhecimento, aumentar a exposição a novas tecnologias e gerar empregos. Mas liberar e aumentar o comércio nem sempre está necessariamente correlacionado ao desenvolvimento humano. As condições institucionais, políticas e sociais desempenham um papel importante na determinação da extensão em que um país colhe os potenciais benefícios (Rodrik, 2001).

Um sistema de comércio global não pode produzir os resultados desejáveis no âmbito do desenvolvimento humano se todos os participantes não tiverem a mesma capacidade de negociar e aproveitar esses benefícios. Atualmente, os países desenvolvidos desfrutam de um poder de negociação e de uma perícia imensamente superiores aos dos países em desenvolvimento. Estes últimos, por outro lado, não só enfrentam um déficit de capacidade para implementar suas obrigações comerciais, mas sequer podem começar a negociar acordos comerciais que lhes sejam favoráveis. Se não fortalecerem essas capacidades, os países mais pobres enfrentarão marginalização ainda maior. Consolidar as capacidades também é importante para melhorar e manter a legitimidade da Organização Mundial do Comércio (OMC), já que a atual credibilidade apóia-se em um nível mínimo de confiança.

Os países em desenvolvimento, em particular os mais pobres, devem coordenar urgentemente seus esforços sobre a capacidade comercial, devem ser mais empreendedores no desenvolvimento de posições coletivas, devem se opor aos planos que lhes sejam desfavoráveis e usar o comércio a seu favor. Deveriam aproveitar-se dos conhecimentos das numerosas ONGs e organizações da sociedade civil que lidam com essas questões e outorgar um papel mais importante às tradicionalmente subestimadas universidades nacionais.

A maioria dos países em desenvolvimento também se beneficia menos que os países industriais porque carece de mecanismos para enfrentar as vulnerabilidades induzidas pela liberalização. O acesso ao mercado pode ser importante para os países em desenvolvimento começarem a competir em uma base de igualdade, mas isso não é de modo algum suficiente. Um estudo recente do PNUD defende quatro princípios básicos nesse campo:

- O comércio é um meio para se chegar a um fim; não um fim em si mesmo.
- As regras comerciais devem permitir a diversidade nas instituições e nos padrões nacionais.
- Os países devem ter o direito de proteger suas instituições e prioridades de desenvolvimento.
- Nenhum país tem o direito de impor a outros suas preferências institucionais.

Um regime comercial orientado para o desenvolvimento humano deve dar aos governos o espaço para designar políticas que incorporem esses princípios (PNUD, 2003).

Migração

O movimento de pessoas não foi tão liberado quanto o movimento de bens, serviços e capital. Ainda assim, as migrações são uma questão inevitável para o futuro. Quando se arrebata os trabalhadores mais habilitados de um país, isso obstrui o desenvolvimento de capacidades.

A mobilidade internacional dos trabalhadores mais capacitados contribui para melhorar os fluxos internacionais de conhecimento e a formação de grupos tecnológicos e de pesquisa internacionais. Também aporta benefícios adicionais como maior adequação do emprego; enquanto, por um lado, os empregadores podem encontrar indivíduos com combinação específica de capacidades, por outro, os trabalhadores podem encontrar empregos mais interessantes e lucrativos. De um ponto de vista global, a competição internacional por recursos humanos escassos poderia ter um efeito muito positivo sobre os incentivos para os investimentos em capital humano individual. Os benefícios para os países receptores parecem ainda mais óbvios, como ilustra o exemplo dos Estados Unidos e de outros países da OCDE que competem ferozmente pelos melhores cérebros do planeta (ver seção 3.7).

Entretanto, o impacto social e econômico da fuga de cérebros nos países de origem nem sempre é positivo, ainda que haja casos de fuga de cérebros se transformando em "fluxo de cérebros". A importância fundamental do capital humano com respeito ao desenvolvimento das capacidades institucionais constitui uma grande preocupação, sobretudo para países com menores reservas de talento. No fim, as conseqüências podem ser mais prejudiciais para essas instituições do que para o desenvolvimento dos recursos humanos (Kapur, 2002).

HIV/Aids

A escassez de bens públicos pode afetar negativamente os resultados de anos de esforços em matéria de desenvolvimento. Este é o caso do HIV/Aids, que em um curto lapso dizimou as capacidades de muitos países matando professores, médicos e enfermeiros e atacando de modo desproporcional a porção mais produtiva da força de trabalho, aqueles cujas idades oscilam entre 25 e quarenta anos. Agora se entendem melhor do que antes os vínculos entre a saúde pública – em particular a epidemiologia – e o impacto econômico. Para facilitar uma conexão mais estreita entre o traçado das políticas internas e a cooperação internacional é importante que as organizações da sociedade civil participem mais sistematicamente, preenchendo a lacuna na provisão de serviços públicos criado pela incapacidade dos governos e dos mercados de prover os bens públicos (Kaul; Ryu, 2001).

Nenhuma outra área de desenvolvimento sofre mais de falta de ação ou de ações inadequadas do que a do HIV/Aids. Os efeitos devastadores que a enfermidade tem sobre as capacidades podem abalar os postulados fundamentais que este livro defende. Os países onde as capacidades em funções fundamentais têm sido aniquiladas podem ser obrigados a optar pela substituição de capacidades, atraindo estrangeiros para servir em funções regulares até que o sistema de saúde possa ser estabilizado. Vários países no sul da África podem estar à beira dessa situação.

A difusão da doença obedece a vários fatores, a maior parte deles comportamentais em vez de médicos, os quais estão fora do alcance dos ministérios da saúde (Chen; Evans; Cash, 2001). A prevalência do HIV/Aids é impulsionada pela falta de informação e de educação, pelo comércio e pelas migrações, pela pobreza, pela poluição do ar e da água e pela falta de segurança alimentar. A interconexão entre esses problemas assinala a necessidade de deslocar o tratamento do HIV/Aids para o campo das políticas de desenvolvimento, apesar de os esforços realizados para aumentar o financiamento destinado a deter a doença terem obtido poucos resultados no sentido de alcançar a meta estabelecida pelo secretário-geral da ONU em 7 a 10 bilhões de dólares anuais. Apenas o realismo, a liderança forte e a sinceridade permitirão que os países transformem a pandemia em uma dimensão controlável de seu desenvolvimento.

Tecnologia da informação e da comunicação e a brecha tecnológica

As TICs são fundamentais na globalização e, como tais, são parte integrante do longo debate sobre os potenciais riscos e benefícios desse processo. Os níveis e o ritmo dos fluxos globais de recursos físicos e intangíveis aumentaram de forma significativa graças à habilidade de conectar vastas redes de indivíduos, além de suas fronteiras geográficas, a custos insignificantes. Entretanto, por causa do hiato digital entre os países industrializados e em vias de desenvolvimento, há a preocupação de que as TICs acabem reforçando as vantagens dos países desenvolvidos e perpetuem as desvantagens dos países em desenvolvimento.

De igual modo, mesmo quando as TICs permitem acesso, acumulação e armazenamento sem precedentes do conhecimento explícito, muito conhecimento ainda permanece tácito. O conhecimento tácito é incorporado nos indivíduos e nas instituições e – diferentemente do conhecimento explícito – é difícil de ser codificado e transmitido. É aqui que entram em jogo as redes e as comunidades de conhecimento canalizadas pelas TICs, que facilitam o intercâmbio de conhecimentos e o desenvolvimento de capacidades (Fukuda-Parr; Hill, 2002).

Os benefícios reais das TICs não estão na provisão de tecnologia *per se*, mas sim em sua aplicação para criar redes sociais e econômicas poderosas que melhorem radicalmente o intercâmbio de informações. Visadas diretamente para o desenvolvimento de objetivos específicos por meio das políticas certas e de aplicações práticas, as TICs podem se converter em poderosas facilitadoras do desenvolvimento e, em particular, do desenvolvimento das capacidades, aumentando a efetividade e o alcance das intervenções e diminuindo os custos da prestação de serviços.

As TICs podem ser aplicadas a uma série de atividades, desde o uso pessoal até os negócios e o governo. Sua flexibilidade permite traçar soluções para satisfazer diferentes necessidades. Indiferentes às fronteiras geográficas, permitem incorporar as comunidades mais remotas às redes globais e transcender barreiras culturais, ao mesmo tempo que desafiam as políticas, as estruturas legais e reguladoras nas e entre as nações.

A natureza "virtual" e "digital" de muitos dos produtos e serviços das TICs facilita seus baixos custos. A replicação do conteúdo é praticamente gratuita, independentemente do seu volume, e o preço de sua distribuição e comunicação é quase zero. O poder de armazenar, recuperar, classificar, filtrar, distribuir e compartilhar informações pode conduzir a lucros substanciais na produção, na distribuição e nos mercados, com barreiras de entrada que se reduzem de modo significativo e uma importante ampliação da competência.

O aumento da eficiência e a diminuição dos custos podem acelerar a criação de novos produtos, serviços e canais de administração. Ao se eliminar a necessidade de intermediários, os usuários podem adquirir os produtos e serviços diretamente do provedor original. Também a aprendizagem pode melhorar em qualidade e acessibilidade, e a educação a distância pode se converter em um modelo bem-sucedido uma vez que os altos custos e as condições geográficas são barreiras reais ao acesso. As redes de investigação científica podem ajudar a capacitar a pesquisa e programas de desenvolvimento para indígenas. Os grupos virtuais de pesquisa, que estão conectados a especialistas das regiões mais afastadas do mundo, facilitam o intercâmbio de bases de dados, a distribuição e a discussão de documentos, a organização de conferências e a pesquisa cooperativa. A proliferação dessas colaborações está ocorrendo tanto no Norte como no Sul.

Outra área que está crescendo rapidamente é a prestação de serviços de treinamento técnico e vocacional. Como as TICs podem facilitar simuladores de desempenho sofisticados e de baixo custo, muitas instituições e centros de treinamento vocacional estão empregando para capacitar seus empregados em várias funções, desde educação sanitária até serviços de tecnologia da informação (TI) e educação. Também oferecem grandes oportunidades para melhorar a administração da educação, já que os repositórios de dados e as redes facilitam o desenvolvimento conjunto de currículos, a aquisição de materiais educativos a menor custo, a organização mais eficiente dos horários do pessoal e dos estudantes e o monitoramento mais estreito do desempenho estudantil.

Experiências recentes mostram que os países que empregaram as TICs para ajudar a alcançar seus objetivos de desenvolvimento, em vez de apenas posicionar suas economias no mercado global, também aumentaram as exportações e fortaleceram a capacidade nacional (PNUD, 2001b). Em contrapartida, esses países que fracassaram em integrar imperativos de desenvolvimento em sua visão nacional das TICs produziram iniciativas mal definidas que não tratam de maneira adequada os problemas de desenvolvimento. Mesmo quando o uso das TICs é um imperativo no momento de adotar uma posição competitiva na economia mundial, concentrar-se nessa tecnologia para atingir os objetivos de desenvolvimento também permite aos países conseguir uma difusão ampla de seus benefícios.

PONTOS-CHAVE

⇨ Entre as tendências globais que influenciam o desenvolvimento de capacidades estão as novas estruturas da assistência e o financiamento do desenvolvimento, as negociações sobre comércio e investimentos, os desafios das migrações, a pandemia de HIV/Aids e o hiato digital. Todas elas podem constituir tanto uma força positiva quanto negativa para as capacidades.

⇨ Pela primeira vez, os ODMs oferecem uma aliança global que envolve a responsabilidade compartilhada pelo desenvolvimento, metas internacionalmente acordadas e escolhas sobre políticas para atingi-las.

⇨ A liberalização do comércio não conduz necessariamente ao desenvolvimento humano. As condições institucionais e sociais desempenham um papel importante para determinar se um país consegue colher benefícios desse processo. Os países em desenvolvimento enfrentam um déficit de capacidade em termos da negociação de acordos e da implementação das obrigações de comércio nacional, o que implica uma necessidade de desenvolver essas capacidades. A capacidade dos países em desenvolvimento para se beneficiar de tal situação poderia aumentar com um sistema comercial orientado em função do desenvolvimento humano.

⇨ De uma perspectiva global, a mobilidade internacional dos mais capacitados contribui para incrementar os fluxos internacionais de conhecimento e a formação de grupos internacionais de pesquisa e tecnologia. Entretanto, a fuga de cérebros resultante desse fenômeno tem um impacto econômico e social forte nos países com escassas reservas de talentos, apesar de, em determinadas circunstâncias, a fuga de cérebros poder se transformar em "fluxo de cérebros".

⇨ A dotação deficitária de serviços públicos no âmbito mundial pode aniquilar o esforço de anos em matéria de desenvolvimento de capacidades, como demonstra a pandemia HIV/Aids.

⇨ Os benefícios reais das TICs não estão na provisão de tecnologia *per se*, mas em sua aplicação para criar poderosas redes sociais e econômicas que melhorem radicalmente o intercâmbio de informações.

REFERÊNCIAS DA PARTE B

- ➲ *CAMBOJA Um marco para ingressar no comércio mundial (p.201)*
- ➲ *CHINA Investindo na capacidade de pesquisa farmacêutica para competir em escala mundial (p.208)*
- ➲ *ESTÔNIA Tiger Leap populariza benefícios de Novas Tecnologias de Informação e Comunicação (TIC) (p.224)*
- ➲ *GLOBAL Responsabilidade social corporativa em* The Body Shop *(p.344)*
- ➲ *GLOBAL Tecnologias da Informação e da Comunicação (TIC) abrem novos caminhos à capacitação (p.348)*
- ➲ *MARROCOS Decisões claras sobre telecomunicações para fortalecer o crescimento econômico (p.283)*
- ➲ *VENEZUELA Indústria petroleira prospera, assim como capacidades nacionais que a impulsionam (p.326)*

Bibliografia

AJAYIJ, S. I.; AFEIKHENA, J. Opportunity Costs and Effective Markets. *Development Policy Journal*, 2, 23-45. New York: UNDP, 2002.

BALIHUTA, A. et al. Uganda: Driving Technical Cooperation for National Capacity Development. In: *Developing Capacity Through Technical Cooperation: Country Experiences*, edited by Stephen Browne. New York/London: UNDP/Earthscan, 2002.

BANERJEE, N.; VALDIVA, L.; MKANDIA, M. Is the Development Industry Ready for Change? *Development Policy Journal*, 2, 131-159. New York: UNDP, 2002.

BASER, H.; MORGAN, P. Harmonizong the Provision of Technical Assistance: Finding the Right Balance and Avoiding the New Religion. *ECDPM Discussion Paper*, 36. Maastricht: ECDPM, 2002. (www.ecdpm.org/Web_ECDPM/Web/Content/Navigation.nsf/index.htm).

BELLANGER, H. *Le civisme*. Paris: Autrement, 2002.

BERG, E. The United Nations Development Programme (UNDP). *Rethinking Technical Cooperation: Reforms for Capacity Building in Africa*. New York: UNDP & Development Alternatives International, 1993.

BROWN, M. N.d. Using the Intellectual Diaspora to Reverse the Brain Drain: Some Useful Exemples. Cape Town: University of Cape Town (www.uneca.org/eca_resources/conference_reports_and_other_documents/brain_drain/word_ documents/brown.doc).

BROWNE, S. Introduction: Rethinking Capacity Development for Today's Challenges. In: *Developing Capacity Through Technical Cooperation: Country Experiences*, edited by Stephen Browne. New York/London: UNDP/Earthscan, 2002.

CAMPILAN, D.; CHANG, M. S. Using and Benefiting from Evaluation. Contribuição de convidado para a Web-based publication capacity.org (www.capacity.org). Maastricht: ECDPM, 2003.

CARRINGTON, W. J.; DETRAGLACHE, E. How Big is the Brain Drain? IMF Working Paper, 98/102. Washington, DC.: IMF, 1998.

CATTERSON, J.; LINDAHL, C. *The Sustainability Enigma – Aid Dependence and the Phasing Out of Projects. The Case of Swedish Aid to Tanzania*. Stockholm: Almqvist & Wiksell International and EFDI, 1999.

CHEN, L. C., EVANS, T. G.; CASH, R. A. Health as a Global Public Good. In: *Global Public Goods: Taking the Concept Forward*, edited by Michael Faust, Katell Le Foulven, Inge Kaul, Grace Ryu & Mirjam Schnupf. New York: UNDP Office of Development Studies, 2002.

COLCLOUGH, C. Wage Flexibility in Sub-Saharan Africa: Trends and Explanations. In: *Towards Social Adjustment: Labour Market Issues in Structural Adjustment*, edited by G. Standing & V. Tokman. Geneva: ILO, 1991.

_____.; LEWIN, K.M. *Educating All the Children: Strategies for Primary Schooling in the South*. Oxford: Clarendon Press, 1993.

COLLIER, P.; HOEFFLER, A. *Greed and Grievance in Civil War*. Washington, D.C.: World Bank, 2001.

Commission on International Development. *Partners in Development: Report of the Commission on International Development*. New York: Praeger Publishers, 1969.

CORCUFF, P. *Les Nouvelles Sociologies*. Paris: Nathan, 2002.

CROOK, C. Globalisation and Its Crirics. In *Globalisation: Making Sense of an Integrated World*. London: The Economist, 2001.

CUKROWSKI, J. et al. The Kyrgyz Republic: Developing New Capacities in a Post-Transition Country. In *Developing Capacity Throught Technical Cooperation: Country Experiences*, edited by Stephen Browne. New York/London: UNDP/Earthscan, 2002.

DANIELSON, A.; HOEBINK, P.; MONGULA, B. Are Donors Ready for Change? *Development Policy Journal, 12*, 161-179. New York: UNDP, 2002.

DENNING, S. Technical Cooperation and Knowledge Networks. In: *Capacity for Development: New Solutions to Old Problems*, edited by Sakiko Fukuda-Parr, Carlos Lopes & Khalid Malik. New York/London: UNDP/Earthscan, 2002.

DEVARAJAN, S.; DOLLAR, D. R.; HOLMGREN, T. *Aid and Reform in Africa: Lessons from Ten Case Studies*. Washington, D.C.: World Bank, 2001.

_____.; SWAROOP, V. *The Implications of Foreign Aid Fungibility for Development Assistance. DC 20433*. Washington, D.C.: World Bank, 1998.

Development Initiatives. *The Reality of Aid. A basic briefing on policies and modalities*, edited by Judith Randel & Tony German. London: Earthscan, 2000.

EASTERLY, W. *The Elusive Quest for Growth: Economist's Adventures and Misadventures in the Tropics*. Cambridge: MIT Press, 2001.

EDGREN, G. Donorship, Ownership & Partnership. Issues Arising From Four Sida Studies of Donor-Recipient Relations. Um documento informal, 2003.

EKOKO, F.; BENN, D. South-South Cooperation and Capacity Development. In: *Developing Capacity Through Technical Cooperation: Country Experiences*, edited by Stephen Browne. New York/London: UNDP/Earthscan, 2002.

EL-REFAIE, F. et al. Egypt: Building Private Sector Capacity Through Technical Cooperation. In: *Developing Capacity Through Technical Cooperation: Country Experiences*, edited by Stephen Browne. New York/London: UNDP/Earthscan, 2002.

EHRARD, D. Pro-Poor Structural Checklist for Private Participation in Infrastructure. In: *Infrastructure for Poor People,* edited by Penelope J. Brook & Timothy C. Irwin. Washington, D.C.: World Bank/Public-Private Infrastructure Advisory Facility, 2003.

FOSTER, M.; FOZZARD, A. Aid and Public Expenditure: A Guide. Documento de trabalho, 141. London: Overseas Development Institute, 2000.

FOZZARD, A. The Basic Budgeting Problem: Approaches to Resource Allocation in the Public Sector and Their Implications for Pro-Poor Budgeting. Documento de trabalho, 147. London: Overseas Development Institute, 2001.

FUKUDA-PARR, S.; HILL, R. The Network Age: Creating New Models of Technical Cooperation. In: *Capacity for Development: New Solutions to Old Problems,* edited by Sakiko Fukuda-Parr, Carlos Lopes & Khalid Malik. New York/London: UNDP/Earthscan, 2002.

GODFREY, M. et al. Technical Assistance and Capacity Development in an Aid-Dependent Economy: The Experience of Cambodia. Documento de trabalho, 15. Phnom Penh: Cambodia Development Resource Institute, 2000.

GOLEMAN, D.; MCKEE, A.; BOYATZIS, R. E. *Primal Leadership: Realizing the Power of Emotional Intelligence.* Boston: Harvard Business School Press, 2002.

GOUDIE, A.; STASAVAGE, D. Corruption: The Issues. *OECD Development Centre Technical Paper,* 122. Paris: OECD, 1997.

GRAY MOLINA, G.; CHAVEZ, G. et al. Bolivia: The Political Context of Capacity Development. In *Developing Capacity Through Technical Cooperation: Country Experiences,* edited by Stephen Browne. New York/London: UNDP/Earthscan, 2002.

GRINDLE, M. The Good Government Imperative – Human Resources, organizations, and Institutions. In *Getting Good Government: Capacity Building in the Public Sectors of Developing Countries.* Harvard Institute for International Development. Cambridge: Harvard University Press, 1997.

HAUGE, A. Accountability – to What End? *Development Policy Journal, 2,* 73-94. New York: UNDP, 2002.

HELLEINER, G. K. et al. *Report of the Group of Independent Advisers on Development Cooperation Issues Between Tanzania and Its Aid Donors.* Copenhagen: Royal Danish Ministry of Foreign Affairs, 1995.

HILDERBRAND, M. E. Overview: Meeting the Capacity Development Challenge: Lessons for Improving Technical Cooperation. In *Developing Capacity Through Technical Cooperation: Country Experiences,* edited by Stephen Browne. New York/London: UNDP/Earthscan, 2002.

HINDLE, T. *Guide to Management Ideas.* London: *The Economist,* 2000.

ILLO, J. F. I. et al. Philippines: Bringing Civil Society into Capacity Development. In: *Developing Capacity Through Technical Cooperation: Country Experiences,* edited by Stephen Browne. New York/London: UNDP/Earthscan, 2001.

International Labour Organization (ILO). Life at work in the Information Economy. *World Employment Report 2001.* Geneva: ILO, 2002.

International Monetary Fund (IMF). *Tracking of Poverty-Reducing Public Spending in Heavily Indepbted Poor Countries (HIPCs).* Washington, D.C.: IMF, 2001.

JAHAN, S. Education for All in the Ten Most Populous Countries: The issue of Private and Public Provisioning. Documento apresentado no seminário "Education for All in the Ten Most Populous Countries". New Delhi: UNESCO, 1997.

_____. Financing Millennium Development Goals. Documento preparado para o seminário internacional "Staying Poor: Chronic Poverty and Development Policy". New York: UNDP, 2003.

JUSTICE, G. Moving to Budget Support. Relatório da Força tarefa da OECD sobre Práticas do Doador. Paris: OECD, 2001.

KANBUR, R.; SANDLER, T. The Future of Development Assistance: Common Pools and International Public Goods. *ODC Policy Essay,* 25. Washington, D.C.: Overseas Development Council, 1999.

KAPUR, D. Diasporas and Technology Transfer. Papel de fundo para o *Human Development Report 2001.* New York: UNDP, 2002.

KAUL, I.; RYU, G. Global Public Policy Partnerships: Seen Through the Lens of Global Public Goods. In: *Global Public Goods: Taking the Concept Forward,* edited by Michael Faust, Katell Le Goulven, Inge Kaul, Grace Ryu & Mirjam Schnupf. New York: UNDP Office of Development Studies, 2001.

KORTEN, D. When Corporations Rule the World: An Interview with David Korten. In: *Corporations Are Going to Get Your Mama,* edited by Kevin Danaher. Common Courage Press, 1998.

LAVERGNE, R.; SAXBY, J. Capacity Development: Vision and Implications. Capacity Development Occasional Paper Series, 3 (January). Ottawa: CIDA, 2001.

LEE, K. Y. *The Singapore Story.* Versão abreviada. Singapore: Federal Publications, 2000a.

_____. *From Third World to First: The Singapore Story 1965-2000.* Singapore: Singapore Press Holdings, 2000b.

LOPES, C. Should We Mind the Gap? In *Capacity for Development: New Solutions to Old Problems,* edited by Sakiko Fukuda-Parr, Carlos Lopes & Khalid Malik. New York/London: UNDP/Earthscan, 2002a.

_____. Does the New Development Agenda Encapsulate Real Policy Dialogue? In: *Dialogue in Pursuit of Development,* edited by Jan Olsson & Lennart Wohigemoth. Stockholm: EGDI, 2003.

_____. Sustainable Development: Meeting the Challenges of the Millennium. *Choices* (August). New York: UNDP, 2002b.

MALIK, K.; WAGLE, S. Civic Engagement and Development: Introducing the Issues. In: *Capacity for Development: New Solutions to Old Problems*, edited by Sakiko Fukuda-Parr, Carlos Lopes & Khalid Malik. New York/London: UNDP/Earthscan, 2002.

MALLOCH BROWN, M. Meeting the Millennium Challenge: A Strategy for Helping Achieve the UN MDGs. Fala em um diálogo político nos "Millennium Development Goals", organizados conjuntamente pela UNDP e pelo governo alemão. Berlin (www.undp.org/dpa/statements/administ/2002/june/27juno2.html), 2002.

MKANDAWIRE, T. Incentives, Governance and Capacity Development in Africa. In: *Capacity for Development: New Solutions to Old Problems*, edited by Sakiko Fukuda-Parr, Carlos Lopes & Khalid Malik. New York/London: UNDP/Earthscan, 2002.

MORGAN, P. Technical Assistance: Correcting the Precedents. *Development Policy Journal*, 2, 1-22. New York: UNDP, 2002.

NDULU, B. J. Forthcoming. Human Capital Flight: Stratification, Globalization and the Challenges to Tertiary Education in Africa. Washington, D.C.: World Bank.

New Partnership for Africa's Development (NEPAD). The New Partnership for Africa's Development (www.avmedia.at/nepad/indexgb.html), 2001.

NIANG, C. I. Le coté des pays en développement. Documento de projeto para "Reforming Technical Cooperation for Capacity Development". New York: UNDP, 2002.

NICHOLS, R.; STEVENS, L. Listening to People. In: *Harvard Business Review on Effective Communication*. Boston: Harvard Business School Press, 1999.

Organisation for Economic Co-operation and Development/Development Assistance Committee (OECD/DAC). *Principles for New Orientations in Technical Cooperation*. Paris: ECD, 1991.

_____. *Shaping the 21st Century: The Contribution of Development Co-operation*. Paris: OECD, 1996.

_____. "Improving the Effectiveness of Aid Systems: The Case of Mali." Documento de sala de conferência. Paris: OECD, 1998.

_____. "Poor Performers: Working for Development in Difficult Partnerships." Documento de fundo, 2001:26 (Novenber). Paris: OECD, 2001a.

_____. "Poor Performers: Working for Development in Difficult Partnerships." Documento de fundo, 2001:32 (December). Paris: OECD, 2001b.

_____. "Education at a Glance." *OECD Indicators 2002*. Paris: OECD, 2002.

OSBORNE, D.; GAEBLER, T. A. *Reinventing Government: How the Entrepreneurial Spirit is Transforming the Public Sector*. Cambridge: Perseus Publishing, 1992.

PILLAY, R. Halting the Downward Spiral: Returning Countries with Special Development Needs to Sustainable Growth and Development. Documento de fundo do UNDP. New York: UNDP, 2003.

POPE, J. *Transparency International Source Book 2000: Confronting Corruption – The Elements of a National Integrity System*. Berlin: Transparency International, 2000.

PRADHAN, S. Evaluating Public Spending: A Framework for Public Expenditure Reviews. *World Bank Discussion Papers*, 323. Washington, D.C.: World Bank, 1996.

PRATT, B. Volunteerism and Capacity Development. *Development Policy Journal*, 2, 95-117. New York: UNDP, 2002.

PSACHAROPOULOS, G.; PATRINOS, H. A. Returns to Investment in Education: A Further Update. *World Bank Policy Research Working Paper*, 2881. Washington, D.C.: World Bank, 2002.

PUTNAM, R. D.; LEONARDI, R.; NANETTI, R. Y. *Making Democracy Work: Civic Traditions in Modern Italy*. Princeton: Princeton University Press, 1992.

QUAH, J. S.T. Comparing Anti-Corruption Measures in Asian Countries. *Centre for Advanced Studies Research Paper Series*, 13. Singapore: National University of Singapore, 1999.

REINIKKA, R. Recovery in Service Delivery: Evidence from Schools and Health Centres. In: *Uganda's Recovery: The Role of Farms, Firms, and Government*, edited by Ritva Reinikka & Paul Collier. World Bank Regional and Sectoral Studies. Washington, D.C.: World Bank, 2001.

RIBEIRO, G. L. Power Networks and Ideology in the Field of Development. In: *Capacity for Development: New Solutions to Old Problems*, edited by Sakiko Fukuda-Parr, Carlos Lopes & Khalid Malik. New York/London: UNDP/Earthscan, 2002.

RIST, G. et al. *The History of Development: Fron Western Origins to Global Faith*. London/ New York: Zed Books Ltd., 1999.

RODRIK, D. The Global Governance of Trade As If Development Really Mattered. Documento de fundo para o "Trade and Sustainable Human Development Project". New York: UNDP, 2001.

ROSE-ACKERMAN, S. Corruption and Good Governance. Documento de Discussão do UNDP, 7/97. New York: UNDP, 1997.

ROY, A.; DEY N.; RAJASTHAN, M. The Right to Information: Facilitating People's Participation and State Accountability. Documento apresentado no "Asia Pacific Regional Workshop" na "10th International Anti-Corruption Conference". Prague, 2001.

SANTISO, C. Governance, Conditionality and the Reform of Multilateral Development Finance: The Role of the Group of Eight. No relatório *G8 Governance*. Baltimore: Johns Hopkins University, 2002.

SCHIAVO-CAMPO, S.; DE TOMMASO, G.; MUKHERJE, A. Government Employment and Pay in Global Perspective: A Selective Synthesis of International Facts. Policies and Experience. *World Bank Governance Working Paper*, 895. Washington, D.C.: World Bank, 1997.

SCHICK, A. Why Most Developing Countries Should Not Try New Zealand's Reforms. *The World Bank Research Observer, 13*(1), 123-131. Washington, D.C.: World Bank, 1998.

SEN, A. K. *Development As Freedom*. New York/Toronto: Alfred A. Knopf/Random House of Canada Limited, 1999.

SILVA, J. S.; BOZA, A. M. The Basics of Organizational Capacity Development. Contribuição de convidado para a Web-based publication capacity.org, 17 (www.capacity.org). Maastricht: ECDPM, 2003.

SINGH, S. Technical Cooperation and Stakeholder Ownership. *Development Policy Journal*, 2, 47-71. New York: UNDP, 2002.

SMITH, W. Regulating Infrastructure for the Poor: Regulatory System Design. In: *Infrastructure for the Poor People*, edited by Penelope J. Brook & Timothy C. Irwin. Washington, D.C.: World Bank/Public-Private Infrastructure Advisory Facility, 2003.

SOBHAN, R.; BHATTACHARYA, D. et al. Balghadesh: Applying Technical Cooperation to Health and Financial Reform. In *Developing Capacity Through Technical Cooperation: Country Experiences*, edited by Stephen Browne. New York/London: UNDP/Earthscan, 2002.

STERN, N. The World Bank as "Intellectual Actor". In *The World Bank: Its First Half Century*, vol. II, edited by Davesh Kapur, John Lewis & Richard Webb. Washington, D.C.: Brookings Institution, 1997.

STIGLITZ, J. *Assessing Aid: What Works, What Doesn't, and Why?* World Bank Policy Research Report. Washington, D.C.: World Bank & Oxford University Press, 1998.

_____. Scan Globally, Reinvent Locally: Knowledge Infrastructure and the Localization of Knowledge. Idéia básica apresentada na "First Global Development Network Conference". Bonn, 1999.

SUMMERS, L. Investing in All the People. Documento de Trabalho de Pesquisa Política 405. Washington, D.C.: World Bank, 1992.

TENDLER, J. *Good Government in the Tropics*. Baltimore: Johns Hopkins University Press, 1997.

United Nations. *Role of UNDP in Crisis and Post-Crisis Situations*. New York: United Nations, 2000.

United Nations Development Programme (UNDP). *Human Development Report: People's Participation*. New York: Oxford University Press, 1993.

_____. *Human Development Report: New Dimensions of Human Security*. New York: Oxford University Press, 1994.

_____. *Systemic Improvement of Public Sector Management: Process Consultation*. New York: UNDP Management Development Programme, 1996.

_____. *Human Development Report: Human Development to Eradicate Poverty*. New York: Oxford University Press, 1997.

_____. *Capacity Assessment and Development*. Documento de Aconselhamento Técnico, 3. New York: UNDP Management Development and Governance Programme, 1998.

_____. Fighting Corruption to Improve Governance. Documento de posição corporativa. New York: UNDP, 1999.

_____. *Human Development Report: Making New Technology Work for Human Development*. New York: Oxford University Press, 2001a.

_____. Creating a Development Dynamic. Final Report of the Digital Opportunity Initiative. New York: UNDP/Accenture/Markle Foundation, 2001b.

_____. *Capacity for Development: New Solutions to Old Problems*. Edited by Sakiko Fukuda-Parr, Carlos Lopes & Khalid Malik. New York/London: UNDP/Earthscan, 2002a.

_____. *Development Effectiveness*. Review of evaluative evidence. New York: UNDP, 2002b.

_____. *Developing Capacity Through Technical Cooperation: Country Experiences*, edited by Stephen Browne. New York/London: UNDP/Earthscan, 2002c.

_____. *Human Development Report: Deepening Democracy in a Fragmented World*. New York: Oxford University Press, 2002d.

_____. "Civic Engagement." *Essentials*, 8 (October). New York: UNDP Evaluation Office, 2002e.

_____. Developing Capacity of Leaders to Successfully Respond to HIV/AIDS: Leadership Development Programme. New York: UNDP, 2002f.

_____. *Making Global Trade Work for People*. New York/London: UNDP/Earthscan, 2003.

United Nations Development Programme-Global Environment Facility (UNDP-GEF). *Capacity Development Initiative.* New York: UNDP.

United Nations Educational, Scientific and Cultural Organization (UNESCO). *Education for All. Global Monitorin Report: Is the World on Track?* Paris: UNESCO, 2002.

United Nations High Commissioner for Refugees (UNHCR). *Survey of Refugees and Internally Displaced People in the World*. Geneva: UNHCR, 2001.

United Nations University. *Reforming Africa's Institutions: Ownership, Incentives and Capabilities*. Edited by Steve Kayizzi-Mugerwa. Tokyo/New York: United Nations University Press, 2003.

VANARKADIE, B.; BOI, V. T.; TIEN, T.D. *National Ownership in an Emerging Partnership Context: Review of Technical Cooperation in Vietnam*. Hanoi: UNDP, 2000.

WEBER, M. Sociologia de la Dominación. In *Economia y sociedad*, 695-1117. Mexico City: Fondo de Cultura Economica, 1977.

World Bank. Compreehnsive Development Framework. Meeting the Promise? Early Experience and Emerging Issues. CDF Secretariat. Washington, D.C.: World Bank, 2001.

_____. Low-income Countries Under Stress. Esboço de documento de discussão (6 de março). Washington, D.C.: World Bank, 2002.

PARTE B

EXPERIÊNCIAS E LIÇÕES

Introdução

A seção a seguir apresenta 56 histórias coletadas no mundo todo as quais oferecem evidências e inspiração sobre a forma pela qual funciona o desenvolvimento. Contar uma história sobre experiências práticas talvez seja a maneira mais efetiva de se demonstrar algo.[1] Aumenta o entendimento de questões e conceitos que, segundo a opinião geral, ainda não estão muito bem definidos. As histórias podem nos mostrar que aspecto tem a "capacidade" e como fortalecê-la. Podem contar-nos como saber quando ela existe e quando não existe. E, às vezes, podem oferecer-nos um aporte valioso sobre a maneira de solucionar as lacunas de capacidade em uma situação, aprendendo com outra.

Cada caso aqui relatado descreve uma experiência inovadora relacionada às questões e idéias relatado na primeira parte deste livro. Embora vários casos enfatizem um tema em particular, outros tocam várias questões. Por exemplo, "A descentralização que começa com o diagnóstico das capacidades atuais" proporciona uma visão prática dos temas de apropriação e participação discutidos no Capítulo 1. "As audiências públicas inibem a corrupção no Rajastão", que descreve as auditorias públicas dos projetos de desenvolvimento, é importante para a análise da corrupção do Capítulo 3, assim como para os temas da auto-estima e da participação dos cidadãos debatidos no Capítulo 4. Cada subseção dos capítulos termina com uma lista de casos relevantes.

Os casos cobrem experiências em países e regiões específicas, assim como um grupo de atores, entre os quais se incluem os governos, a sociedade civil, as ONGs, o setor privado e as instituições de pesquisa. Alguns lidam com processos de nível macro, outros destacam inovações de nível micro em comunidades ou organizações. Como os casos individuais às vezes ilustram vários argumentos, não foi possível realizar uma classificação temática. Portanto, são apresentados em ordem alfabética de acordo com o nome do país em que se desenvolvem. Algumas experiências regionais e mundiais são apresentadas em conjunto na parte final.

---

[1] Denning, Stephen. Technical Cooperation and Knowledge Networks. In: Fukuda-Parr, Sakiko; Lopes, Carlos e Malik, Khalid (Eds.). *Capacity for Development:* New Solutions to Old Problems. New York/London: UNDP/Earthscan, 2002.

Cada caso individual está dividido em quatro seções:

- **Em poucas palavras:** Apresenta brevemente o caso, explicando sua relação com as idéias expostas neste livro.
- **A história:** Descreve os antecedentes, a lógica, os atores e o processo, assim como oferece algumas considerações importantes.
- **Resultados e fatores críticos:** Sintetiza os principais resultados obtidos e os fatores que os determinaram.
- **Outras informações:** Oferece outras referências em relação ao tema, aos web sites e às referências de contato.

Uma vez que constituem experiências individuais, as histórias de caso tendem a ser específicas em relação a seu contexto e as lições que proporcionam com respeito a outras situações se valem quase sempre de algum grau de abstração. Não seria lógico esperar que os relatos cobrissem todos os possíveis matizes, porque tampouco se pretende que sejam exaustivos ou metodologicamente rigorosos. Na maioria dos casos, o material primário foi proporcionado pelos protagonistas principais, que têm uma experiência de primeira mão. Os relatos tampouco oferecem receitas para atingir o sucesso, mas nos brindam com um conhecimento que talvez possa ser concebido novamente e compartilhado em outros lugares.

CASOS NACIONAIS

⮌ AFEGANISTÃO
A CAPACIDADE LOCAL CRESCE EM MEIO AO CONFLITO E AO
COLAPSO DA AUTORIDADE CENTRAL

Em poucas palavras

Mediante o redirecionamento da assistência internacional ao desenvolvimento para os níveis locais, o desenvolvimento das capacidades pode continuar mesmo em meio à guerra e à queda de um governo. Esse foi o caso do Afeganistão na década de 1990, quando não era possível canalizar o aporte externo pelas vias tradicionais mediante uma autoridade central estabelecida. Então, o PNUD começou a trabalhar com as comunidades e a apoiar as organizações da sociedade civil oferecendo serviços fundamentais.

Quando um país está em dificuldades, manter o compromisso em vez de se desligar dele pode ser considerado uma virtude. Nesse caso é mais importante apreciar como manter os serviços essenciais em funcionamento – como os serviços de saúde e o abastecimento de água e saneamento –, o que ajuda a assentar as bases para uma eventual reconstrução após o conflito.

A história

Durante a década de 1990, o PNUD expandiu progressivamente seu trabalho no Afeganistão nas zonas de paz intermitente. Os projetos iniciaram-se como esforços isolados com diferentes metas, mas tentando satisfazer muitas necessidades locais. Os programas mais abrangentes concentravam-se em oferecer segurança alimentar por meio de cultivos sustentáveis e da criação de gado, fortalecendo a capacidade de auto-ajuda das comunidades rurais e das pessoas incapacitadas e reconstruindo as comunidades urbanas.

As ONGs serviram no início como o principal veículo para prestar assistência humanitária e de desenvolvimento, assim como para oferecer serviços sociais *ad hoc*, mas também foram realizados esforços para incorporar os beneficiários nas decisões sobre os programas que afetavam suas comunidades. Em meados da década de 1990, as organizações comunitárias tornaram-se o canal mais dinâmico do trabalho com projetos.

Em um foro internacional realizado em 1996 em Ashkabad, conseguiu-se chegar a um consenso sobre os propósitos e a metodologia da assistência externa oferecida a longo prazo que integrava as iniciativas humanitárias, de reabilitação, de desenvolvimento e de respeito aos direitos humanos, todas elas vitais para responder às preocupações da comunidade e apoiar a sociedade civil afegã. O acordo conduziu à criação, em 1997, da Erradicação da Pobreza e Fortalecimento da Comunidade (Peace),[2] que integrava cinco projetos em

---

[2]   A sigla Peace (Paz) corresponde ao inglês Poverty Erradication and Community Empowerment.

um único programa, realizando o impacto de cada um deles mediante estreita coordenação e manejo unificado. A abordagem baseava-se na suposição de que há, por um lado, uma correlação positiva entre a construção da paz e a prevenção do conflito; e, por outro, o alívio à pobreza, o fortalecimento comunitário e a melhora da governança.

O programa foi resultado da adequada compreensão da situação do país, cujas estruturas sociais e econômicas estavam em ruínas, e cujas instituições de governo haviam entrado em colapso. A ação no nível comunitário oferecia a melhor resposta possível às necessidades locais e melhorava as perspectivas de lidar com algumas das questões mais difíceis – deterioração da infra-estrutura e dos serviços sociais, segurança alimentar deficiente, discriminação de gênero, deterioração ambiental e expansão dos cultivos de papoula opiácea. Envolverem-se diretamente com as comunidades e com a sociedade civil oferecia-lhes uma chance de se ajudar. Durante a iniciativa da Peace foram estabelecidas ou reativadas mais de 2.100 organizações comunitárias, grupos de agricultores e cooperativas.

Reconhecendo a importância do desenvolvimento de capacidades, um esforço considerável foi dedicado ao treinamento dos trabalhadores comunitários e das comunidades em geral. A mobilização da comunidade exigia uma preparação extensiva para estabelecer o programa e também atenção e acompanhamento contínuos. Mediante os comitês de desenvolvimento *shura* cerca de oito mil membros da comunidade aprenderam a trabalhar em consulta com os interessados e a identificar as necessidades da comunidade. Por sua vez, o programa estimulava os comitês por intermédio de sua infra-estrutura e de projetos de serviço social, assim como com créditos, e também mediante esquemas de geração de renda. Diferentes sistemas de crédito foram usados para apoiar essas atividades, impulsionar as iniciativas da comunidade e ajudar os grupos vulneráveis. A criação de fundos rotativos tornou-se um corolário do fortalecimento comunitário, refletindo a necessidade de abrir oportunidades de investimento em locais onde a moeda circulante é escassa.

Resultados e fatores críticos

Desenvolver as capacidades institucionais da sociedade civil e das organizações comunitárias no Afeganistão resultou não apenas em infra-estrutura e prestação de serviços melhoradas, mas também no estabelecimento de uma rede de instituições locais viáveis para assumir a liderança no desenvolvimento pós-conflito. Várias lições importantes emergiram da experiência:

- Quando há colapso dos sistemas de prestação de serviços e de infra-estrutura, a sua descentralização pode funcionar melhor do que a unificação e a centralização nacional dos provedores.
- Os projetos de desenvolvimento econômico ou os de pequena escala iniciados nos povoados pequenos não conduzem por si sós ao desenvolvimento. Devem ser parte de um processo que modifica o ambiente da comunidade e a vida das pessoas. Uma transformação desse tipo só pode acontecer quando as comunidades e as instituições dos povoados vão se consolidando pouco a pouco.

- As intervenções comunitárias implicam trabalhar com as estruturas sociais e as relações de poder existentes. Os membros individuais da comunidade que estão mais bem situados podem se aproveitar mais facilmente das oportunidades. As iniciativas nem sempre alcançam os pobres nem os mais vulneráveis, e se as ONGs – e outros aliados na implementação – não se conduzirem com cuidado podem facilmente debilitar os vínculos entre as comunidades e assim complicar o manejo do programa e do pessoal.
- Nenhuma comunidade pode dar uma contribuição válida para a tomada de decisão, a menos que também controle os recursos para implementar essas decisões. À medida que as instituições locais amadurecem – e seus recursos aumentam –, elas tendem a trabalhar de modo mais independente do projeto que as patrocina e a atuar no que percebem ser o que melhor lhes convém. Isso se tornou evidente no Afeganistão quando 160 comunidades iniciaram atividades independentes e 255 pediram apoio de outras agências de desenvolvimento.
- As atividades de reabilitação não podem ser conduzidas em um vazio político total. Uma relação de trabalho deve ser estabelecida com as autoridades de fato.

Outras informações

BERNANDER, Bernt et al. *A Thematic Evaluation of UNDP's PEACE Iniciative in Afghanistan*. Um esboço de documento. Stockholm: Stockholm Group for Development Studies. 1999.

BERNANDER, Bernt. *Community Empowerment in Afghanistan: A Review of the UNDP Experience in the 1990s*. New York: UNDP. 2002.

Poverty Eradication and Community Empowerment (Peace) Iniciative (www.pcpafg.org/Organizations/undp/).

Organisation for Economic Co-operation and Development/Development Assistance Committee (OECD/DAC). *Conflict, Peace and Development Cooperation*. Paris: OECD. 1997.

Breve sumário do PNUD no Afeganistão (www.undp.org/afghanistan/undpafghanistan.html).

➲ ÁFRICA DO SUL
POBRES LUTAM POR UM ESPAÇO EM FOROS ORGANIZADOS

Em poucas palavras

O Foro da Luta contra a Pobreza convocado pela Coalizão Sul-africana (Sangoco) de Organizações Não-governamentais (ONGs) reuniu grande quantidade de programas contra a pobreza em torno de uma agenda comum: celebrar audiências públicas para conhecer as perspectivas dos cidadãos sobre temas políticos fundamentais, como saúde, meio ambiente e habitação. O grande número de respostas obtidas mostrou a necessidade de responder às queixas, e para isso foram estabelecidos mecanismos separados. Esse mecanismo de voz provou-se capaz de extrair valiosas informações da opinião pública.

A história

Em 1997, entre a frustração de ver uma série de agências trabalhando para a erradicação da pobreza por intermédio de milhares de esquemas de muito pouco ou nenhum impacto, a Sangoco reuniu atores fundamentais desse processo para discutir o modo de coordenar esforços. Além da própria Sangoco, nesse grupo estavam incluídos o Conselho Sul-africano de Igrejas, o Congresso de Sindicatos Sul-africanos de Comércio e a Federação de Indigentes (Homeless Peoples's Federation). Também estavam representados o PNUD e o Departamento do Bem-Estar. Do encontro surgiu uma idéia importante: criar um Foro Nacional de Luta contra a Pobreza, que permitisse ao cidadão comum expressar seus pontos de vista sobre questões essenciais do desenvolvimento mediante audiências públicas chamadas "*speak outs*" ("falar em voz alta").

Como ponto de partida, a Sangoco encomendou a redação de sete documentos de antecedentes sobre temas de desenvolvimento rural, posse da terra, educação, desenvolvimento urbano e habitação, bem-estar, desenvolvimento econômico, meio ambiente e saúde. Para os que participavam das audiências, os documentos ofereciam uma síntese dos problemas políticos relacionados com cada um dos temas. Depois de terem revisado as políticas nacionais vigentes, os participantes se encontravam mais bem preparados para opinar tanto sobre as falhas de implementação quanto sobre as reformas nas políticas.

Em toda a África do Sul, entre 31 de março e 19 de junho de 1998 celebraram-se 35 audiências de um dia de duração em 29 localidades diferentes. Para maximizar o impacto político desses acontecimentos foi designado um papel significativo no processo a todas e cada uma das organizações nacionais mais importantes. Dado que a Comissão Sul-africana de Direitos Humanos tem o mandato constitucional de vigiar o desempenho governamental em razão do respeito à nova Constituição, a Sangoco convidou essa instituição para atuar como co-responsável pelo programa. Em virtude da significativa dimensão de gênero dos problemas de desigualdade e pobreza, também se convidou a Comissão de Igualdade de Gênero para somar seus representantes aos painéis que dirigiam as audiências. Como a

Igreja estava comprometida em trabalhar com os pobres, sua liderança e suas congregações foram convidadas a participar ativamente. O Congresso dos Sindicatos do Comércio também enviou representantes, assim como outras organizações nacionais. Foi colocada em marcha uma agressiva campanha publicitária para difundir o calendário de audiências, que tinha nos *spots* de rádio seu principal veículo, embora também tivessem sido usados outros meios, como mensagens escritas em camisetas, bonés, canecas etc.

Aqueles que não tinham o tempo ou os recursos necessários para assistir às audiências se beneficiaram de mecanismos alternativos, como enviar seus comentários via telefone, mediante chamadas a cobrar. As pessoas e as instituições também podiam enviar fitas gravadas com seus comentários sobre os temas tratados.

Para intensificar as discussões públicas, foram organizados também concursos de redação de ensaios e de desenhos nas escolas. As crianças da escola primária faziam desenhos descrevendo sua experiência pessoal da pobreza e as crianças da escola secundária escreviam redações que tratavam de vários aspectos da questão. Os melhores trabalhos recebiam prêmios oferecidos por uma editora privada. Nos lugares onde se celebravam as audiências, foram tiradas e exibidas fotografias que ilustravam diversos aspectos da pobreza.

Cada um dos eventos contou com a assistência de grupos numerosos de pessoas pobres, desejosas de participar e de se pronunciar. Havia grupos de voluntários que paravam na porta para recolher pronunciamentos escritos depois de perguntar aos participantes se estavam interessados em apresentar declarações formais, e em seguida selecionavam aqueles que mais se prestavam a estimular a discussão pública. Cerca de 10% daqueles que prestaram declarações fizeram apresentações diante dos assistentes. Cada participante tinha dez minutos para falar e vinte minutos para responder às perguntas do público e dos representantes designados.

Para facilitar o acesso, as audiências tinham lugar em auditórios comunitários, igrejas e escolas, sobretudo nas áreas rurais. Em cada província uma ONG era designada como encarregada de convocar a audiência, mas era exigido que ela trabalhasse com outras instituições para divulgar os encontros e mobilizar os participantes.

Entre quatro e oito delegados, escolhidos entre as organizações participantes, oficiavam as audiências. Cada uma era conduzida em pelo menos três línguas e muitas, em cinco. Os casos eram divididos entre aqueles que envolviam fracassos de implementação, e outros para os quais precisavam ser consideradas mudanças mais amplas, incluindo reforma política. Para os primeiros, as sugestões eram encaminhadas à ONG local, a um departamento do governo ou a alguma outra organização que pudesse ajudar.

No término de cada dia de audiência era elaborada uma lista das intervenções e se recomendava aos representantes designados que acompanhassem esses temas. Muitos problemas eram resolvidos em âmbito local. Em uma audiência em Messina, por exemplo, um agricultor foi chamado diante da Comissão de Direitos Humanos por tratar mal seus trabalhadores. Em outro caso foram reunidas as informações necessárias para melhorar a prestação de serviços em algumas instituições do governo. Alguns casos de má atuação judicial também foram encaminhados aos especialistas legais e foi exigido dos conselhos escolares de várias zonas que incluíssem em seus programas o ensino dos direitos legais básicos.

Depois de cada audiência, o comitê organizador escrevia para cada uma das pessoas que havia apresentado sugestões ou queixas um resumo do relatório da reunião, incluindo uma lista de instituições locais e nacionais que podiam prestar assistência em temas relacionados.

Resultados e fatores críticos

O Foro da Luta contra a Pobreza oferece elementos inovadores tanto no que se refere a seus resultados como a seu processo. Entre eles:

- A criação de um mecanismo de voz para os pobres falarem sobre questões políticas é um grande passo no desenvolvimento de capacidades. Aumenta o sentido de apropriação e consolida os caminhos para a prestação de contas entre as pessoas e as estruturas políticas formais. Fortalece as pessoas à medida que lhes permite contribuir na formulação de políticas.
- A Sangoco manejou com habilidade um processo que é muito complexo. O caso aponta para a importância de se criar alianças estratégicas entre as organizações do governo e da sociedade civil, a fim de combinar diversas capacidades e fortalecer a legitimidade geral.
- Uma inovação fundamental foi a separação cuidadosa dos pronunciamentos relacionados com queixas que deviam ser respondidas e aqueles relacionados com temas fundamentais, como a reforma escolar. Isso permitiu que os foros fossem efetivos para os dois tipos de interessados. Aos participantes satisfazia que os voluntários escutassem suas reclamações e os elevassem diante das autoridades correspondentes, enquanto as autoridades públicas se colocavam a par da "perspectiva popular" sobre os problemas que afetam os pobres.

Outras informações

MTHINTSO, V.; BOULLE, J. *The War on Poverty Forum: The South African Experience with Poverty*. 2000 (www.undp.org/csopp/CSO/NewFiles/toolboxcasesafrica.htm).

South African NGO Coalition (Sangoco) and the United Nations Development Programme (UNDP) (www.undp.org.za/docs/pubs/povertyupdate.html).

Southern African Regional Poverty Network (sangoco.org.za/progs/fin_sust/natprogaction.htm).

Os autores agradecem as contribuições de Vukani Mthintso e Jacqui Boulle.

➲ ÁFRICA DO SUL
MULHERES ANALISAM O ORÇAMENTO E
PARLAMENTO PREENCHE AS LACUNAS

Em poucas palavras

A Iniciativa Orçamentária das Mulheres Sul-africanas examina as alocações orçamentárias dos diversos setores da economia sul-africana e avalia se estão adequadas para cumprir compromissos políticos específicos. A iniciativa conjunta do Parlamento e das organizações da sociedade civil tem forte componente de promoção, em particular no que se refere ao gênero.

Esse caso, além de provar como esse tipo de parceria pode aumentar a transparência e a prestação de contas no planejamento e no monitoramento do gasto público, também mostra como a perícia da sociedade civil pode complementar as capacidades do governo e, ao fazê-lo, fortalecer a formulação geral das políticas.

A história

A Iniciativa Orçamentária das Mulheres Sul-africanas teve início em 1995, durante as conseqüências imediatas do regime do *apartheid*. Foi criada com a intenção de produzir uma análise orçamentária qualificada para uso tanto do Parlamento quanto da sociedade civil. Dois organismos independentes de investigação e análise, o Instituto para a Democracia na África do Sul (Idas) e a Agência Comunitária para a Indagação Social (ACIS), uniram forças com o Comitê Parlamentar Nacional para o Status e a Qualidade de Vida das Mulheres para pôr em andamento a iniciativa.

Desde o início, sua premissa era a de que a pobreza disseminada na África do Sul não estava sempre relacionada à falta de recursos: o orçamento de desenvolvimento da África do Sul se equipara ao de países similares. O problema está mais relacionado à distribuição das alocações entre os departamentos. Por isso, a iniciativa orçamentária começou a examinar os orçamentos dos departamentos específicos e a observar como eles poderiam ser realocados.

Como acontece na maioria dos países em desenvolvimento, as limitações na disponibilidade dos dados significa a impossibilidade de analisar cada item de cada orçamento para determinar seu impacto sobre as mulheres. Em vez disso, os especialistas da Iniciativa Orçamentária das Mulheres optaram por preparar um conjunto de resumos sobre políticas que estão concentrados em quatro temas: as questões de gênero que afetam esse setor; que tipo de soluções o Estado pode oferecer; se as alocações orçamentárias coincidem com os compromissos políticos; e medidas alternativas para corrigir as deficiências orçamentárias.

Usando os documentos como base, o trabalho de promoção inicia-se mediante proposições apresentadas aos comitês parlamentares, aos jornais nacionais e são colocadas na internet. No dia em que o orçamento é publicamente difundido, a iniciativa lança sua própria campanha pelo rádio, em especial por meio das rádios comunitárias, muito escutadas pelos diferentes grupos de interesse locais. Ao mesmo tempo, são enviados artigos de análise às páginas editoriais e de opinião dos jornais. Durante o ano todo, os investigadores escrevem artigos sobre seus achados, são organizados *workshops* e se oferece assistência técnica aos departamentos e aos comitês do governo para ajudá-los a entender a análise e a incorporá-la em seus planos operativos. As notas enviadas regularmente ao Parlamento incluem dados fundamentais de investigações de linhas de base utilizados por muitas organizações que trabalham com políticas setoriais.

Com o passar dos anos, cada vez mais organizações e indivíduos têm-se incorporado à iniciativa. Pouco a pouco foi se formando uma espécie de coalizão que acumulou considerável experiência em problemas relacionados com a mulher e com suas prováveis soluções, assim como ganhou terreno no conhecimento de assuntos orçamentários. Atualmente, a Iniciativa Orçamentária de Mulheres conduz investigação em profundidade sobre cerca de trinta repartições governamentais.

Resultados e fatores críticos

- Não é comum observar uma aliança de benefício mútuo entre o Parlamento e a sociedade civil. Nesse caso, a sociedade civil apresentou um nível de capacidade de investigação que o Parlamento não tem. Por sua vez, a legislatura proporciona um nível de acesso aos escalões superiores do governo a que a sociedade civil normalmente não tem acesso.
- A participação do governo tem assegurado que a iniciativa disponha de dados e informações detalhados. A participação da sociedade civil assegura uma crítica saudável com respeito às áreas não cobertas e sugestões sobre soluções.
- A iniciativa está formando especialistas em análise orçamentária; muitos destes "alunos" iniciaram por conta própria um trabalho orçamentário em suas próprias organizações, e compõem uma sólida equipe de respaldo para sua instituição de origem.
- Por causa da amplitude da tarefa de promoção, desde 1977 o governo comprometeu-se a monitorar de modo sistemático a qualidade de vida das mulheres, objetivo pelo qual trabalha a iniciativa, em estreita colaboração com o Departamento de Finanças e Serviços Estatísticos Centrais.

Outras informações

D. COHEN, R. de la Vega; WATSON, G. (Eds). *Advocacy for Social Justice*. Uma publicação do Instituto de Defesa & Oxfam. Bloomfield, Connecticut: Kumarian Press. 2001.

Institute of Development Studies. University of Sussex (www.ds.ac.uk/ids/govern/citizenvoice/annexcs.html).

World Bank Public Expenditure Review Group/Participation Group (www.worldbank.org/participation/tools&methods/casestudies).

➲ BOLÍVIA
CIDADÃOS EXERCEM SEU DIREITO DE PARTICIPAR
DO SISTEMA DE AJUDA

Em poucas palavras

Uma série de medidas – algumas endógenas, algumas externamente direcionadas – tem aberto as portas para uma nova era de governo na Bolívia, em que a força crescente das vozes dos cidadãos tem feito desaparecer a história anterior de má governança dos "generais da cocaína". Tudo começou em 1994, quando o Parlamento boliviano aprovou uma lei fundamental sobre a descentralização que delegava o nível básico de governo aos municípios, outorgando aos comitês de vigilância dos cidadãos o poder de monitorar de perto sua atuação. Outras medidas permitiram aperfeiçoar o manejo da assistência e da cooperação técnica a partir do Diálogo Nacional de 2000.

O resultado foi conseguir maior participação dos cidadãos no governo e na atividade política, o que reforçou de forma significativa a capacidade das instituições locais e impulsionou um sentido incipiente de apropriação nacional do desenvolvimento. Recentemente, a estendida participação na elaboração da Estratégia de Redução da Pobreza gerou várias novas perspectivas sobre os problemas políticos, o que fez a Bolívia ser considerada um país modelo.

A história

A Lei de Participação Popular aprovada pelo Senado boliviano em 1994 introduziu na Bolívia a obrigação de prestar contas, responsabilidade assumida desde o governo central até os municípios locais. Essa lei outorga aos conselhos municipais democraticamente eleitos o poder de traçar e executar as políticas e os programas de desenvolvimento, financiados mediante transferências de fundos provenientes do governo central. Também exige que as organizações comunitárias participem da formulação dos planos qüinqüenais de desenvolvimento municipal, que incluem componentes sociais, de infra-estrutura, de produção e de meio ambiente.

Comitês de vigilância paralelos monitoram os conselhos municipais. Eles consistem em seis representantes eleitos de instituições tradicionais, como sindicatos de camponeses e associações de bairro. Sua principal função é assegurar que os programas e os orçamentos municipais reflitam as prioridades locais. Além disso, eles podem apresentar denúncias contra os conselheiros locais e exigir auditorias regulares. Se detectam casos de corrupção, estes devem ser encaminhados ao poder executivo nacional, que, por sua vez, transmite a denúncia a um comitê especial do Senado. Este tem o poder de suspender as transferências de fundos ao conselho municipal até o problema ser esclarecido ou resolvido.

A Lei de Participação Popular foi um dos vários fatores que ajudaram a Bolívia a se mover da condição de país muito controlado pelos doadores e com uma proliferação de consultores estrangeiros, para outra em que o desenvolvimento agora é conduzido por uma liderança nacional ou local. Particularmente desde o Diálogo Nacional em 2000 – que reuniu os principais grupos de eleitores do país para discutir temas de desenvolvimento – os doadores e o governo passaram a trabalhar continuamente na harmonização de um grande número de intervenções. O governo nacional começou reorganizando o manejo da assistência externa no âmbito do poder executivo. De acordo com os novos arranjos, o Ministério da Economia, por intermédio do Vice-ministério de Investimento Público e Financiamento Externo, substitui o Ministério do Planejamento como agência fundamental para toda a assistência técnica e assuntos de cooperação.

A estrutura legal que guia a assistência e o desenvolvimento de capacidades para administrá-la agora está estabelecida pela Lei de Organização do Poder Executivo e por outras regulamentações associadas. Isso pôs fim às reuniões individuais com doadores, que eram opressivas para a burocracia nacional. O programa de reforma educacional, por exemplo, exigia de oito a dez reuniões por ano, o que significava que o pessoal desse ministério dedicava grande parte de seu tempo realizando reuniões e recebendo missões. A nova política de governo exige que as prioridades regionais e nacionais sejam previamente comunicadas aos doadores estrangeiros. A comunicação com os doadores e com os governos estrangeiros é fluida, mas já não exige reuniões freqüentes.

Os doadores receberam bem essa abordagem. No antigo modelo, muitos achavam que o governo prestava atenção apenas às agências maiores. Um sistema de comitês assegura atualmente que todos participem de modo igual e facilita o fluxo de informações. Em geral, melhorou a capacidade de tomada de decisão no governo nacional e nos governos municipais.

Entretanto, os resultados estão longe de ser perfeitos, e no máximo podem ser qualificados como obra em progresso. O domínio dos doadores é ainda evidente em muitas áreas, como a macroeconomia e o gasto social. Os principais atores do desenvolvimento também debatem sobre a maneira de identificar os melhores mecanismos para fortalecer as instituições municipais, com o governo se esforçando continuamente para definir as ações políticas nacionais e municipais. Atualmente, o vice-ministro de Investimentos Públicos e Financiamento Externo recebe as demandas dos governos departamentais e municipais, avalia as solicitações e por fim preenche as petições e negocia com os doadores.

O Diálogo Nacional foi um grande passo para impulsionar a participação dos cidadãos na definição das prioridades políticas. Mas em 2000, os protestos de camponeses em Cochabamba contra a privatização dos recursos de água mostraram claramente que a participação popular no traçado das políticas teve apenas êxito parcial. A Bolívia continua a enfrentar o desafio de ajustar as transferências de recursos às capacidades dos lugares mais remotos.

Resultados e fatores críticos

- A Lei de Participação Popular reconheceu oficialmente a existência e a importância das organizações comunitárias. Consagrou legalmente um papel à sociedade civil que visa a harmonizar os governos locais com os grupos comunitários, ao mesmo tempo que estabelece mecanismos de controle em todas as áreas em que o povo possa exigir que o Estado lhe preste contas.

- As organizações da sociedade civil estão agora formalmente envolvidas no planejamento, na discussão e na negociação com o governo local. No futuro, a profundidade de seu envolvimento dependerá da capacidade do Estado em adotar uma cultura política transparente. Como indicam eventos políticos recentes após às eleições legislativas nacionais na Bolívia, esse empreendimento pode ser arriscado e exige um manejo cuidadoso para evitar criar falsas expectativas que mais tarde cairiam em frustração e perda de confiança.

- A transferência de recursos para os níveis locais fez que os orçamentos de alguns conselhos municipais aumentassem em até 100%. Os conselhos municipais também se encontram em posição de solicitar financiamento dos doadores e as organizações comunitárias tornaram-se a área mais importante de investimento do doador, sobretudo sob a forma de desenvolvimento de capacidades e apoio aos métodos participativos.

- O governo e os doadores estabeleceram um nível de satisfação com o grau de participação e vigilância outorgado a partir do Diálogo Nacional. A formulação da ERP foi qualificada como modelo, já que o processo foi orientado de acordo com as prioridades nacionais.

Outras informações

MOLINA, G. G. et al. Bolivia: The Political Context of Capacity Development. In: BROWNE, Stephen (Ed.) *Developing Capacity Through Technical Cooperation: Country Experiences* (www.undp.org/ capacity). New York/London: UNDP/Earthscan. 2002.

BLACKBURN, J. *Participatory Methods and Local Governance Effectiveness in Bolivia.* Documento apresentado no workshop "Strengthening Participation in Local Governance." Institute of Development Studies, University of Sussex, Brighton. 1999.

MCGEE, R. Workshop sobre a participação da sociedade civil na programação do desenvolvimento nacional, relatório de viagem ao Brasil. Institute of Development Studies, University of Sussex, Brighton. 2000.

Institute of Development Studies (www.ids.ac.uk/).

Os autores agradecem as contribuições de George Gray Molina.

⊃ BRASIL
O BOLSA ESCOLA AJUDA MÃES A ENVIAR OS FILHOS À ESCOLA

Em poucas palavras

O Brasil tomou um novo caminho para modificar um regime de subsídios na educação, com impactos significativos em termos de matrícula escolar, da assistência e da participação comunitária. O governo, por intermédio de seus municípios, oferece às mães um estipêndio para matricularem e manterem seus filhos na escola – é uma quantia modesta de cerca de seis dólares por criança, coberta mediante um imposto federal.

O incentivo tem inspirado forte compromisso entre os pais e também ajuda a evitar que o subsídio possa se filtrar por meio da máquina da educação estatal. A ampla aliança que se formou entre o Estado e as organizações municipais e do setor privado, com apoio considerável do espectro político, foi decisiva para o êxito do programa.

A história

Cerca de 11 milhões de crianças brasileiras entre 6 e 15 anos de idade vivem na pobreza e obtêm muito pouco da escola. Em 2001, para reduzir a pobreza e ao mesmo tempo estimular a matrícula escolar, o governo federal do Brasil lançou uma iniciativa denominada Programa Nacional Bolsa Escola, pelo qual são transferidos ingressos às famílias desfavorecidas. As famílias com renda menor que 30 dólares por pessoa, e com crianças de 6 a 15 anos que freqüentam a escola primária, têm o direito de receber uma soma mensal do programa.

O Bolsa Escola surgiu das lições aprendidas do Programa de Geração de Renda Mínima, uma experiência piloto que começou em 1997. Também extraiu ensinamentos de outros programas similares, como o pioneiro Bolsa Escola do Distrito Federal, implementado em 1994 pelo ministro Cristovam Buarque; e das experiências de outros municípios brasileiros. Com um orçamento maior à sua disposição, em 2001 o Bolsa Escola começou a oferecer um fluxo contínuo de fundos, que em média chegava a 505 milhões anuais. Os benefícios do programa foram visíveis, como mostra a rapidez com que o Congresso brasileiro aprovou a legislação que o respalda. Durante o ano financeiro de 2002, foram reservados 500 milhões do orçamento nacional para o programa.

Atualmente, o Bolsa Escola já atingiu 5.561 municípios brasileiros. Cada criança recebe uma quantia mensal de 6 dólares, com um máximo de 18 dólares por família e a condição de que as crianças freqüentem um mínimo de 85% das aulas. Os índices de freqüência são verificados a cada três meses pelo governo federal, antes de os fundos serem liberados. A mãe das crianças adquire um cartão magnético para retirar esses fundos dos caixas automáticos ATM, ou usar agências bancárias. A decisão de confiar a administração desses recursos às mães foi resultado de um estudo sobre os padrões sociais e econômicos, que revelou que elas são mais eficientes do que os pais quando se trata de dar um bom uso ao dinheiro. Apesar de a quantia ser pequena, ela é uma adição extremamente importante à renda familiar em muitas regiões economicamente desfavorecidas.

O sucesso do Bolsa Escola pode ser atribuído a:

Sustentabilidade financeira: Os recursos do programa são obtidos de um imposto federal coletado pelo sistema bancário. Conhecido como Fundo de Redução da Pobreza, o imposto é garantido pela legislação federal para os próximos dez anos.

Concentração nos mais pobres: O programa tenta atingir as pessoas mais pobres, dando prioridade aos municípios que apresentam os indicadores mais baixos do desenvolvimento humano, assim como aqueles afetados por calamidades naturais, como a seca e os altos índices de violência. Também mobiliza os municípios a participar do Comunidade Solidária – um programa federal que envolve a distribuição de cestas básicas.

Parcerias e redes: Uma rede de parceiros apóia a iniciativa, que inclui desde o nível federal até o municipal, ou seja:

- Ministério da Educação: coordena o Bolsa Escola e provê ingressos monetários aos beneficiários ou a seus cuidadores.
- PNUD: contribui para a análise do impacto do programa nas famílias, nas comunidades, nas escolas e no desempenho dos alunos; o desenvolvimento dos sistemas de administração e monitoramento; e o estabelecimento de cooperação técnica com programas similares.
- Instituto de Pesquisa Econômica Aplicada: traça e testa a avaliação do programa.
- União Nacional dos Dirigentes Municipais de Educação: parceira fundamental na implementação e monitoramento do programa no nível municipal, contribui para o planejamento das metodologias de avaliação e também para as estratégias e os indicadores de desempenho.
- Autoridades municipais: responsáveis gerais pela seleção de beneficiários e pelo manejo do programa no âmbito local e contribuem para o processo de avaliação.
- Conselhos Municipais de Controle Social: registram e selecionam os receptores do Bolsa Escola, monitoram a freqüência à escola e avaliam o desempenho local.
- Caixa Econômica Federal: instituição bancária que efetua pagamentos mensais aos receptores por intermédio de sua rede nacional de agências e caixas automáticos.

Participação comunitária, controle social e atividades extracurriculares: Para serem incluídos no programa, os municípios precisam escolher as famílias elegíveis e supervisionar a alocação das subvenções. Eles são também responsáveis por pôr em marcha programas sociais e educacionais fora do horário da escola e estabelecer um Conselho Municipal de Controle Social integrado por membros da comunidade. A participação da comunidade na supervisão reduz muito o clientelismo político e o mau uso dos recursos; para garantir uma composição diversificada, a legislação proíbe ao pessoal municipal ocupar mais da metade dos assentos do Conselho.

Resultados e fatores críticos

O Bolsa Escola é atualmente reconhecido, inclusive nos manifestos dos partidos políticos, por desempenhar um papel fundamental para reter as crianças na escola e, desse modo, democratizar a educação no Brasil. Hoje em dia o programa beneficia 5,1 milhões de famílias e mais de 8,24 milhões de crianças, além de ter feito que cerca de 1 milhão de crianças voltasse à escola.

Embora ainda reste a ser feita uma avaliação extensiva, algumas conclusões podem ser extraídas tendo como base estudos preliminares conduzidos pela Secretaria Nacional do Bolsa Escola em 2002. Estes sugerem que o Bolsa Escola significa:

- Aumentar a consciência das famílias sobre a importância de enviar seus filhos à escola, o que conduz ao aumento da cobertura escolar.
- Melhorar o acesso ao sistema escolar e os níveis de assistência nos setores da sociedade mais afetados pela falta de educação formal.
- Envolver as famílias no processo de educação de seus filhos, o que estimula atitudes positivas a respeito da educação entre segmentos da sociedade tradicionalmente excluídos do ensino.
- Ajudar a combater o trabalho infantil e desencorajar a opção de viver nas ruas como opção de vida para as famílias mais pobres, reduzindo, desse modo, a exposição de crianças e adolescentes a situações de risco, em particular as relacionadas com drogas, trabalho sexual, crime e violência.
- Melhorar a qualidade de vida e a situação financeira das famílias com ingressos *per capita* muito baixos, contribuindo para restaurar a dignidade dos segmentos populacionais mais excluídos, estimular a auto-estima e a esperança de um futuro melhor para seus filhos.

Quase todos os programas que obtiveram êxito na educação baseiam-se em alguns princípios comuns. O Bolsa Escola demonstra o que é necessário: um alto nível de compromisso político; envolvimento da comunidade (e em especial dos pais) no manejo do programa; financiamento assegurado e mantido; participação do governo local; e alto grau de coordenação entre as diferentes agências. Nesse caso, foi introduzida uma inovação – reverter o regime de subsídios, passando por cima do aparelho educacional para chegar diretamente aos beneficiários – que provou ser um dos pilares das realizações do Bolsa Escola.

Outras informações

United Nations Educational, Scientific and Cultural Organisation (Unesco). *Education to Confront Poverty.* 2002. (http://portal.unesco.org/en/ev.php@URL_DO=DO_TOPIC&URL_SECTION=201.html).

A. Vawda, s.d. *Brazil: Stipends to Increase School Enrollment and Decrease Child Labor: A Case of Demand-Side Financing,* Human Development Network (www.worldbank.org/education/economicsed/finance/demand/case/brazil/brazil_index.htm).

International Development Research Center (IDRC). *Bolsa Escola (School Bursary Program): A Public Policy on Minimum Income and Education* (www.idrc.ca/lacrl/foro/seminario/caccia_pb.html).

UNDP Newsfront (www.undp.org/dpa/frontpagearchive/2002/may/30may02/).

Os autores agradecem as contribuições de Maristela Baioni e Luiza Maria S. dos Santos Carvalho.

⊃ BRASIL
COMO MELHORAR A QUALIDADE DE VIDA COM O
ORÇAMENTO PARTICIPATIVO

Em poucas palavras

Há dez anos, o município brasileiro de Porto Alegre criou um sistema inovador para administrar os recursos municipais: as pessoas se unem aos funcionários e líderes locais para decidir sobre prioridades de investimento, ações e obras públicas, e para elaborar um orçamento participativo.

Os resultados demonstram que o envolvimento, a transparência e a prestação de contas da comunidade podem melhorar a eficácia dos gastos públicos. Porto Alegre experimentou mudanças concretas, com a recuperação do sentido de cidadania e a percepção de que é possível participar ativamente da administração pública. Os cidadãos de Porto Alegre desenvolveram uma forma de administração democrática qualificada como inovação urbana exemplar pela Conferência da ONU sobre Assentamentos Humanos realizada em Istambul.

A história

O manejo da contabilidade e do orçamento públicos no Brasil tem-se caracterizado quase sempre por um desperdício de recursos, clientelismo político e corrupção. No passado, a alta inflação ajudou a transformar os orçamentos municipais em documentos fictícios sobre os quais os cidadãos tinham pouco controle. Embora as pressões inflacionárias tivessem de certo modo cedido, os escândalos, o mau uso dos recursos e a ausência de prestação de contas ainda persistem. Em Porto Alegre, o processo participativo de elaboração do orçamento procurou remediar essa situação, reunindo o povo, os funcionários e os líderes eleitos para discutirem e se consultarem mutuamente sobre as prioridades em matéria de investimento, obras e ações públicas.

De início, a participação foi baixa em virtude dos problemas herdados do passado: financiamento inadequado, pouca clareza do processo de adoção de decisões e falta de experiência. Mas, à medida que a municipalidade recuperava sua capacidade de investimento mediante uma reforma radical do sistema de taxação, o sistema de orçamento participativo começou a deslanchar. A municipalidade mobilizou recursos para responder às demandas populares, enquanto os membros da comunidade começaram a buscar melhoras tangíveis em suas condições de vida. Em 1994, cerca de 11 mil pessoas participaram das reuniões e das assembléias plenárias; em 1997, eram 20 mil os participantes. Acrescentando-se as pessoas que assistiram às muitas diferentes reuniões organizadas pelas associações comunitárias, até agora mais de 50 mil cidadãos contribuíram.

A cada ano, a municipalidade organiza duas grandes assembléias plenárias em cada uma das dezesseis regiões da cidade, com cinco grupos temáticos sobre: a organização da cidade e o desenvolvimento urbano; transporte e circulação; serviços sociais e de saúde;

educação, cultura e entretenimento; e desenvolvimento econômico e impostos. A primeira assembléia revê os planos de investimento do ano anterior, o que assegura a transparência. Na segunda etapa, os cidadãos identificam suas prioridades e elegem os membros do seu Diretório para formular o novo orçamento. Entre esses dois momentos ocorrem outras reuniões, tanto dos grupos temáticos quanto das regiões, em que o povo articula suas necessidades. Essa instância é a mais importante, uma vez que descentraliza a discussão, levando-a ao nível dos vizinhos, em especial das áreas mais pobres. É quando são constituídos um foro de delegados regionais e temáticos, e um Diretório para a elaboração participativa do orçamento. Os delegados reúnem-se uma vez por mês e seu papel consiste em apoiar os membros do Diretório, informar a comunidade em geral sobre os temas que foram discutidos, realizar reuniões estratégicas e fazer um seguimento dos planos de investimento. O Diretório é formado por dois delegados e dois suplentes eleitos em cada uma das regiões, um representante do Sindicato dos Funcionários Civis e um suplente e um representante da Associação dos Moradores de Porto Alegre e um suplente. O governo conta com dois representantes sem direito a voto. Os membros do Diretório são eleitos anualmente e podem ser reeleitos uma vez.

A elaboração do orçamento e da estratégia de investimentos começa com uma discussão das opções, seus custos e factibilidade a cargo das repartições de governo e das agências. Tendo como base essas reações, o Executivo apresenta ao Diretório uma proposta detalhada de orçamento, que inclui todos os itens de ingressos e gastos. Prepara-se um plano de investimentos e de trabalho para cada região, com os investimentos setoriais importantes para toda a cidade. Ao concluir o processo, o conselho aprova o plano de investimentos.

Em seguida, o Executivo envia o orçamento à Câmara Municipal, onde há um intercâmbio complexo entre formas de democracia participativa e representativa. É, naturalmente, uma relação tensa e difícil, mas tem demonstrado apresentar resultados positivos. Os membros do Conselho Municipal discutem o orçamento geral com o Executivo e, com os membros do Diretório, apresentam emendas e sugestões de mudança. Surgem assim as negociações, que dão lugar a algumas modificações que, no entanto, não afetam a estrutura geral do orçamento; e a Câmara Municipal aprova o esboço final.

Resultados e fatores críticos

- O processo de elaboração do pressuposto participativo demonstra que a participação, a transparência e a prestação de contas podem melhorar a eficácia e a eficiência dos gastos públicos. Tem sido um instrumento valioso na produção de mudanças concretas em Porto Alegre, como o acesso universal ao serviço de água e saneamento, estradas melhoradas, drenagem e iluminação pública, a duplicação da matrícula escolar e a expansão da atenção básica à saúde. Uma influente publicação econômica do Brasil indicou Porto Alegre como a cidade brasileira com melhor qualidade de vida.
- O orçamento tem servido também como um instrumento para mudanças profundas na cultura política da cidade, eliminando as práticas tradicionais de cor-

rupção e o clientelismo e dando novo valor e significado ao envolvimento dos cidadãos. Atualmente, o povo de Porto Alegre tem acesso a informações sobre os investimentos públicos e está capacitado para tomar decisões que afetam seu futuro.

- Tem sido também observada notável mudança nas atitudes do pessoal técnico, que é bem versado no campo de elaboração e técnicas orçamentárias. Mediante um salto da "tecnoburocracia para a tecnodemocracia", esses funcionários mudaram o modo de se comunicar, tentando usar uma linguagem simples e compreensível. Pôde-se apreciar intensos debates entre delegados que estão cada vez mais seguros do que dizem e o pessoal técnico com respeito às propostas e aos critérios técnicos destes últimos.

- O orçamento participativo não é um processo perfeito nem acabado. Enfrenta problemas e questões que requerem constante atenção. No entanto, oferece lições que são nacional e internacionalmente úteis. Muitas outras comunidades têm adotado o sistema, e acadêmicos de diversos países têm visitado a cidade para aprender mais a respeito dele. Há atualmente mais de setenta municípios brasileiros implantando orçamentos participativos.

- Essa experiência também tem estimulado a reflexão e o debate público sobre os limites e as insuficiências da democracia representativa. Em um país como o Brasil, que conta com uma democracia jovem, os pontos de vista dos eleitores são em geral desconsiderados ou tergiversados pelas freqüentes viradas políticas ou pela mudança dos representantes eleitos. Com freqüência ignora-se o cumprimento dos programas das plataformas eleitorais e das políticas, e os cidadãos se acostumaram a ter uma representação política pobre.

Outras informações

AVRITZER, L. *Public Deliberation at the Local Level: Participatory Budgeting in Brazil.* 1999. (www.ssc.wisc.edu/-wright/avritzer.pdf).

MOTTA, J.; BETÂNIA, A. *Gestão Democrática em Porto Alegre: dificuldades e oportunidades para avançar uma experiência exitosa.* 2001. (www.urbared.ungs.edu.ar/portafolios.prescaso3.html).

SANTOS, B. de Sousa. Participatory Budgeting in Porto Alegre: Towards a Redistributive Democracy. *Politics and Society, 26.* 1998.

WORLD BANK. "Porto Alegre, Brazil: Participation in the Budget and Investment Plan." Casos em estudo sobre participação dos cidadãos no manejo do gasto público (www.worldbank.org/participation/web/webfiles/cepemcase1.htm).

"The Experience of the Participative Budget in Porto Alegre, Brazil." Artigo publicado em Most Clearing House Best Practices (www.unesco.org/most/southa13.htm).

⊃ BUTÃO
UMA VISÃO NACIONAL GUIA O PROGRESSO E A COOPERAÇÃO TÉCNICA

Em poucas palavras

Em 1958, o Butão estava entre os países menos desenvolvidos do mundo. Entretanto, uma visita do primeiro-ministro da Índia, naquele ano, marcou o início da modernização. A visão era clara: adotar todas as manifestações da vida contemporânea essenciais para o funcionamento de um Estado moderno, e ao mesmo tempo manter os aspectos da cultura tradicional que fazem do Butão um país único.

Daí em diante, a primeira prioridade foi consolidar os recursos humanos e as capacidades institucionais a eles associadas. Com o passar dos anos, o Butão deu grandes passos para desenvolver um sistema de governança e uma administração pública fortes, assim como para estabelecer infra-estruturas sociais e econômicas fortes. O mérito dessa notável transformação pode ser atribuído à determinação sustentada dos líderes desse país, ao apoio permanente da Índia e de outros países e organizações, assim como o reconhecimento persistente da importância de preservar a identidade, as tradições culturais e os valores.

A história

Em 1958, o Butão, um pequeno país do Himalaia, do tamanho da Suíça, encravado entre a China e a Índia, figurava entre os países menos desenvolvidos do planeta. Com uma economia de subsistência, a maior parte de sua população vivia em domicílios isolados, cultivando pequenas áreas de terra familiares e permutando os ocasionais excedentes. Não havia indústria e o comércio externo era mínimo. O turismo não existia; só alguns poucos estrangeiros já haviam sido admitidos para visitar o país. Não havia escolas, a não ser aquelas que ofereciam educação religiosa a alguns poucos meninos que aspiravam a se tornar monges budistas. A alfabetização era restrita aos filhos das famílias da elite que haviam-se educado na Índia, e a medicina ocidental e os hospitais ainda não haviam chegado ao país.

O solo extremamente árido constituía enorme desafio a qualquer desenvolvimento de infra-estrutura. Não havia uma única estrada pavimentada e o país carecia de qualquer outro tipo de infra-estrutura física. Pequenos geradores a diesel abasteciam de energia elétrica alguns poucos lugares. Sem sistema telefônico, uma pequena rede de radiocomunicação conectava os principais centros administrativos. A governança era rudimentar – o país tornou-se uma monarquia absoluta no século XX, tendo-se desenvolvido de um sistema feudal de chefes regionais. As principais preocupações do governo eram a lei e a ordem e a coleta de impostos.

Em 1958, o primeiro-ministro da Índia foi convidado a fazer uma visita oficial ao Butão. A viagem foi histórica, marcando a primeira tentativa por parte dos dirigentes desse país para se alinhar com um de seus vizinhos. Também refletiu a decisão de embarcar no caminho do desenvolvimento e da modernização. A partir daí, o Butão permaneceu fiel à idéia de estabelecer um Estado contemporâneo e ao mesmo tempo proteger sua tradição cultural.

A primeira prioridade foi a construção de recursos humanos e capacidades institucionais relacionadas para realizar as numerosas tarefas requeridas por uma sociedade e economia modernas – a cooperacão técnica em apoio a esses objetivos assumiu a prioridade, e o Butão encontrou na Índia um parceiro que entendia e apoiava esse enfoque.

Na década de 1960, teve início a educação formal, primeiro no nível primário e subseqüentemente nos níveis secundário e superior. Como a necessidade de preencher postos fundamentais do governo com butaneses crescia enormemente, toda a educação e a capacitação pós-secundária foram orientadas para prover os conhecimentos e as destrezas requeridas. Em conseqüência, os recursos humanos e o desenvolvimento institucional vinculado às tarefas de construção da nação foram, durante muitos anos, o eixo das negociações do Butão com a cooperação externa.

Os monarcas desse país estavam decididos a reduzir a corrupção ao mínimo. Desde seus primórdios, o Serviço Civil do Butão foi deliberadamente moldado no de Cingapura. Os funcionários civis são eleitos por um processo rigoroso, baseado no mérito, recebem bons salários e espera-se que se desempenhem com eficiência; qualquer ato comprovado de corrupção é severamente punido.

Como resultado direto da visão e das políticas dos líderes do Butão, e do apoio recebido da Índia, em 1971 o país converteu-se em membro das Nações Unidas. Naquela época, a maior parte dos cargos de governo no Butão já era ocupada por pessoas oriundas do próprio país. Daí em diante, outros aliados – sobretudo os países membros da ONU – uniram-se ao Butão para apoiar seus esforços de modernização, sempre submetidos à supervisão geral dos líderes nacionais e das prioridades do seu governo, delimitadas em planos qüinqüenais pormenorizados que são implementados conscientemente. Houve alguns casos em que o Butão repudiou ofertas de cooperação técnica e de capitais porque não eram consonantes com seus planos e políticas.

Hoje em dia está claro que o Butão deu grandes passos em praticamente todas as áreas, trabalhando sobre a base de um manejo macroeconômico sólido e responsável, que converteu a agenda social em uma realidade. Atualmente os principais centros populacionais conectam-se mediante estradas de cascalho e telecomunicação digital. Uma linha aérea nacional liga o país com seus vizinhos e com a Tailândia. Todos têm acesso à educação e às instituições médicas, com exceção dos lugares mais remotos, e os serviços continuam sendo gratuitos e cada vez mais providos por butaneses.

Várias usinas hidrelétricas administradas por engenheiros e técnicos butaneses geram eletricidade para o consumo local, assim como ingressos provenientes da exportação dos excedentes de energia para a Índia. Também prosperou um setor privado pujante, estimulado pelas políticas de governo e pela confiabilidade dos sistemas jurídico, bancário e de seguros. A renda *per capita* do Butão está entre as mais altas do sudeste da Ásia, ao mesmo tempo que o país se destaca por uma preservação exemplar do seu meio ambiente. Reduzido e eficiente, o governo inspira respeito pela integridade e o calibre de seu pessoal, e a monarquia absoluta está evoluindo gradualmente para uma monarquia constitucional.

Essas realizações não ocorreram à custa dos valores e da cultura tradicionais do Butão. Inevitavelmente, a mudança veio por meio da exposição a idéias de fora. Mas o governo tentou atenuar o impacto. Os butaneses enviados ao estrangeiro para estudar e se capacitar tiveram a garantia de empregos desafiadores e relativamente bem remunerados quando retornassem. Em vista disso, praticamente não houve fuga de cérebros. O número de turistas com permissão para visitar o país a cada ano também permanece limitado, enquanto esforços concentrados para preservar e divulgar as tradições populares inculcam nos butaneses o sentido de orgulho por sua identidade nacional.

Resultados e fatores críticos

A notável transformação que o reino do Butão experimentou pode ser atribuída a estes fatores:

- A visão e a firme determinação de seus líderes, o rei atual e seu pai, de tirar o país do auto-isolamento a que se impôs e de modernizá-lo.
- O enfoque dado ao desenvolvimento dos recursos humanos, a correspondência cuidadosa da educação e do treinamento às necessidades e o compromisso sustentado dos recursos nessa direção.
- A ênfase em um serviço civil pequeno, profissional e motivado, capaz de atrair e reter os mais capazes com o objetivo de alcançar as metas de desenvolvimento propostas.
- A insistência em reconhecer a importância da identidade e de preservar os valores e as tradições culturais.
- O apoio sustentado e clarividente do governo da Índia, assim como a ajuda prestada por outros países e organizações nos últimos trinta anos.

O Butão soube aproveitar totalmente o apoio externo que lhe tem sido generosamente oferecido, sem se desviar do caminho que escolheu seguir apenas quatro décadas atrás. Por intermédio de seu uso responsável de recursos e demonstração de resultados, ele tem conseguido garantir a cooperação sustentada de seus parceiros, essencialmente em seus próprios termos. A maior parte da ajuda tem consistido em doações para a cooperação técnica, o que permitiu a expansão das capacidades sem forçar o endividamento ou sem ter de arcar com o peso da dívida.

O edifício da cooperação técnica construído pelo Butão e por seus associados foi levantado a partir de um governo firmemente instalado na condução de políticas e planos sólidos e claros, que receberam apoio completo dos associados; de um reduzido nível de corrupção e um serviço civil altamente qualificado e motivado, em especial nos níveis superiores. Entretanto, nos níveis inferiores ainda persistem alguns problemas de capacidade. Como cada plano qüinqüenal é mais caro que o anterior, em virtude das crescentes necessidades de desenvolvimento do Butão, e do fato de a ajuda oficial ao desenvolvimento tender a declinar, espera-se que o Butão não caia finalmente na armadilha do endividamento.

Outras informações

Bhutan's Royal Civil Service Commission (www.rcsc.gov.bt/BCSR.asp).

Government of Buthan (www.bhutan.gov.bt/rgobdirectory/agenciesbyministry.htm).

Antecedentes informativos sobre as relações Butão/Índia (www.bhutannewsonline.com/india_bhutan.html).

United Nations Development Programme (UNDP). *Bhutan Development Cooperation Report 2001* (www.undp.org.bt/DCR2001.pdf).UNDP Bhutan (www.undp.org.bt).

Os autores agradecem as contribuições do PNUD do Butão.

➲ CAMBOJA
ANGKOR WAT: COMO COMBINAR CONSERVAÇÃO COM PARTICIPAÇÃO COMUNITÁRIA E DESENVOLVIMENTO INOVADOR

Em poucas palavras

Um local considerado patrimônio da humanidade é um bem público mundial. Sua conservação, acessibilidade e a integração destas com as realidades locais podem pôr à prova o planejamento, a execução, a coordenação e o compromisso institucionais. Tudo isso exige capacidades complexas e específicas. No Camboja, Angkor Wat é um desafio especial, não apenas por ser o maior complexo de templos do mundo, mas também porque nesse lugar vivem 22 mil pessoas e ele está situado em um país que recentemente saiu de uma guerra.

Embora ainda se encontre sob os efeitos de um acordo internacional, Angkor Wat é basicamente administrado pela Administração Cambojana de Proteção ao Local e de Desenvolvimento da Região de Angkor (Apsara: Anthority for the Protection of the Site and the Development of the Region of Angkor), que tem ampla gama de competências e funções. Com as comunidades locais e outros associados, a Apsara regula o fluxo turístico, protege e conserva o complexo e maneja o processo de transformação social das áreas circundantes.

A história

Após vinte anos de conflito, a assinatura dos acordos de paz de Paris, em 1991, introduziu uma era de paz no Camboja. Sua majestade o rei Norodom Sihanouk e o diretor-geral da Unesco imediatamente lançaram apelos à comunidade internacional para preservar o local histórico de Angkor Wat. Ele foi incluído na Lista de Bens do Patrimônio da Humanidade em dezembro de 1992, depois de ter sofrido saques sistemáticos durante a guerra. Em outubro de 1993, uma reunião intergovernamental adotou a Declaração de Tóquio, pela qual se criava um Comitê de Coordenação Internacional (CCI) presidido pela França e pelo Japão, para cuidar do local. A Unesco dotou o CCI de uma Secretaria, e dessa data em diante esse comitê vem trabalhando para concentrar os esforços internacionais não só na conservação arquitetônica e arqueológica do local, mas também em atividades de desenvolvimento de capacidades e treinamento.

O CCI é integrado por representantes diplomáticos de vários países. Por causa da complexidade de coordenar a restauração de um local de tal magnitude, também se constituiu uma ala técnica para oferecer assessoramento científico e avaliar as propostas de projeto. Trata-se de um grupo de especialistas *ad hoc* que se constituiu em um foro para o debate, o intercâmbio de experiências e o assessoramento, ao mesmo tempo que guia o CCI em matéria de monumentos, definição de padrões e assegura os níveis de consistência dos muitos projetos de restauração. Desde 1993, o CCI já coordenou cerca de cem projetos que envolvem trinta associados diferentes (organizações internacionais, universidades, empresas privadas, ONGs e governos). Cada um deles trabalhou seguindo os delineamentos postulados pelo CCI, que, além de promover práticas efetivas de conservação, promoveram um enfoque baseado na integração da cultura e do desenvolvimento.

Embora Angkor Wat ainda conte com a cobertura do acordo internacional, um passo inicial era adotar medidas nacionais de proteção e criar a Apsara. Esta exerce um poder amplo sobre qualquer medida adotada por uma autoridade, nacional ou local, e o direito exclusivo de conceder licenças de construção e de destruir construções ilícitas sem outorgar compensações. A Apsara também foi beneficiada pelas novas regulamentações econômicas, que canalizam para a instituição quase 50% dos direitos de ingresso.

Três princípios gerais guiam as obras de restauração em Angkor Wat:

- Elas devem ser realizadas por e para cambojanos.
- Uma visão de longo prazo requer vínculos estreitos entre a pesquisa e o estudo e envolve investigação e reflexão antes que qualquer trabalho seja realizado.
- Deve haver um compromisso em equilibrar a restauração com o desenvolvimento econômico e social das comunidades locais.

Tendo isso em mente, todos os projetos internacionais incluem componentes de treinamento baseados no conhecimento oferecido pelas equipes internacionais e os recursos dos artesãos cambojanos. Uma iniciativa apoiada pelo Japão em 1993 permitiu o treinamento de mais de quinhentos arqueólogos e arquitetos cambojanos, cinqüenta dos quais foram subseqüentemente empregados pela Apsara e pela administração cambojana, garantindo assim a sustentabilidade da restauração.

Iniciado em 2003, um Centro de Documentação Internacional criado pela Unesco está sendo administrado pela Apsara, mas continuará a se beneficiar das contribuições intelectuais e científicas da ONU. A missão do organismo é coletar, desenvolver e administrar todos os documentos científicos e técnicos relacionados ao local, fazer um acompanhamento das atividades e garantir que elas sejam acessíveis a investigadores, especialistas e instituições. Espera-se que o centro também promova os estudos científicos requeridos para os projetos futuros.

Atualmente, Angkor Wat recebe cada vez mais visitantes nacionais e estrangeiros. Em 2000, o número de turistas internacionais no Camboja atingiu 466.365, um aumento de 27% em relação ao ano anterior, e em 2003 espera-se que o número se eleve substancialmente. Com o turismo estabilizado para se tornar o eixo do desenvolvimento econômico do país, as autoridades cambojanas e o ICC estão agora considerando maneiras de oferecer turismo cultural, que inclui considerações econômicas, sociais, educacionais, científicas, ambientais e éticas, com o envolvimento das comunidades locais. Está em desenvolvimento uma estratégia abrangente para controlar o fluxo de turistas, preservar o local e lidar com a transformação social. Uma área de enfoque fundamental é uma estratégia de criação de emprego. Ela cobre o desenvolvimento da infra-estrutura; obras civis e públicas; manutenção das instalações; treinamento em serviços de turismo, incluindo a capacitação de guias turísticos e operadores de transporte; e produção e comercialização de produtos artesanais.

Antecipando-se aos desafios do futuro, o governo do Camboja declarou o período de 2002 a 2012 como a Década do Desenvolvimento de Angkor Wat para pôr em marcha sua luta contra a pobreza, promover um crescimento econômico estável e melhorar a qualidade geral de vida. A declaração tem relação com um decreto real assinado em 1994 que enfatiza a necessidade de participação das comunidades locais e de preservar sua cultura e estilo de vida tradicionais. Angkor Wat, com seus 22 mil habitantes, oferece a oportunidade única de levar à prática o desenvolvimento inovador com participação comunitária.

Resultados e fatores críticos

O fim do conflito no Camboja mobilizou a comunidade internacional e permitiu ao governo desenvolver uma visão e uma estratégia integradas, com o respaldo de uma forte vontade política. São diversas as formas em que esse processo se manifesta:

- A nova legislação para a conservação, a administração e a proteção de Angkor Wat, assim como o desenvolvimento econômico coordenado, proporciona uma estrutura única para a preservação e o melhoramento.
- Dotada de um poder amplo e claro sobre todo o local, a Apsara pode elaborar estratégias, planejar e implementar atividades equilibradas de preservação e de desenvolvimento.
- O CCI conduz todas as atividades em Angkor Wat e, por isso, pode oferecer ao governo um respaldo científico valioso e consistente, inclusive em temas relacionados com a conservação de monumentos, capacitação, turismo, desenvolvimento urbano e participação comunitária.
- A Unesco, única organização da ONU dedicada à cultura, proporcionou sua experiência profissional, desenvolvida em cinco décadas e meia de atividades internacionais.
- Contribuíram para o êxito geral da missão vários componentes fortes do desenvolvimento de capacidades, incluindo a criação de grupos *ad hoc* de especialistas, a formação da Apsara, o treinamento e a absorção de profissionais locais na qualidade de arquitetos e administradores e o estabelecimento de um centro de recursos de informação.
- O forte compromisso político do governo do Camboja e a colaboração da comunidade internacional tiveram êxito não apenas no estabelecimento de uma supervisão efetiva de Angkor Wat, mas também na geração de um processo de aprendizagem sem precedentes, que transcende a mera transferência de experiências e habilidades.

Outras informações

Authority for the Protection of the Site and the Development of the Region of Angkor (Apsara) (www.autoriteapsara.org/).

United Nations Educational, Scientific and Cultural Organisation (Unesco). International Co-ordinating Committe for the Safeguarding and Development of the Historic Site of Angkor (http://portal.unesco.org/en/ev.php@URL_ID=10348&URL_DO=DO_TOPIC&URL_SECTION=201.html).

Angkor Wat (www.angkor.com/index.shtml).

Os autores agradecem as contribuições de Galia Saouma-Forero, especialista sênior de programas, unidade cambojana da Divisão de Patrimônio Cultural da Unesco.

⊃ CAMBOJA
DESCENTRALIZAÇÃO ASSENTA AS BASES DA RECONSTRUÇÃO E DA GOVERNANÇA

Em poucas palavras

Em meio às seqüelas de uma guerra brutal, o programa de descentralização governamental do Camboja está ressuscitando as capacidades locais para administrar os fundos do desenvolvimento, ao mesmo tempo que respeita o estado de direito, os direitos humanos, as preocupações com o meio ambiente e outros aspectos. O programa, chamado Seila, também estabeleceu um sistema de canalização de recursos do governo central para os locais.

A experiência do Seila oferece muitas lições potenciais para os países que ressurgem de um conflito, provando que, se os doadores e as agências de reconstrução trabalharem na fase imediatamente posterior ao conflito sob a forma de descentralização de serviços, oferecerão uma plataforma de lançamento para uma estrutura de governo descentralizada durante a fase de reabilitação. Também prova que restabelecer a fé entre os interessados é um princípio fundamental do desenvolvimento de capacidades nos países golpeados por conflitos internos.

A história

Quando em 1991 cessaram as hostilidades no Camboja, o país enfrentou uma enorme população de refugiados e pessoas internamente deslocadas. Como os projetos de restabelecimento e reabilitação assumidos pela Autoridade de Transição da ONU com freqüência trabalhavam com as comunidades locais, uma estrutura de governo descentralizada foi o resultado lógico no fim do período de transição. Essa segunda fase de reabilitação incluiu o apoio ao programa Seila do governo do Camboja.

Seila, palavra que significa pedra fundamental, é um empreendimento conjunto de sete ministérios. Concebida como uma abordagem da descentralização baseada na participação, capacitação, eqüidade dos gêneros e boa governança, o Seila é um conceito radicalmente novo no Camboja, país que tem-se caracterizado por conflitos internos e internacionais, por uma economia e uma estrutura política centralizadas e por seu isolamento da comunidade internacional.

Uma das principais atividades do Seila é desenvolver as capacidades para administrar os recursos de desenvolvimento nos níveis provincial, comunal e de aldeia, e para isso o programa trabalha atualmente em dezessete das 24 províncias do país. Conseguiu desenvolver processos de planejamento participativo mediante comitês provinciais de desenvolvimento rural, vinculados tanto à Força Tarefa do Seila quanto aos comitês de desenvolvimento de nível comunal e de aldeias das áreas mais remotas. Uma característica importante dessa estrutura é que o planejamento se origina no âmbito das aldeias e se filtra de forma ascendente para os níveis comunal, provincial e central, com administração financeira e prestação de contas que se mantêm concomitantemente em cada nível.

O Seila proporciona serviços básicos para o alívio da pobreza, incluindo a dotação de fundos de desenvolvimento local para cobrir atividades que gerem ingressos, agricultura, saúde, provisão de água e saneamento, e educação e cultura. Desde as eleições de conselhos comunais em fevereiro de 2002, o Seila tem-se concentrado no desenvolvimento de capacidades para conselhos recém-eleitos, proporcionando treinamento para todos os conselheiros em temas de administração, planejamento local e manejo financeiro.

Desde 2001, o Seila tem funcionado como parte do programa Aliança Cambojana para o Governo Local, com financiamento conjunto do PNUD, do Departamento do Reino Unido para o Desenvolvimento Internacional (DFID) e da Agência Sueca para o Desenvolvimento (Sida). O programa tem enfrentado desafios em matéria de políticas e procedimentos, aperfeiçoando e experimentando sistemas descentralizados de planejamento, financiamento e administração do desenvolvimento local; ajudando a estabelecer os arranjos institucionais e de capacidade necessários para impulsionar as democracias locais e o desenvolvimento, e apoiando o governo no tratamento dos problemas relacionados ao financiamento inadequado ou insolvente para a prestação de serviços públicos locais.

A Aliança para o Governo Local incorpora um forte componente do desenvolvimento de capacidades. Tem apoiado as agências nacionais para melhorar a coordenação, a execução e a supervisão da ajuda e para transformar políticas em regulamentações e sistemas. Nos níveis provincial e comunal, os projetos têm-se concentrado nas novas funções de governo dos conselhos eleitos, ao mesmo tempo que facilitam campanhas de informações para o público e de consciência cidadã sobre os papéis, as obrigações e as responsabilidades das autoridades provinciais e comunais. O programa também se ocupou de desenvolver, pôr à prova e institucionalizar procedimentos de planejamento participativo, estabeleceu facilidades para descentralizar o financiamento e desenvolveu práticas de aquisição no setor público e privado em termos de infra-estrutura e prestação de serviços.

Outras contribuições incluem: provisão de serviços e infra-estrutura de manejo local; aportes técnicos e financeiros às declarações políticas, esboços de leis e decretos; preparação de relatórios politicamente orientados com base nas lições aprendidas (por exemplo, melhora da renda fiscal local e da mobilização de recursos, melhora das relações entre as autoridades comunais e a sociedade civil, promoção de acordos entre atores múltiplos para a prestação de serviços); e estudos com fins específicos sobre temas como: formas de melhorar o acesso dos pobres da área rural a infra-estrutura e serviços públicos que sejam econômicos, localmente manejados e sustentáveis.

Resultados e fatores críticos

O programa Seila ensinou importantes lições. Alguns dos desafios mais difíceis de enfrentar pertencem à área dos preconceitos e das atitudes – os administradores de projetos concordam em que modificá-los foi, muitas vezes, a tarefa mais árdua. Entre as principais conquistas do programa estão:

- Estabelecimento e implementação de arranjos transitórios para ajudar a criar departamentos de administração local nos níveis nacional e provincial.

- Colaboração com as comunas para convertê-las em organismos mais eficientes e sensíveis. Para isso, tem-se apoiado a formulação de subdecretos e diretrizes práticas sobre o planejamento do desenvolvimento comunal, sistemas de administração financeira comunal e várias diretrizes operacionais e contábeis. Mesmo assim, foram elaborados perfis de desenvolvimento comunal traçados como ferramentas para o planejamento e a determinação dos índices de pobreza.
- Apoio para a criação de um currículo comum sobre orientação comunal e administração e treinamento dos conselhos comunais e de seus trabalhadores para fortalecê-los como agentes de transformação.
- Expansão e desenvolvimento de novas alianças entre o programa e as agências nacionais do governo, por um lado, e entre o programa e outros doadores, por outro, como meio de manter o Seila vigente e de dar maior sustentabilidade às suas realizações.

O programa Seila está baseado em quatro princípios: diálogo, clareza, acordo e respeito. Seu êxito está no intenso nível de colaboração entre o governo e seus aliados no desenvolvimento e os diversos interessados. Todos eles compartilham a visão de criar mecanismos que promovam a transparência, a prestação de contas, a eqüidade e a participação.

Outras informações

RUDENGREN, J.; OJENDAL, J. *Learning by Doing – An Analysis of the Seila Experiences in Cambodia.* Stockholm: SPM Consultants, 2002.

United Nations Development Programme (UNDP). *Peace-building from the Ground-Up: A Case Study of UNDP's CARERE Programme in Cambodia 1991-2000.* Divisão de Resposta às Emergências. New York: UNDP, 2001.

CHIENG, Y. Apresentação na Mesa-Redonda sobre Reforma da Assistência Técnica. Turim, 3-7 de dezembro. 2001.

Antecedentes sobre o financiamento para o desenvolvimento local no Camboja (www.uncdf.org/english/consultants/impact/cmb_des.pdf).

Os autores agradecem as contribuições do PNUD do Camboja.

➲ CAMBOJA
UM MARCO PARA INGRESSAR NO COMÉRCIO MUNDIAL

Em poucas palavras

A estrutura integrada (EI) é parte de um compromisso firmado pelos países desenvolvidos para ajudar os países em desenvolvimento na capitalização das oportunidades oferecidas pela liberalização do comércio. No Camboja, seis agências multilaterais participam da administração dessa estrutura, ao mesmo tempo que trabalham para incorporar a iniciativa EI na estratégia nacional de redução da pobreza.

Em 2001, um estudo piloto sobre o ingresso do Camboja no sistema de comércio internacional foi apresentado perante a IV Reunião Ministerial da Organização Mundial do Comércio (OMC), que o qualificou como um dos melhores exemplos dos benefícios da ajuda técnica aos países menos desenvolvidos. Por trás do êxito conseguido no Camboja estão fatores destacados como a liderança dinâmica e a visão estratégica do Ministério do Comércio desse país, assim como um processo global de reforma nacional alicerçado no sentido de apropriação nacional e a coordenação entre doadores.

A história

O Camboja depende em grande parte de uma única atividade econômica: um terço de seu PIB provém apenas da exportação de peças de vestuário. E, a menos que o Camboja se una à OMC, será muito difícil manter essa dinâmica. Com o fim vislumbrado do regime do Acordo Multifibra em 2005, passar a ser membro da OMC converteu-se em um incentivo maior para o país e motivou ampla gama de reformas públicas.

Cumprir as exigências da OMC exige muito desse pequeno país em desenvolvimento, porque o acesso não está limitado apenas à capacidade comercial, mas também ao desenvolvimento de capacidades em vários setores. Por exemplo, no Camboja há preocupações em torno do nível de suficiência do sistema judicial, porque apenas alguns poucos cargos no aparato legal estão ocupados por profissionais qualificados. Algumas das áreas que também requerem capacidades maiores são as do sistema legislativo, a de procedimentos de apreciação, avaliação e apresentação de políticas comerciais e as avaliações do impacto da proteção comercial.

Dando um passo na direção da melhora de sua capacidade, e apoiado por seis agências multilaterais, o governo cambojano adotou a EI em 2000. Sob seus efeitos, o governo optou por empreender uma estratégia comercial que impulsione o crescimento e favoreça os mais pobres, como parte de sua estratégia global de redução da pobreza. O Ministério do Comércio assumiu desde o início a vanguarda e mostrou claramente sua intenção de se apropriar do processo de reforma comercial e liderá-lo, em uma posição que representa uma mudança com respeito às práticas do passado.

Depois de assinar um acordo com as agências, o governo apresentou um estudo denominado "Uma estratégia comercial a favor dos pobres no Camboja: Um documento conceitual preliminar". Subseqüentemente, elementos importantes foram sendo incorporados ao esboço do Segundo Plano de Desenvolvimento Socioeconômico e ao Plano de Ação Decenal do Camboja, preparados para a III Conferência dos Países Menos Desenvolvidos. O Camboja valeu-se dessa conferência para explicar mais detalhadamente a importância do desenvolvimento de capacidades para o comércio, como meio de ampliar as tarefas de alívio à pobreza.

Em seguida, o governo difundiu um "Guia de Orientação" (*Road Map*) que esboçava três ações fundamentais: a) fortalecer a capacidade do Ministério do Comércio de liderar e administrar a formulação (e finalmente a implementação) do estudo de integração do setor comercial, que beneficia os pobres por meio de ampla aliança com todos os interessados do setor comercial e dos associados no desenvolvimento; b) assegurar a solidez das avaliações, a fixação de metas e o monitoramento da redução da pobreza no contexto dos esforços de formulação e a implementação de uma estratégia de redução da pobreza; e c) explorar os enfoques práticos de desenvolvimento de capacidades que melhor se ajustem às circunstâncias específicas do Camboja.

Depois da apresentação do "Guia de Orientação", em uma reunião do grupo consultivo realizada no ano 2002, o governo e os doadores concordaram em conduzir um estudo diagnóstico piloto da integração do Camboja no sistema de comércio internacional. A investigação abarcava toda a política comercial, as capacidades de facilitação, promoção e apoio à oferta e incluía uma análise inicial da pobreza. Foi acrescentada uma matriz da cooperação técnica que identificava as necessidades prioritárias em relação à reforma do comércio e oferecia um ponto de entrada para coordenar a ajuda dos doadores. Quando o estudo piloto foi apresentado em Doha, durante a IV Reunião Ministerial da OMC, os delegados aplaudiram o processo de integração do Camboja como um dos melhores exemplos de efetividade da assistência técnica a um dos PMDs.

Uma publicação da OCDE/CAD difundida em novembro de 2002, com o título *Estudos sobre práticas dos doadores: O caso do Camboja*, concluía que

> A vasta maioria dos receptores entrevistados no governo destacava entre os problemas relacionados com as práticas dos doadores aqueles que caem na categoria "ausência de apropriação" ... Estes receptores também lamentaram sua própria falta de capacidade – em alguns casos responsabilizando os doadores por não lhes dar a oportunidade de desenvolver mais intensamente suas próprias capacidades. Mas os Ministérios da Saúde, Educação e Comércio se destacaram como exceções, já que os problemas que eles identificaram não eram de "ausência de apropriação". Em primeiro lugar, nesses ministérios foram identificados menos problemas do que nos outros. Em segundo lugar, os problemas encontrados estavam mais relacionados à coordenação entre os doadores, ou derivavam de práticas orçamentárias e de manejo de fundos deficientes no governo em seu conjunto.

A essência das reformas comerciais contidas na EI do Camboja envolve vários instrumentos para a coordenação entre doadores, incluindo uma matriz de cooperação técnica e a constituição de um comitê impulsionador encabeçado pelo Ministério do Comércio e integrado por representantes de outros ministérios, agências doadoras, o setor empresarial e a sociedade civil. A agenda global do desenvolvimento de capacidades concentra-se em algumas dessas prioridades. A primeira é a aquisição de conhecimentos: um grupo central de oito profissionais que dirigem as negociações comerciais e o processo de integração deve iniciar um processo de aprendizagem intensivo, com ênfase nas experiências de outros países do Sul. Esses especialistas nacionais trabalharam depois com outros ministérios e agências de governo, assim como com o setor empresarial e a sociedade civil, para conduzir a resposta nacional e buscar um apoio internacional mais específico.

Um segundo objetivo é o desenvolvimento organizacional. O Ministério do Comércio enfatiza muito não limitar as reformas comerciais apenas a essa área, mas devendo envolver outras instituições públicas. As reformas globais do setor público ainda se encontram em uma fase incipiente, com esforços contínuos para realinhar o sistema de incentivos e garantir a sustentabilidade. Entre os últimos inclui-se a exigência crítica de adotar novas formas de trabalho menos centralizadas e burocráticas.

Finalmente, há uma área de entorno institucional e alianças. A exigência de integrar o processo de reforma comercial à estratégia nacional de redução da pobreza despertou a necessidade de abranger o entorno institucional mais amplo em que se desdobra a redução da pobreza, especialmente em termos de maior participação. Apesar de a sociedade civil do Camboja ainda ser débil, vem se tornando cada vez mais envolvida no processo de redução da pobreza e nos debates sobre o ingresso na OMC. À guisa de ilustração, os sindicatos de trabalhadores do setor têxtil estão se mobilizando para organizar manifestações. As ONGs estrangeiras também desempenham um papel importante, examinando de perto os padrões de trabalho.

Resultados e fatores críticos

A experiência da EI do Camboja deixou alguns ensinamentos importantes em matéria de desenvolvimento de capacidades. Estes incluem:

- Há necessidade de uma liderança forte. Neste caso, o Ministério do Comércio dirigiu o processo de reforma comercial com uma visão estratégica que incluía fechar as lacunas de conhecimento e estimular um processo de mudança institucional – e colocá-lo no cerne da estratégia de crescimento nacional.
- É fundamental estabelecer um processo de reforma desde o início nacionalmente orientado (captado no "Guia de Orientação"), que tenha como pilares a apropriação nacional e a coordenação entre os doadores. O processo deveria incluir instrumentos que permitam estabelecer as prioridades nacionais e a coordenação entre aliados (similares à matriz de cooperação técnica e ao comitê impulsionador da EI).
- Integrar o comércio na estratégia nacional de redução da pobreza cria a necessidade de enfocá-lo a partir de um entorno institucional e global mais amplo, o que dá forma aos esforços para reduzir a pobreza e a desigualdade.

- Estabelecer metas tão ambiciosas como o ingresso na OMC no contexto de um processo nacional de redução da pobreza gerou uma resposta exagerada, que assumiu a forma de um amplo apoio político nacional em relação ao comércio e à pobreza.

Outras informações

Asian Development Bank (ADB). *Cambodia Financial Sector Blueprint 2001-2010.* 2001 (www.adb.org/ Documents/Reports/CAM_Blueprint/chapoo.pdf).

Asian Development Bank (ADB). *Cambodia Country Assessment Strategy.* 2000 (www.adb.org/ Documents/CAPs/CAM/0303.asp).

Antecedentes das negociações para a admissão do Camboja na Organização Mundial do Comércio (www.wto.org/english/news_e/news03_e/cambodia_membership_16ap03_e.htm#background).

Os autores agradecem as contribuições do PNUD do Camboja.

➲ CHINA
UMA VISITA DE OBSERVAÇÃO FACILITA PROFUNDA MUDANÇA DE POLÍTICAS

Em poucas palavras

O desenvolvimento das capacidades não requer necessariamente recursos extensivos. Grande parte depende da propriedade das intervenções. Nesse caso, uma pequena subvenção para financiar uma rápida visita de observação e aprendizagem cuidadosamente organizada para um grupo de funcionários jovens do governo chinês influenciou as políticas comerciais e macroeconômicas da China quando, anos mais tarde, esses funcionários tornaram-se importantes autoridades.

O projeto de curto prazo, ressaltado por visão clara e forte compromisso por parte do governo receptor, conduziu a um impacto duradouro e significativo. Ele ilustra dois aspectos fundamentais para projetos que envolvem governos: em primeiro lugar, ancorar o projeto em um nível adequadamente sênior; e, em segundo, escolher o instrumento de intervenção adequado. Também enfatiza o fato de que uma visita expositiva coordenada pode ser, em si mesma, uma importante iniciativa para o desenvolvimento de capacidades.

A história

Em 1980, a China havia recém-iniciado sua abertura para o mundo exterior. Um ano antes, sob o regime do Conselho Estatal, havia-se formado uma comissão de investimentos estrangeiros e de importação e exportação que acabava de recomendar ao gabinete a criação de algumas zonas econômicas especiais nas províncias sulistas de Guangdong e Fujian. O governo de Guangdong já havia lançado um conjunto preliminar de regulamentações para normalizar o funcionamento dessas zonas. Entretanto, o governo central queria ampliar sua perspectiva aprendendo com as experiências de outros países. As autoridades chinesas haviam observado com interesse especial o êxito obtido por seus vizinhos, como Cingapura e Malásia.

O governo da China contatou então o PNUD e a Conferência das Nações Unidas sobre Comércio e Desenvolvimento (Unctad) para organizar uma visita de estudo de seis semanas no intuito de instruir uma equipe de funcionários de alta posição sobre a promoção de investimentos. O líder da delegação chinesa era o vice-ministro da recém-criada Comissão de Investimento Estrangeiro. Uma comissão de alto nível do Centro Internacional de Comércio (CIC) da Unctad viajou para Beijing para discutir o projeto e falar sobre as zonas econômicas especiais. Pouco depois, foi realizado um *workshop* em Beijing para planejar a missão e moldá-la aos interesses dos participantes. Concentrou sua atenção em áreas específicas e as demarcou para serem objeto de uma investigação mais profunda. Em setembro, o grupo partiu para seis países: Cingapura, Filipinas, Irlanda, Malásia, México e Sri Lanka.

Os participantes assistiram a cerca de 75 reuniões, concentrando-se nos temas vinculados com as zonas especiais de exportação, como: incentivos fiscais, infra-estrutura física, instalações comuns de infra-estrutura e serviços para os investidores estrangeiros, questões bancárias e promoção do investimento. Um especialista da Unctad acompanhou o grupo durante toda a viagem, introduzindo observações e perspectivas independentes. Para concluir a visita foi realizada uma sessão informativa na sede do CIC em Genebra, seguida de uma reunião com o PNUD em Beijing, antes que os participantes chineses preparassem o relatório final da sua missão.

As contínuas discussões durante todo o ciclo de vida da missão asseguraram a compreensão clara de seus propósitos e das experiências observadas. Em Beijing, as conversas concentraram-se na formulação de recomendações precisas ao governo e na iniciação de ações subseqüentes, como a preparação de propostas de legislação nacional.

Como veio a se comprovar, o líder da delegação, o vice-ministro Jiang Zemin, tornou-se o prefeito de Xangai e depois presidente da República Popular da China, cargo que lhe permitiu atuar como o principal impulsionador das reformas econômicas. Outro dos integrantes da missão, Qin Wenjun, é atualmente membro do Politburo; Lu Zifen estabeleceu a zona especial de exportações de Xiamen; Huang Shimin criou a zona de Xenzen e é atualmente chefe do Comitê Político Hong Kong/Macau, e Wu Jinquan é membro do Comitê Central do Partido.

Resultados e fatores críticos

Pode-se dizer que, tendo ajudado a forjar a visão e o critério dos futuros líderes, a iniciativa contribuiu, em seus modestos alcances, para o crescimento rápido e quase exemplar que a China registrou nos últimos anos, convertendo-se em um modelo para os países em desenvolvimento. Alguns ingredientes contribuíram particularmente para o êxito do projeto:

- Os participantes chineses mostraram alto grau de compromisso e vontade de que a iniciativa fosse bem-sucedida, em parte devido ao fato de naquela época não haver consenso interno na China com respeito à estratégia para reformar a economia.
- A forte liderança entre os participantes chineses, assim como uma seleção correta das pessoas mais adequadas para a missão, foram fatores fundamentais para o projeto.
- Outro fator crítico foram as intensas reuniões mantidas por funcionários chineses e funcionários da Unctad/CIC para planejar e traçar um programa cuidadosamente elaborado em termos dos países que visitariam, das agências que contatariam e dos temas e dúvidas que seriam discutidos.
- O relatório estratégico final e as conversas posteriores com a Unctad em Genebra e o PNUD em Beijing ajudaram a fortalecer a experiência e esclarecer o entendimento, assim como o trabalho de facilitação realizado por um especialista internacional em cada país e também seu relatório final.

- Discussões internas rigorosas, a documentação do processo e os relatórios serviram para assegurar que as lições aprendidas foram transmitidas e comunicadas àqueles que tinham a seu cargo a tomada de decisões. Foram enviados relatórios escritos ao Conselho Estatal e, mais tarde, ao Congresso Popular Nacional, quando este debatia o estabelecimento das primeiras zonas econômicas especiais na China.

Outras informações

Ministry of Foreign Trade and Economic Cooperation (MOFTEC), Peoples Republic of China (www.moftec.gov.cn).

Os autores agradecem a contribuição de Bob Boase, do PNUD da China.

➲ CHINA
INVESTINDO NA CAPACIDADE DE PESQUISA FARMACÊUTICA PARA COMPETIR EM ESCALA MUNDIAL

Em poucas palavras

O Acordo sobre Direitos de Propriedade Intelectual Relacionados com o Comércio (TRIPS: Trade-Related Aspects of Intellectual Property Rights) da OMC provocou mudanças decisivas no setor farmacêutico da China. O país não pode mais depender apenas da engenharia reversa ou da reversão de medicamentos patenteados para abastecer seu 1,3 bilhão de habitantes. Além disso, o aumento da mortalidade por causa das enfermidades crônicas, como o câncer, o envelhecimento da população e as necessidades médicas dos mais pobres, constitui um desafio permanente e é fator que põe à prova a capacidade da China no campo das ciências da saúde.

O caso que apresentamos a seguir chama a atenção para a resposta do governo chinês e da comunidade científica às circunstâncias internas e externas em mutação, e para as ações que eles têm implementado para desenvolver capacidades para a pesquisa e o desenvolvimento farmacêuticos (P + D). Entre estas se incluem o impulso para a cooperação entre o governo, a academia e a indústria; a facilitação de capitais de risco para contratos de pesquisa e manufatura; e as reformas legais e institucionais.

A história

As tendências que regem a saúde e a doença determinam em grande medida as prioridades de pesquisa e desenvolvimento nos setores farmacêutico e de biotecnologia. Nas últimas décadas, a China tem vivido uma transição epidemiológica de uma sobrecarga excessiva de enfermidades infecciosas para a incidência crescente das enfermidades crônicas não-transmissíveis.

Já considerável em tamanho, a indústria farmacêutica da China é uma das de crescimento mais rápido no mundo. No entanto, o investimento em pesquisa e desenvolvimento tem sido apenas de 2-4% dos lucros, em comparação com 20% entre as companhias farmacêuticas multinacionais que detêm a maior parte da propriedade intelectual de alto valor na nova indústria das descobertas químicas. Conseqüentemente, estima-se que 90% dos remédios modernos distribuídos na China são resultado da engenharia reversa. Com a liberalização do comércio de produtos farmacêuticos e das exigências estritas de proteção de patentes da OMC, as ciências da saúde da China não têm mais opção, para poder competir e sobreviver, do que aumentar sua capacidade de investigação e desenvolvimento. As iniciativas do governo e da indústria nesse sentido estão bem avançadas.

O governo realizou muitos esforços proporcionais para aumentar a capacidade de pesquisa por meio da academia e depois comercializar os resultados. O ministro da Ciência e da Tecnologia destinou um orçamento de seiscentos milhões de dólares para promover a biotecnologia e a pesquisa de genomas durante cinco anos. O Estado e os governos locais também são parte dos canais de financiamento. O Centro de Pesquisa e Desenvolvimento de Drogas Novas de Xangai, por exemplo, oferece assistência e financiamento para contratos de risco compartilhado e comercializa as descobertas feitas na região. Na área dos chips genômicos, as companhias e as universidades apressam-se em desenvolver esses elementos essenciais para a pesquisa e o desenvolvimento de novos medicamentos, sob o ativo patrocínio do governo. O trabalho conjunto nesse campo está gerando um efeito de agrupamento em torno das instituições acadêmicas, que se convertem em eixos de grande quantidade de indústrias de alta tecnologia e conhecimento intensivo.

A China também tem estimulado operações de risco compartilhado entre entidades de pesquisa e desenvolvimento e as companhias estrangeiras ricas em tecnologia e fundos. Muitas das principais companhias farmacêuticas já estabeleceram operações manufatureiras e de pesquisa e desenvolvimento na China, atraídas por suas reservas de talentos científicos. Alguns deles foram formados em universidades de primeira linha dos Estados Unidos e da Europa e retornaram ao seu país atraídos pelos incentivos que o governo oferece. As corporações estrangeiras também estão de olho no mercado interno crescente, que se abriu à competência estrangeira e oferece vantagens de custo. Em 2001, o investimento direto estrangeiro e o financiamento público e privado no setor farmacêutico atingiram cerca de 1,8 bilhão de dólares.

A dinâmica da indústria farmacêutica global proporciona à China uma fonte de oportunidades para o desenvolvimento de capacidades. O mercado internacional de contratos de fabricação tem uma dimensão próxima de 10 bilhões de dólares, com uma média de oitocentos milhões gastos em dez anos pelas grandes companhias farmacêuticas para cada molécula comercializada com sucesso. Em virtude da pressão significativa dos custos, unida às altas taxas de desgaste e à aguda escassez de trabalhadores especializados em biofarmacêutica, os atuais esforços de investigação de descobrimentos têm lugar em diferentes locais transnacionais. As formas de pesquisa por contrato constituem parte integrante dos esforços de desenvolvimento de novos produtos, pois a pesquisa clínica é multinacional e multicêntrica e se realiza em escala global.

Esses contratos globais são, com freqüência, baseados em condições estritas de qualidade que requerem a certificação de uma agência reguladora para boas práticas de fabricação, clínicas e inclusive agrícolas. As condições são acompanhadas de treinamento prático no local e, às vezes, de investimento em instalações e equipamento médico. Apesar do alto custo, a subcontratação da investigação está em ascensão, constituindo uma fonte importante de financiamento e desenvolvimento de capacidades para muitas companhias de pesquisa de pequena e média escala do mundo inteiro. Por exemplo, a conclusão do Projeto do Genoma Humano gerou enorme necessidade de pesquisa para relacionar as funções de milhares de genes com as enfermidades por meio de genomas e proteomas funcionais. Muitas das peças do quebra-cabeça da pesquisa e do desenvolvimento requerem capacidade de informática e trabalho laboratorial intensivo, que fazem da subcontratação uma necessidade. Para tirar partido dessa tendência, as instituições chinesas estão formando suas capacidades bioinformáticas. Além disso, como a China foi um dos dois países asiáticos que participaram do Consórcio Internacional sobre a Seqüenciação do Genoma Humano, algumas instituições de pesquisa e de desenvolvimento desse país têm projetos conjuntos com companhias estrangeiras avançadas.

Outro fator importante que direciona o desenvolvimento das capacidades farmacêuticas na China é a pesquisa orientada para desenraizar as bases científicas dos medicamentos chineses tradicionais. Seu valor potencial é grande, o que faz que a pesquisa de medicamentos tradicionais seja uma prioridade para as instituições chinesas de pesquisa e desenvolvimento. Em conformidade com as normas internacionais de aprovação, alguns medicamentos chineses tradicionais têm sido submetidos ao processo formal de descobrimento e desenvolvimento de drogas, com documentação científica e uso de tecnologias modernas para avaliar sua eficácia e confiabilidade.

As iniciativas descritas desenvolveram-se tendo como base um amplo consenso, necessário para impulsionar a competitividade na estrutura das indústrias do conhecimento, enquanto a economia chinesa crescia. Esse processo foi apoiado por uma legislação avançada e por maior aceleração no desenvolvimento de capacidades. São exemplos deste último a reforma das exigências de regulamentação farmacológica de acordo com os padrões internacionais, a recomposição da Administração Estatal de Drogas, a imposição de padrões de qualidade que assegurem a confiabilidade dos medicamentos, o estabelecimento de incentivos governamentais para formar a capacidade farmacêutica e biotecnológica, a proteção das patentes dos produtos, a introdução de medidas coativas enérgicas, a desregulamentação das importações e exportações e a distribuição de produtos farmacêuticos.

Há quem argumente que tais medidas são uma faca de dois gumes, uma vez que eliminam a proteção da indústria farmacêutica nacional incipiente e a expõem à concorrência direta com as poderosas companhias multinacionais. Em um meio em que a aprovação legal dos novos descobrimentos em matéria de drogas se torna cada vez mais difícil, é provável que muitas iniciativas não possam ser consolidadas. Entretanto, é provável que os passos que estejam sendo dados atualmente na China para desenvolver as capacidades lhe permitam sair vitoriosa dessa transição.

Resultados e fatores críticos

A experiência da China oferece visões práticas e abordagens realistas ao desenvolvimento de capacidades no setor farmacêutico de pesquisa e desenvolvimento. Alguns dos fatores fundamentais que contribuíram para seus muitos resultados incluem:

- A determinação do governo de não se esconder atrás da engenharia reversa, mas aceitar as regras do jogo e os padrões internacionais, combinada com as pressões da concorrência, que atuaram como motor da inovação.
- A colaboração entre o governo, o mundo acadêmico e a indústria para alimentar as novas capacidades científicas, tecnológicas e humanas, permitindo que a China avance em seus esforços de P+D para o descobrimento de novas moléculas para produtos farmacêuticos e para a pesquisa das bases científicas de seus medicamentos tradicionais.

- Reformas governamentais múltiplas, que variam desde a regulamentação de medicamentos até a implantação de medidas coercitivas de proteção de patentes e a liberalização da indústria farmacêutica.
- Um grande mercado, ao qual se vinculam o capital de investimento em P+D e os rendimentos esperados no futuro. (No passado, os grandes mercados, como os do Brasil, China ou Índia, estimularam o desenvolvimento de capacidades farmacêuticas fora do mundo desenvolvido.)

Outras informações

CAI, F. Risks and Rewards for Pharma in Post-WTO China. *Pharmaceutical Executive*, abril 2002.

FERNANDES, M.; MISKA, D. Strategic Rethink for German Biotechnology. *Nature Biotechnology*, outubro 2002.

JU, J. Life Science and Biotechnology in China. Discurso do chefe da delegação chinesa na V Sessão da Comissão das Nações Unidas sobre Ciência e Tecnologia do Desenvolvimento, Genebra. 2001.

World Health Organization (WHO). *Active Ageing, A Policy Framework*. Genebra: WHO. 2002.

Os autores agradecem a contribuição de Sunil Chacko, M.D., da Science and Conscience Foundation.

○ EGITO
UMA COMUNIDADE CONFIANTE APRENDE A LIDAR COM SEU MEIO AMBIENTE

Em poucas palavras

Uma comunidade pobre do norte do Egito mobilizou-se para melhorar o processamento de águas servidas. O projeto Geziret El Sheir obteve sucesso no estabelecimento de um sistema regular e totalmente funcional para a coleta e a eliminação de águas servidas. Com isso aumentou a confiança da comunidade em suas possibilidades de mudança, bem como lhe permitiu empreender melhoras em outros aspectos do manejo ambiental. A todo momento, as autoridades locais ofereceram contribuições fundamentais para o processo, assim como para replicar a experiência e utilizá-la para influenciar o traçado de políticas.

A história

Geziret El Sheir, uma ilha do Nilo que faz parte da cidade de El Qanater, na província de Qalubia, tem cerca de sete mil habitantes vivendo em seis pequenos assentamentos. Eles têm eletricidade, água potável e fossas sépticas familiares; mas, até pouco tempo, a coleta de resíduos sólidos era inadequada, não havia remoção adequada de águas servidas e as fossas sépticas estavam freqüentemente transbordando. Os moradores da comunidade deviam levar seu lixo aos depósitos públicos, mas em geral o atiravam nas ruas, nas margens do Nilo ou nos canais de irrigação. Era comum encontrar montes de lixo e charcos de água estagnada.

Para enfrentar esses problemas, foi concebido um projeto baseado no diálogo local e no planejamento participativo realizado pela comunidade, que conseguiu a contribuição das mulheres e trabalhou em estreita ligação com a província de Qalubia.

O empreendimento é mais um entre os muitos que receberam o apoio do programa Iniciativa de Serviço Local para o Meio Ambiente Urbano (Life: Local Initiative Facility for the Urban Environment) e da Agência Alemanha de Assistência Técnica (GTZ). Ambas estimularam o trabalho conjunto da comunidade e as instituições formais, assim como a participação de grupos marginalizados, como as mulheres, na avaliação das necessidades e no planejamento.

A iniciativa começou com a Associação de Desenvolvimento Comunitário (ADC), o qual depois elaborou um questionário de determinação dos fatos com a ajuda do Life/GTZ, que foi aplicado a uma amostra da população. Com base nos achados, foram organizados *workshops* para muitos interessados com o fim de aproximar os residentes dessa comunidade a outros atores do processo. Também se buscava introduzir o enfoque do planejamento participativo, criar consenso sobre as necessidades prioritárias e suas soluções mais adequadas, ajustar um plano de ação e estimular a participação das mulheres. Foi decidido que 25 voluntários locais, 15 deles mulheres, atuariam como contato entre os residentes e a

ADC, que contribuiu com mais de seis mil dólares para o financiamento do projeto. Usando a metodologia do Zopp (*ziel orientere projekt planung*, ou planejamento do projeto orientado para os objetivos), os participantes do *workshop* identificaram três problemas prioritários, em ordem descendente: inundação de fossas sépticas, carência de um sistema de manejo de dejetos sólidos e o desemprego entre os jovens.

Além de melhorar o ambiente, o projeto tinha outros objetivos sociais igualmente importantes. Estes incluíam estimular as mudanças comportamentais de longo prazo relacionadas ao saneamento, e estabelecer um diálogo sustentável entre a comunidade e a autoridade local, e entre os conselhos populares e o setor privado.

Subseqüentemente, várias campanhas de consciência ambiental começaram a estimular atitudes positivas com relação ao saneamento ambiental e à disseminação de práticas de higiene eficazes. Life/GTZ proporcionaram a assistência técnica que a ADC precisava para elaborar um plano de manejo de coleta de águas servidas em caminhões, o que exigia uma base de dados para traçar uma rota eficiente. Assim, as casas de Geziret El Sheir foram numeradas pela primeira vez. A autoridade local aceitou que a água servida fosse eliminada mediante um canal de drenagem, e foi planejada a cobrança de tarifas para esvaziar e limpar regularmente as fossas sépticas. Essas tarifas, que eram pagas à ADC, foram estabelecidas pela mesma comunidade e eram ligeiramente mais altas que as cobradas anteriormente pela municipalidade. Os moradores estavam dispostos a pagar uma soma maior porque sua participação no processo de tomada de decisões lhes havia dado sentido de apropriação e uma posição no processo dos melhoramentos que estavam sendo realizados.

O lançamento do sistema foi celebrado com uma cerimônia à qual compareceram o governador de Qalubia, membros da Assembléia do Povo, alguns integrantes dos conselhos populares locais e a diretoria da ADC, além de membros da comunidade e representantes de outras comunidades e de ONGs interessadas em aprender com a experiência de Geziret El Sheir.

Daí em diante ficou claro que as autoridades locais desempenhavam um papel indispensável no sucesso do projeto. Como associadas em todas as fases do projeto, elas disponibilizavam dois trabalhadores em dois turnos de coleta de águas servidas. Também ofereciam treinamento técnico ao pessoal da coleta, serviços de manutenção e equipamentos. E asfaltaram meio quilômetro do caminho para facilitar o acesso do caminhão encarregado da coleta.

Quando o problema das águas servidas foi resolvido, outras iniciativas começaram a ser desenvolvidas no âmbito social, incluindo um projeto de manejo de dejetos sólidos que estabelecia um sistema de coleta de lixo. Mas talvez o maior impacto tenha sido a capacitação de jovens de ambos os sexos da comunidade que trabalhavam como voluntários. Eles receberam treinamento em como conduzir campanhas de conscientização ambiental, difundiram as idéias que motivavam o projeto e atuaram como um elo entre a ADC e a comunidade. A capacitação, assim como a participação desses jovens nas diversas atividades do projeto, ajudaram-lhes a solidificar a auto-estima e a tomar consciência de seu fortalecimento. Atualmente, dois dos voluntários, um homem e uma mulher, tornaram-se membros do Comitê de Desenvolvimento do Projeto, que se encarregará de administrar a longo prazo o projeto, quando a equipe da Life/GTZ tiver se extinguido. Para as jovens mulheres egípcias, cujas oportunidades são muito limitadas, essa atividade constitui uma forma relativamente aceitável e acessível de exercer influência e autoridade. Em um segundo *workshop,* do qual participaram representantes de 43 comunidades e funcionários locais do governo, a participação das mulheres foi destacada e muito efetiva.

Resultados e fatores críticos

O projeto de Geziret El Sheir criou um entorno ambiental mais limpo, ao mesmo tempo que ampliou as capacidades da comunidade, tornando-a mais segura de si mesma e incluindo as mulheres nesse processo. As novas alianças que as associações comunitárias de desenvolvimento, agora mais bem organizadas, iniciaram com as autoridades locais abriram as portas para as iniciativas inovadoras e acenderam o desejo de uma participação mais profunda. Os voluntários comunitários, em particular os jovens e as mulheres, adquiriram o conhecimento e as habilidades necessárias para melhorar o meio ambiente e desenvolver campanhas de conscientização cidadã.

Entre os fatores que contribuíram para o sucesso do projeto estão:

- O uso de uma abordagem sistemática incluindo tecnologia apropriada, mobilização social e capacitação da comunidade para ajudar as pequenas localidades a enfrentar grandes problemas e a se beneficiar de um eventual impacto psicológico positivo.
- A identificação dos problemas mais visíveis da vida cotidiana, seguida de importantes realizações que conduziram a ações maiores, com menores investimentos e custos, as quais levantaram o moral, a autoconfiança e a capacidade.
- A promoção do diálogo no âmbito local como um meio eficaz de organizar as comunidades para a ação em conjunto e para criar entre elas alianças efetivas.
- A incorporação das autoridades locais desde o início das atividades, o que resulta fundamental não só para o projeto, mas também para replicar e remontar a experiência.
- O emprego de atividades estratégicas de "pré-ação", como o mapeamento da zona, pesquisas, treinamento de voluntários etc., que contribuíram muito para o sucesso do projeto e constituem uma vantagem social importante.

Outras informações

Local Initiative Facility for the Urban Environment (LIFE). *External Evaluation of LIVE Global Programme.* Management Development and Governance Division. New York: UNDP. 2001.

Local Initiative Facility for the Urban Environment (LIFE) and German Technical Assistance (GTZ). *Geziret El Sheir: Joint Evaluation Report.* 2001.

Ministério Alemão da Cooperação Econômica (www.bmz.de).

United Nations Development Programme (UNDP). Em preparação. LIFE: *A Decade of Lessons in Participatory Local Governance to Improve Living Conditions of the Poor.* New York: UNDP.

Os autores agradecem a contribuição de Pratibha Mehta, PNUD/LIFE.

⊃ EGITO
RELATÓRIOS DE DESENVOLVIMENTO HUMANO SUBNACIONAIS FACILITAM ANÁLISE NO NÍVEL COMUNITÁRIO

Em poucas palavras

Em 1993, o Egito tornou-se um dos primeiros países a produzir um Relatório Nacional sobre o Desenvolvimento Humano (RNDH). O processo cultivou as capacidades estatísticas relacionadas à obtenção do Índice de Desenvolvimento Humano e de outros indicadores socioeconômicos; na verdade, só depois do RNDH de 1996 a terminologia da pobreza começou a entrar em voga. Atualmente, o Plano Qüinqüenal de Governo (2002-2006) incorporou a análise e o planejamento de uma perspectiva do desenvolvimento humano. Os índices de desenvolvimento humano foram desagregados do nível municipal em 2002, e estão sendo realizados esforços para elaborar relatórios regionais de desenvolvimento humano, com a desagregação de alguns elementos no âmbito das aldeias.

É indiscutível que o RNDH transformou-se em um importante instrumento de defesa do desenvolvimento humano no Egito, ao mesmo tempo que facilita o desenvolvimento das capacidades relacionadas com a análise da pobreza e o planejamento do desenvolvimento.

A história

Desde que produziu o primeiro RNDH em 1993, o Egito continuou elaborando um relatório praticamente a cada ano, em colaboração com o Instituto de Planejamento Nacional (IPN) e o escritório local do PNUD. Ao longo desse processo, floresceram as capacidades estatísticas do IPN e de sua instituição matriz, o Ministério do Planejamento. Entre as contribuições do RNDH para o desenvolvimento de capacidades para a análise da pobreza e do planejamento do desenvolvimento inclui-se a criação em 1996 de uma metodologia para calcular a linha de pobreza nacional, além da obtenção das primeiras estimativas confiáveis sobre a pobreza no país, desagregadas por região.

Os relatórios têm sido adotados de forma extra-oficial pelo governo e são usados nas análises sobre pobreza da Organização Internacional do Trabalho (OIT) e do Banco Mundial. Também proporcionaram as informações básicas para as projeções sobre o Egito do primeiro relatório sobre os Objetivos de Desenvolvimento do Milênio (ODMs), elaborado pela Equipe de Campo da ONU em 2002. Os cálculos do RNDH sobre os índices de desenvolvimento humano efetuados no nível regional e das províncias foram adotados pelo Fundo Social para o Desenvolvimento do Egito e por outros programas locais de investimento, por exemplo o Shourok, como um método para a designação de recursos.

Em virtude da visibilidade e qualidade dos relatórios, o então coordenador do RNDH foi nomeado ministro do Planejamento em 2001. Isso lhe permitiu continuar o processo de desenvolvimento de capacidades de dentro do governo, onde o conceito e a terminologia do desenvolvimento humano tornaram-se ainda mais aparentes nos processos, documentos e eventos. Por exemplo, o atual Plano Qüinqüenal incorporou a análise e o planejamento do desenvolvimento humano, juntamente com metas e indicadores a ele relacionados. Por meio do trabalho paralelo, porém coordenado, do Conselho Nacional de Mulheres e do PNUD, ficou também evidente na elaboração do orçamento uma sensibilidade de gênero, enquanto a difusão progressiva dos conceitos de desenvolvimento humano no Ministério e no governo, de forma mais geral, fez que, em 2002, a participação no processo de planejamento se abrisse para o setor privado.

Nos últimos dois anos, o RNDH converteu-se em um documento ainda mais influente, mantendo sua qualidade sem perder a autonomia e a neutralidade de seus autores e de seu conteúdo. No relatório de 2003, seguindo a desagregação dos índices de desenvolvimento humano no âmbito do município, foi produzida uma série de indicadores para cada uma das 451 municipalidades, e usados pelo escritório do PNUD para traçar uma base geográfica de dados que permitisse buscas eletrônicas com base em mapas.

A partir de então, a análise das disparidades do desenvolvimento espacial levou o primeiro-ministro a pedir que, em colaboração com o PNUD, fosse elaborado um programa para as dezenas de municipalidades que mostravam resultados insatisfatórios. Em virtude de sua natureza multidisciplinar e de suas dimensões, a iniciativa não apenas estimulou a coordenação entre as agências da ONU, mas também foi uma das primeiras ações previstas no Plano Nacional de Redução da Pobreza, desenvolvido pelo Ministério do Planejamento com o apoio do Banco Mundial, do PNUD e da OIT.

As capacidades analíticas e substantivas geradas pelo RNDH não ficaram confinadas ao IPN ou ao Ministério do Planejamento. O PNUD, com o co-financiamento do governo da Dinamarca, atualmente apóia a preparação de relatórios no nível das províncias e sob a condução do Ministério do Desenvolvimento local. Em 2003, divulgaram-se os primeiros sete relatórios, e há outros vinte sendo preparados. A produção desses documentos impulsionou a desagregação de dados no âmbito das 4.500 aldeias do Egito. A análise detalhada permitirá não só maior precisão ao abordar os problemas do desenvolvimento local e priorizar os investimentos por tipo e tamanho, mas também proporcionará a oportunidade de manter um processo local de planejamento e monitoramento participativos do desenvolvimento, que tem sido um dos traços característicos da preparação do relatório. Ao mesmo tempo, as autoridades locais incrementaram rapidamente seu nível de consciência sobre o tema e começaram a adotar os conceitos, os índices e a terminologia do desenvolvimento humano.

Resultados e fatores críticos

A disponibilidade de dados apropriados nos âmbitos das aldeias, dos municípios e das províncias tem guiado a promoção do desenvolvimento humano em todo o Egito, permitindo que o processo se concentre nas prioridades mais urgentes. Ao mesmo tempo, o desenvolvimento de capacidades para a análise da pobreza e do planejamento do desenvolvimento no âmbito nacional está se difundindo nos níveis subnacionais. A base de dados do RNDH, além de contribuir para o processo egípcio de planejamento por cinco anos, faz que pela primeira vez as informações macroeconômicas se encontrem disponíveis por meio de mapas e de um sistema de busca, oferecendo um instrumento de planejamento vital para as repartições do governo e para os doadores. Os fatores que influem no sucesso do RNDH são os seguintes:

- Uma instituição nacional, o IPN, foi desde o início a responsável pela coordenação da preparação dos relatórios, com o apoio crítico do PNUD.
- O compromisso sólido do diretor do IPN assegurou que a análise política do RNDH estivesse interligada com os sistemas e procedimentos nacionais, algo que também fortaleceu as capacidades individuais e organizacionais.
- A criação deliberada de oportunidades que permitam aproveitar a perícia nacional na elaboração dos RNDHs e impulsionar a participação ampla dos diversos setores da sociedade no processo de formulação e revisão dos relatórios, inclusive na seleção de temas, condução de investigações e avaliações entre colegas.

Outras informações

Egypt Human Development Report 2003 (www.undp.org.eg/publications/ENHDR_2003/NHDR 2003.htm).

Donorr Assistance Group (DAG). Documento de princípios sobre o desenvolvimento social. Cairo. 2001.

UN Country Team. *Millennium Development Goals Report for Egypt*. 2002 (www.undp.org/mdg/ egypt.pdf).

UN Country Team. *Common Country Assessment*. 2001 (www.undp.org.eg/rc/cca.pdf).

UN Country Team. *United Nations Development Assistance Framework*. 2002 (www.undp.org.eg/ programme/ccf.pdf).

Governo do Egito. 2017 *Vision for Egypt*. Cairo, 1997.

Os autores agradecem as contribuições do PNUD do Egito.

➲ EQUADOR
DIÁLOGO NACIONAL PROPICIA CONSENSO SOBRE
DESENVOLVIMENTO SUSTENTÁVEL

Em poucas palavras

No Equador, sob a égide do programa Diálogo 21, os instrumentos de informação e comunicação criaram espaço para um discurso público que tem aglutinado as forças sociais, políticas, governamentais e econômicas em torno do desenvolvimento humano sustentável.

Um grande número de pessoas, trabalhando em conjunto, criou consenso em uma situação de crise e conseguiu gerar uma mudança, modificando previamente as atitudes de confrontação e desconfiança. As agências externas têm desempenhado um papel facilitador, usando instrumentos de ajuda flexíveis e adaptáveis, que se baseiam nas práticas das instituições locais e inspiram confiança aos diferentes grupos. A experiência geral resultou tão bem-sucedida que pode oferecer um modelo digno de replicação em outros Estados frágeis ou em situações de pós-crise.

A história

Diálogo 21 é um projeto nacional que começou em 1999 no Equador. Ele encoraja o uso da informação e da comunicação para promover o desenvolvimento sustentável e iniciar o contato entre os diferentes atores sociais do país (diversidades étnicas, sociais etc.). O projeto foi planejado para responder ao clima de crise do Equador, uma crise que não era apenas política, com quatro presidentes em menos de dezoito meses, mas também econômica e social. Diferentes segmentos da sociedade equatoriana viam-se paralisados em um estado de permanente confrontação.

O projeto trabalha em três níveis superpostos. O primeiro desenvolve a capacidade entre os líderes locais, mediante a capacitação e o desenvolvimento de uma consciência informada em campos relacionados ao desenvolvimento sustentável local. Aqueles que completaram sua educação secundária podem estudar na Universidade Politécnica Salesiana, cujo currículo inclui aprender sobre a teoria do desenvolvimento sustentável em um ambiente local, planejamento de projetos, mobilização de recursos, comunicação para o desenvolvimento e técnicas de participação social. Aqueles que não contam com educação formal podem participar de um processo educativo informal chamado "redes de diálogo local", que organiza *workshops* de capacitação, distribui boletins informativos mensais e difunde um programa de rádio bimensal a que os estudantes podem se juntar.

Em seu segundo nível, o Diálogo 21 participa do planejamento, da administração e da aprovação das políticas públicas que vão levar a legislação a dar lastro à ação local. Um resultado importante disso foi a Lei dos Comitês Paroquiais, aplicada a partir de outubro de 2000. O Diálogo 21 ajudou a elaborar as regulamentações que regem os comitês e negociam um orçamento anual.

O terceiro nível, que abrange todos os demais, promove uma cultura nacional de diálogo por intermédio do rádio e da televisão. Os comerciais de TV que produzem mostram os atores sociais em diferentes situações, como militares ou dignitários da Igreja dialogando com líderes das etnias nativas. A mensagem é clara: "O diálogo é possível; o diálogo enriquece quem quer que participe dele, contanto que esteja baseado no respeito aos outros". As mensagens de rádio concentram-se em temas específicos do desenvolvimento sustentável que resultam de interesse para as diversas províncias e localidades. São difundidos por intermédio de estações de rádio comunitárias, onde personalidades locais debatem os temas tratados.

A interação entre os três níveis do Diálogo 21 é da maior importância, a tal ponto que a capacitação dos líderes locais em matéria de desenvolvimento sustentável está respaldada pelas leis nacionais e por uma cultura de diálogo permanente.

Desde a sua concepção, o Diálogo 21 aplicou sistematicamente a metodologia geral da Capacidade 21, que é usada na América Latina e em todo o mundo para implementar a Agenda 21, um plano de ação para o desenvolvimento sustentável que surgiu em 1992 na Conferência da ONU para o Meio Ambiente e o Desenvolvimento. Concentrando-se nas capacidades locais para o desenvolvimento sustentável do Equador, o Capacidade 21 inspirou confiança como facilitador neutro devido a seu "estilo horizontal". Vale-se de três princípios básicos da Agenda 21: participação, informação e integração. Envolvendo-se em um processo de planejamento flexível e baseado no acordo mútuo, o programa adapta-se ao contexto e às necessidades dos participantes, ao mesmo tempo que aplica as lições sobre desenvolvimento sustentável aprendidas com outros países da região.

Atualmente, o Diálogo 21 desenvolveu sua própria metodologia denominada "Esquinas para o Diálogo", que se baseia na antiga prática popular de se reunir em determinados momentos do dia nos bairros, paróquias, esquinas, lojas e mercados. As pessoas reúnem-se, conversam sobre si mesmas e sobre o que estão passando, e em geral relatam suas queixas. Para o Diálogo 21, o desafio consistia em adotar essa prática para trocar informações sobre o desenvolvimento sustentável nos âmbitos local, provincial e nacional.

Até o momento realizaram-se dezoito "Esquinas para o Diálogo" – catorze locais, três regionais e uma nacional – com uma participação total de 883 pessoas. Trinta e dois por cento eram mulheres, 12% eram membros de comunidades indígenas e 4% eram afroequatorianos. O número de comunidades que receberam capacitação nacional foi de sessenta, e há atualmente uma rede de 44 líderes ou "dialogadores" locais.

Os desafios futuros identificados foram os seguintes: trabalhar para criar vínculos individuais, locais, nacionais e mundiais para o desenvolvimento sustentável; fortalecer as conexões entre projetos e processos, a fim de esclarecer o papel do Diálogo 21; abrir linhas de pesquisa sobre a relação entre a auto-estima e a articulação de opiniões políticas; e, como uma das melhores estratégias para desenvolver as capacidades locais, trabalhar sem descanso na educação formal e informal para capacitar os líderes locais no desenvolvimento sustentável.

Resultados e fatores críticos

O progresso alcançado para gerar consenso e compromisso com os princípios do desenvolvimento sustentável, assim como a capacidade de trabalho conjunto desenvolvido por grupos que antes desconfiavam um do outro, pode ser atribuído aos seguintes fatores:

- O uso do diálogo como um instrumento estratégico para criar consenso, gerar confiança e modificar atitudes de confrontação entre grupos diferentes quando se trata de traçar o curso do progresso em uma situação de pós-crise.
- O fato de criar com base em práticas e experiências das instituições e processos locais, adaptando-os para satisfazer as necessidades atuais.
- Conseguir a participação das agências externas em papéis de facilitação, o que inspira confiança aos grupos de beneficiários.
- O uso de instrumentos de ajuda flexíveis e adaptáveis para assegurar que o programa possa responder a necessidades e circunstâncias em mutação.
- Trabalhar em diferentes níveis para mobilizar e fortalecer diferentes capacidades e, assim fazendo, fomentar a interação entre o desenvolvimento individual de destrezas, restabelecer uma estrutura política e estabelecer novos processos participativos para o diálogo e o intercâmbio entre atores estatais e não-estatais.

Outras informações

Capacity 21. *From Projects to Processes. From Rio to Johannesburg: Latin American Experiences in Sustainable Development.* PNUD, Coordenação Regional para a América Latina da Capacidade 21. México, D.F. 2001.

Capacity 21. *Communications: A Strategic Axis Towards Human Sustainable Development.* Capacity 21 Approaches to Sustainabilitity Series. s.d. (www.undp.org/capacity21).

Dialogue 21. *Work Report 2001.* Quito. 2001.

Reforming Technical Cooperation for Capacity Development. Insights in 1000 Words. 2002 (http://capacity.undp.org/cases/insights/romero.htm).

Os autores agradecem as contribuições de Jose Romero, Capacity 21 Latin America, UNDP.

➲ ESTÔNIA
USO INOVADOR DAS FUNDAÇÕES PARA IMPLEMENTAR
POLÍTICAS NACIONAIS

Em poucas palavras

Desde 1996, a Estônia tem usado as fundações como um mecanismo legal e institucional de apoio às políticas e aos programas nacionais em áreas tão variadas como meio ambiente, desenvolvimento de infra-estrutura, facilitação de exportações, desenvolvimento empresarial e investimento estrangeiro, reforma educacional, integração social, tecnologia da informação e preservação da arte e da cultura.

Embora se possa dizer que, nesse caso, não há ainda um juízo de valor concludente sobre o impacto das fundações no desenvolvimento nacional, há material para análise, tanto com respeito às vantagens de se oferecer apoio ao desenvolvimento de capacidades nessas instituições quanto, mais importante ainda, com respeito às formas em que as fundações podem fortalecer o governo e os grupos de beneficiários.

A história

Em 1996, o ministro da Cultura e da Educação da Estônia empreendeu um programa de reformas da educação e da capacitação técnico-vocacional financiado pela União Européia. A UE oferecia quatro milhões de dólares para se trabalhar de acordo com seu sistema de implementação descentralizada de programas, o que implicava criar uma instituição externa ao Ministério da Educação. Concordou-se então em estabelecer um mecanismo similar a uma unidade de implementação de programas, embora, no fim, se tratasse de algo mais: um corpo legal diferenciado.

O programa podia ser levado a efeito graças a uma nova legislação que regulamentava as atividades dos setores não-governamentais e sem fins lucrativos na Estônia. A Lei das Fundações, uma das várias que regulamenta o setor não-lucrativo, entrou em vigência em 1996 e estabelece que uma fundação é uma entidade legal de direito privado; não tem membros e administra bens com o fim de cumprir objetivos específicos determinados em seus estatutos. Uma fundação não é necessariamente uma instituição que concede subvenções ou doações, apesar de a lei facultar-lhe cumprir tais funções.

Embora a Lei das Fundações não tivesse sido aprovada com o fim explícito de implementar programas de desenvolvimento nacional, permitiu que essas instituições fossem rapidamente adotadas como um instrumento de financiamento e execução de alguns programas-chave para o Estado. Estes podiam depender fundamentalmente dos fundos governamentais ou, como era mais provável, de uma diversidade de fontes, entre elas e os doadores, o setor privado e os governos municipais. A estrutura de responsabilidade legal e financeira das fundações, as possibilidades que oferecem de promover e melhorar alianças entre os interessados e a flexibilidade existente para determinar seu campo de atividades tornaram-nas uma escolha cada vez mais popular.

De 1996 a 2002, cerca de quinhentas fundações foram registradas, das quais 74 foram fundadas pelo governo ou pelas municipalidades para implementar programas relacionados ao desenvolvimento. Destes, trinta têm o governo como sua fonte primária de financiamento, dezessete têm o governo como financiador indireto (por exemplo, por meio dos governos do condado, que dependem administrativamente do nível nacional) e 27 fundações têm os municípios como financiadores.

As fundações dedicadas ao desenvolvimento contam com comitês diretivos ou de supervisão de base ampla, o que assegura o consenso e uma participação ativa dos interessados. Caracteristicamente, os conselhos incluem representantes de vários organismos do governo e municipais, organizações não-governamentais, o setor privado, instituições universitárias de pesquisa e representantes dos beneficiários. A qualidade de membro envolve responsabilidades legais e financeiras, que recaem sobre os comitês diretivos e os diretores administrativos. Os ministros do governo são responsáveis pelos resultados diante do Gabinete e da opinião pública.

O conceito das fundações é por natureza semigovernamental. Embora lealmente as fundações sejam organismos não-governamentais, o governo desempenha papéis muito importantes nelas, seja como principal fonte de financiamento, seja como co-financiador. Dependendo das particularidades estabelecidas pelos estatutos de uma fundação, o financiador primário pode ter atribuições que outros associados não têm, como o direito de indicar os membros dos comitês diretivos, embora estes venham mantendo um alto nível de representatividade com respeito aos interessados. Desse modo, é possível equilibrar o alinhamento com as prioridades nacionais e a participação ampla.

Resultados e fatores críticos

Como modelo alternativo para a implementação de programas nacionais, a experiência da Estônia poderia ser considerada positiva, embora com algumas reservas. Seu enfoque tem contribuído muito para as capacidades nacionais e para a administração pública em alguns setores: a Tiger Leap Foundation, por exemplo, está introduzindo as tecnologias de informação e comunicação (TICs) no sistema educacional estoniano, enquanto a Integration Foundation se ocupa da integração social das minorias étnicas. Entre os benefícios específicos obtidos, estão:

- Grande harmonização com as prioridades nacionais, resultando do relacionamento entre o programa e a estrutura política e do fato de a prestação de contas final corresponder às autoridades nacionais.
- Enfoque do governo nas políticas e na vigilância, e não na implementação, o que tem melhorado a continuidade dos programas e permitido realizar ajustes diante das mudanças na condução.
- Participação ativa dos interessados e consenso amplo sobre a orientação política e dos programas.

- Uso combinado de recursos e a capacidade de concretizar ações conjuntas entre os programas, naqueles casos em que um doador específico não quer ou não pode se somar a esse enfoque.

A opção das fundações na Estônia não deixa de implicar desafios. O processo de melhorar os vínculos entre os programas e as políticas pode se desviar para o excesso de preocupação pelos resultados finais, enquanto a natureza da colaboração entre o pessoal dos ministérios, as agências e as fundações tem que estar mais bem delineada, especialmente quando esta afeta vários setores e/ou grupos de beneficiários. Apesar de haver uma participação compartilhada nos comitês diretivos, existe a percepção de que deveria aumentar a influência dos beneficiários e reduzir a do governo; de outro modo, corre-se o risco de os comitês diretivos se moverem ao ritmo dos caprichos políticos. Também há a necessidade de integrar melhor os sistemas de administração financeira das fundações com os das agências nacionais. Finalmente, persiste a preocupação com o fato de existirem demasiadas fundações, com o risco conseqüente de ineficiência e falta de coordenação.

Outras informações

Jerzy Celichowski. *Estonian e-Democracy Report*. 2001 (www.osi.hu/infoprogram/e-government%20 estonia%20proof%20read.htm).

The Foundations Act (www.legaltext.ee/text/en/X1014K3.htm).

The Integration Foundation (www.meis.ee).

Integration of Non-Estonians into Estonian Society: Setting the Course. UNDP integration-themed discussion paper (www.undp.ee/integrat/).

The Tiger Leap Foundation (www.tiigrihype.ee).

Os autores agradecem as contribuições de Robert Juhkam, do PNUD.

⇒ ESTÔNIA
TIGER LEAP POPULARIZA BENEFÍCIOS DE NOVAS TECNOLOGIAS DE INFORMAÇÃO E COMUNICAÇÃO

Em poucas palavras

O governo da Estônia tem procurado integrar as TICs na vida diária dos habitantes desse país, assim como se valer delas para promover o desenvolvimento socioeconômico e a governança. Como resultado, a Estônia conseguiu um alto nível de alfabetização eletrônica em um curto período de tempo, e registra uma das melhores taxas de acesso público à rede na Europa.

Essas realizações resultam de parcerias desenvolvidas entre os envolvidos locais e os internacionais, o uso inovador das fundações para proporcionar uma estrutura legal e institucional e uma visão nacional sólida, que busca aproveitar o poder das TICs para o desenvolvimento nacional. Nesse contexto, os doadores têm desempenhado um papel catalisador ao oferecer orientação técnica e assistência financeira a um processo localmente conduzido.

A história

A conexão da Estônia com o mundo eletrônico começou com a idéia inicial de introduzir as TICs no setor educacional por meio do agora renomado programa *Tiger Leap*. Seu sucesso deu ímpeto à ampliação dessa integração para outros setores e campos da vida.

Lançado em 1996, o *Tiger Leap* propôs-se a desenvolver a infra-estrutura das TICs nas escolas, incluindo conexões de internet; ajudar os professores a adquirir as habilidades básicas em computação e a usar as TICs no ensino escolar; apoiar a renovação dos programas de estudo e promover técnicas de aprendizagem, além de impulsionar a criação de um software adequado à língua e às particularidades da Estônia. O programa capacitou 10.900 dos dezessete mil professores desse país; dotou as escolas de 61 programas de software educativo, 39 deles em língua estônia, e apoiou um total de 172 iniciativas de desenvolvimento e capacitação mediante concorrências entre projetos.

No início, a Tiger Leap Foundation foi estabelecida para gerir o programa e administrar 13,5 milhões de dólares em recursos de 1997 a 2002. Lideradas pelo Ministério da Educação, encontravam-se entre seus co-fundadores dez companhias privadas, uma associação estoniana de companhias de computadores e 26 pessoas contribuindo individualmente. Em conseqüência do sucesso do projeto educativo, o governo convidou o PNUD para elaborar um documento de discussão sobre as TICs como catalisador econômico, com a esperança de ampliar o nível de consciência e estimular uma discussão pública que, em última instância, poderia derivar no desenvolvimento de políticas. O fato constituiu um complemento oportuno para melhorar um projeto anterior, que incluía estabelecer um servidor público de e-mail e os quatro primeiros pontos de acesso à internet na Estônia, três dos quais estavam situados na área rural da segunda ilha em tamanho do país.

O documento de discussão, denominado "Os saltos de tigre da Estônia para o século XXI" ("The Estonian Tiger Leaps into the 21st Century"), foi elaborado por cinco respeitadas figuras públicas da Estônia, provenientes de diversas áreas de atividade. O estudo recomendava:

- Acesso indiscriminado à internet, para fazer da Estônia o primeiro país em que se conectar com a internet seja um direito humano.
- Criar um ambiente geral e maciço de aprendizagem, que tenha como pedra angular as TICs e permita aumentar as capacidades e as aptidões além das fronteiras.
- Virtualização total do setor público.

Depois disso, a Tiger Leap Foundation iniciou em 1998 duas campanhas ambulantes de demonstrações denominadas "Tiger Tours". As exibições consistiam em armar enormes barracas nas cidades ou aldeias visitadas, onde se instalavam cerca de cem computadores conectados à internet, com acesso livre a todo o público, treinado durante o evento. O principal financiamento provinha do Banco União da Estônia; da Microlink, uma companhia de computação local que atualmente se estende além dos mercados da Estônia, da Latvia e da Lituânia; e da Companhia Telefônica da Estônia. Entre outros patrocinadores das campanhas figuravam as companhias de TI, alguns meios de comunicação, o PNUD, a Fundação Soros e os governos locais.

Todos se beneficiaram com as campanhas. O Banco recrutou novos clientes virtuais, a Microlink provavelmente vendeu mais computadores pessoais, e a Companhia Telefônica subscreveu novos clientes para os pacotes de serviços de internet. Os residentes do campo e das cidades venceram a barreira do conhecimento. Com as novas doses de informação e de conhecimentos práticos que adquiriram, eles aprenderam que as operações bancárias, educativas e também as atividades cotidianas do governo podiam ser desenvolvidas a partir de pontos de acesso públicos. Entretanto, o governo colheu e continua colhendo recompensas. A sensibilização e capacitação de grande parte da população criaram um público ávido para capitalizar a seu favor os esforços do governo virtual. Entre os exemplos de governo eletrônico cabe mencionar o Portal Cidadão de Democracia Direta; o projeto e-Tax Board, que oferece uma maneira simples de manejo individual das contas impositivas via internet e facilita ao governo a coleta de impostos; os passos dados para se votar via internet nas eleições de 2005; e as sessões virtuais do Gabinete ministerial.

Uma enorme quantidade de atividades e projetos de TICs surgiu a partir do impulso e do interesse gerado pelo programa *Tiger Leap*. O setor privado das TICs prosperou, enquanto se criou um centro de educação superior dedicado às TICs, e se estabeleceu uma estrutura legal e reguladora que orienta agora o desenvolvimento neste campo.

Resultados e fatores críticos

A Estônia alcançou em curto tempo um nível relativamente alto de alfabetização virtual. Atualmente, há cerca de quinhentos pontos de acesso à internet em todo o país, compondo uma média de 36 pontos para cada cem mil pessoas. Em 2002, cerca de 40% dos habitantes da Estônia consideravam-se usuários da internet, e uma proporção similar de pessoas praticava suas operações bancárias por essa via. Pela iniciativa de governo virtual, o governo tornou-se mais acessível, mais transparente e participativo. Esses acontecimentos, por sua vez, colocaram a Estônia em uma posição de maior competitividade internacional, com sua perícia atraindo a atenção. Desafios futuros para esse país incluem agora assegurar a sustentabilidade e manter o atual nível de motivação para acumular maiores benefícios.

Os resultados obtidos pela Estônia podem ser atribuídos a:

- Alianças desenvolvidas entre interessados locais e internacionais; o papel ativo desempenhado pelo governo para se aproximar dos diferentes grupos de interesse, e o uso inovador das fundações para manejar as alianças.
- Uma sólida visão nacional orientada para obter proveito do poder das TICs em benefício do desenvolvimento nacional, e uma disposição dos atores locais, incluídos os do setor privado, de investir no processo.
- O papel catalisador dos doadores, que ofereceram orientação técnica e ajuda financeira em momentos de importância estratégica.

Outras informações

Jerzy Celichowski. *Estonian e-Democracy Report*. 2001 (www.osi.hu/infoprogram/e-government%20in%20estonia%20proof%zoread.htm).

ESIS Knowledge Base: Information Society Promotion Office (www.esis.ee/ist2000/esis/projects/tigertour.htm).

IT College (www.itcollege.ee/inenglish/index.php).

A. Meier. "Estonia On-Line" (www.time.com/time/europe/specials/eeurope/field/estonia.html).

A. Meier. "Estonia's Tiger Leap to Technology." In UNDP Choices (www.undp.org/dpa/choices/2000/june/p10-12.htm).

The Tiger Leap Foundation (www.tiigrihype.ee.).

Os autores agradecem as contribuições de Robert Juhkam, do PNUD.

⊃ ETIÓPIA
UMA ESTRATÉGIA DE REDUÇÃO DA POBREZA (ERP) ENFRENTA AS LIMITAÇÕES E AS PROMESSAS DE PARTICIPAÇÃO

Em poucas palavras

A preparação de uma Estratégia de Redução da Pobreza (ERP) oferece experiências interessantes em matéria de participação cidadã e formulação de políticas. Apesar de a formulação de política participativa ser altamente desejável, seu processo é difícil e ainda está sujeito às variações de qualidade e profundidade, condicionalidade e apropriação do processo de mudança.

A preparação do Documento de Estratégia de Redução da Pobreza (Derp) da Etiópia chamou a atenção para todos esses problemas. Embora, para conseguir uma participação mais genuína, este processo tivesse incorporado as lições aprendidas com a elaboração de outros documentos anteriores, também tropeçou nas restrições impostas pelas grandes lacunas de capacidade, a lentidão do governo e a ocasional imposição indevida de influências por parte dos doadores. Apesar disso, o documento tem produzido alguns resultados promissores. Entre eles se deve destacar a liderança assumida pelo governo para passar de um Derp provisório para a preparação de outro mais completo, assim como os esforços da sociedade civil independente para organizar centros de pensamento que captem a disposição do povo e desenvolvam capacidades de participação.

A história

Quase metade da população da Etiópia vive na pobreza, e o país enfrenta uma seca crônica que persiste há muitos anos. Ambos os fatores têm impedido um desempenho econômico relativamente sólido. Contra esse pano de fundo, foi preparado na Etiópia em setembro de 2000 um Documento Interino de Estratégia de Redução da Pobreza (D-I-ERP) que esboçava uma agenda de reformas políticas e mudanças institucionais para reduzir a pobreza. Algumas instituições independentes da sociedade civil ofereceram comentários e sugestões para melhorar a proposta, entre as quais a Associação Cristã de Ajuda e Desenvolvimento (Acad), o Foro de Estudos Sociais (FES), o Grupo Inter-África (GIA), o Instituto Etíope de Investigação em Política Econômica e a comunidade de doadores.

No início de 2002, o D-I-ERP foi submetido a discussão pública em todo o país. As repartições do governo reuniram uma ampla gama de perspectivas por intermédio de comitês impulsionadores regionais e federais, e de foros consultivos. Foi notável o caso dos conselhos distritais (*woreda*), cujas consultas para debater a pobreza conseguiram reunir 6 mil pessoas em 117 das 550 *woredas* urbanas e rurais. A participação das mulheres foi relativamente alta devido aos esforços da Secretaria Técnica Regional e das oficinas setoriais.

Seguidamente foram realizadas consultas a cerca de duas mil pessoas. Reuniões paralelas com representantes de comunidades pastorais e discussões no Foro Etíope, organizadas pelo Fundo Etíope de Ajuda Social e Desenvolvimento (FEASD) apresentaram resultados de importância vital, enquanto outras instituições da sociedade civil organizaram seus próprios foros independentes. Finalmente uma consulta federal sobre o Derp reuniu 450 pessoas que representavam interessados governamentais e não-governamentais. Quando o processo terminou, o governo divulgou oficialmente o Derp em sua versão completa.

Mais que qualquer outra coisa, o exercício de elaboração do Derp ofereceu fundamentalmente uma oportunidade para a sociedade civil participar do processo de política pública, tornando-o mais transparente. A participação pública na conferência nacional girou principalmente em torno da natureza da agenda e do estabelecimento de prioridades, pois os interessados tentavam convencer o governo a incluir suas preocupações e negociavam para conseguir alocações de recursos suficientes na estrutura do Derp. Isso contribuiu para tornar a estratégia mais representativa dos diferentes setores que compõem a sociedade.

Outro aspecto importante foi que organizações como o Grupo Inter-África, que atribuíram a si a tarefa de desenvolver as capacidades de participação nos níveis regional e distrital. Isso incluiu a capacitação de facilitadores e relacionadores, o trabalho com os meios de comunicação para aumentar os níveis de consciência pública sobre a ERP, e o trabalho de sensibilização dos parlamentares. O FES, um instituto independente de pesquisa política, conduziu durante quase dois anos um programa de consultas e debates públicos que envolveu funcionários políticos do governo, a sociedade civil, representantes do setor privado e os próprios pobres. As principais questões políticas discutidas foram depois apresentadas sob a forma do *Relato Consolidado das Consultas e Debates Públicos do FES*, para colaborar no processo de elaboração do Derp. O instituto também oferecia um foro para que os pobres apresentassem ao público sua própria iniciativa.

O Derp final constituiu grande melhora com referência ao D-I-ERP, porque incorpora os pontos de vista divergentes de muitos segmentos da sociedade civil e da comunidade de doadores. Oferecendo uma análise mais exaustiva e ampla da situação de pobreza do país, levando em conta suas dimensões sociais e espaciais, examina seu nível de incidência, sua gravidade e profundidade em termos de gênero, idade e origem urbana ou rural, baseando-se em dados empíricos confiáveis. Além disso, suas recomendações políticas e os planos de ação propostos basearam-se em avaliações rigorosas que incluíam as sugestões apresentadas pelos diversos interessados.

Pouco depois, o Derp da Etiópia serviu de inspiração para a elaboração de um documento de estratégias para um Programa de Desenvolvimento Sustentável e Redução da Pobreza (PDSRP), com o qual o governo expressava seu compromisso de vincular a pobreza com o crescimento rápido, de base ampla, eqüitativo e sustentável. O PDSRP identifica quatro políticas e estratégias fundamentais como base para a redução da pobreza: uma industrialização guiada pelo desenvolvimento agrícola, reforma judicial e do serviço civil, descentralização e fortalecimento e consolidação de capacidades.

Cerca de doze agências bilaterais, assim como o PNUD e a União Européia, aportaram com cinqüenta mil dólares cada uma com destino ao processo do Derp, entre julho de 2001 e julho de 2002. O Banco Mundial, a IDA e o governo do Japão aportaram com 825.977 dólares, a maior parte dos quais chegaram sob a forma de cooperação técnica, enquanto o

Banco Africano de Desenvolvimento ofereceu trezentos mil dólares. Com esse tipo de compromissos, os doadores expressaram sua confiança no potencial do Derp para canalizar uma relação mais efetiva entre os aliados para o desenvolvimento da Etiópia. Atualmente, eles propõem a celebração conjunta de um foro regular para monitorar e manejar o Derp sob a forma de foros com interessados múltiplos.

Acredita-se que, mediante a manutenção de um compromisso contínuo e construtivo com o governo da Etiópia, a comunidade de doadores considerará mais apropriado canalizar sua assistência por meio dos processos nacionais, especialmente sob a forma de apoio orçamentário.

Resultados e fatores críticos

Os Derps são considerados uma das inovações recentes mais discutidas no campo do desenvolvimento. Concebidos como instrumentos de consulta para as decisões políticas, têm seguido uma trajetória combinada que vai desde processos dominados pelos doadores, no Camboja e no Senegal, até outros mais genuinamente participativos, como os da Bolívia e da Etiópia. Embora a metodologia do Derp busque um propósito sadio, tornou-se passível de críticas em torno do tema de participação "genuína", concretamente em termos do seu alcance, do tempo estabelecido para as discussões, da aceitação dos critérios divergentes e das lacunas de capacidade entre os participantes. Assim mesmo, a questão sobre quem "dirige" as perguntas é fundamental, assim como a das condicionalidades. A Etiópia teve que enfrentar todas essas preocupações, ainda que tivesse feito claros progressos. Algumas das questões que se seguem eram aparentes:

- Uma forte coalizão da sociedade civil e da comunidade de doadores ajudou a formular uma ERP de base ampla. No entanto, apesar de suas notáveis contribuições, muitas organizações da sociedade civil tinham uma capacidade limitada para se envolver em uma pesquisa socioeconômica rigorosa, a ponto de influir no processo de adoção de decisões de política econômica e em seus resultados.
- O compromisso do governo com um processo de política participativa era a chave para o sucesso. Inicialmente, ele não considerava submeter o D-I-ERP a uma ampla discussão e consulta pública. Entretanto, a atitude foi modificada de forma gradual, porém firme.
- As instituições da sociedade civil envolvidas nas consultas utilizaram métodos inovadores para influenciar o Derp. O treinamento dessas organizações para participar foi também um passo adiante.
- Para melhorar a participação recorreu-se às melhores experiências de outros países africanos. Uma análise das iniciativas da África Oriental ofereceu modelos para comprometer a sociedade civil. Foi especialmente importante uma mesa-redonda sobre as experiências do Quênia, da Tanzânia e de Uganda, que trouxeram lições específicas sobre as organizações da sociedade civil e o processo do Derp.

- A formulação do PDSRP, um documento político fundamental para a sociedade e a economia etíopes, foi um dos resultados substantivos do processo de elaboração do Derp.

Outras informações

ABDEL-LATIF, J. Apresentação diante do International Symposium on Capacity Development and Aid Effectiveness, Manila. 2003 (www.undp.org/capacity/symposium/documents/Civicet.ppt).

GABREIL, Abehe H. The PRSP Process in Africa. 2002 (www.uneca.org/prsp/docs/ethiopia_prsp.htm).

LOPES, C. "Does the New Development Agenda Encapsulate Real Policy Dialogue?" Documento elaborado para uma publicação do EGDI (Grupo de Especialistas em Questões de Desenvolvimento). Estocolmo. 2002.

"Poverty Reduction Strategies and PRSPs: Ethiopia." World Bank Poverty Net (http://poverty.worldbank.org/prsp/index.php?vies=ctry&id=58).

Os autores agradecem as contribuições do Grupo Inter-África, especialmente de Jalal Abdel-Latif e Abehe H. Gabreil.

⊃ FILIPINAS
ACCENTURE: UMA ESTRATÉGIA PARA ATRAIR E RETER
TALENTOS LOCAIS

Em poucas palavras

Reter os talentos locais nos países em desenvolvimento é um desafio para as organiza-ções, que devem entender a cultura e as motivações dos indivíduos. Para uma empre-sa privada, manter o pessoal local implica claras vantagens econômicas, mas também a responsabilidade social de desenvolver os recursos humanos do país. Para reter os talentos locais, as instituições públicas e privadas precisam desenvolver uma estraté-gia integrada abrangendo o desenvolvimento de habilidades e as dimensões financei-ra e cultural.

Foi precisamente isso que tentou fazer a Accenture, uma firma de consultoria internacional que opera nas Filipinas. A firma se propôs a entender as perspectivas e esperanças de seus trabalhadores e adotou uma estratégia operativa concentrada em oferecer cargos que satisfizessem e motivassem o pessoal, assim como uma cultura organizacional projetada para aprofundar o contato entre os trabalhadores, seus cole-gas e a comunidade. O resultado foi que qualquer integrante do pessoal que conside-rasse seriamente emigrar para trabalhar no exterior deveria antes pesar seriamente as oportunidades (salários mais altos, um estilo de vida potencialmente melhor e um futuro) e as desvantagens (deslocamento e barreiras culturais, a possibilidade de um trabalho menos gratificante) que sua decisão implicava.

A história

A consultoria de gestão é uma indústria que não produz produtos tangíveis para a venda por atacado ou varejo; o que oferece a seus clientes é assessoria e assistência baseadas em projetos precisos. Desse modelo operativo, os ativos fundamentais de uma empresa consul-tora desse tipo são o conhecimento e as destrezas de seu pessoal. Poder captar, desenvolver e reter pessoal valioso é algo fundamental, porque o desgaste não só deteriora o conheci-mento e a moral institucionais, mas também implica custos financeiros elevados pela subs-tituição do pessoal. Portanto, o sucesso dessas empresas está estreitamente associado à clara estratégia de retenção da equipe de trabalho.

Para uma companhia consultora internacional que opera em um país em desenvolvi-mento, reter o pessoal local é uma tarefa que apresenta desafios específicos, em virtude, sobretudo, da permanente fuga de cérebros. As pessoas de capacidade reconhecida são ob-jeto de agressiva oferta de oportunidades de trabalho, e os salários altos são reservados para os trabalhos nos países desenvolvidos. As pressões sociais e culturais, incluindo as financei-ras familiares, desenvolvem-se pela percepção de que no exterior conseguem-se níveis de vida mais altos e um futuro melhor, ao lado de um desejo, em alguns casos, de se unir a familiares que já estão lá. As próprias empresas precisam equilibrar a oferta de oportunidades para que o seu pessoal desenvolva uma carreira, na esperança de reter seus trabalhadores e de impedi-los de sair do país.

Nas Filipinas, a Accenture desenvolveu uma estratégia de retenção integrada em resposta a esses desafios, baseada em diretrizes institucionais gerais e cobrindo quatro áreas: modelo da organização, desenvolvimento de carreiras, remunerações e considerações culturais. Com relação à primeira, a abordagem característica da empresa de iniciar operações em um novo país era usar administradores estrangeiros experientes para dirigir e desenvolver o negócio, contratar o melhor pessoal possível da população local e transferir as responsabilidades administrativas para o pessoal local à medida que as habilidades e a experiência se desenvolvessem. Esse modelo de "desenvolvimento dos parceiros locais" partia da premissa do entendimento de que o pessoal local sempre terá uma vantagem cultural e social para compreender, se integrar às redes do lugar e comercializar com as empresas locais. Regia-se pelo objetivo de longo prazo de criar uma empresa local sustentável. Outros modelos prevalentes na indústria incluem contratar estrangeiros para administrar e dirigir a companhia, ou equipes itinerantes de estrangeiros que entram e saem de um país trabalhando em uma base de projeto a projeto. Entretanto, essas abordagens são consideradas de curto prazo e não são tão eficientes como as que buscam consolidar uma empresa de serviço bem- sucedida, que tira partido do pessoal e dos clientes locais.

A estratégia de retenção nas Filipinas vinculou o esforço para "desenvolver os parceiros locais" com uma forte ênfase no desenvolvimento estruturado de carreiras a fim de diminuir o desalento. A empresa desenvolveu uma campanha agressiva de recrutamento nas melhores universidades das Filipinas, destacando as vantagens da capacitação e do desenvolvimento de carreiras oferecidas por uma companhia global multinacional. A campanha mundial "Ganhe a guerra de talentos" foi aplicada localmente para determinar qual era a melhor maneira de atrair os melhores graduados universitários e o pessoal mais experiente.

Por outro lado, os escritórios da Accenture no Sudeste asiático a cada ano recrutavam pessoal no estrangeiro, com o fim de atrair os estudantes asiáticos que estudavam em universidades da Europa e dos Estados Unidos, algo equivalente a reverter a fuga de cérebros ou a um programa de retorno. Uma vez que um trabalhador se incorporava, a empresa lhe oferecia treinamento de forma regular, incluindo sessões anuais em instalações de capacitação situadas nos Estados Unidos. A localização estratégica de algumas dessas pessoas para trabalhar em projetos de outros lugares da mesma região nas Filipinas contribuiu para aumentar as habilidades e a experiência. O desenvolvimento de carreiras também se enriqueceu com a forte ênfase no intercâmbio de conhecimentos no Sudeste asiático e com um programa de tutoria. A empresa não tinha um "teto" definido com respeito à política de promoção do pessoal local, sem mencionar que o ritmo das promoções nas atividades de consultoria é acelerado, se o compararmos com o mundo corporativo. Por causa das estruturas organizativas planas, não é necessário que se abra uma vaga para que uma pessoa ascenda. Nas Filipinas, o pessoal da empresa tinha claro que a oportunidade de chegar ao topo existia para todos, como demonstrava o fato de a companhia ter indicado um administrador associado filipino para dirigir a empresa e de 75% dos associados que trabalhavam em Manila serem de origem filipina.

A remuneração foi a terceira estratégia de retenção. A Accenture atraía seu pessoal com salários iniciais que se mantinham no patamar superior da atividade corporativa das Filipinas e dava bônus de contratação para os trabalhadores com habilidades altamente sofisticadas. Além disso, os aumentos salariais anuais baseavam-se mais no mérito do que nos anos de serviço, e os trabalhadores que tinham um desempenho de destaque podiam solicitar aumentos salariais substantivos. Mesmo assim, esses salários não podiam se equiparar aos benefícios salariais duas, três e mais vezes superiores àqueles que um consultor experiente podia obter migrando para o exterior.

As considerações culturais, quarto componente dessa estratégia, provaram ser um dos elementos mais fortes para ajudar a retenção dos trabalhadores. O termo "cultural", nesse contexto, inclui também a cultura organizacional e de equipe, assim como a cultura social e familiar. Para entender as sensibilidades locais, a Accenture ofereceu aos estrangeiros um treinamento que abarcava tanto os desafios da vida diária quanto temas culturais, políticos, históricos e econômicos específicos. Isso ajudou os recém-chegados a administrar de modo mais eficiente, cometer menos enganos culturais, enfrentar menos frustrações e ter maior entendimento do país e de sua gente.

A Accenture também estimulou uma cultura organizacional e de equipe orientada para desenvolver habilidades e inovações. O pessoal sentia-se vinculado à "empresa" por intermédio do centro de treinamento global, do intercâmbio de conhecimentos, da composição internacional dos funcionários designados para projetos e pelo orgulho de pertencer a uma multinacional grande e bem-sucedida. Nas Filipinas foram desenvolvidas atividades sociais e profissionais para estimular a cultura de equipe no novo campo da prática tecnológica. O grupo da empresa compartilhava suas experiências, suas atividades no projeto e suas aspirações pessoais, que os conectava ainda mais com a comunidade local e diminuía o impulso de se lançar à aventura no estrangeiro.

Resultados e fatores críticos

Com a aplicação dessa estratégia foram obtidos, entre 1995 e 1998, os seguintes resultados no campo da prática tecnológica nas Filipinas:

- Aumento de oito para cinqüenta membros no pessoal.
- Índice de abandono médio de 17% (a taxa desse setor nas Filipinas estava entre 25 e 30%). A taxa média de abandono do pessoal mais qualificado era menor que 10%.
- Com respeito ao pessoal que deixou a empresa, a maioria uniu-se a organizações com sede nas Filipinas ou se dedicou a aprofundar sua formação acadêmica em vez de migrar, mantendo assim suas destrezas no país.
- Essas práticas de gestão foram transferidas com êxito para uma instituição colega filipina, que continua desenvolvendo-as e incrementando-as.

O enfoque de quatro fatores da Accenture significava que o pessoal havia pesado os benefícios potenciais de trabalhar no estrangeiro contra o grande número de benefícios intangíveis de permanecer em seu país natal. Fatores fundamentais para o sucesso da estratégia incluía o modelo de "desenvolvimento de parceiros locais"; o desenvolvimento da carreira baseado no conhecimento compartilhado e sem um "teto"; remunerações competitivas baseadas no mérito; e, como um dos elementos mais fortes, considerações culturais que cobriam a cultura de equipe e também as culturas social e familiar.

Outras informações

Accenture (www.accenture.com)

HAMPDEN-TURNER, C.; TROMPENAARS, F. *Riding the Waves of Culture: Understanding Diversity in Global Business*. New York: McGraw-Hill. 1997.

HAMPDEN-TURNER, C.; TROMPENAARS, F. Building Cross-Culture Competence. New York: John Wiley & Sons, 2001 (http://intermundo.net/print.pl?mid=4;isbn:0471495271).

Os autores agradecem as contribuições de John Patterson, ex-integrante da Accenture nas Filipinas.

⮩ FILIPINAS
A SOCIEDADE CIVIL DE OLHO NOS GASTOS PÚBLICOS

Em poucas palavras

G-Watch, ou Government Watch (vigilância governamental), é o nome de uma iniciativa da sociedade civil das Filipinas para monitorar o gasto público. O grupo promove a transparência e a participação dos cidadãos em questões de governança e ajuda as diferentes instituições públicas a prestar contas de seu desempenho. O projeto, que inclui uma grande variedade de interessados, como institutos de pesquisa política, instituições acadêmicas e agências internacionais, pôs em evidência vários casos de dissipação governamental, de projetos não existentes e de má administração. A G-Watch trabalha com jovens universitários graduados que investigam e fotografam os projetos públicos, depois comparam esses resultados com os fatos e as cifras apresentados pelo governo e discutem as discrepâncias com os funcionários públicos em foros abertos.

A história

A dissipação, as más administrações e a corrupção sufocam o gasto público nos países em desenvolvimento. As ilhas Filipinas não são uma exceção. Por exemplo, em 1998 o Departamento de Educação, Cultura e Desportes afirmou ter gasto mais de 1,3 milhão do Terceiro Projeto de Educação Básica para construir duas salas de aula (a um custo de aproximadamente 670 mil dólares cada uma!).

A G-Watch foi concebida para chamar a atenção do público sobre essa forma de desperdício de recursos. O Foro Filipino de Governança, um projeto conjunto da Escola de Governo Ateneu, o Centro Ateneu de Política Social e o PNUD foram encarregados de pô-la em marcha. Seu objetivo múltiplo é monitorar alguns projetos selecionados do governo, comunicar os resultados desse controle às agências envolvidas, assim como aos interessados diretos; usar esses achados para o diálogo e a solução de problemas; e desenvolver habilidades e ferramentas de monitoramento no âmbito local, para facilitar maior vigilância comunitária.

O grupo conduziu sua primeira missão em 2000, abrangendo três departamentos do governo em três das principais ilhas do país: o Departamento de Educação, Cultura e Desportes; o Departamento de Saúde e o Departamento de Obras Públicas e Estradas. Os projetos que iam ser vigiados foram escolhidos por estar vinculados com os principais mandatos da G-Watch. Os investigadores de campo dessa organização, um grupo de universitários recém-graduados que haviam sido escolhidos para introduzir um "olhar não-treinado" nas práticas, dividiram-se pelas instituições do governo para conseguir examinar documentos e repassar os orçamentos relacionados às alocações do projeto. Com base em uma lista desses projetos, e depois de uma consulta com funcionários de alto nível, o Foro Filipino de Governança selecionou aqueles que poderiam ser mais bem controlados, que já haviam sido ou estavam prestes a ser concluídos. Depois de ter escolhido os casos mais apropriados, os pesquisadores foram enviados à sede desses projetos. Armados de câmeras e documentos, empreenderam verdadeiras inspeções e realizaram entrevistas com informantes fundamentais e administradores locais de projetos para comparar a informação consignada nos papéis com os resultados obtidos no campo.

Eles descobriram que, pelo menos em dois casos, o Departamento de Educação, Cultura e Desportes fracassou em atingir os resultados fixados para seus projetos. O Programa de Aleitamento, por exemplo, devia fornecer leite a 5.048 crianças em escolas selecionadas em uma região, de janeiro a março de 2000, mas nenhuma gota havia sido entregue ainda. Um prédio escolar que, segundo os relatórios, havia acabado de ser construído, tinha apenas duas paredes levantadas. No caso do Departamento de Obras Públicas e Estradas, os pesquisadores descobriram que o governo havia desembolsado 6,6 milhões do orçamento de 1999-2000 para um projeto que, em um relatório de setembro de 1998, figurava como já finalizado, enquanto seis projetos de alta prioridade superaram seus orçamentos originais, sofreram atrasos, descumpriram as normas do plano original, usaram fundos que não foram contabilizados ou, pior ainda, foram exageradamente remunerados.

Esses achados foram apresentados em um foro ao qual compareceram funcionários do governo, catedráticos da Escola de Governo Ateneu e representantes de grupos da sociedade civil. Houve reações variadas, mas ninguém pareceu surpreso diante do que foi revelado. Alguns participantes defenderam as anomalias reveladas, mas ninguém questionou sua precisão.

Uma segunda fase teve início quando a G-Watch estava colaborando com o Departamento de Administração Orçamentária e com o Banco Mundial para avaliar o Programa de Administração do Gasto Social, um plano de proteção e seguridade social que o governo colocou em andamento em resposta à crise financeira asiática. A segunda fase visa a tornar o processo de monitoramento mais sistemático, examinando a racionalidade dos gastos realizados, analisando os processos das instituições e estimando os custos de oportunidade dos pagamentos em excesso e os atrasos.

Resultados e fatores críticos

- A G-Watch provou que a sociedade civil pode desempenhar um papel construtivo ao pressionar o governo para que preste contas e aumente o nível de transparência no registro do gasto público. Sua habilidade mais notória tem sido a de monitorar o desempenho das instituições e denunciar a corrupção.
- Iniciativas como a G-Watch podem ser um complemento útil dos mecanismos internos de monitoramento do governo e do parlamento, assim como outras iniciativas, como os cidadãos vigilantes ou os cartões de avaliação do consumidor. Todas permitem comprovar a veracidade das percepções com informações obtidas no campo e medir claramente a quantidade e a qualidade do serviço prestado pelas repartições públicas.
- A metodologia empregada pela G-Watch é honesta e clara e não recorre a nenhuma ferramenta teórica nem complexa. Isso facilita seu uso no âmbito comunitário.

- A G-Watch também oferece uma tribuna na qual podem interagir as diferentes instituições do governo e a sociedade civil para se porem de acordo, aprimorarem e refletirem sobre os achados das investigações. A prova final de sua validade será determinar se, como resultado das investigações da G-Watch, o governo inicia ações para corrigir as irregularidades.

Outras informações

Philippine Governance Forum. Government Watch Programme (www.pgf.org.ph/gwatch.html).

Philippine Governance Forum. Boletim informativo de um foro, 1(1). 2000 (www.pgf.org.ph/forum/gwatchmonitor.html).

World Bank. *Filipino Report Card on Pro-Poor Services: Case Studies on Civic Engagement in Public Expenditure Management* (www.worldbank.org/participation/web/webfiles/philipreport.htm).

Os autores agradecem as contribuições do PNUD das Filipinas.

➲ FILIPINAS
LONGO CAMINHO ATÉ AS ESTATÍSTICAS AGRÍCOLAS CONFIÁVEIS

Em poucas palavras

O Escritório de Estatísticas Agrícolas das Filipinas (Bureau of Agricultural Statistics – BAS) foi criado em 1987 para poder contar com estatísticas agrícolas confiáveis e oportunas. Desde essa data, a instituição contribuiu para o melhoramento das políticas agrícolas, para a formulação de programas e projetos, e goza de alto *status* como produtora e disseminadora de informações de alta qualidade. A história do BAS é a de uma instituição que recebe cooperação técnica constante e incremental para o desenvolvimento de capacidades, proporcionada de modo sinérgico por várias agências de forma constante e crescente, que foi crescendo consistentemente em qualidade e sofisticação.

Atualmente, o BAS é o braço estatístico do Departamento de Agricultura e se rege pelas políticas do Sistema Estatístico das Filipinas, atuando como associado ativo em muitas atividades interinstitucionais promovidas ou centralizadas pelo Conselho de Coordenação Nacional de Estatística. No campo, é uma fonte confiável e fundamental de estatísticas do setor agrícola.

A história

O BAS foi criado a fim de servir como a agência oficial do governo das Filipinas para a geração, compilação e difusão de estatísticas sobre agricultura, pesca e áreas relacionadas. Para desenvolver toda a ampla gama de capacidades requeridas para que uma organização desse tipo funcione eficientemente e intervenha na formulação de políticas, uma série de aportes técnicos foi recebida do Banco de Desenvolvimento Asiático (ADB), da FAO e da Usaid.

A cooperação técnica do banco concentrou-se na investigação estatística, com ênfase no melhoramento de sistemas de amostragem, projetos de levantamento e métodos de coleta de dados e prognóstico de colheitas, assim como na capacitação de pessoal e implementação de um sistema descentralizado de processamento de dados.

Depois teve início o pacote de cooperação técnica da Usaid, mais detalhado e com nove anos de duração. Incluía a capacitação em estatísticas agrícolas, redação de relatórios técnicos, manejo de computadores e operações de sondagem. Foi organizado um curso de mestrado em estatística para o pessoal do BAS, assim como outros cursos de base sólida para planejar e implementar seus diferentes programas estatísticos e atividades. Também ajudou a reorientar os escritórios de campo do BAS de meros locais de coleta de dados para centros de operação funcionais. Foram replanejados levantamentos sobre colheitas e produção de gado e mecanismos alternativos para calcular a produção de frutas e vegetais.

Isso preparou o caminho para racionalizar o sistema do BAS sobre informação de mercados e preços. Subseqüentemente foi modificada a composição das cestas básicas, incluindo procedimentos para a coleta de dados de preços, a fim de se ajustar às práticas de mercado observadas nas áreas de produção e comércio, bem como satisfazer as necessidades dos usuários dessas informações. Os usuários e os produtores de dados se uniram em uma série de simpósios e *workshops* nacionais, regionais e provinciais que ajudaram ambas as partes a entender as diferentes expectativas e limitações. Os workshops também estabeleceram e fortaleceram vínculos com o empresariado agrícola.

Além de contribuir para melhorar a coleta, o processamento e a análise de dados, o projeto do Usaid também conseguiu que o BAS desenvolvesse sua capacidade de difusão da informação. Foram elaboradas várias publicações nesse campo, entre elas um diretório seriado de estabelecimentos empresariais agrícolas, boletins de mercado e relatórios de situação e perspectivas. O projeto publicou revistas de história em quadrinhos para educar os camponeses em temas agrícolas importantes, enquanto o boletim AgStatView oferecia análises informativas sobre variáveis agrícolas básicas em um formato de fácil compreensão. Foram iniciados sistemas de alerta precoce, com um sistema eletrônico de disseminação de dados agrícolas chamado Electronic Access to Statistical Information Board (EASIBoard). Finalmente, por meio do Local Area Production and Marketing Analysis Service (Lapamas), o BAS colaborou com as cooperativas de agricultores, assim como com os escritórios nacionais, para produzir uma versão localizada da AgStatView. Esse boletim apresentava como suplemento uma revista de história em quadrinhos com informações sobre a produção agrícola e a situação do mercado.

Alguns meses depois do lançamento do Lapamas, foi criado um serviço relacionado que buscava captar os custos de produção agrícola. Embora o tema exigisse avaliações técnicas muito especializadas, o sistema de levantamentos agrícolas não podia financiar a realização regular de estudos sobre custos de produção. Depois de várias reuniões com grupos de interessados, deu-se início a uma atividade com as cooperativas pela qual os membros interessados podiam ser parte de um "projeto de registro" no qual recebiam orientação sobre os mecanismos de registro de campo, usando um formulário de registro estruturado. No entanto, a complexidade do registro e do processamento dos dados implicava que se passasse bastante tempo antes de os agricultores poderem ver os resultados. Os custos elevados e a necessidades de habilidades sofisticadas tornaram o projeto inviável. Mas, dados os benefícios que geraria, os agricultores solicitaram sua continuação.

Nessa altura, o BAS recorreu à FAO em busca de assistência, o que culminou com a criação do Projeto de Assistência em Processamento, Análise e Utilização de Dados de Campo. Mediante essa iniciativa foram obtidas e instaladas equipes de computação com programas para processar registros no lugar. No início, estes eram editados pelo pessoal do escritório central, mas posteriormente as equipes locais se encarregaram da responsabilidade, trabalhando com as cooperativas, assim como com um sistema de processamento de dados instalado por estas. O projeto investiu em formação e consultorias no campo, usando os serviços de especialistas locais e o assessoramento e a supervisão de funcionários da FAO. Embora inicialmente o projeto tivesse seguido o desenho original implantado pelos especialistas, com o passar do tempo o pessoal do BAS foi modificando-o para adequá-lo às exigências dos usuários e à disponibilidade de recursos.

Além desses aportes especializados, a FAO também proporcionou visitas de estudo da equipe de trabalho do BAS a outros países da Association of Southeast Asian Nations (Asean). A FAO organizou ainda reuniões de especialistas, seminários e foros regionais bianuais, como a Asia-Pacific Commission on Agricultural Statistics, pelos quais o BAS informou aos países membros da FAO os resultados de suas diferentes iniciativas de desenvolvimento de capacidades.

Resultados e fatores críticos

Os aportes de cooperação técnica que o BAS recebeu da ADB, Usaid e FAO ajudaram a consolidar os esforços para seu reconhecimento como fonte confiável de estatísticas agrícolas, não apenas para apoiar os projetos, programas e políticas agrícolas nacionais, mas também para aprofundar o intercâmbio de informação com a comunidade internacional. Apesar das limitações impostas pelas restrições orçamentárias do governo, o BAS conseguiu manter um prestígio cuidadosamente alimentado durante anos.

- Os projetos de desenvolvimento de capacidades no BAS melhoraram claramente os conhecimentos e as habilidades do pessoal da instituição e conseguiram aumentar sua confiança para se vincular a outros associados e colaboradores e assim expandir sua oferta de serviços e produtos.
- A organização adquiriu habilidades especializadas e está capacitada a levar adiante levantamentos sofisticados e processamento de dados que beneficiem o setor agrícola. Embora a cooperação técnica estivesse habituada a importar equipamentos e especialistas, o BAS melhorou a capacidade de seu pessoal de forma sistemática e simultânea, a ponto de a equipe de trabalho local poder modificar alguns indicadores e sistemas de avaliação para ajustá-los às necessidades locais.
- Para difundir resultados às vezes complexos, foram adotados formatos simples de captar, como histórias em quadrinhos e programas de rádio, uma tática muito útil quando se considera que os principais usuários dessa informação eram camponeses e cooperativas de camponeses. Os resultados da iniciativa foram apreciados com clareza quando os agricultores pediram a manutenção de alguns serviços.
- Doadores e agências internacionais demonstraram clara disposição para se comprometer por todo o tempo necessário para desenvolver todo o conjunto de capacidades e continuaram a participar, de tempos em tempos, das atividades do BAS.

Outras informações

Bureau of Agricultural Statistics (BAS) (bas.gov.ph).

Association of Southeast Asian Nations (Asean) (www.aseansec.org).

Food and Agricultural Organization (FAO) (www.fao.org/).

Os autores agradecem a contribuição de Romeo Recide, do BAS, e de Hiek Som e Frederick Baker, da FAO.

○ GUATEMALA
COORDENAÇÃO E FLEXIBILIDADE AJUDAM A SOCIEDADE CIVIL A
RECUPERAR A CONFIANÇA DEPOIS DA GUERRA

Em poucas palavras

Uma experiência na Guatemala oferece lições sobre participação cidadã na reconstrução pós-conflito. Nesse caso, a instância que desempenhou papel fundamental para
começar a reconstruir um país devastado pela guerra civil foi uma assembléia de organizações da sociedade civil. Nessa tarefa cooperaram os doadores, que idealizaram
uma estratégia coordenada em que uma das agências atuava como facilitadora. A construção cuidadosa do processo de diálogo, o mapeamento das capacidades e a delegação de projetos pilotos de desenvolvimento são os elementos que ajudaram a
impulsionar a atmosfera de confiança que conduziu ao ressurgimento do civismo.

A história

Em 1966, a Guatemala emergiu de 36 anos de uma guerra civil sem tréguas. Como era de
esperar, a infra-estrutura física do país estava em ruínas. Mas os anos de luta também haviam
deixado um legado de desconfiança generalizada, com cicatrizes psicológicas evidentes em
todos os aspectos da vida. Os indicadores de desenvolvimento humano haviam caído a
níveis que figuravam entre os mais baixos do mundo. Aparentemente, restava muito pouco
espaço para a esperança, a não ser pelo fato de, durante o conflito, as organizações da sociedade civil manterem abertos os canais de diálogo e de reconciliação. Entretanto, o custo
que se havia pago por isso era muito elevado, porque foram muitos os que sofreram violações de seus direitos humanos.

Quando a paz ganhou terreno, ao sincero reconhecimento dos esforços realizados
pela sociedade civil sucedeu a criação da Assembléia da Sociedade Civil. Tanto o governo
quanto os rebeldes a aceitaram como uma plataforma transitória para as negociações e o
planejamento do futuro, ou seja, como uma zona de mediação no ardorosamente disputa-
do cenário político. Muitas organizações da sociedade civil participaram, incluindo sindicatos de trabalhadores, organizações de mulheres, grupos indígenas e defensores dos direitos
humanos. Essa representação ampla assegurou que a Assembléia tratasse vários problemas
e não só aqueles que os comandantes revolucionários ou o governo consideravam importantes. Foram principalmente as comunidades marginais, os grupos de indígenas e de mulheres que depositaram suas esperanças nessa instituição da sociedade civil. Em conseqüência
disso, além de ser um foro de negociações, a Assembléia logo se converteu em um espaço de
intensificação do apoio popular aos acordos de paz e de implementação das tarefas básicas
de reconstrução.

Embora fosse necessário que a sociedade civil se envolvesse substancialmente na reconciliação nacional e no desenvolvimento, a princípio não estava de todo claro qual seria
a forma pela qual as organizações poderiam ou deveriam participar coordenando ações

com a comunidade internacional. O acordo de paz traçou uma agenda de reconstrução ambiciosa, mas na verdade apresentava muitos problemas, o principal deles a capacidade completamente esgotada do governo e das principais instituições.

Nessa altura do processo, o PNUD foi convidado a desempenhar o papel de agência coordenadora no processo de reconciliação e desenvolvimento de capacidades, embora devesse primeiro restabelecer sua própria credibilidade, pois durante a guerra havia sido percebido como uma instituição pró-governamental. Do mesmo modo, as atividades tinham de ser cuidadosamente selecionadas, para que pudessem aglutinar todo o espectro de organizações da sociedade civil.

Começou então um processo de três etapas: identificação ampla e mapeamento da sociedade civil, avaliação de capacidades e cooperação para a ação. O primeiro passo consistiu em preparar um diretório de organizações da sociedade civil, graças ao qual se desenvolveu a confiança da comunidade, porque recebia conhecimentos sobre si mesma. Também aumentou a consciência das agências do governo e dos doadores sobre a enorme variedade de grupos que trabalhavam em uma grande diversidade de temas.

Em uma segunda etapa foram avaliadas as capacidades dessas organizações mediante uma ampla investigação conduzida sobretudo por especialistas guatemaltecos. Eles se detiveram especificamente em duas categorias de grupos: os relacionados com os direitos humanos e os que representavam a população de origem maia. As avaliações ofereceram um mapa preciso das organizações da sociedade civil, suas áreas de operação e suas capacidades centrais.

Com uma compreensão mais ampla das necessidades e prioridades, o PNUD ajudou a mobilizar fundos para a terceira etapa, buscando a ajuda de parceiros bilaterais, entre eles a Noruega, a Suécia e os Países Baixos, assim como de instituições privadas como a Fundação MacArthur. Foram iniciadas então as intervenções dirigidas de desenvolvimento de capacidades, que apontaram sobretudo para a criação de instituições e a subvenção de pequenos projetos piloto. Esse enfoque de laboratório permitiu extrair conhecimentos para aplicá-los depois em outras atividades de maior escala, enquanto outros doadores ganhavam confiança para atuar ao lado de grupos da sociedade civil. Assim, a reconstrução da Guatemala deu seus primeiros passos de um modo lento, mas seguro. Daí em diante, foi notável o aumento do nível de participação da sociedade civil em várias áreas relacionadas com os acordos de paz, incluindo a desmobilização, as questões de terras e a reforma judicial.

Resultados e fatores críticos

- Esse caso ressalta a importância da coordenação entre doadores em sociedades pós-conflito com estruturas institucionais fracas. Se cada doador houvesse intervindo com estratégias e requerimentos de programação próprios, as capacidades locais – à medida que existissem – teriam-se visto oprimidas, conduzindo a um regime de domínio dos doadores e da indústria do desenvolvimento.
- Foram aplicados vários instrumentos de ajuda flexíveis, cuja natureza basicamente experimental cedeu espaço à tentativa e ao erro.

- A decisão de escolher organizações da sociedade civil como os agentes principais de reativação da confiança e, finalmente, do desenvolvimento de capacidades de prestação de serviços foi acertada, se considerarmos que esse setor era o único que gozava de credibilidade entre as diferentes partes em conflito.
- A prática do mapeamento participativo, embora tivesse demandado mais tempo, destacou as áreas em que se devia atuar com prioridade, identificou quais seriam os aliados na implementação e assegurou que eles – em sua maioria organizações da sociedade civil – representassem toda a gama de interessados. Ter ajudado a desenvolver as capacidades da sociedade civil nas áreas de maior prioridade mais tarde deu lugar a uma implementação fluida e à fácil expansão de projetos pilotos.
- O PNUD desempenhou um papel fundamental ao concentrar o projeto na Guatemala, mediar entre as diferentes facções, ganhar a confiança dos diferentes atores, ficar de lado até que o conflito terminasse e depois ajudar pequenos projetos pilotos, até que outros doadores estivessem prontos para trabalhar com as organizações da sociedade. O PNUD, por outro lado, também aprendeu muito sobre o compromisso com a sociedade civil, e mais ainda em circunstâncias tão difíceis.

Outras informações

RUSSELL, A. Reviving Civil Society in Guatemala: Learning from UNDP's Experience. In KRISHNA, A. (Ed.). Changing Policy and Practice from Below: Community Experiences in Poverty Reduction. An Examination of Nine Case-Studies. New York: UNDP, Civil Society Team, 2000.

United Nations Development Programme (UNDP) Civil Society Division (www.undp.org/csopp/CSO/NewFiles/about.html).

Os autores agradecem as contribuições de Andrew Russell, do PNUD.

➲ GUINÉ-BISSAU
CRIAÇÃO DE UMA INSTITUIÇÃO DE PESQUISA EM UM AMBIENTE DESFAVORÁVEL

Em poucas palavras

Na Guiné-Bissau, um grupo de acadêmicos motivados estabeleceu um instituto de pesquisa nacional que se tornou um modelo de sustentabilidade. Introduziu dispositivos de manejo que, por um lado, equilibraram a pesquisa fundamental e, por outro, as consultorias e as intervenções práticas. A colaboração de seus parceiros externos foi sistematicamente canalizada para treinamento, infra-estrutura, equipamento ou eventos de prazo fixo, colocando as prioridades institucionais acima dos interesses individuais.

O instituto converteu-se em um núcleo de concentração de profissionais que queriam aprofundar sua formação acadêmica e deter a fuga de cérebros. Além de ser um centro de discussão dos mais importantes problemas nacionais, assegurou espaço aos valores democráticos, inclusive na difícil situação de uma transição política.

A história

A independência da Guiné-Bissau no início da década de 1970 não foi acompanhada de uma transição adequada para seu serviço público. Seus governantes portugueses deixaram o país desprovido de uma estrutura de serviço civil, e ele ingressou em seu novo status independente com um sistema educacional pobre e com apenas um punhado de profissionais graduados em universidades estrangeiras. Apesar desses dados históricos alarmantes, a ex-colônia tinha uma tradição de pesquisa sócio-histórica reconhecida em toda a África Ocidental. Isso se devia sobretudo à dedicação e ao interesse quase excêntrico com que alguns acadêmicos portugueses e de Cabo Verde haviam organizado centros de estudos da Guiné Portuguesa. Um desses estudiosos foi Amílcar Cabral, líder da luta pela libertação e "pai das nacionalidades da Guiné-Bissau e de Cabo Verde".

Inspirando-se nessa tradição e movido pelo entusiasmo que floresceu com a criação da nova república, um grupo de acadêmicos jovens, educados principalmente em universidades ocidentais, decidiu criar uma nova instituição a partir do zero. O Instituto Nacional de Estudos e Pesquisa (Inep) foi fundado uma década depois da independência da Guiné-Bissau, apesar do cepticismo reinante em torno da factibilidade desse tipo de empresa pública em um país com tantas outras prioridades e tão baixas capacidades.

Impulsionado por forte sentido de apropriação, o grupo buscava uma forma alternativa de trabalhar. Era um período em que a cooperação externa era enorme e tinha muita influência, e a Guiné-Bissau estava se beneficiando de um dos níveis mais altos de assistência *per capita* na África. A estrutura do Inep baseava-se, assim, em um conjunto ambicioso de princípios: manter a maior autonomia possível nos parâmetros do servidor público, uma direção colegiada, um mandato forte (para preservar, por exemplo, a propriedade dos arquivos históricos do governo, estabelecer um sistema de registro da propriedade intelectual e aval de projetos de investigação dos expatriados) e um novo enfoque do sistema salarial do serviço civil.

O Inep logo pôs em andamento mecanismos que permitiam a seus pesquisadores realizar consultorias em tempo parcial, ao mesmo tempo que cumpriam as exigências mínimas de pesquisa. As remunerações pelas consultorias seriam revertidas para o instituto, que as redistribuía de acordo com as seguintes proporções: 40% para os investigadores, 20% para o pessoal restante do instituto e 40% para o desenvolvimento institucional, que podia incluir desde a ampliação da biblioteca até a instalação de um novo laboratório fotográfico ou completar a microfilmagem de determinado arquivo. Depois de apenas quatro anos, o Inep conseguiu chegar a cobrir com seus próprios ingressos 90% de seus gastos habituais, e o subsídio estatal que recebia limitava-se a pagar o salário básico do pessoal, que era muito baixo, e o consumo de eletricidade. Por outro lado, o pessoal do instituto, em suas diversas categorias, recebia ingressos de três a 25 vezes superiores (no caso dos acadêmicos mais empreendedores) aos dos funcionários de outras repartições. Outra inovação importante que o Inep introduziu foi autorizar os funcionários civis a se integrar nas equipes de consultores ou acadêmicos da instituição como trabalhadores de tempo parcial. Isso permitia que os funcionários de posição mais elevada tivessem acesso a melhores salários, em uma estrutura de apoio regulamentada.

O modelo e o etos do Inep atraíram rapidamente muita atenção, tanto no âmbito nacional como no internacional. Como resultado, o instituto sempre contou com instituições interessadas em se associar a eles, particularmente aquelas que sempre patrocinaram a pesquisa nos países em desenvolvimento, como o Canadian International Development Research Centre (IDRC), a Swedish Agency for Research Cooperation (Sarec), agora integrada no Asdi, e várias ONGs canadenses e européias. Suas importantes contribuições ajudaram a estabelecer uma biblioteca moderna e atividades de capacitação, a adquirir equipamentos (como computadores, automóveis etc.) e também a realizar seminários e eventos. Posteriormente, a subvenção da Sarec foi totalmente destinada a uma ambiciosa linha de publicações.

Em sua vida de quase duas décadas, o Inep trabalhou com todas as principais organizações internacionais e agências bilaterais, incluindo o PNUD, o Unicef, a Unesco e o Banco Mundial. Com o passar do tempo, o enfoque da instituição deslocou-se de um viés sócio-histórico para um socioeconômico. Mais recentemente, uma forte ênfase nas questões ambientais resultou em uma renovada parceria com o International Union for the Conservation of Nature (IUCN). O Inep atualmente administra a única reserva da biosfera da Guiné-Bissau.

Hoje em dia, o instituto emprega sessenta funcionários, metade deles profissionais.

Resultados e fatores críticos

- O Inep tem conseguido manter uma capacidade de pesquisa confiável e sustentável ao oferecer às agências doadoras um modo alternativo de usar os talentos nacionais. Assim fazendo, também impulsionou um tipo de comportamento que consegue evitar as viradas políticas. Surgiu como uma instituição a que todos os atores do espectro político querem preservar, seja porque já tiveram ou porque poderão ter acesso a ela, mas também porque se constituiu em uma importante alternativa de emprego para aqueles que reúnem as qualificações necessárias. Essa possibilidade resulta atrativa para as personalidades que se encontram afastadas da vida política.

• Durante a guerra civil que irrompeu na Guiné-Bissau em 1999, o Inep foi gravemente afetado, com suas instalações saqueadas, arquivos destruídos e vários pesquisadores fugindo do país. Apesar desse revés, o instituto continuou contribuindo de formas que continuarão rendendo frutos durante muito tempo mais. Até o momento, publicou centenas de artigos em seus três jornais; um deles, *Soronda*, manteve-se ativo e cobre amplo espectro de temas relacionados aos desafios enfrentados pelo desenvolvimento na Guiné-Bissau. O instituto publicou mais de cinqüenta monografias sobre diversos temas, desde ambientais e antropológicos até estudos macroeconômicos, e iniciou e encabeçou importante quantidade de estudos participativos que envolvem todos os principais atores políticos. O Inep também recebeu a solicitação de encabeçar o processo de criação da primeira universidade da Guiné-Bissau, e isso graças à sua trajetória, a seus sistemas de manejo, à sua nutrida biblioteca e, sobretudo, à sua imagem internacional.

• As inovações do Inep contrapropuseram à potencial fuga de cérebros. Mais importante ainda, em um continente em que as remunerações de acadêmicos e funcionários civis têm sido um problema persistente, a maneira em que o instituto gera ingressos próprios oferece um ponto de partida interessante, que deveria ser estudado detidamente pelos políticos responsáveis de toda a África.

Outras informações

LOPES, C., CARDOSO, C.; MENDY, P. Destruição da memória coletiva de um povo. *Lusotopies*, 6. Paris: Karthala, 1999.

National Institute for Studies and Research (Inep). *Soronda, Revista de Estudos Guineenses*. Publicação semestral desde 1985.

National Institute for Studies and Research (Inep). *Os primeiros dez anos. Monografia por ocasião do 10º Aniversário*. Bissau: Inep, 1995.

National Institute for Studies and Research (Inep). *Boletim de Informação Socioeconômica*. Periódico publicado desde 1985 (25 números).

➲ HONDURAS
FORO DE FORTALECIMENTO DA DEMOCRACIA RESPALDA CONSENSO NACIONAL EM UM AMBIENTE POLÍTICO INSTÁVEL

Em poucas palavras

O Foro de Fortalecimento da Democracia (FFD) (Democracy Trust) foi concebido como um instrumento de defesa política para estimular o compromisso dos partidos políticos com o processo de elaboração da Estratégia de Redução da Pobreza (ERP). Ao assegurar que os partidos políticos respaldem publicamente as políticas de desenvolvimento e a erradicação da pobreza, o foro ofereceu à população de Honduras um mecanismo para que os funcionários cumpram suas obrigações e para exigir que se respeite o seu direito a serviços melhores e sustentáveis. Além disso, os compromissos de desenvolvimento converteram-se em políticas de Estado e deixaram de ser patrimônio exclusivo dos governos da época.

Sem o desenvolvimento de capacidades, é difícil concretizar estratégias de longo prazo de redução da pobreza. Por isso, o Foro da Democracia desempenha um papel crucial na promoção do crescimento do capital social, expandindo as capacidades mediante a criação de redes formais e informais de comunicação, que intercambiam idéias e compartilham normas, objetivos e crenças.

A história

Em 2000, após ampla sondagem sobre as deficiências básicas do desenvolvimento nacional, ministros do governo, representantes da sociedade civil, das agências de desenvolvimento e embaixadores de Honduras identificaram a falta de continuidade política como o principal entrave. Estabeleceu-se que esta afetava severamente os compromissos de longo prazo, particularmente no que se refere à redução da pobreza e à realização dos ODMs. O fato de essas metas coincidirem com os acordos nacionais sob iniciativas do HIPC (ou PPME, Países Pobres Muito Endividados) e da ERP proporcionou importante oportunidade para iniciar ações.

O *Foro* de Fortalecimento da Democracia foi concebido nesse contexto para criar consenso em torno das políticas públicas. Foi lançado em 5 de outubro de 2000, quando o presidente da República assinou a Declaração do Fundo de Democracia com representantes do sistema da ONU, embaixadas e organizações internacionais. O cardeal de Tegucigalpa foi convidado a presidir o diretório do *Foro*, que agora inclui destacados representantes da sociedade civil, o ministro das Finanças e os embaixadores de Argentina, Estados Unidos, França, Japão, Suécia e Venezuela. Até essa data, 25 embaixadas e organizações internacionais comprometeram-se a participar, outorgando financiamento para os foros políticos e diálogos da sociedade civil, atividades de reflexão e assessoramento em políticas, defesa e capacitação de jornalistas na cobertura dos temas relacionados com a pobreza.

Os objetivos gerais do FFD são:

- Gerar um diálogo aberto e despolitizado sobre temas relacionados com o desenvolvimento humano sustentável e com a redução da pobreza, em um processo mais amplo de consolidação democrática.
- Identificar políticas e abordagens orientadas para transformar a política nacional e gerar consenso social.
- Fortalecer o papel da sociedade civil no acompanhamento e no monitoramento da ERP.
- Envolver a participação de todos os setores da sociedade: governo, empresas privadas, meios de comunicação de massa, ONGs, partidos políticos, setores acadêmicos e intelectuais, cooperativas e sindicatos, organizações religiosas, grupos étnicos e minorias.

Desde sua concepção, o *Foro* conseguiu resultados surpreendentes. Abriu um diálogo público sem precedentes entre os partidos e os líderes políticos, bem como espaço para a criação de um consenso nacional. Para se aproximar dos diferentes agentes e atores sociais vale-se de metodologia interativa, com a idéia de ajudar o governo, a sociedade civil e a comunidade de doadores no traçado de políticas, programas e projetos em áreas sensíveis do desenvolvimento humano.

O *Foro* de Fortalecimento da Democracia induziu as entidades a preparar sua visão do país para os próximos vinte anos, com a perspectiva de gerar políticas de longo alcance que substituam aquelas que refletem os interesses pontuais do governo que está no poder. Posteriormente, os dirigentes dos partidos políticos e a sociedade civil assinaram um conjunto de compromissos de longo prazo e outros dezesseis acordos de transformação nacional. O Foro de Democracia trabalha atualmente para facilitar o cumprimento dos acordos, assim como seu seguimento e monitoramento.

Também dirige um programa para facilitar a modernização dos cinco partidos políticos registrados em Honduras. Algumas dessas iniciativas incluem a consolidação e/ou redefinição de sua doutrina política, a formulação de programas políticos e maior incorporação de mulheres e jovens na política. Também iniciou um programa de treinamento para jornalistas tendo como base um currículo elaborado em cooperação com as três principais universidades de Honduras. O curso inclui matérias como interpretação do contexto social e político do país; a ética e a geração de notícias com estrito seguimento da verdade; e a responsabilidade dos meios de comunicação de oferecer uma análise crítica construtiva dos problemas cruciais do país.

Resultados e fatores críticos

O *Foro* de Fortalecimento da Democracia demonstrou ser um instrumento importante para a construção do capital social e do consenso para enfrentar mudanças substanciais e a instabilidade própria dos países em desenvolvimento. Em curto período de tempo, promoveu o diálogo e o consenso em torno de temas cruciais para o avanço da democracia e a redução da pobreza, impulsionou as capacidades da sociedade civil para elaborar propostas de políticas públicas, contribuiu para o fortalecimento e a modernização dos partidos políticos e desenvolveu a capacidade dos jornalistas para análise crítica do desenvolvimento e da democracia. Os fatores responsáveis por essas realizações incluem:

- *Promoção de complementaridade de esforços:* O Foro evitou duplicar as atividades de instituições como o *Foro* Nacional de Convergência, a Comissão Presidencial para a Participação da Sociedade Civil e Interforos, entre outros. Em vez disso, procurou gerar um diálogo em torno de temas de desenvolvimento e democracia que permitissem estabelecer um consenso social orientado para a construção de uma visão nacional. Essa atitude reduziu o risco de gerar conflitos entre as organizações.
- *A incorporação dos cinco partidos políticos e das agências da comunidade internacional:* Com uma visão que se estende além dos limites da sociedade civil, o FFD concedeu um espaço privilegiado aos partidos políticos e às agências internacionais de cooperação para planejar iniciativas, coordenar e receber informações sobre os processos sociais, políticos e econômicos que observam no país.
- *A busca de acordos e pactos escritos entre os partidos políticos e a sociedade civil:* A adoção de acordos sociais constituiu um passo à frente, assim como as estratégias de seguimento e monitoramento.
- *A credibilidade e a liderança do presidente do* Foro: O diálogo efetivo requer grande integridade da instituição que o organiza. No caso do Foro de Fortalecimento da Democracia, a presidência da instituição foi oferecida deliberadamente a uma das poucas pessoas de todo o país cuja reputação era inatacável: o cardeal de Tegucigalpa, também reconhecido como um líder inteligente e articulado.
- *Facilitação e apoio contínuo:* O PNUD tem proporcionado apoio contínuo ao FFD, ao mesmo tempo que tem respeitado os limites e mantido sua autonomia. A facilitação do manejo de recursos financeiros e técnicos, com as sólidas capacidades sociais e políticas dos membros do Foro, produziu como resultado uma instituição sólida, confiável e competente no cenário público hondurenho.

Outras informações

Foro de Fortalecimiento a la Democracia (FFD) (www.ffd.hn).

Foro de Fortalecimiento a la Democracia (FFD) e o Centro de Documentación de Honduras (CEDOH). *The Electoral Process of 2001 and 2002. Monitoring from the Civil Society*. Tegucigalpa.

Foro de Fortalecimiento a la Democracia (FFD) e o Forum Nacional de Convergencia (Fonac). *Declaration of the Presidential Candidates on a Country Vision. Tegucigalpa*. 2001.

Foro de Fortalecimiento a la Democracia (FFD) e o Forum Nacional de Convergencia (FONAC). *National Agreements of Transformation for Human Development in the Twenty-First Century*. Tegucigalpa, 2001.

United Nations Development Programme (UNDP). *Honduras National Human Development Report.* Madrid: Mundi Prensa, 2000.

United Nations Development Programme (UNDP). *Honduras National Human Development Report.* Madrid: Mundi Prensa, 2002.

Os autores agradecem as contribuições de Gisella Camoriano e do PNUD de Honduras.

➲ IÊMEN
UMA ESTRATÉGIA DE REDUÇÃO DA POBREZA (ERP) PREPARA O CAMINHO PARA AS POLÍTICAS DE INCLUSÃO

Em poucas palavras
O processo de elaboração de um Documento de Estratégia de Redução da Pobreza (Derp) constituiu uma oportunidade para acrescentar a participação e o compromisso cívico nos processos políticos nacionais de muitos países. Em alguns casos, tem ajudado a consolidar outras capacidades à força de suas rigorosas exigências. A ERP da República do Iêmen é um caso pontual: a preparação do documento exigiu do governo melhorar suas capacidades em muitas áreas. No desenvolvimento desse processo, plantou a semente de uma nova cultura política, mais inclusiva, e ajudou os doadores a aprimorar a coordenação, o monitoramento e o registro das atividades.

A história
O Relatório de Desenvolvimento Humano de 2002 situou a República do Iêmen no 144º lugar entre 173 países em termos do Índice de Desenvolvimento Humano. No entanto, o governo do Iêmen está se valendo de diversas estratégias para acelerar o crescimento econômico e progredir em termos de desenvolvimento humano e, recentemente, elaborou um Documento de Estratégia de Redução da Pobreza.

Baseando-se no trabalho do Ministério do Planejamento e do Desenvolvimento, o Derp incorpora uma grande quantidade de propostas de planejamento e estratégias de âmbito nacional que já haviam sido lançadas em anos anteriores, entre elas o Programa de Ação Nacional para a Erradicação da Pobreza, que visava a melhorar a formulação de políticas. Seus resultados tornaram-se evidentes mais tarde na preparação da Visão Nacional Estratégica do Iêmen (2025) e no Segundo Plano Qüinqüenal de Desenvolvimento (2001-2005). As instituições responsáveis pela elaboração dessas várias estruturas gerais – particularmente o Ministério do Planejamento e do Desenvolvimento, o Ministério das Finanças, o Banco Central do Iêmen e o Escritório Central de Estatística – foram adquirindo pouco a pouco as capacidades requeridas para realizar análise e revisão política.

Ao se iniciar o processo da ERP foram identificadas necessidades adicionais em relação às capacidades vinculadas com a coleta e a análise de informações de linha de base sobre pobreza e desenvolvimento humano. Outro elemento que requereu atenção especial foi a criação de consenso em torno do processo de formulação da ERP, que exigiria uma consulta aos interessados com respeito à priorização, implementação e monitoramento das metas de redução da pobreza.

Igualmente, a política de descentralização do Iêmen oferece ao mesmo tempo um desafio e uma oportunidade no sentido de constituir um mecanismo para estender a ERP ao âmbito nacional. Tanto o sistema de governo central como os governos locais continuam necessitando de apoio para coordenar seus esforços de redução da pobreza. Nos dois casos, a possibilidade de recoletar, analisar e disseminar dados com maior solidez representaria grande avanço em direção a uma cultura de tomada de decisões baseada em evidências. Muitas das lacunas encontradas correspondem à área de geração de dados confiáveis, monitoramento da implementação da redução da pobreza e análise e disseminação de dados com o fim de alcançar os objetivos de planejamento, desenvolvimento de capacidades e governança.

Para prestar atenção a essas debilidades, o governo do Iêmen estabeleceu em 2002 um mecanismo para levar adiante a ERP. Era formado por três entidades: um comitê ministerial para supervisionar a execução do documento, uma equipe técnica de monitoramento e uma unidade técnica denominada Unidade de Monitoramento e Seguimento da ERP. Todos eles recebiam o apoio do PNUD, do Banco Mundial e do Oxfam. A esses três grupos foi encomendado coordenar as atividades dos ministérios, departamentos e instituições do governo, assim como das autoridades locais, organizações da sociedade civil, doadores e setor privado. O apoio à informação no Ministério de Planejamento e Desenvolvimento, assim como no treinamento do pessoal das províncias (unidades de governo local), ambos patrocinados pela GTZ. Com a assistência do PNUD e do Banco Mundial, a unidade técnica finalmente chegará a operar uma base eletrônica de dados socioeconômicos vinculada a outras bases de dados setoriais.

Essas atividades, assim como aquelas relacionadas tanto com a preparação do Segundo Plano Qüinqüenal de Desenvolvimento quanto, especialmente, do Derp, deram início a uma nova maneira de trabalhar no planejamento do desenvolvimento no Iêmen. Antes, os exercícios nacionais envolviam um reduzido conjunto de funcionários nacionais complementado com consultores nacionais e internacionais, que trabalhavam sob certa supervisão do Parlamento. Durante a elaboração do Derp, no entanto, foram realizados dez *workshops* em diferentes reuniões do país para explicar o propósito e o conteúdo do documento e buscar *feedback* a respeito do tema. Os participantes desses *workshops* provinham de diversos setores da sociedade iemenita e contou-se inclusive com a assistência de representantes da comunidade internacional em algum dos eventos. Foi realizado um "Estudo da palavra dos pobres" entre homens e mulheres, integrado ao Derp, enquanto outro programa, denominado Assistência ao Governo do Iêmen para Coordenar e Monitorar a Implementação da ERP, introduziria uma elaboração orçamentária de gênero por meio de uma associação com a Oxfam.

Foi realizado um trabalho de difusão da ERP (e do Programa de Ação Nacional de Erradicação da Pobreza, que o havia precedido) e de promoção da participação entre os grupos sociais meta, que incluíam as organizações da sociedade civil, enquanto o segundo Relatório Nacional de Desenvolvimento Humano (2001-2002) concentrava-se no tema da participação da sociedade civil. Foram produzidos programas de televisão e de rádio sobre esse tema e organizadas reuniões por grupos até mesmo nas áreas mais remotas. Para melhorar o planejamento a favor dos pobres e o monitoramento, foi também elaborada uma versão resumida do Derp. Em conseqüência, existe uma consciência muito maior, dentro e fora do governo, da importância de concentrar os esforços de desenvolvimento na redução da pobreza e de ir além do crescimento econômico para abarcar temas fundamentais de governança e direitos humanos.

Antes da elaboração do Segundo Plano Qüinqüenal de Desenvolvimento e do Derp, era difícil para o governo do Iêmen dirigir a coordenação da ajuda. Além das limitações de capacidade, as prioridades não eram claras para o governo nem para a comunidade internacional. Apesar disso, atualmente são registrados vários bons exemplos de coordenação, nos âmbitos setorial e temático, da parte do governo, não obstante o apoio significativo prestado por um doador de peso. Entre esses casos estão incluídas as áreas de monitoramento e registro da pobreza, apoio a processos eleitorais, desenvolvimento e conservação, saúde reprodutiva e HIV/Aids, e educação básica.

Resultados e fatores críticos

O Derp marcou o início de uma nova "cultura de trabalho" no sistema oficial do Iêmen, que ia além da divisão entre funcionários civis e consultores e passava para um modo de consultas de amplo espectro. Isso deu lugar ao surgimento de novas perspectivas entre aqueles que traçam as políticas nacionais, que começaram a olhar o desenvolvimento como algo mais que indicadores econômicos.

- A primeira realização foi registrada na área do desenvolvimento de capacidades para a formulação de políticas, que exigiu a geração, o processamento, a análise e a aplicação de dados de qualidade. Os resultados tornaram-se visíveis nos documentos do Segundo Plano Qüinqüenal de Desenvolvimento e Visão 2025. Outro resultado importante foi a maior participação na formulação de políticas.
- Pela primeira vez saltou à vista a capacidade governamental para manejar efetivamente a ajuda por meio da coordenação dos doadores. Isso foi uma resposta aos desafios colocados pelo Derp, que exigia que o governo expressasse com clareza suas estratégias, orientação e prioridades.
- Uma área específica em que a capacidade do governo teve de se elevar acima do *status* quo foi a de sistemas de monitoramento e registro, na qual o governo teve de melhorar, a fim de relatar seus progressos em sua estratégia de redução da pobreza, assim como nos Objetivos de Desenvolvimento do Milênio (ODMs).

Outras informações

World Bank Poverty Reduction Strategy and Poverty Reduction Strategy Papers (PRSPs) (http://poverty.worldbank.org/prsp/country/1871/).

International Monetary Fund (IMF). Republic of Yemen Poverty Reduction Strategy Paper 2003-2005. 2002 (www.imf.org/External/NP/prsp/2002/yem/01/).

United Nations Development Programme (UNDP) Yemen. The PRSP in Yemen. *UNDP Poverty Reduction Practice Newletter*, março. 2003 (www.undp.org/newletters/povertyma03.htm).

Yemen Poverty Reduction Strategy Paper (PRSP) (www.mdp-yemen.org/english/PRSP203_2005_2.pdf).

Os autores agradecem as contribuições de James W. Rawley e Moin Karim, do PNUD do Iêmen.

➲ ILHAS SALOMÃO
CONECTAR-SE É A OPÇÃO PARA ILHÉUS DE REGIÕES REMOTAS

Em poucas palavras

A Primeira Rede Popular, o PFnet, é uma iniciativa para proporcionar acesso por e-mail por meio de tecnologia inovadora e de baixo custo. Locais afastados das Ilhas Salomão conectam-se à internet usando um computador simples, rádio de ondas curtas e energia solar. A rede ajuda as comunidades a se manter em contato, participar do governo, encontrar oportunidades educacionais e gerar novas fontes de renda.

Este caso ilustra como inovações de Tecnologia da Informação (TI) podem se desenvolver a partir dos recursos disponíveis no âmbito local, fazendo que a tecnologia se coloque a serviço das comunidades menos privilegiadas e atue como uma ponte entre os extremos do hiato digital.

A história

As Ilhas Salomão consistem de cerca de 850 ilhas, a maioria delas subdesenvolvidas e disseminadas sobre vários milhares de quilômetros quadrados do oceano Pacífico. O país passou por um período de conflito étnico que deixou sua economia à beira do colapso e a nação em risco de uma maior fragmentação.

Até recentemente, o único meio de comunicação das ilhas mais afastadas com o mundo externo eram rádios de ondas curtas e telefones via satélite. A comunicação de ondas curtas com freqüência exige horas de espera paciente e repetidas tentativas de conexão, com custos ainda muito altos para a população rural, que vive de uma economia de subsistência sem dinheiro circulante. As mensagens mais urgentes são transmitidas boca a boca. Como o sistema postal é extremamente lento, o principal meio de comunicação são as cartas levadas pelos viajantes que vão de uma ilha para a outra. Os telefones via satélite, quando são encontrados, estão fora do alcance da população local, já que as chamadas custam entre cinco e dez dólares por minuto, independentemente do lugar para onde se ligue.

A Primeira Iniciativa de Rede Popular das Ilhas Salomão (PFnet: People First Network Initiative) é uma ONG que foi criada para abordar estes problemas mediante serviços básicos de correio eletrônico. Procurava melhorar o nível de conexão e, ao mesmo tempo, reduzir substancialmente os preços da comunicação para torná-la acessível aos usuários de baixa renda e sustentável ao longo do tempo.

A PFnet tem dois componentes: um deles é o Primeiro Café Internet Popular na cidade capital de Honiara, que permite a seus habitantes enviar mensagens ou navegar na rede. Também atua como um serviço de capacitação para os interessados no desenvolvimento rural e para o público em geral. Depois de ser inaugurada em fevereiro de 2001, com doze estações, a rede já conseguiu se autofinanciar. Um levantamento recente entre seus usuários revelou que a maior parte deles são estudantes, e que cerca de 40% são mulheres.

O segundo componente da PFnet consiste em uma rede de estações de correio eletrô-nico situadas em ilhas afastadas. Estas estações estão em geral abrigadas em clínicas, escolas ou outras instalações públicas seguras e acessíveis da província, onde há operadores que ajudam os usuários a enviar e receber mensagens a um custo muito baixo. Cada estação foi instalada mediante acordo com um comitê local que conduz o processo, promove o inte-resse da população e tenta despertar o sentido de apropriação. Os moradores das ilhas, acostumados ao sistema de rádio de ondas curtas, sentem-se à vontade com a nova tecno-logia e dispostos a experimentar por conta própria.

Habitualmente, a população rural usa as estações para enviar mensagens eletrônicas que se transmitem em uns dez segundos. Por norma desaconselha-se o envio regular de *attachments*, embora também se possa enviar arquivos de imagens sem texto, como o JPEG, se forem previamente comprimidos. Estes serviços são muito úteis para as ONGs que tra-balham com comunidades rurais. Por exemplo, um grupo pode contatar a PFnet para aju-dar os artesãos a publicar e comercializar seus produtos mediante fotografias digitais, enquanto outro pode ajudar os agricultores a identificar animais por meio de fotografias.

Várias vezes ao dia, cada estação remota de correio eletrônico se conecta com a esta-ção *hub* de Honiara para transferir as mensagens, que depois esta envia pela internet. Sete *modems* trabalham simultaneamente na estação central.

Depois da abertura da primeira estação central em outubro de 2001, outras sete fo-ram inauguradas até janeiro de 2003, e foi financiada a criação de outras duas. Uma vez posto em marcha o sistema, é muito fácil acrescentar novas estações seguindo um esquema modular. A PFnet programou estender-se a 25 centros remotos de comunicação eletrônica nas nove províncias do país. Os pontos de localização destes centros foram escolhidos entre as áreas mais remotas e inacessíveis, que ainda não contam com serviço telefônico. O program PFnet também inclui atividades de treinamento e de desenvolvimento de capacidades para consolidar a rede e facilitar o intercâmbio entre os interessados no desenvolvimento.

A PFnet foi iniciada com financiamento e apoio técnico do Programa de Administra-ção do Desenvolvimento e do Planejamento Participativos das Ilhas Salomão (SIDAPP), um projeto do PNUD e da Oficina das Nações Unidas para Serviços de Projetos (UNOPS é a sigla em inglês). Também foram recebidas doações diretas das missões diplomáticas da China, Grã-Bretanha e Japão, enquanto outros doadores financiaram as fases de arranque e expansão inicial e continuam apoiando a ampliação gradual da rede.

Atualmente, entre os associados da PFnet estão a Universidade do Pacífico Sul, para experiências de aprendizagem à distância e escola rural comunitária; a Associação Jardín Kastom (KGA), uma rede comunitária de assessoramento aos agricultores; o Serviço Infor-mativo Eletrônico sobre Finanças do Ministério do Comércio, que oferece informações *on line* às empresas pequenas e médias das áreas rurais, e o Projeto de Fortalecimento Ins-titucional de Administração de Terras das Ilhas Salomão.

As realizações da PFnet têm merecido reconhecimento internacional: em 2002, foi finalista na competição de histórias de InfoDev/Banco Mundial/IICD TIC, e no Desafio de Estocolmo, realizado nesse mesmo ano na Suécia. Também despertou o interesse de outros escritórios nacionais do PNUD na região do Pacífico Asiático, que consideram a possibilidade de replicá-la.

Resultados e fatores críticos

A PFnet, como uma rede de telecomunicações de baixo custo, ajuda os grupos de baixa renda a se encarregar do seu próprio desenvolvimento mediante melhor informação e maior conhecimento. Converte-se na voz da população rural em temas relacionados ao seu desenvolvimento e a seus problemas, facilitando-lhes um contato direto com os meios de comunicação e com aqueles que tomam as decisões. Outros dos resultados alcançados são:

- Em um país fragmentado pelas lutas étnicas, a existência de um sistema de comunicação rápido e de baixo custo desempenha um papel ativo na manutenção da paz, porque permite despejar rumores e manter abertos os canais de comunicação entre os grupos sociais.
- A rede facilita o intercâmbio de informações entre as ONGs, os escritórios do governo, os meios de comunicação, as empresas e outros envolvidos no processo de desenvolvimento. A PFnet também ajuda as pessoas a encontrar novos meios de vida e a melhorar a administração agrícola e da terra.
- A PFnet oferece formação vocacional à distância, assim como treinamento básico nas tecnologias da informação.

Alguns dos fatores fundamentais do êxito alcançado pela PFnet foram a adoção de uma tecnologia apropriada, uma forte participação comunitária, a liderança de uma ONG e a demonstração de benefícios tangíveis à comunidade. Um fator que contribuiu muito para a sustentabilidade e o crescimento do projeto foi ele ter sido traçado de modo a gerar ingressos próprios.

Outras informações

ABC Radio Australia_pacific Beat, s.f. "E-mail Expanding into Villages". Transmissão (http://abc.net.au/ra/pacbeat/stories/s778556.htm).

Primeira Rede Popular (PFnet). Brochura (www.peoplefirst.net.sb/downloads/PFnet_Brochure.doc).

Primeira Rede Popular (PFnet). *Rural Community Email Networking in Solomon Islands* (www.peoplefirst.net.sb).

People First Network: The Solomon Islands' Rural E-mail Network for Peace and Development (www.undp.org.fj/PFnet.htm).

➲ ÍNDIA
CARTÕES DE AVALIAÇÃO DOS CIDADÃOS PARA MELHORAR O DESEMPENHO DO SERVIÇO PÚBLICO

Em poucas palavras

Cidadãos que qualificam o desempenho das repartições do governo e publicam os resultados nos meios de comunicação: esta é a essência da metodologia dos cartões de avaliação introduzidos pelo Centro de Assuntos Públicos de Bangalore. Esta instituição aplica levantamentos sobre os níveis de satisfação dos clientes e usuários entre os grupos de renda baixa, para determinar seu nível de aprovação com respeito aos encarregados de prover serviços tais como eletricidade e água. Os resultados são compartilhados publicamente sob a forma de cartões de avaliação, com os quais foram estabelecidos novos parâmetros de prestação pública de contas. Esse enfoque está assinalado por uma metodologia de amostragem, tabulação e análise quantitativa, o que faz dos cartões de avaliação uma experiência atualmente replicada em várias partes do mundo.

A história

Em 1993, sob o amparo do Centro de Assuntos Públicos de Bangalore, um reduzido grupo de pessoas preocupadas com os baixos padrões que reinavam nessa cidade com respeito à provisão de serviços públicos iniciou a prática de recolher as opiniões dos usuários. As percepções que estes tinham sobre a qualidade, a eficiência e a adequação dos serviços foram reunidas em um cartão de avaliação que qualificava o desempenho das mais importantes instituições provedoras de conexões telefônicas, água e eletricidade. Os resultados mostraram uma medida quantitativa de satisfação e captaram alguns níveis de corrupção que, com ampla cobertura dos meios de comunicação, não só mobilizaram os cidadãos e o governo após uma reforma, mas convidaram as mesmas entidades a responder positivamente aos pedidos de mudança.

O exercício foi repetido em 1999 e em pelo menos outras cinco cidades indianas, assim como no estado de Karnataka, cuja capital é Bangalore. As versões seguintes adotaram o enfoque de associação, pelo qual os resultados são compartilhados primeiro com a agência em questão e são exploradas as possíveis soluções antes de iniciada a campanha dos meios de comunicação. Os cartões de avaliação, ao reunir e difundir sistematicamente a opinião do público, atuaram à guisa de incentivo para a competência entre os monopólios, – em geral de propriedade do Estado – que até então careciam de estímulos para responder às necessidades de seus usuários. Também foram um instrumento efetivo para informar as instituições de serviço, de forma coletiva e confiável, sobre as percepções a respeito do seu desempenho, pressionando para a mudança.

Entre 1994 e 1999, quatro das oito agências cobertas pelo cartão de avaliação de 1993 em Bangalore realizaram tentativas para se contrapor à insatisfação pública. A repartição mais mal qualificada, a Autoridade de Desenvolvimento de Bangalore, revisou seus sistemas internos de prestação de serviços, introduziu cursos de capacitação para o pessoal de níveis médio e inferior e, com a Corporação Municipal de Bangalore, começou a organizar foros conjuntos com as ONGs e instituições públicas sobre resolução de problemas de alta prioridade, como o manejo de dejetos.

O Conselho Diretivo de Eletricidade de Karnataka formalizou os diálogos periódicos com associações de residentes para obter *feedback* sobre seus serviços. Outras duas agências governamentais tentaram fortalecer seus sistemas de resposta às queixas dos usuários.

A aplicação do sistema de cartões de avaliação compartilhou lições importantes, e o Centro de Assuntos Públicos esteve empenhado em aperfeiçoar essa metodologia. Um dos problemas detectados é que as perguntas não permitiam flexibilidade nas respostas, especialmente quando formuladas em assentamentos urbanos de baixa renda. A concentração nos dados quantitativos não permitia respostas qualitativas, e os levantamentos tendiam a se referir aos homens como a fonte primária de respostas. Em assentamentos de baixa renda há uma boa quantidade de famílias encabeçada por mulheres, que em geral estão dispostas a responder a perguntas. O Centro também trabalha para eliminar a subjetividade nas categorizações, especialmente dos grupos de clientes que apresentavam perfis socioeconômicos diferentes.

Resultados e fatores críticos

- O enfoque dos cartões de avaliação é hoje em dia usado de forma generalizada no setor de serviço público de Bangalore. A iniciativa conduziu ao estabelecimento de um *swabhimana*, ou foro para as vozes cidadãs, com os corpos cívicos tratados como representantes não partidários de grupos cidadãos e das ONGs.
- Os cartões de avaliação também foram adaptados para serem usados por diferentes agências em todo o mundo, incluindo o Banco Mundial, o PNUD e a Transparência Internacional. Os cartões de avaliação em Washington, D.C. e em cidades importantes das Filipinas e da Ucrânia refletem a aplicação crescente dessa abordagem em vários locais.
- Os cartões de avaliação também têm servido para que as instituições públicas até então apáticas escutem seus usuários e reajam diante de suas preocupações. Embora sempre tivesse havido evidência anedótica sobre a incompetência das agências públicas, a quantificação das percepções trouxe consigo um indicador confiável para determinar o grau de (in)satisfação dos usuários e facilitar a comparação interinstitucional, motivando reformas internas.
- Na Índia, a consciência pública sobre temas como a qualidade dos serviços públicos e a corrupção aumentou substancialmente após a pesada cobertura que os meios de comunicação deram aos resultados das avaliações. Em 1994, *The Times of India*, primeiro jornal do país, publicou durante dois meses um suplemento semanal concentrando-se em um achado interessante de cada vez.

- Embora os cartões de avaliação possam parecer um método simples para detectar a opinião dos cidadãos, seu uso exige contar com um intermediário competente, versado na técnica de administrar e dirigir pesquisas.
- O processo necessita de um financiamento adequado, tempo e interesse por parte dos residentes locais, além de um clima sociopolítico favorável. Estas são demandas exigentes e, para satisfazê-las, deve-se recorrer a fórmulas inovadoras.

Outras informações

BANERJEE, N. Public Expenditure Review: Citizens' Report Cards in India. In capacity.org, 15. ECDM. 2002 (www.capacity.org).

National Foundation for India (www.nfi.org.in.).

Public Affairs Centre, Bangalore (www.pacindia.org).

Site de participação do Banco Mundial (www.worldbank.org/participation/accountpoor.html).

➲ ÍNDIA
AUDIÊNCIAS PÚBLICAS INIBEM A CORRUPÇÃO NO RAJASTÃO

Em poucas palavras

Uma pequena ONG, Mazdoor Kisan Shakti Sangathan (MKSS), liderou uma iniciativa de desembolso de fundos para o combate à seca que desafiou os funcionários do governo local e terminou se convertendo em uma das campanhas mais enérgicas da história recente da Índia. Tudo começou com um grupo de pesquisadores que procurava dados sobre os desembolsos planejados pelo governo segundo os registros oficiais. Depois corroborava a informação perguntando aos trabalhadores e cidadãos quanto dinheiro haviam realmente recebido ou se as construções e outros trabalhos projetados haviam-se concretizado efetivamente. Os resultados foram apresentados em audiências públicas, com a presença de funcionários do governo, quando possível, de modo que os organizadores pudessem pedir-lhes a devolução dos fundos que eventualmente faltassem.

Esses esforços costumavam enfrentar dificuldades na hora de conseguir acesso aos arquivos do governo, experiência que mais tarde conduziu a uma campanha em prol do Direito Nacional à Informação, que agora se aplica sistematicamente em diferentes níveis para garantir a transparência dos desembolsos públicos.

A história

Uma funcionária pública renunciou a seu trabalho para o Serviço Administrativo da Índia para fundar o MKSS e começar campanha em uma unidade administrativa da zona rural de Rajastão, o estado mais ocidental desse país. A população local vinha exigindo da administração distrital que divulgasse detalhes da distribuição orçamentária para obras públicas – quanto era designado, quanto era gasto, em que projetos etc. Para apoiar a iniciativa, a campanha idealizou uma metodologia: os habitantes do lugar, em especial os que trabalhavam como operários, provedores e contratantes, se reuniriam para comparar dois conjuntos de dados. O primeiro, proveniente das investigações do MKSS nos escritórios do governo local sobre as quantias aprovadas e realmente gastas (incluídos os salários pagos aos trabalhadores). Os operários, os provedores e os contratantes seriam interrogados depois para verificar se o dinheiro consignado nos documentos havia chegado de fato às suas mãos e se as obras de construção foram realizadas assim como haviam sido planejadas. Além disso, o MKSS realizaria algumas investigações. Se fossem encontradas discrepâncias, estas seriam reveladas em audiência pública e seria pedido aos funcionários correspondentes que devolvessem os recursos que estavam faltando.

No entanto, colocar em prática esse processo mostrou-se mais complicado que o previsto. É difícil ter acesso às informações sobre obras públicas, em especial sobre cifras concretas. Os funcionários públicos resistem a participar das audiências públicas, tanto os funcionários eleitos quanto os que fazem parte do pessoal burocrático de nível inferior.

Em algumas ocasiões, alguns desses oficiais tentaram apresentar ordens judiciais para impedir que se divulgassem informações sobre obras públicas, embora os tribunais se apressassem em anular essas ordens ao serem peticionados.

A lei estabelece que os dados correspondentes aos distritos sejam divulgados em cinco dias após apresentada a petição. Mas, em um caso documentado, a informação concreta demorou um ano para chegar. Em outro, os vizinhos tiveram de organizar um protesto de quarenta dias para conseguir os números que pediam; um tempo longo para pessoas que mal conseguem sobreviver com seu salário. Essas demoras se devem sobretudo à falta de vontade dos funcionários locais de divulgar as informações, assim como à qualidade deficiente dos registros dos escritórios periféricos do governo.

Até o momento, os achados efetuados alimentam a crença de que a corrupção por si só provoca a drenagem de grande parte do gasto público. Por exemplo, por causa de registros incompletos ou do envio tardio da informação solicitada, entre 1994 e 2000, só se puderam avaliar 31 dos 98 projetos realizados pelo governo em dez aldeias. Os desembolsos por esses 31 projetos somaram um total de aproximadamente 135 mil dólares; mas os vizinhos e a ONG descobriram que funcionários e burocratas haviam conseguido desviar quase cem mil dólares.

Essa iniciativa de informação foi adquirindo maior institucionalidade à medida que a comunidade adotava algumas técnicas de prestação pública de contas. Entre elas está a colocação de cartazes que exigem manejo adequado de fundos e auditorias populares. Enquanto os funcionários que estão diretamente na linha de fogo têm tentado fugir às responsabilidades em cada etapa do processo, outro grupo importante de atores apóia entusiasticamente o projeto, tanto no Parlamento quanto nos tribunais. Parece que, assim como sempre há interesses criados que procuram desviar os fundos públicos, também há forças interessadas em se contrapor a eles e a defender a boa governança.

Resultados e fatores críticos

- O processo iniciado pelo MKSS estendeu-se por toda a Índia mediante a celebração de audiências públicas, e é observado com muito interesse nos círculos de desenvolvimento de outros lugares.

- Vários estados da Índia aprovaram legislação, estatutos e diferentes ordens administrativas que ordenam a divulgação de informações sobre obras públicas. A Campanha Nacional do Direito das Pessoas à Informação está providenciando para que isso se torne um direito constitucional.

- O escopo do direito à informação tem sido ampliado e o foco da atenção pública abrange agora ampla gama de temas de desenvolvimento, assim como de direitos humanos, responsabilização judicial, processos eleitorais, apropriação dos meios de comunicação, atividades de defesa e nucleares e, inclusive, sobre o próprio funcionamento das ONGs.

- O MKSS desempenhou papel fundamental na sustentação da campanha de informação e para manter a população comprometida. Apesar do tempo transcorrido e das longas demoras, conseguiu que a comunidade permanecesse focada em sua missão. A maioria das audiências de bairro, por exemplo, começam com uma apresentação de bonecos relacionada com a corrupção e o desenvolvimento. Isso desperta o interesse das pessoas, mas, mais importante ainda, explica os vínculos entre a corrupção e o desenvolvimento de um modo simples e fácil de captar pela maioria das pessoas.

Outras informações

GOETZ, A.-M.; GAVENTA, J. Bringing Citizen Voice and Client Focus into Service Delivery. Institute of Development Studies (IDS) Documento de trabalho No. 128. Brighton: IDS, 2001 (www.ids.ac.uk/ids/govern/citizenvoice/annexcx.html).

BHATIA, B.; DREZE, J. Freedom of information is Key to Anti-Corruption Campaign in Rural India. Documento de trabalho apresentado em Berlim. 1998 (www.transparency.org/workin_papers/bhatia-dreze/bhatia-dreze.html).

ROY, B. Villages as a Positive Force for Good Governance: The Right to Information and India's Struggle against Grass-Roots Corruption. In UN Chronicle Online Edition, 37. New York: United Nations, 2000 (www.un.org/Pubs/chronicle/2000/issue1/0100p86.htm).

Site de participação do Banco Mundial (www.worldbank.org/participation/accountpoor.html)

⮞ INDONÉSIA
DESCENTRALIZAÇÃO COMEÇA COM DIAGNÓSTICO DE CAPACIDADES ATUAIS

Em poucas palavras

A Indonésia está implementando um programa de desenvolvimento de capacidades para os governos locais, com a ajuda de um grupo de parceiros externos, como parte de um esforço de descentralização mais amplo. Para contribuir para o traçado de uma estratégia eficaz, que também promova coordenação entre governo e doadores, foi desenvolvido um instrumento de avaliação das necessidades de capacidade. Concentrado principalmente em questões que abarcam vários setores ao mesmo tempo, levou em conta três níveis de capacidades: sistemas, entidades e indivíduos. As avaliações de campo, que aglutinaram diferentes tipos de interessados, estimularam a discussão sobre temas fundamentais de governança local sob um sistema descentralizado.

Globalmente, essa experiência tem ajudado a criar melhor coordenação entre os parceiros do desenvolvimento. Entretanto, o processo foi complexo e necessitou de recursos financeiros e humanos significativos. O êxito que ele podia alcançar dependia em grande medida do estímulo brindado à participação dos funcionários médios e altos do governo, o que requereu desde o início articular uma visão compartilhada do significado do desenvolvimento de capacidades.

A história

Entre novembro de 1999 e outubro de 2000, a GTZ e o Clean Urbano (um projeto fundado pela United States, Agency for International Development [Usaid] que cobre questões de administração urbana e financeira) conduziram um estudo na Indonésia para avaliar as necessidades dos governos e das legislaturas locais para apoiar a construção de capacidades. O estudo se concentrava principalmente em temas transetoriais e enfatizava os vínculos existentes entre eles. Também abarcava alguns setores de serviços (urbano, saúde e educação) considerados expoentes do melhor nível de serviços que o governo poderia proporcionar aos cidadãos.

Esperava-se que os resultados do estudo configurassem um marco de formulação dos programas de desenvolvimento de capacidades que permitisse aos governos locais assumir novos papéis e funções designados pela atual política de descentralização da Indonésia. Esperava-se também que essa experiência acrescentasse a capacidade das agências do governo central a cargo do processo de descentralização para empreender o mesmo tipo de avaliações sem assistência externa. A equipe do projeto usou um enfoque conceitual que distingue três níveis de capacidades: sistemas, entidades e indivíduos. A avaliação foi orientada para uma análise qualitativa dos temas principais, as percepções e as sugestões de uma ampla gama de interessados, incluindo os funcionários médios e superiores das agências do governo central, dos governos locais e das agências provinciais, membros dos parlamentos locais, representantes das ONGs locais e de grupos comunitários.

Cada um dos temas tratados contava com estruturas normativas que lhes serviam de ponto de partida. Tais estruturas baseavam-se nas políticas e regulamentações imperantes na Indonésia, assim como nas melhores experiências internacionais, e consistiam em um conjunto de princípios genéricos de governança local, que ofereciam uma base para a identificação das competências necessárias nas organizações do governo central e regional. As estruturas também foram utilizadas para romper o gelo em muitas reuniões, pois os condutores das discussões se valiam deles para apresentar o enfoque, enquanto para os assistentes era fácil relacionar-se com seus princípios.

O processo de avaliação incluía três elementos. Primeiro, iniciavam-se as conversações com os funcionários do governo central sobre a estrutura normativa correspondente ao tema, assim como sobre a percepção que eles tinham das necessidades locais de desenvolvimento de capacidades. Segundo, eram realizados estudos de campo com cinco governos locais, que incluíam sessões plenárias com funcionários locais e parlamentares, discussões de grupos focais, visitas ao local, reuniões e entrevistas individuais, e uma análise das propostas de políticas e regulamentações locais. Ao concluir cada exercício, o grupo de estudo apresentava seus achados preliminares e suas recomendações para os diferentes grupos de interessados que haviam sido consultados.

O terceiro passo consistia em apresentar os achados iniciais e as recomendações a um grupo de trabalho interministerial sobre desenvolvimento de capacidades. As reuniões com funcionários de instituições selecionadas da área técnica e setorial ofereceram a oportunidade de aprofundar a avaliação e alcançar mais detalhes, a fim de determinar as prioridades. Os achados do estudo também foram transmitidos aos doadores.

Foram produzidos vários relatórios técnicos e temáticos, enquanto o relatório final converteu-se em um instrumento de trabalho para uma reunião preliminar consultiva e de doadores sobre descentralização. Foi documentada e colocada à disposição dos interessados uma síntese dos instrumentos e ferramentas de avaliação de campo utilizados. O site web do projeto converteu-se em uma fonte de informação muito visitada pelos funcionários da assistência técnica, os praticantes e os conselheiros sobre descentralização e governança local que trabalham na Indonésia. Também foi difundido um relatório eletrônico sobre os achados.

Daí em diante, o estudo é usado para discutir detalhadamente os programas de desenvolvimento de capacidades. A avaliação de campo tem servido para que um dos governos locais desenvolva um novo projeto de assistência técnica com a GTZ. Em outros casos, os resultados têm sido integrados às atividades de assistência técnica em curso, ou as planejadas para o futuro. Os estudos com freqüência conseguiram aproximar diversos grupos de interessados locais, além de abrir espaço para a discussão sobre governança na descentralização, que constitui um passo para o desenvolvimento de capacidades.

Como etapa seguinte, o grupo de trabalho interministerial sobre o desenvolvimento de capacidades recebeu apoio dos doadores. Esse grupo foi criado por decreto presidencial, com uma equipe de coordenação para implementar as leis de descentralização. Entretanto, algo que não se pôde conseguir foi construir capacidades nas instituições do governo central para que pudessem empreender outras avaliações de necessidades, mediante outros setores e agências. As persistentes mudanças no governo central deram lugar a reiteradas perdas de participantes e a periódica necessidade de reiniciar contatos e relações de trabalho com os funcionários.

Resultados e fatores críticos

- A apropriação conseguida pelo governo, assim como a participação de seus funcionários na conceituação e no manejo do estudo, foram fundamentais para se obter êxito.
- Os exercícios desse tipo são complexos e exigem disponibilidade de tempo, recursos financeiros e pessoal apropriados. Para essa experiência foi especialmente importante ter acesso a consultores qualificados, que combinassem sua experiência no país com a perícia técnica requerida.
- Considerando o fato de os funcionários governamentais com freqüência equiparem o desenvolvimento de capacidades com a capacitação, é necessário investir uma grande quantidade de tempo e de energia, ao começar o projeto, para desenvolver ampla compreensão dos conceitos de capacidade e desenvolvimento de capacidades.
- A estrutura normativa ofereceu um modo eficiente de combinar uma abordagem relativamente abstrata com implicações institucionais e individuais concretas que eram mais fáceis de entender, em especial para os funcionários dos governos locais.
- Aspecto importante da avaliação foi o esforço consistente para divulgar os resultados entre o público por meio da internet e dos meios eletrônicos. Embora a comunidade internacional tivesse apreciado enormemente esse esforço, os funcionários públicos da Indonésia não têm o mesmo grau de acesso a esses meios e estão menos familiarizados com eles, ao mesmo tempo que carecem do equipamento técnico necessário.
- O fato de o estudo ter sido conduzido por vários dos interessados diretos nos projetos de assistência técnica ajudou a melhorar a coordenação entre os doadores e os projetos que eles manejam em campos afins.

Outras informações

ROHDEWOHLD, R. Capacity-Building Needs Assessment for Local Governments in Indonesia. In: capacity org. 8 ECDM. 2000 (www.capacity.org/8/editorial1.html).

Apoio do Decentralisation Measures Programme (www.gtzsfdm.or.id).

UNDP. *Capacity Assessment and Cevelopment in a Systems and Strategic Management Context.* Documento de Consultoria Técnica, 3. 1998 (http://magnet.undp.org/docs/cap/Main/htm).

Os autores agradecem as contribuições de Rainer Rohdewohld, GTZ/Clean.

➲ JORDÂNIA
UM CLUBE DE MERGULHO CONVERTE-SE EM
AGENTE DE MANEJO DO LITORAL

Em poucas palavras

Por intermédio de um processo gradual e orgânico de desenvolvimento de capacidades, uma ONG ambiental jordaniana desenvolveu-se de um início humilde para uma instituição eficaz e respeitada, com capacidade de pesquisa, defesa, assessoramento político e de mobilização comunitária. The Jordanian Royal Ecological Diving Society (JREDS) estabeleceu parcerias com várias agências públicas e com outras ONGs e organizações comunitárias, tanto nacional quanto regionalmente. Começando como beneficiária do Programa de Pequenas Doações do Fundo para o Meio Ambiente Mundial (GEF), ampliou sua base de financiamento para assegurar sua sustentabilidade financeira e sua independência. Isso foi possível apesar de na Jordânia praticamente não existir uma tradição de participação cidadã, ou de questionamento do Estado ou dos interesses comerciais em defesa do meio ambiente.

A história

A Jordânia é um país relativamente pequeno que enfrenta muitos desafios de desenvolvimento ambientais e sociais. Um de seus problemas mais complexos é o manejo sustentável da frágil e superexplorada zona costeira de Aqaba. Esse delicado ecossistema tem características únicas e é um centro de atração para o mergulho ecológico. Entretanto, durante as últimas décadas, o processo de urbanização foi comprimindo a pequena praia, e os setores de transporte, turismo e indústria entraram em feroz concorrência para ocupá-la. Só se manteve intacta uma extensão de sete quilômetros, na qual, no entanto, há problemas de deterioração ambiental e poluição. No ano 2000, Aqaba foi declarada "zona econômica especial", o que acarretou riscos ambientais ainda maiores. Apesar de a Autoridade da Zona Econômica Especial ter estabelecido leis restritivas de proteção ambiental, com regulamentações ainda mais avançadas do que as das leis nacionais, para que o manejo sustentável de um ecossistema frágil tenha êxito é necessário, definitivamente, integrar os esforços de várias instituições e grupos comunitários.

O envolvimento da sociedade civil começou em 1995, com o estabelecimento da JREDS. Desenvolvendo-se de um clube de mergulhadores ecológicos jordanianos, a instituição se firmou ao se converter em uma ONG. O projeto teve início com um programa de monitoramento dos recifes coralinos, do qual participaram os principais ecologistas marinhos do país, e apoiou uma campanha intensiva de conscientização nacional sobre o tema. Graças à estreita cooperação que manteve com a Estação de Ciência Marinha, uma instituição científica assentada em Aqaba, a JREDS organizou um extenso banco de dados. Desempenhou também importante papel na conscientização e no desenvolvimento de capacidades, assim como na condução de pesquisas científicas e na defesa da adoção de planos de desenvolvimento econômico de base científica para a zona de Aqaba. A capacidade demonstrada atraiu maior apoio dos doadores, a ampliação dos vínculos de cooperação com a Autoridade da Zona Econômica Especial de Aqaba e congregou a comunidade local em várias atividades. Ao longo do processo, o pessoal da JREDS participou de várias atividades de treinamento e consolidação de capacidades que ampliaram consideravelmente suas habilidades para o manejo de projetos, a defesa pública e a geração e divulgação de conhecimento.

Em 1998, a JREDS organizou uma oficina participativa convocando diversos representantes de grupos com interesses na zona para explorar novas idéias, que são agora coordenadas técnica e administrativamente por essa instituição, embora sua implementação esteja a cargo de organizações populares. Em 2002, o Programa de Pequenas Doações apoiou a JREDS com uma subvenção de planejamento que lhe permitia consolidar sua mais recente iniciativa: ampliar o papel dos operadores de botes de Aqaba na linha do turismo sustentável. A JREDS trabalhou intensamente com a associação de operadores de botes para desenvolver a proposta e o conceito em que está baseada.

Hoje em dia, a JREDS é uma organização com cerca de 250 membros, quinze funcionários e oito projetos em andamento. Tornou-se o braço técnico do Programa de Pequenas Doações em Aqaba, ao mesmo tempo que trabalha para diversificar sua própria base de doadores e para desenvolver vários tipos de projetos, de acordo com a demanda. Entre esses se inclui a reabilitação de redes de água nas áreas urbanas pobres. A vigilância do arrecife coralino está a cargo de três estações de monitoramento no Golfo de Aqaba e, em matéria de conhecimento do meio ambiente marinho, a JREDS é considerada hoje em dia referência fundamental na Jordânia.

Em sua curta existência, a JREDS tem cooperado com quase todos os grupos de importância em Aqaba: o setor público, iniciativas privadas de indústria e turismo, turistas, escolares, pescadores, mulheres e jovens locais. Também já chegou a trabalhar no âmbito regional, e em 2001 foi-lhe outorgada a responsabilidade de coordenar programas regionais de conscientização pública na zona do Mar Vermelho. Graças à sua participação em redes regionais, as atividades da JREDS atualmente se estendem ao longo do ecossistema costeiro de oito países. Preocupando-se tanto com as pessoas quanto com os ecossistemas, o pessoal da JREDS atualmente treina os membros da comunidade e os estudantes para o uso de computadores e da internet para obter informações sobre o meio ambiente marinho. O grupo também conta com um ativo programa socioeconômico que ajuda a melhorar os níveis de vida dos menos favorecidos de Aqaba, em especial pescadores e pessoas que têm o mar como meio de vida. Para isso recorrem a projetos geradores de renda e à produção de artesanato que não deteriore o meio ambiente.

Resultados e fatores críticos

A JREDS é a única ONG da Jordânia que se dedicou profissionalmente a proteger os ecossistemas marinhos. Compartilhou sua capacidade com as ONGs menores, trabalhando em outros projetos de desenvolvimento sustentável, e já demonstrou ser essencial para mobilizar recursos técnicos e humanos para a implementação de projetos e a condução de campanhas de apoio.

- O desenvolvimento de capacidades na JREDS tem sido mais um processo cumulativo do que um resultado ou produto preestabelecido. São muitos os grupos de interessados que contribuíram para esse processo.
- Os projetos têm sido traçados com um enfoque de baixo para cima. Para assegurar a concentração na preparação de projetos e um nível alto de participação da comunidade local e da sociedade civil, foram úteis as reuniões de grupos múltiplos de interessados e as subvenções de planejamento.
- O processo do desenvolvimento de capacidade na JREDS tem sido institucional e socialmente sustentável, com o conhecimento acumulado se mantendo disponível em bases de dados e compartilhados com o pessoal da instituição, com outros envolvidos diretos e com todos os setores interessados por meio de um centro educativo.
- O conhecimento e as experiências têm sido transferidos para outras ONGs por meio do envolvimento na coordenação técnica e administrativa dos projetos do Programa de Pequenas Doações em Aqaba. Isso não impõe a presença da JREDS em grupos menores, mas os ajuda a se envolver em seus próprios ciclos de desenvolvimento de capacidades, ao mesmo tempo que ganha autoconfiança e um sentido de apropriação dos projetos.
- Embora o desenvolvimento de capacidades não tivesse tido ainda um impacto direto sobre a política em Aqaba, a JREDS tem sido muito ativa em cobrir as necessidades de apoio, de mobilização de recursos humanos, as campanhas de conscientização pública e iniciativas específicas nos setores populares.
- O Programa de Pequenas Doações do GEF assegurou o apoio financeiro e técnico necessário para que a jovem JREDS crescesse e amadurecesse. Levar adiante esse projeto inicial do GEF constituiu um processo de aprendizagem que facilitou e estimulou outras iniciativas de desenvolvimento de capacidades.
- O desenvolvimento de capacidades permitiu que o grupo ampliasse sua base de financiamento, assegurando a diversidade e a sustentabilidade de seus programas. O pessoal da RSJEB foi adequadamente treinado para atrair o interesse dos doadores, e seus antecedentes profissionais serviram para chamar a atenção de muitos financiadores.

Outras informações

JREDS (www.jreds.org).

Programa de Pequenas Doações da Jordânia (www.gef-sgp.org.jo).

Programa de Pequenas Doações da Jordânia. *Lessons in Sustainable Development: Ten Years of Partnership between SGP and the Local Community in Jordan*. Amman: UNDP, 2002a.

Programa de Pequenas Doações da Jordânia. *SGP Jordan Biennial Country Programme Review*. Amman: UNDP, 2002b.

Os autores agradecem as contribuições de Batir Wardam, do Foro Eletrônico Comunitário do Programa de Pequenas Doações, Jordânia.

➲ JORDÂNIA
UM ENFOQUE NÃO-AMEAÇADOR PARA A COLABORAÇÃO INTERDISCIPLINAR

Em poucas palavras

Em 2000, a Jordânia produziu a Agenda Nacional 21, assim como as primeiras pautas de avaliação do impacto ambiental. Também converteu-se no primeiro país do mundo árabe a preparar uma Estratégia Nacional de Informação Ambiental e uma Estratégia Nacional de Educação, Conscientização e Comunicação, usando a metodologia da Agenda 21. A Jordânia aproveitou os recursos das TIC e usou técnicas de planejamento participativo para mobilizar as capacidades locais, criar novos conceitos de desenvolvimento e reunir grupos que nunca haviam trabalhado juntos para formular políticas nacionais audazes. O apoio externo facilitou a adoção de práticas inovadoras que foram postas em andamento graças a um forte compromisso nacional e ao trabalho dos "notáveis" que se envolveram nessas iniciativas.

A história

O programa Capacidade 21 da Jordânia produziu sua Agenda Nacional 21 em 2000. Esta foi lançada com o patrocínio de sua alteza real, a princesa Basma Bin Talal, considerada uma personalidade política fundamental no apoio às atividades de desenvolvimento e cuja presença outorgou prioridade e credibilidade ao processo. Posteriormente, e se valendo da metodologia da Agenda 21, a Jordânia aprovou suas primeiras pautas de avaliação do impacto ambiental, assim como a Estratégia Nacional de Informação Ambiental e a Estratégia Nacional de Educação, Conscientização e Comunicação, primeiras de seu tipo entre os países árabes. Para respaldar a implementação da Agenda Nacional 21 foi estabelecido o Programa Rede para o Desenvolvimento Sustentável, assim como os 28 centros comunitários de tecnologia da informação e um portal de conhecimento comunitário.

O processo de elaboração da Agenda Nacional 21 na Jordânia constituiu uma experiência de aprendizagem para todos os que dela participaram. Durante dois anos, seis forças-tarefa compostas de técnicos, autoridades com poder de decisão, acadêmicos e representantes das comunidades locais reuniram-se regularmente para compartilhar e intercambiar idéias e procurar chegar a consensos sobre as prioridades do desenvolvimento sustentável. Os participantes incluíam membros da Corporação Geral de Proteção Ambiental – que daí em diante foi substituída pelo Ministério do Meio Ambiente, seguindo as recomendações da Agenda 21 – e representantes dos ministérios da Agricultura, Água e Irrigação, Recursos Minerais e Energia, assim como da Autoridade de Recursos Naturais. Também fizeram parte desses grupos algumas ONGs, como a Real Sociedade Científica, a Sociedade Jordaniana de Meio Ambiente e de Amigos do Meio Ambiente, além de consultores privados, engenheiros e acadêmicos da Universidade da Jordânia e da Universidade Jordaniana de Ciência e Tecnologia.

Na Jordânia nunca antes se havia visto esse amplo nível de intercâmbio de informações entre uma gama tão variada de especialistas em diferentes disciplinas, o que proporcionou a oportunidade de refletir em conjunto e facilitou uma genuína transparência na subseqüente formulação de políticas. Embora todos os participantes fossem especialistas em suas respectivas áreas, muitos não estavam familiarizados com os princípios do desenvolvimento sustentável. Por exemplo, um engenheiro químico sem conhecimento prévio de temas ambientais se enriqueceu com idéias novas sobre o projeto de depósitos de lixo perigoso, sobre a maneira como outros países enfrentam o manejo de desperdícios e sobre o papel das agências protetoras do meio ambiente. Ao terminar os encontros, os participantes haviam-se familiarizado com as idéias e os princípios da Agenda 21 e de outras convenções internacionais fundamentais posteriores à Conferência das Nações Unidas sobre Meio Ambiente e Desenvolvimento de 1992, com temas como desertificação, diversidade biológica e mudança climática. Além disso, a cada um dos especialistas participantes foi solicitado que contribuísse difundindo conhecimentos de seus campos específicos. Desse modo, os técnicos aprenderam com os administradores e com os políticos, e vice-versa.

O intercâmbio de informações gerou rapidamente resultados tangíveis em áreas importantes como a do manejo do lixo. Muitos não haviam compreendido ainda a importância de se manejar de modo adequado a coleta, separação e eliminação dos dejetos sólidos do município, e, como resultado, usavam inadequadamente os recursos humanos e financeiros. Para aplicar os conceitos da Agenda 21 em Zarqa, a segunda cidade mais importante da Jordânia, foi iniciado um programa de manejo de dejetos sólidos. Desde então, Zarqa converteu-se em modelo nesse campo, e outros municípios começaram a aplicar programas similares.

Desde seu início, a Agenda Nacional 21 foi impulsionada pelo Programa Rede de Desenvolvimento Sustentável, continuando a proporcionar uma plataforma para o intercâmbio de pontos de vista e informações eletrônicas entre os praticantes do desenvolvimento. Inicialmente, dez instituições representativas dos setores público, privado e não-governamental foram providas dos equipamentos e dos programas de computação necessários. Mais tarde, graças aos centros comunitários de informação tecnológica e ao portal de conhecimento comunitário, somaram-se ao programa outras instituições, assim como comunidades de áreas remotas.

Em 2002, o Ministério do Planejamento estabeleceu uma Oficina de Desenvolvimento Sustentável para trabalhar com temas relacionados com a Agenda 21, sobretudo para incorporá-los ao conteúdo dos programas econômico, social e do meio ambiente. Foi proposta a criação de uma oficina de Coordenação da Agenda 21 para o recém-criado Ministério do Meio Ambiente, a fim de assegurar um seguimento e monitoramento apropriados para o processo.

Resultados e fatores críticos

- Para desenvolver esse processo foram fundamentais o sólido compromisso nacional e o papel crucial dos "notáveis nacionais".

- A Capacidade 21 ofereceu ao país uma oportunidade sem precedentes de pôr à prova os enfoques participativos e de consolidação de capacidades entre diferentes grupos de interessados no diálogo e na política, e de fazê-lo de um modo não ameaçador. O processo constituiu uma experiência includente e instrutiva.

- O acesso à informação proporcionado pelas novas tecnologias de informação e comunicação e as oportunidades abertas pelo diálogo entre interessados múltiplos foram ferramentas poderosas para mobilizar as capacidades locais, criar sentido de apropriação a respeito dos novos conceitos de desenvolvimento e reunir grupos que nunca haviam trabalhado juntos.

- O enfoque interdisciplinar foi usado recentemente durante as consultas relativas à assinatura do Acordo de Livre Comércio entre a Jordânia e os Estados Unidos, no ano 2000; na elaboração da Nova Lei de Proteção Ambiental, em 2001; e na preparação da avaliação nacional para a Cúpula Mundial de Desenvolvimento Sustentável de 2002.

Outras informações

Community Knowledge Center (www.ckc-undp.org.jo/).

Centro de Informação Comunitária da Jordânia (www.jitcc.gov.jo/).

Capacity 21 Evaluation Report 1993-2001 (www.undp.org/capacity21/docs/cap1GlobalEval2002.pdf).

Capacity 21 (www.undp.org/capacity21/).

Sustainable Development Network Programme (www.sdnp.jo/).

➲ LAOS
UMA ABORDAGEM DE EQUIPE EM SINTONIA COM AS FORMAS LOCAIS DE TOMADA DE DECISÃO

Em poucas palavras

A implementação do projeto sofre com freqüência os efeitos de escassa colaboração entre os principais atores: a organização receptora, o pessoal do projeto e os doadores. Um enfoque baseado na equipe, em que os diferentes interessados compartilham responsabilidades coletivamente, pode aumentar as probabilidades de êxito criando um foro para o desenvolvimento contínuo de capacidades, o monitoramento coletivo e uma coordenação das expectativas de acordo com a percepção local das prioridades.

Essa abordagem foi experimentada no Laos como parte do Programa de Reformas de Governança e da Administração Pública. Mostrou-se particularmente útil nos projetos de governança, em que as habilidades técnicas, em geral aportadas pelos consultores externos, devem se equilibrar com o conhecimento doméstico da sensibilidade política e com os estilos locais de estabelecer consenso e adotar decisões. Esse enfoque estimulou um meio em que floresceu o diálogo honesto, baseado no princípio de aprendizagem comum e respeito.

A história

A cooperação técnica tradicionalmente envolve três atores: a organização dos doadores (bilateral, multilateral ou trilateral), a organização dos receptores (em geral, mas não necessariamente uma agência do governo) e fontes de assistência técnica (consultores de curto ou longo prazo, nacionais ou estrangeiros, que podem ser indivíduos, empresas de consultoria ou agências executoras). Embora a cooperação técnica exija que os três trabalhem juntos para atingir objetivos comuns, a colaboração real entre as partes é, mais que a norma, a exceção. O típico nesses casos é encontrar o doador de um lado, o governo ou o receptor interessado no outro e o(s) assessor(es) de projeto no meio, tentando conjugar as expectativas.

Em contraste com esse esquema, as autoridades do Laos e do PNUD realizaram grandes progressos ao tratar de incorporar o sentido de apropriação nacional no manejo de seus projetos. As organizações receptoras escolhem os consultores de curto prazo e os residentes conselheiros de uma lista de candidatos, enquanto os diretores nacionais de projetos têm a responsabilidade geral de manejar os recursos financeiros e devem prestar contas dos resultados e dos desembolsos efetuados. Mas nem todos os doadores seguem esse enfoque, e os funcionários do governo com freqüência criticam o fato de eles não se envolverem o suficiente na tomada de decisões. Em geral, tem-se mantido até agora no Laos a divisão clássica entre o governo, o pessoal do projeto e o doador. Inclusive tornou-se mais evidente quando foi criada uma agência de coordenação de doadores que, na verdade, atuou como amortecedor entre o doador e o governo/projeto.

No entanto, como se tornou bastante evidente a necessidade de melhorar a colaboração entre as diferentes partes, o escritório do primeiro-ministro decidiu experimentar um enfoque da equipe baseado no grupo para o Projeto de Reforma da Governança e da Administração Pública, destinado a ajudar as reformas em andamento, colaborando indiferentemente para se atingir objetivos socioeconômicos, a transição para a economia de mercado e o desenvolvimento sustentável. Pôs-se em funcionamento uma pequena equipe de manejo de projetos integrada pelo diretor nacional de projetos, seu delegado, o administrador nacional de projetos, o assessor nacional de projetos para assistência técnica e o oficial de programas do PNUD. A equipe reunia-se uma ou duas vezes por mês, em encontros presididos pelo diretor nacional de projetos. Visando a aumentar a transparência dessas reuniões, cada uma das partes interessadas dispunha de alguns minutos para si.

Os objetivos dos projetos e os resultados a eles associados haviam sido definidos de um modo muito geral, deixando espaço para que a equipe ajustasse o ritmo de implementação às prioridades e oportunidades em mutação. Os diferentes participantes compartilhavam coletivamente a responsabilidade das decisões associadas à implementação. E o oficial de programas do PNUD, em vez de ser considerado um responsável externo que representa o doador e controla os desembolsos de acordo com planos de trabalho aprovados, era visto como um membro pleno da equipe de manejo do projeto.

Todas as partes envolvidas aceitaram esse enfoque. Em países como o Laos, cuja cultura se orienta para a atuação grupal, o trabalho em equipe se harmoniza melhor com o estilo local de tomada de decisões. O grupo de manejo do projeto também criou um foro para o desenvolvimento de capacidades, em que todas as partes aprendiam algo com as experiências e habilidades da outra e oferecia um mecanismo de monitoramento coletivo de projetos entre associados. O fato de os integrantes do grupo trabalharem juntos, em um plano de igualdade e de respeito mútuo, mostrou ser fundamental. Com muita freqüência os projetos fracassam, não porque contem com o aporte técnico necessário, mas porque carecem de sensibilidade cultural e flexibilidade de conduta. Há muitos casos de consultores altamente qualificados, tanto no Norte quanto no Sul, que, apesar de serem muito competentes, fracassam em decorrência de sua atitude.

Há outro tipo de interessados que podem se integrar facilmente como membros de uma equipe de manejo de projetos, como os doadores co-financiadores, os grupos pilotos, as organizações não-governamentais e inclusive os beneficiários. Entretanto, para que o diálogo interno seja significativo e a tomada de decisões seja efetiva, a equipe de manejo deve se manter reduzida. Para assegurar a apropriação nacional é importante que a maioria dos membros da equipe pertença ao país receptor.

Resultados e fatores críticos

- O manejo de projetos com enfoque de equipe é especialmente útil para os programas relacionados com governos e permite equilibrar os recursos técnicos, freqüentemente providos por consultores externos, com o conhecimento nacional da sensibilidade política e do quase sempre complexo processo de estabelecer consenso e adotar decisões.

- Uma equipe contribui para que o projeto caminhe no ritmo local, e não com prazos externamente definidos que nem sempre estejam sincronizados com as realidades do terreno.
- Esse enfoque também permite a todos os envolvidos conseguirem um equilíbrio apropriado entre as realizações de curto prazo (impostas pelos doadores ou pela agenda política do país receptor) e os resultados sustentáveis, de longo prazo.
- Os assistentes técnicos podem se concentrar mais no substancial do que em dedicar uma grande parte do seu tempo a alternar entre o doador e o receptor.
- As agências doadoras precisam contar com o pessoal adequado para serem parte proativa da equipe de manejo do projeto, e se manterem próximas na fase de implementação.
- Para o lado receptor, uma equipe de sucesso implica uma cultura de intercâmbio de informação e compromisso de transparência em todos os aspectos do manejo de projetos.

Outras informações

Programa das Nações Unidas para o Desenvolvimento (PNUD). *Support to Governance and Public Administration Reform (1997-2000) Lao People's Democratic Republic*. Relatório de avaliação final. PNUD. 2000.

Reforma da Cooperação Técnica para o Desenvolvimento de Capacidades. "Insights in 1000 words". 2002 (www.undp.org/capacity).

Os autores agradecem a contribuição de Patrick Keuleers, da Oficina Sub-regional de Recursos do PNUD, Bangcoc, Tailândia.

➲ MALÁSIA
AUMENTANDO A CAPACIDADE DE GRUPOS MARGINALIZADOS PARA FACILITAR A ASCENSÃO SOCIAL

Em poucas palavras

A diversidade étnica é uma das fortalezas da Malásia, que conta com maioria malaia e de grupos indígenas (bumiputera), assim como chineses, hindus e outros. As intervenções de desenvolvimento de capacidades surgiram da necessidade de avançar na consolidação da Malásia como país novo, embora também para abordar os desequilíbrios étnicos herdados do período colonial.

Há duas prioridades claras: a primeira, relacionada ao aumento dos níveis de riqueza entre os bumiputera, a fim de que se convertam em empresários por direito próprio; a segunda, buscando aumentar o número de bumiputera com acesso à educação superior, a fim de que tenham maiores probabilidades de ascensão social. Essas iniciativas permitiram aos grupos até então etnicamente marginalizados se incorporarem à corrente central do desenvolvimento e contribuir significativamente para a transformação, e para uma relativa paz e prosperidade do seu país.

A história

A Malásia é, hoje em dia, um país de renda média que ocupa o 17º lugar entre as nações de maior atividade comercial. Apesar de algumas contrações econômicas periódicas, o país atingiu um nível impressionante de crescimento, e a pobreza diminuiu de 49,3% em 1970 (cifra referida unicamente à Malásia peninsular) para 7,5% em 1999. Surgiu uma classe média e empresarial multiétnica, e embora existam algumas tensões entre os diferentes grupos a sociedade malaia mantém uma cultura de tolerância e adaptação.

Antes disso, durante o período 1957-1969, o desenvolvimento de capacidades que se praticava na Malásia estava confinado à iniciativa individual e privada. Como resultado, a propriedade do capital permanecia nas mãos de estrangeiros e chineses e as desigualdades de renda se aprofundavam apesar do crescimento econômico. Em matéria de educação superior, menos de um quarto da população estudantil era formado por malaios. Como a educação superior era considerada um importante veículo de mobilidade social e de entrada para os postos de trabalho de classe média, os malaios podiam ocupar apenas uma pequena proporção dos empregos de classe média.

As frustrações explodiram durante os enfrentamentos étnicos de 1969 em Kuala Lumpur. Em conseqüência disso, o desenvolvimento de capacidades para a etnia malaia converteu-se em uma urgente prioridade nacional, e o lançamento da Nova Política Econômica (NPE) foi a medida que marcou o início da intervenção estatal ativa. A NEP perseguia o objetivo duplo de erradicar a pobreza independentemente da origem étnica e reestruturar a sociedade para nivelar o campo de jogo em matéria econômica. Optou por se concentrar nos bumiputera, para aumentar seu acesso à riqueza e à educação superior.

Para abordar a eqüidade no âmbito da participação econômica, o governo estabeleceu um certo número de empresas de propriedade estatal, sendo uma das mais importantes e bem-sucedidas a Corporação Nacional de Patrimônio. Colocada sob a jurisdição da Fundação Bumiputera de Investimento e encabeçada pelo primeiro-ministro, a corporação atuou como centro de investimentos e de manejo de subvenções e empréstimos sem juros e, em poucos anos, encarregou-se de vários conglomerados controlados por estrangeiros em setores considerados estratégicos para o país. Também adquiriu participações importantes em muitas sociedades anônimas.

A riqueza empresarial adquirida foi transferida para os indivíduos e instituições bumiputera mediante um tipo de fundo financeiro lançado em 1981, o Amanah Saham Nasional (ASN). No final de 1982, o ASN havia conseguido atrair 1,1 milhão de acionistas de origem bumiputera. Em 1990, esse número havia aumentado para 2,44 milhões, com investimentos em sessenta companhias registradas na Bolsa de Valores de Kuala Lumpur. Nesse ano, o ASN foi substituído pelo Amanah Saham Bamiputera (ASB), que mostrou ser também popular ao atrair 4,7 milhões de investimentos até dezembro de 1997. A principal companhia ASB passou de uma pequena central de investimentos em 1978 à mais bem-sucedida administradora de fundos fiduciários da Malásia atual.

Entretanto, o objetivo da NPE de conseguir que 30% da propriedade da riqueza corporativa corresponda aos bumiputera ainda não foi atingido, e a atual proporção continua sendo de 19%, como em 1990. Ainda se considera um desafio maior conseguir aumentar o número de unidades por investidor, a fim de a participação ser mais eqüitativa.

O segundo objetivo da NPE, a educação, foi igualmente importante. A quinta ou quarta parte do gasto total do setor púbico destina-se à educação, e uma grande proporção desse montante destina-se à educação superior. Enquanto antes de 1969 existia apenas uma universidade, a Universidade Malaia, e os bumiputera constituíam apenas uma quarta parte de sua população estudantil, atualmente há dezoito instituições públicas de educação superior – entre elas onze universidades –, e também oito universidades privadas e outros quinhentos centros privados de educação superior. Para assegurar uma representação eqüitativa dos diferentes grupos étnicos na população estudantil, o governo destinou 60% dos cargos das instituições públicas aos bumiputera. Ao mesmo tempo, foi estabelecido um sistema de bolsas de estudo, desembolsos e empréstimos para que os alunos com mérito – particularmente os bumiputera – possam estudar no exterior.

Nos últimos anos, o governo criou um Fundo Nacional para a Educação Superior para facilitar ainda mais o acesso aos níveis superiores de formação. Esse fundo de empréstimos está aberto não apenas aos estudantes das universidades públicas, mas também aos das instituições privadas. Permitiu que muitas crianças bumiputera tenham acesso à educação universitária, o que lhes permite conseguir melhores categorias de emprego no âmbito profissional e administrativo.

Resultados e fatores críticos

Muitos governos tentaram fazer reservas e políticas de cota para nivelar o terreno para seus cidadãos pertencentes a raças, grupos étnicos e credos diversos. Os resultados desse tipo de iniciativas têm sido variados, o que leva à conclusão de que cada um dos governos deve decidir se usa ou não as reservas seletivas. Na Malásia também há o critério de que o governo deve equilibrar sutilmente o estabelecimento de oportunidades iguais para os bumiputera, apesar do descontentamento de outros grupos. Alguns dos temas fundamentais nesse aspecto são:

- As intervenções estatais ativas na economia e na sociedade em prol dos geralmente relegados bumipuera – em especial com iniciativas de desenvolvimento de capacidades orientadas para a participação econômica eqüitativa e melhores oportunidades educativas – incorporaram os bumiputera no núcleo do desenvolvimento e contribuíram de forma significativa para a transformação e para a conquista de uma paz e de uma prosperidade relativas na Malásia.
- Embora hoje em dia a crença geral no livre mercado favoreça o traslado de toda a atividade econômica para o domínio do setor privado, o capitalismo de Estado não pode ser totalmente descartado porque desempenha papel específico na esfera da economia política, que as forças puras do mercado não conseguem levar em conta.
- O fato de a Malásia ter conseguido manter a paz étnica em seu território mostra que seus líderes encontraram uma fórmula de equilíbrio que talvez deva ser mantida até que esse tipo de orientação se mostre desnecessário.

Outras informações

ARMAN, E. A. *State-led Modernization and the New Middle Class in Malaysia*. Houndmills & Nova York: Palgrave, 2002.

GÓMEZ, E. T.; JOMO, K.S. *Malaysian Political Economy: Politics, Patronage and Profits*. Cambridge: Cambridge University Press, 1997.

Shari Ihak, "Industrialization and Poverty: The Malaysian Experience". *Jurnal Antropologi dan sociologi* (Malásia), 22: 11-29 1995.

JESUDASON, J. V. Ethnicity and the Economy: *The State, Chinese Business and Multinationals in Malaysia*. Singapura: Oxford University Press, 1989.

Governo da Malásia. Eight Malaysia Plan 2001-2005. Kuala Lumpur: Percetakan Nasional Malaysia Berhad, 2001.

Os autores agradecem a colaboração do PNUD da Malásia.

○ MALAVI
ENFRENTANDO A EROSÃO DE CAPACIDADES NO SETOR PÚBLICO

Em poucas palavras

O HIV/Aids impõe desafios únicos ao desenvolvimento. Entre outras coisas, a erosão das capacidades devido às vidas perdidas para a doença tem debilitado o serviço público em países como Malavi. Os agentes de desenvolvimento enfrentam muitos desafios para encarar as lacunas provocadas por tal situação, inclusive para avaliar o valor dessas perdas.

Com esse fim, foi oferecido apoio ao governo de Malavi para realizar um estudo de avaliação do impacto do HIV/Aids no serviço público, que abarcaria quatro ministérios e um departamento. Esse estudo foi um dos primeiros do seu tipo realizados em Malavi e permitiu apreciar em profundidade o quão urgentes são as ações que devem ser adotadas para deter a redução gradual de capacidades do setor público devida ao HIV/Aids.

A história

O primeiro caso de HIV/Aids de Malavi foi diagnosticado em 1985. Dessa data em diante, os índices de infecção têm estado em elevação. O Relatório Sentinela de Vigilância do ano 2001 determina que o índice de prevalência entre as pessoas de quinze a 49 anos é de 16%. Como essa é a faixa etária mais produtiva, o dado prevê sérias conseqüências para todos os setores da economia e para o serviço público de Malavi.

As mortes de pais devido ao HIV/Aids deixaram órfãs mais de trezentas mil crianças menores de quinze anos e esse número aumentará aceleradamente nos próximos anos. As enfermidades associadas também estão se disseminando e o número de casos relatados de tuberculose, que se calculava em cinco mil antes do início do HIV, agora supera os 23 mil. Boa parte dessa escalada é atribuída ao HIV.

Com o desgaste crescente do serviço público, o governo passou a reconhecer a necessidade de empreender uma avaliação do impacto do HIV/Aids para estabelecer as tendências por trás dessas mortes. Esse dado, por sua vez, serviria de guia para as políticas e intervenções por se estabelecer. Para desenvolver a capacidade de pesquisa nacional foram contratadas empresas consultoras locais que examinaram a documentação existente, entrevistaram os interessados e coletaram dados primários sobre a epidemia nos quatro ministérios e no departamento escolhidos. Eles eram os Ministérios de Saúde e População, o de Agricultura e Irrigação, o de Educação, Ciência e Tecnologia, o de Desenvolvimento de Água e o Departamento de Polícia de Malavi. Os consultores trabalharam sob a orientação de um comitê diretivo integrado por membros do Departamento de Manejo de Recursos Humanos e Desenvolvimento (DMRHD), a Comissão Nacional de Aids (CNA) e o PNUD.

O estudo revelou que o desgaste no serviço público havia aumentado muito entre 1990 e 2000, em especial entre os quadros técnicos e o pessoal de campo, cujo trabalho exigia que eles se deslocassem continuamente. A taxa global de mortalidade se elevou de 3% em 1990 para 16% em 2000, um aumento de mais de 500%. As mulheres morriam muito mais cedo do que os homens.

A erosão de capacidades resultante havia restringido a prestação de serviços, e a produtividade e o desempenho cambaleavam devido ao absenteísmo crescente, ao elevado número de licenças e às cargas de trabalho aumentadas para aqueles que estavam em serviço. Era comum observar frustração, níveis elevados de estresse, irascibilidade e um moral baixo entre o pessoal. A cobertura e a prestação de serviços eram os que mais haviam sofrido o efeito da perda de trabalhadores capacitados, como pesquisadores agrícolas, médicos e engenheiros.

A mortalidade, a morbidade e o absenteísmo relacionados com a epidemia de HIV/Aids também tinham efeitos financeiros em termos de custos de recrutamento e treinamento, maiores gastos funerários e o pagamento de benefícios por morte. Segundo o estudo, as cinco organizações tiveram gastos de 53,4 milhões a 78,1 milhões de dólares relacionados ao HIV/Aids durante o período analisado, enquanto o governo havia destinado entre 6,1 e 8,9 milhões de dólares anuais para treinar e recrutar nova força de trabalho. Esses gastos financeiros não estavam em geral incluídos no orçamento.

Do mesmo modo, a ajuda a funerais significa uma ausência de dois dias de pelo menos vinte empregados. De 1990 a 2000, um total de 8.105 mortes nas cinco instituições traduziu-se em uma perda de 324 mil pessoas/dia, ou 14.736 meses. Tendo como base um salário mensal médio de 2.790 dólares, a ajuda a funerais deve ter custado às cinco organizações 41,1 milhões de dólares, ou um pouco mais de 3,7 milhões por ano.

O estudo propôs três grupos de recomendações. A primeira categoria abrange a prevenção e mitigação do HIV/Aids nas fontes de trabalho. Por exemplo, foram apresentadas propostas para sensibilizar todo o pessoal sobre os perigos da Aids, envolver todos e cada um nas atividades de prevenção e mitigação e dotar de drogas anti-retrovirais (ARV) todos os que delas necessitam.

A segunda categoria de recomendações está relacionada a melhoramentos na capacidade do setor público. Para isso, o efeito sugeria, entre outras coisas, que a DMRHD pusesse em prática um mecanismo para facilitar o recrutamento pelas repartições do governo, estabelecer um amplo pacote de incentivos para as habilidades difíceis de substituir, e usar temporariamente voluntários da ONU em substituição às capacidades mais importantes. Além disso, aconselhavam que o governo incrementasse o Fundo de Bolsas do Governo de Malavi para formar trabalhadores substitutos.

A terceira categoria de recomendações promove melhor manejo da informação no setor público. Por exemplo, foi pedido ao governo que adotasse alguns sistemas para registrar e monitorar a morbidade, a mortalidade e o absenteísmo. Cada instituição do governo deveria fazer seu orçamento e registrar os custos funerários.

A comunidade do desenvolvimento pode continuar desempenhando papel transcendente para ajudar a deter a erosão de capacidades no setor público de Malavi. Pode, por exemplo, buscar o compromisso dos níveis mais altos, desde os ministros até o presidente e todo o seu gabinete, e lutar para que o Tesouro Nacional outorgue o financiamento adequado. O governo já anunciou que será destinado a esse esforço 2% do orçamento total de cada ministério.

O compromisso político com a mudança já se tornou visível e vai além das variações orçamentárias. O vice-presidente exortou o escritório do presidente e seu gabinete para que assegurem que as recomendações do estudo sejam implementadas de imediato, com a assistência do PNUD e de um Comitê de Conscientização do HIV/Aids no Setor Público, integrado por técnicos, secretários principais e altos executivos. Foi concluído um plano para levar a efeito as recomendações e, a fim de acelerar um melhoramento da capacidade, o governo embarcou em um processo de identificação das vacâncias que poderiam ser cobertas por voluntários da ONU.

Resultados e fatores críticos

O estudo realizado em Malavi oferece evidências do quanto foi significativa a perda de capacidades humanas no serviço público desse país entre 1990 e 2000. Ao mesmo tempo, o governo está gastando enormes quantidades de dinheiro para cobrir os custos visíveis e invisíveis que surgem da escalada da mortalidade e da morbidade. Outros problemas que devem ser considerados são os seguintes:

- Embora as perdas humanas e sociais associadas ao HIV/Aids sejam evidentes, a perda na capacidade em áreas como o serviço público começam a ser agora compreendidas graças a estudos como o de Malavi.
- Os custos diretos associados a uma epidemia dessa dimensão são fáceis de compreender, mas a experiência de Malavi também aponta para a detecção dos custos invisíveis, como o absenteísmo do trabalho para comparecimento a funerais, e as necessidades de re-treinamento e de substituição de empregados altamente qualificados, como médicos e cientistas agrícolas.
- Os associados no desenvolvimento deverão apoiar uma estratégia combinada, ao mesmo tempo que será necessário destinar uma importante quantidade de recursos para enfrentar o difícil desafio de deter a erosão de capacidades em Malavi.

Outras informações

Instituto de Administração de Malavi e Programa das Nações Unidas para o Desenvolvimento (PNUD), *The Impact of HIV/AIDS on the Human Resources in the Malawi Public Sector*. 2002 (http:// iiep.tomoye.com/ev.php?URL_ID=2214&URL_DO=DO_TOPIC&url_SECTION= 201&reload= 1060977625).

KADZAMIRA, E. et al. *The Impact of HIV/AIDS on Primary and Secondary Schooling in Malawi: Developing a Comprehensive Strategic Response*. 2001.

LODH, B. K. The Demographic and Economic Impacts of HIV/AIDS in Malawi 1987-2002. 1995.

Programa das Nações Unidas para o Desenvolvimento (PNUD), HIV/AIDS: Implications for Poverty Reduction. Documento elaborado para a sessão Especial sobre HIV/AIDS da Assembléia Geral da ONU, Nova York: PNUD, 2001.

Programa das Nações Unidas para o Desenvolvimento/Organização para a Agricultura e a Alimentação (PNUD/FAO). *The Impact of HIV/AIDS on Agricultural Extension Organization and Field Operations in Selected Countries of Sub-Saharan Africa, with Appropriate Institutions Response.* Genebra: PNUD/FAO, 2001.

Os autores agradecem a contribuição de Fred Mwathengere, do PNUD de Malavi.

↪ MARROCOS
DECISÕES CLARAS SOBRE TELECOMUNICAÇÕES PARA FORTALECER O CRESCIMENTO ECONÔMICO

Em poucas palavras

Quando o governo do Marrocos começou a desregular sua indústria de telecomunicações, a primeira coisa que fez foi separar os serviços postal e de telecomunicações, e depois estabelecer uma Agência Nacional de Regulamentação das Telecomunicações. Para atrair os interesses internacionais, emitiu uma licença para telefones celulares que atraiu ingressos de 1,1 bilhão de dólares para o país. A empresa estatal Maroc Telecom foi privatizada depois de ter passado por minuciosa modernização, e o acesso telefônico subiu de 4,5 para vinte linhas para cada cem habitantes em um período de sete anos.

A bem-sucedida transformação da indústria das telecomunicações no Marrocos pode ser atribuída a uma visão nacional e liderança sólidas, regulamentações acertadas, total transparência e uso prudente de especialistas internacionais para impulsionar as capacidades locais.

A história

A desregulamentação foi proposta pela primeira vez no Marrocos durante um *workshop* sobre telecomunicações realizado em 1994. O tema desencadeou acalorado debate – para o Marrocos, a escolha era seguir o movimento internacional nesta direção ou permanecer à margem da competitividade. Finalmente, optou-se pela primeira, e em outubro de 1996 o Gabinete marroquino aprovou a legislação que iniciava a desregulamentação. Esta perseguia três objetivos fundamentais: separar as atividades de telecomunicações e postal, separar as funções de regulamentação das atividades comerciais, e estabelecer corpos de regulamentação, verificação e arbitragem para esse setor da atividade. Para alcançar uma densidade telefônica de quinze linhas para cada cem habitantes, foi calculado que seriam necessários seis a sete bilhões de dólares, meta que estava além das possibilidades do Estado ou da administração dos correios e das telecomunicações. A única maneira de mobilizar o financiamento necessário era mediante capitais providos por sócios nacionais e estrangeiros.

Em 1997, os serviços postais e de telecomunicações foram divididos com a criação do Ittissalat Al Maghreb (IAM), companhia pública limitada que foi criada com a missão de garantir acesso universal a estes serviços. Também lhe foi encomendado instalar uma ou duas redes públicas de telecomunicação. Para melhorar os serviços postais foi escolhida uma companhia privada, Barid Al Maghreb (BAM).

A separação das responsabilidades de administração e de comercialização e o estabelecimento de mecanismos de verificação e arbitragem foram logo seguidos pela criação da Agência Nacional de Regulamentação das Telecomunicações (ANRT). Esta entidade, sob a autoridade do primeiro-ministro e administrada por um conselho e um comitê de administração, tem sob sua responsabilidade conceder licenças, permissões, acordos e registros, e exercer adequada supervisão.

O IAM criou depois sua própria marca registrada, a Maroc Telecom, para prover serviços de telefonia celular, enquanto a ANRT lançou licitação para conceder uma segunda licença de telefonia celular. Previa-se que o custo da licença seria entre 150 e duzentos milhões de dólares, mas as operadoras que mostraram grande interesse foram quinze, e, graças à concorrência entre as licitantes, ao profissionalismo da ANRT e à credibilidade e transparência de todo o processo, o preço da compra elevou-se a 1,1 bilhão de dólares.

Embora durante os cinco primeiros anos de telefonia celular no Marrocos o serviço contasse com apenas 120 mil assinantes, a venda da segunda rede acelerou o desenvolvimento do mercado de um forma que nem mesmo os observadores mais otimistas teriam previsto: de seiscentos mil no início da segunda licença para seis milhões em 2002. Dois fatores precipitaram este *boom*: primeiro, a concorrência entre as duas operadoras e suas estratégias de mercado extremamente agressivas; segundo, o sistema de cartões pré-pagos, que resultou muito atrativo e captou 80% das assinaturas.

A privatização da Maroc Telecom em dezembro de 2000 – por meio da venda de 35% de seus bens e a introdução de outro segmento deles nas bolsas de valores nacional e internacional – foi a maior transferência deste tipo realizada no Marrocos. A preparação para a privatização foi acompanhada por uma modernização completa. Foram oferecidos novos serviços incluindo inovações tecnológicas, tais como serviços de mensagem breve (SMS: short messaging service), o protocolo de aplicação sem cabo (WAP: wireless application protocol), que facilita o acesso à internet; conexões especializadas etc. A rede atualmente é 100% digital e conta com mais de cinco mil quilômetros de cabo de fibra óptica. Durante os seis primeiros meses do ano 2000, o faturamento de seus quinhentos milhões de dólares e os lucros obtidos de cem milhões significaram aumentos de 32% e 48%, respectivamente, em relação ao mesmo período do ano anterior.

Entretanto, a privatização coincidiu com a recessão econômica mundial. Desde a primavera de 2000, o valor das ações desse setor caiu cerca de 40%, reduzindo a capacidade financeira dos compradores. A única oferta que a Maroc Telecom recebeu foi da Vivendi, por um valor de 2,3 milhões de dólares, que era cerca de 15% inferior ao preço mínimo fixado pelo governo.

Durante o processo de regulamentação, os líderes da ANRT enfatizaram consistentemente o desenvolvimento das capacidades dos recursos humanos. A União Européia participou da criação da agência e colaborou na formulação de seu plano de negócios e no treinamento de recursos humanos, designando importante papel ao trabalho de equipe. Uma vez designado o novo diretor da instituição, este escolheu cinco pessoas com formação universitária para que se encarregassem dos diferentes postos administrativos. Eles eram marroquinos que inicialmente não tinham muita experiência, mas que estudaram detidamente as experiências de outros países, cada um deles se concentrando no que um país específico havia feito para introduzir a indústria das telecomunicações no mercado. Também receberam assessoramento internacional altamente qualificado sobre temas como mercados, estratégias de mercado e preparação de especificações.

Resultados e fatores críticos

A liberalização resultou no desenvolvimento rápido de uma indústria moderna, com o número de telefones a cada cem habitantes aumentando de 4,5 para vinte entre 1995 e 2002. Os preços da assinatura, acesso e custos de comunicação baixaram dramaticamente, assim como o tempo de espera para se obter nova conexão. As telecomunicações converteram-se em um dos principais motores do desenvolvimento econômico de Marrocos e atraíram um investimento estrangeiro de 3,5 milhões de dólares desde 1999, ou cerca de dois terços do investimento estrangeiro global entre 1998 e 2001. Esta conquista parece ser o resultado de uma combinação de importantes fatores:

- O governo assumiu uma posição clara de apoio à desregulamentação e implementou as medidas necessárias para facilitar uma transição tranqüila, baseada em regulamentações claras e em uma transparência total.
- Um compromisso político firme combinado com ações oportunas para dividir o setor e estabelecer os mecanismos de regulamentação necessários despertaram a confiança dos investidores internacionais, que aproveitaram as oportunidades que o mercado lhes oferecia.
- Para melhorar o trabalho dos administradores locais da ANRT e fortalecer a capacidade e a credibilidade da instituição recorreu-se à experiência e ao conhecimento dos especialistas internacionais, que foram seletivamente aproveitados com estes fins.

Outras informações

Département de la Poste et des Technologies de l'Information (www.septi.gov.ma).

DUTTA, S.; COURY, M. *Global Information Technology Report 2002-2003*. Capítulo 8, "ICT Challenges the Arab World". Foro Econômico Mundial.

Maroc Telecom (www.iam.net.ma).

Operador da 2ª Licença GSM, Méditel (Médi Telecom) (www.meditel.ma).

Agência Nacional de Regulamentação das Telecomunicações (www.anrt.net.ma).

Banco Mundial. 1999. Introducing Telecommunications Competition through a Wireless License: Lessons from Morocco (www.worldbank.org/servlet/WDS_IBank_Servlet?pcont=details&eid=000094946_00022502304425).

Banco Mundial. 2000. Morocco – Information Infrastructure Sector Development Loan Project (IIDSL) (www.wds.worldbank.org/servlet/WDS_IBank_Servlet?pcont=details&eid=000094946_00050205562567).

Os autores agradecem as contribuições de Olivier Ranaivondrambola e do PNUD de Marrocos.

⮕ MARROCOS E MONGÓLIA
MICROSTART RESPALDA PROJETOS DE LÍDERES COM VISÃO

Em poucas palavras

As experiências de Marrocos e da Mongólia demonstram a importância de se respaldar as instituições pioneiras nas microfinanças que podem chegar a se tornar líderes e embarcar em uma competição saudável no mercado, enquanto mantêm um enfoque em seu objetivo global: estender a mão aos clientes pobres.

As lições do passado indicam que embora os financiadores possam investir e estruturar sua ajuda de maneira inteligente, eles não criam um sistema microfinanceiro de sucesso; aqueles que o fazem são os administradores com a visão necessária para criar instituições sustentáveis. Além disso, as organizações com forte administração são justamente aquelas com mais probabilidades de obter benefícios da assistência técnica; as instituições débeis em geral não podem sequer implementar as boas idéias que recebem.

A história

Ao facilitar o acesso das pessoas pobres aos serviços financeiros, as microfinanças convertem-se em valioso instrumento de luta contra a pobreza. Foram feitos estudos exaustivos que demonstram que as microfinanças ajudam os lares mais pobres a satisfazer suas necessidades básicas e ao mesmo tempo melhorar sua situação econômica e permitir o crescimento ou a estabilização de pequenas empresas. Também permitem avançar rumo à igualdade de gênero, ao apoiar especialmente a participação da mulher. Em geral, a magnitude do impacto está co-relacionada ao tempo durante o qual os clientes participaram do programa.

No entanto, apesar dos resultados alcançados com as microfinanças, a demanda ainda é inferior ao que se podia esperar. Os cálculos sobre os clientes potenciais no âmbito global oscilam entre 400 e 500 milhões de lares, mas só cerca de 30 milhões podiam ter acesso a serviços de microfinanças em 2002. Embora entre as agências internacionais e os governos exista o conceito de que os pobres querem ter acesso sustentável a esses serviços, em vez de projetos de prazo fixo ou "experimentos", só os programas microfinanceiros que conseguiram alto nível de sustentabilidade puderam assegurar o financiamento que requerem para atender um número relativamente importante de clientes.

Para detalhar a forma em que alguns desses fatores se traduzem em políticas e programas, o Grupo Consultivo de Assistência aos Pobres, um consórcio de doadores, desenvolveu normas de execução para as microfinanças. Hoje em dia estas são amplamente aceitas como regulamentações para o setor, e inclusive um número crescente de países flexibilizou suas políticas e regulamentações para facilitar a prestação de serviços financeiros aos pobres. Entre as instituições de microfinanças também há crescente reconhecimento da necessidade de se integrar ao sistema financeiro formal para assegurar sua continuidade e expansão. Ainda assim, somente cerca de 2% de uma estimativa de dez mil a quinze mil operações microfinanceiras e de instituições de todo o mundo operam profissionalmente e de maneira sustentável. Trata-se de instituições financeiras profissionais agora independentes da ajuda para o desenvolvimento e dos subsídios do governo, que atendem a mais de 90% da base ativa de clientes do mundo todo.

Em 1997, o PNUD e o Fundo de Desenvolvimento de Capital da ONU (UNCDF: UN Capital Development Fund) inauguraram o programa MicroStart para contribuir na criação de uma nova geração de instituições microfinanceiras de sólido desempenho institucional e financeiro. As estratégias nacionais de alguns países foram influenciadas pelas experiências de mercados maduros, como os de Bangladesh e da Bolívia, que enfatizaram a importância de estimular as instituições pioneiras das microfinanças que têm o potencial para se converter em líderes em seu campo e atrair concorrência saudável para o mercado, ao mesmo tempo que se mantêm acessíveis a todos. Os programas MicroStart confirmaram esse enfoque em todo o mundo, e os maiores avanços provieram das instituições que tiveram a visão, a energia e a capacidade para remontar rapidamente suas operações. Com freqüência, 80% dos resultados desses programas provêm de 20% das instituições: aquelas que são líderes no mercado. São dois os exemplos que ilustram esse fato.

Na Mongólia, um profissional experiente começou a trabalhar com duas ONGs de propósito múltiplo que buscavam introduzir serviços de crédito. Logo compreenderam que as microfinanças poderiam chegar a consumir toda a sua capacidade de manejo interno e fizeram alguns arranjos para estabelecer nova instituição microfinanceira, pois queriam continuar dedicadas às suas atividades habituais. O profissional ofereceu assessoria técnica e atuou como mentor da nova organização, denominada Xac, que chegou a se autofinanciar apenas dezoito meses depois do primeiro e pequeno investimento de um milhão de dólares. Em três anos, a participação da Xac no total de empréstimos concedidos pelo setor financeiro na Mongólia alcançou 28,5%. Inspiradas nesse êxito, grande número de instituições financeiras começou a conceder microempréstimos, enquanto a Xac converteu-se na primeira instituição microfinanceira autorizada e avalizada pelo Banco da Mongólia. Posteriormente, outras seis companhias financeiras receberam o mesmo aval. Atualmente, a concorrência dinamizou o desenvolvimento industrial, melhorou o manejo empresarial e ampliou a quantidade e a variedade dos serviços financeiros de qualidade.

Outro caso de sucesso é o de Marrocos, onde a MicroStart investiu 1,5 milhão de dólares em sete instituições microfinanceiras, enquanto a Federação de Proteção à Infância ofereceu assessoramento técnico e tutoria. Em seus três primeiros anos, o programa atraiu 40.723 clientes novos, 86% dos quais chegaram mediante um programa denominado Zakoura. Seu número de clientes ativos passou de 2 mil a 36.830, enquanto conseguia a auto-suficiência financeira. Além disso, o Zakoura aumentou o valor de seus empréstimos excepcionais de 300 mil dólares para mais de 500 mil durante o programa, apesar de o valor monetário da ajuda que recebia da MicroStart ser de somente 215 mil dólares. A instituição estava em condições de financiar esse crescimento, principalmente mediante empréstimos de fontes comerciais que confiavam no seu enfoque empresarial.

Uma avaliação na metade da execução do projeto encontrou evidências da grande influência dos assessores técnicos no Zakoura. A princípio, a instituição estava longe de ter um bom desempenho, e ainda tem um longo caminho pela frente. Apesar disso, utilizou produtivamente os conhecimentos aportados pela MicroStart. Para os doadores e outros investidores, a chave está em aprender a reconhecer a diferença entre "pequenos e promissores" e "pequenos e frágeis". No período de um ano, o Zakoura atendia oitenta mil clientes ativos, com planos de duplicar anualmente esse número. Um dos fatores-chave para esse crescimento foi a estreita concorrência da Al-Amana, a outra instituição financeira do Marrocos, que tem número aproximadamente similar de clientes.

Resultados e fatores críticos

- Os financiadores podem apoiar o desenvolvimento do setor microfinanceiro atuando inteligentemente ao investir e ao estruturar seu apoio. Entretanto, eles não constroem o êxito das microfinanças; aqueles que o conseguem são os administradores que têm a visão de criar instituições sustentáveis.
- O papel principal dos doadores é escolher os cavalos que prometem o melhor rendimento. Em geral, os doadores atuam como apostadores, não como jóqueis ou treinadores. Em geral superestima-se a magnitude da ajuda que o desenvolvimento de capacidades externo pode proporcionar aos concorrentes medíocres.
- Embora as organizações débeis possam precisar de mais ajuda do que as fortes, a experiência mostra que as instituições mais bem administradas são as que proporcionarão uma base mais efetiva ao apoio que receberem. As organizações mal administradas com freqüência não conseguem implementar nem as boas idéias.
- Restringir o investimento a determinada área geográfica vai limitar dramaticamente o seu impacto e desacelerar o processo de expansão nacional da cobertura. É melhor começar identificando as instituições que têm a visão e a capacidade para crescer no âmbito nacional, e depois respaldar seus planos de expansão.

Outras informações

The introduction of Micro-finance in Mongolia: XAC. Apresentação do ex-Vice-Presidente do Banco Central da Mongólia na Reunião Global de IMF Promissoras. Nova York, junho 2001.

RHYNE, E. "The Yin and Yang of Microfinance: Reaching the Poor and Sustainability". En *MicroBanking Bulletin*. 1998.

RHYNE, E.; DONAHUE, J. MicroStart: *Finding and Feeding Breakthroughs – Mid Term Evaluation*. PNUD & Unidade Especial de Microfinanças do UNCDF. 1999 (www.uncdf.org/english/microfinance/microstart/midterm/).

ROSENBERG, R. Independent Review of UNCDF Micro-finance Activities. Grupo Consultivo de Ajuda aos Pobres. 1998 (www.um.dk/danida/evalueringsrapporter/1999-5/a2.asp).

Agência dos Estados Unidos para o Desenvolvimento Internacional (USAID). *Clients in Context: The Impacts of Micro-finance in Three Countries, Assessing the Impact of Microenterprise Services (AIMS).* USAID). 2002 (www.mip.org).

Os autores agradecem as contribuições de John Tucker, da Unidade Especial de Microfinanças do UNCDF.

⮑ MOÇAMBIQUE
RESTAURAÇÃO DA JUSTIÇA, DA LEI E DA ORDEM PÕE À PROVA COMPROMISSO DE LONGO PRAZO

Em poucas palavras

A cooperação técnica do PNUD na área da segurança pública e da justiça em Moçambique data de meados da década de 1990, constituindo parte integrante de um programa mais amplo de apoio à governança na fase de recuperação de uma crise. O principal objetivo do programa é garantir a segurança pública melhorando a qualidade do policiamento e do sistema judiciário.

A experiência em Moçambique oferece uma perspectiva geral do desenvolvimento de capacidades, destacando a importância de se adotar uma abordagem holística e manter vínculos operativos com outras iniciativas de base ampla, como a reforma do setor público. Lições adicionais incluem o entendimento da dinâmica da mudança, a construção de capacidades tendo como base o conhecimento e os sistemas já existentes e a disposição para assumir compromissos de longo prazo.

A história

Em dezembro de 1992, o Conselho de Segurança aprovou a criação das Operações das Nações Unidas em Moçambique (Unomoz), depois da assinatura do Acordo Geral de Paz entre o presidente de Moçambique e o presidente da Resistência Nacional Moçambicana. O mandato das Unomoz abarcava quatro áreas: política, militar, eleitoral e humanitária. Em particular, defendia a criação de nova força de segurança pública e propunha uma sucessão de etapas para despolitizar e reestruturar a instituição policial. A desmobilização de 71 mil combatentes tornou evidente a urgência de se estabelecer uma força da ordem que seja efetiva. Por meio da Lei 1992 foi criada a Polícia da República de Moçambique (PRM) como uma força paramilitar composta por vinte mil ex-integrantes do exército.

O apoio do PNUD à PRM teve início depois que as Unomoz deixaram Moçambique em 1994. A natureza e o alcance desse apoio basearam-se em uma avaliação de necessidades realizada pela Guarda Civil Espanhola a pedido do PNUD e do governo. O primeiro projeto começou em 1997, com assistência bilateral coordenada pelo PNUD e implementada pela Guarda. Sua meta era melhorar a capacidade da nova força policial para garantir a segurança pública, em estrita observância das leis internacionais de direitos humanos e liberdades cidadãs. A maior parte do apoio concentrou-se na engenharia funcional e organizacional, reabilitação das instalações de treinamento, desenvolvimento de programas, treinamento e reorientação dos integrantes da força policial. Em outubro de 2001 começou uma segunda fase que enfatizava o planejamento estratégico e uma administração mais forte no âmbito do comando central, o estabelecimento de unidades policiais modelo em todo o país (incluindo instalações novas para apoiar as mulheres vitimadas), patrulhamento comunitário e apoio técnico continuado à academia de polícia e ao programa de treinamento policial.

A ajuda do setor de justiça – que abarca o Ministério da Justiça, a Corte Suprema, o Gabinete do Procurador-geral e a Corte Administrativa – teve início em 1999, com o objetivo de modernizar o sistema e as instituições que o compõem, para que trabalhem de forma justa e oportuna. Este trabalho complementava aquele iniciado com a força policial, já que a administração da justiça é inseparável da manutenção da ordem e da vigência da lei. A primeira fase do projeto contemplava a criação de centros de treinamento legal e judicial para juízes, fiscais, empregados das cortes e assistentes legais e a modernização do sistema carcerário. A fase atual se concentra em incrementar as habilidades individuais do pessoal da justiça, o desenvolvimento institucional e a descentralização da administração de justiça, outorgando atenção especial aos problemas transversais que deterioram o desenvolvimento de capacidades no setor, como a corrupção.

Não obstante o período relativamente curto de intervenção e os objetivos específicos, o programa já deu contribuições importantes. Em matéria de desenvolvimento de recursos humanos, procedeu-se à reabilitação das instalações físicas para o treinamento policial e legal, foram avaliadas as necessidades de treinamento e desenvolvidos novos currículos e foi proporcionado treinamento individual a cinco mil oficiais de polícia e cem oficiais de justiça. Em termos de desenvolvimento organizativo, as conquistas incluem uma revisão funcional da força policial e do setor de justiça, a elaboração de políticas e planos estratégicos para reestruturar a força policial, com auxílio da sociedade civil e a adoção de novas políticas para o sistema carcerário e uma estratégia para sua implementação. Também se inclui o fortalecimento do sistema judiciário, agora mais independente, e o melhoramento da capacidade de manejo e administração do Ministério da Justiça e do Gabinete do Procurador-geral.

Resultados e fatores críticos

- As realizações relacionadas às capacidades sociais incluem melhoras modestas na qualidade geral da administração de justiça e manutenção da lei e da ordem; estabelecimento da vigilância comunitária e mecanismos alternativos para a resolução de conflitos no âmbito local; uma maior capacidade de mudança na força policial e no setor de justiça; e um apoio político significativo ao desenvolvimento de capacidades em todos os níveis relacionados com a segurança pública e com a justiça. Também incluem-se um diálogo público mais intenso sobre reforma legal e administração de justiça, a manutenção da lei e da ordem e maior participação cidadã nestes temas por meio de sondagens periódicas sobre a atuação policial e do sistema judicial.
- Pode-se argumentar que no traçado inicial do programa não se prestou suficiente atenção às peculiaridades da administração da justiça e da manutenção da lei e da ordem em Moçambique. O novo modelo de força policial foi inspirado na Guarda Civil Espanhola, que é, por natureza, paramilitar e claramente estrangeira. A relevância que pode ter para o meio moçambicano, assim como sua sustentabilidade, são cada vez mais incertas. Têm sido expressadas dúvidas sobre a sua ade-

quação, e a atual versão do modelo na verdade não é muito consistente com o seu propósito de popularizar a aplicação da justiça, da lei e da ordem, e de colocá-las ao alcance de todos.

- O desenvolvimento das capacidades não pode ser empreendido de forma isolada de outros tipos de transformações, incluindo aqueles imediata ou aparentemente à margem das instituições meta, como as polícias do meio ambiente. Neste caso, as péssimas condições salariais e de trabalho da polícia e dos funcionários do sistema judiciário limitam o desenvolvimento de capacidades, mas só podem ser efetivamente tratadas na estrutura de uma reforma mais ampla do serviço público.

- O desenvolvimento de capacidades requer capacidade para a mudança, capacidade para lidar com a mudança e capacidade para sustentar essa mudança. Estas três dimensões constituem exigência em todos os níveis – individual, institucional e social – e não podem ser negligenciadas. Devem ser expressamente incluídas no traçado dos programas de cooperação técnica, que são holísticos e baseados em uma perspectiva de longo prazo.

Outras informações

Anistia Internacional. 2002. *Policing to Protect Human Rights: A Survey of Police Practices in Countries of the Southern African Development Community, 1997-2002* (www.amnesty.org).

SYNGE, R. 1997. *Mozambique: UN Peacekeeping in Action, 1992-94*. Washington, D.C., Instituto de Imprensa para a Paz das Nações Unidas.Organização das Nações Unidas, 1996. *United Nations Operation in Mozambique*. Nova York: Departamento de Informação Pública da ONU.

Programa das Nações Unidas para o Desenvolvimento (PNUD). 2001. *UNDP and Security Sector Reform in Post-Conflict Situations*. Nova York: Escritório de Avaliação do PNUD.

Programa das Nações Unidas para o Desenvolvimento (PNUD). Programas do governo de Moçambique. Documentos de projeto MOZ/95/015 e MOZ/00/007, Apoio a PRM, Fases I e II; MOZ798/003, Apoio ao setor de Justiça. Maputo: PNUD.

Os autores agradecem as contribuições de Aeneus Chuma e do PNUD de Moçambique.

⮑ MOÇAMBIQUE
COMO APOIAR A RECONSTRUÇÃO DEPOIS DAS INUNDAÇÕES

Em poucas palavras

Depois das inundações e dos ciclones de 2000 e 2001 em Moçambique, o governo deste país pôs em ação um programa de reconstrução que evidenciou tanto sua capacidade de liderança quanto sua habilidade para convocar a comunidade internacional e para desempenhar funções de forma efetiva e transparente. O firme compromisso do governo com os objetivos do programa foi um incentivo para que os doadores oferecessem recursos significativos e aceitassem trabalhar em grande medida por meio do sistema nacional, e inclusive do orçamento do governo. Isto, por sua vez, ajudou a fortalecer a transparência e ativou os mecanismos de prestação de contas, conseguindo evitar o manejo de finanças múltiplas e complexas. A criação de uma força-tarefa parlamentar para supervisionar o programa reafirmou que o governo devia ser responsável por prestar contas não só perante seus associados externos, mas também perante os legisladores nacionais.

A história

Durante o ano de 2000, os meios de comunicação de todo o mundo informaram sobre a devastação provocada pela onda de inundações e ciclones em Moçambique, principalmente no sul do país. Mais de um quarto da população foi de algum modo afetado, enquanto mais de setecentas pessoas morreram. Estradas, pontes, linhas elétricas, escolas, centros de saúde, estabelecimentos comerciais e residências foram totalmente destruídos. No ano seguinte, o país foi golpeado por graves inundações, que desta vez afetaram uma área duas vezes maior que a do ano anterior. Em um país considerado um dos mais pobres do mundo, a necessidade de agir rapidamente era urgente. Para lançar um chamado de apoio, o governo de Moçambique co-patrocinou uma conferência de doadores em Roma, com apoio do PNUD e do governo da Itália. O documento do encontro foi inteiramente produzido por Moçambique, que apresentou um plano de ação claro e muito bem elaborado. Pouco depois, o país recebia compromissos de apoio financeiro de mais de 453 milhões de dólares, 25% mais que o estimado na proposta.

Assim que chegaram de Roma, os funcionários do governo assinaram novos acordos com todos os doadores que haviam comprometido o seu apoio. Este enfoque era inovador, porque até então os compromissos de ajuda das conferências e mesas-redondas internacionais eram considerados obrigatórios só até certo ponto. Neste caso, foram colocados em andamento contratos de obrigação legal com calendários bem definidos para os desembolsos financeiros, que guardavam correlação com atividades de construção e procedimentos de informação programados com as mesmas datas. Os doadores foram estimulados a canalizar seus fundos pelo orçamento governamental, a fim de não criar organismos específicos para o manejo desses recursos. Apesar de alguns doadores quererem ter um maior controle sobre suas contribuições, canalizá-los pelo Tesouro Nacional outorgava ao governo a responsabilidade total sobre o uso desses recursos, assim como a obrigação de prestar contas detalhadamente e de supervisionar os projetos. Também facilitava a integração total do programa de reconstrução com o sistema de administração financeira do setor público. Em conseqüência, o manejo de recursos foi efetuado pelos mecanismos existentes, e só requereu um pouco de capacidade adicional. Os recursos de ajuda foram desembolsados rapidamente, chegando a 90% no final de 2002. É notória a escassa quantidade de reclamações registradas por demoras, por contas não prestadas ou por procedimentos pouco claros.

Como parte dos esforços para garantir a eficiência e a cobertura adequada do programa, o Parlamento de Moçambique criou uma equipe de trabalho para monitorar as atividades de reconstrução. Havia anteriormente criado um comitê para monitorar as inundações, e agora convocava o Ministério das Finanças e do Planejamento a apresentar relatórios periódicos de progresso. O primeiro deles foi apresentado seis meses depois da conferência de Roma e foi amplamente difundido entre os doadores. Este tipo de registro dos acontecimentos à medida que vão se desenrolando pode ter desempenhado um papel importante na motivação de uma rápida distribuição de recursos. O PNUD continuou apoiando os trabalhos de monitoramento e manteve os doadores atualizados com dados fornecidos tanto por ele mesmo quanto pelo governo.

A rapidez e a magnitude da resposta internacional às necessidades de reconstrução de Moçambique endossaram o forte apoio dos doadores ao programa do governo de reconstrução pós-inundações. Muitos deles foram além da resposta habitual e fizeram ofertas muito mais audazes, comprometendo-se a fazer algo muito maior e mais ambicioso do que fariam normalmente. Durante a conferência de Roma, alguns indicaram que o alcance de sua ajuda refletia seu reconhecimento pelas políticas macroeconômicas prudentes que Moçambique vinha adotando desde 1995. Como resultado destas experiências, o governo está estimulando os doadores a estabelecer novas formas de apoio que se harmonizem com os procedimentos do sistema de governo e se canalizem igualmente pelo orçamento nacional.

Resultados e fatores críticos

A experiência de Moçambique para enfrentar as conseqüências das inundações oferece vários ensinamentos práticos sobre o desenvolvimento de capacidades, e o êxito do programa de reconstrução é atribuído a fatores como:

- O forte sentido de apropriação por parte do governo e seu compromisso com os objetivos do programa ofereceram aos doadores o incentivo necessário para contribuírem com recursos importantes e aceitarem trabalhar em grande parte por meio dos sistemas nacionais.
- Valer-se do orçamento nacional foi fundamental para fortalecer a capacidade de prestação de contas e a transparência no âmbito nacional, assim como para evitar manejos financeiros complexos e múltiplos.

- O compromisso dos doadores de realizar desembolsos rápidos assegurou um fluxo de recursos confiável e consistente, e selou uma relação contratual claramente enunciada entre os doadores e o governo.
- A obrigação de prestar contas diante do Parlamento significa que o governo deve responder pelo uso dos recursos públicos por parte não somente dos aliados externos, mas também dos legisladores nacionais.
- Os doadores tinham a disposição de confiar nos sistemas nacionais no que se refere a incorporar suas contribuições financeiras ao orçamento nacional, simplificar e harmonizar suas exigências de informação e confiar na intermediação do PNUD.

Outras informações

Governo de Moçambique. 2000. *Post-Emergency Reconstruction Programme*. Conferência Internacional de Reconstrução. Roma, 3-4 de maio.

Governo de Moçambique. 2001. *Post Flood Reconstruction Programme for Central Mozambique*. Maputo.

Programa das Nações Unidas para o Desenvolvimento (PNUD) e o Governo de Moçambique. 2000. *International Reconstruction Conference: Six Months Later. Maputo.*

Os autores agradecem a contribuição de Alexander Aboagye e do PNUD de Moçambique.

➲ RUANDA
AÇÃO COLETIVA *UBUDEHE* ALIMENTA ESPERANÇA DE RECONSTRUIR UMA SOCIEDADE FRAGMENTADA

Em poucas palavras

Ruanda proporciona exemplo promissor de trabalho com comunidades rurais no desenvolvimento local. Durante o processo nacional de elaboração da Estratégia de Redução da Pobreza (ERP), um projeto piloto converteu a tradicional prática popular de trabalho colaborativo, conhecida como *ubudehe*, na base do planejamento e da implementação das iniciativas de desenvolvimento. O governo e os doadores apoiaram a estratégia, reconhecendo que as comunidades eram capazes de definir seus próprios problemas, prioridades e soluções, e que este esforço deveria ser respaldado com ações políticas de apoio e acesso aos recursos.

Durante o processo foi registrado um deslocamento importante que simplificou os procedimentos para ter acesso aos fundos com maior facilidade e assegurou que as idéias e o compromisso local pudessem se traduzir rapidamente em resultados tangíveis. Ruanda agora se propõe a estender esse modelo piloto, fortalecendo as estruturas comunitárias em todo o país.

A história

Antes da colonização, Ruanda tinha um sistema tradicional de desenvolvimento comunitário e auto-sustentação extremamente organizado e baseado na ação coletiva. Era conhecido como *Ubudehe*. Durante a preparação de Ruanda para a ERP, o *Ubudehe* foi atualizado como uma estratégia fundamental para lidar com a pobreza e dar respaldo à descentralização, baseando-se no entendimento de que os pobres em geral entendem melhor os problemas que enfrentam e conhecem bem suas prioridades, mas não têm informações ou recursos suficientes para criar soluções efetivas.

Uma iniciativa piloto na província de Butare envolveu o financiamento direto de projetos identificados por comunidades, incluindo criação de gado, manutenção de animais pequenos e produção de adubo, assim como obras simples de infra-estrutura, tais como perfuração de poços de água, piezômetros públicos e boxes de mercado. Primeiro, uma comunidade se reunia para determinar seus problemas mais urgentes, e depois traçava uma estratégia de custos, mantendo em mente a necessidade de considerar os setores mais vulneráveis entre os pobres.

Em cada caso, uma família pobre era escolhida para ser consultada sobre suas principais preocupações e propostas para uma solução. A senhora Mukagasana Liberata, por exemplo, uma viúva de 35 anos de idade que vivia em uma das aldeias da região, tinha dois filhos e apenas uma galinha, o que a colocava quase no fundo da escala econômica. Ela concordava com a comunidade de que as colheitas pobres por causa do solo infértil haviam-se tornado o problema mais premente. A maior parte dos setores pobres não pode pagar o preço dos fertilizantes e recebe serviços de extensão limitados. Assim, a comunidade da senhora Liberata, baseando-se em sua contribuição, decidiu criar gansos para usar o esterco nos cultivos. Identificaram as atividades requeridas para pôr em andamento este projeto e calcularam uma estrutura de tempo e um orçamento para cada atividade. Com a ajuda de um trabalhador do desenvolvimento comunitário, traçaram regras de equipe para organizar suas ações, incluindo a implementação e o monitoramento.

Mesmo antes da elaboração do DERP, iniciativas comunitárias como a mencionada tornaram-se mais significativas quando o governo chegou a um acordo com a União Européia para outorgar até mil dólares de financiamento a cada projeto depois de um simples processo de análise. Este procedimento foi considerado mais efetivo do que esperar que terminasse a consulta e que as iniciativas da comunidade fossem submetidas aos pesados processos burocráticos do governo, das ONGs e dos doadores.

Trabalhar deste modo significou pôr fim ao estilo pesado e vertical do governo, assim como ao enfoque tradicional usado persistentemente no passado pelos doadores e pelas ONGs. O novo estilo obteve sucesso e o governo planeja adotar atualmente o modelo piloto de Butare para todo o país, o que contribuirá para o fortalecimento das capacidades e das estruturas comunitárias existentes. Entretanto, o fato de os projetos estarem amarrados a subvenções constitui um risco que pode gerar uma cultura dependente em vez de uma genuína auto-ajuda.

Mesmo assim, Ruanda é uma nação com um governo profundamente comprometido e com uma sólida convicção nacional na importância de se apropriar do seu próprio destino. O processo de elaboração do DERP tem recebido apoio político dos níveis mais elevados, e foi iniciado pelo Presidente da República no ano 2000, na Assembléia Nacional. Este constituiu um gesto simbólico de apoio e de reconhecimento da necessidade de estabelecer uma associação com todos os interessados. Também serviu para legitimar um processo nacionalmente orientado, proporcionando-lhe estímulo político e a esperança de sustentabilidade. Sem um apoio político forte não teria sido possível formular a ERP nem articular comunitariamente a visão local do desenvolvimento em um país que, como Ruanda, emerge de um conflito, e para o qual são mais importantes a unidade nacional, a reconciliação e as preocupações com a segurança. Mas dada a história de desenvolvimento desigual e aguda escassez de recursos de Ruanda, seria fundamental para a estabilidade futura conseguir uma redução rápida e significativa dos níveis de pobreza, que também implique a restituição da coesão comunitária, assim como da confiança e do orgulho nacionais.

Resultados e fatores críticos

*   O projeto piloto de Butare, em vez de introduzir novas práticas e de confiar nos especialistas do exterior para promover o desenvolvimento local, percorreu as estratégias comunitárias existentes para abordar os desafios do desenvolvimento. Isto ajudou a fortalecer as comunidades locais e assegurou uma forte apropriação local.
*   O reconhecimento por parte do governo da necessidade de encorajar seu povo a se encarregar do seu próprio destino, e seu compromisso com o processo da ERP,

proporcionaram um incentivo aos doadores para oferecerem apoio por canais governamentais, ao mesmo tempo que proporcionam às comunidades a confiança para assumir a liderança do seu próprio desenvolvimento.

- Simplificando as regras e os procedimentos para ter acesso aos recursos, e permitindo o apoio direto e rápido para os projetos comunitários antes mesmo de concluída a preparação do DERP, a confiança mútua cresceu entre as comunidades locais e os agentes externos. A experiência também expandiu as capacidades da comunidade para se comunicar e negociar o curso do desenvolvimento a partir da sua própria perspectiva.

- Com a ajuda do governo e dos parceiros do desenvolvimento quando necessário, Ruanda agora pretende adotar e replicar em todo o país a abordagem baseada na comunidade. Ela será usada para desenvolver um módulo de treinamento central, que estará integrado ao componente de adestramento do programa nacional de descentralização. O Ministério de Governo Local também procurará institucionalizar o planejamento e o manejo participativos por meio de comitês de desenvolvimento comunitário, como uma estratégia para a redução da pobreza.

Outras informações

WANGWE, Samuel. 2002. *The PRSP Process in Rwanda*. Segunda Reunião do Grupo Africano de Aprendizagem sobre os Documentos de Estratégia de Redução da Pobreza (PRSP-LG) (www.uneca.org/prsp/docs/rwanda_prsp.htm).Governo de Ruanda, Programa Nacional de Redução da Pobreza e Ministério de Governo Local e Assuntos Sociais. 2001. *Ubudehe mu urwanya ubukene (Ubudehes contra a pobreza)*. Documento apresentado pela equipe do DERP de Ruanda perante o 2º Foro Africano de Estratégias de Redução da Pobreza (www.worldbank.org/wbi/attackingpoverty/activities/rwanda-nprp.pdf).

Rwanda Poverty Strategy Plan (http://wordbank.org/poverty/strategies).

Os autores agradecem a contribuição de Barbara Barungi, do Serviço de Recursos Sub-regionais do PNUD, Pretória, África do Sul.

➲ SUDÃO
TÉCNICA DE INDAGAÇÃO DE CENÁRIOS FUTUROS CRIA UMA VISÃO DE PAZ

Em poucas palavras

A indagação de cenários futuros é uma metodologia de reuniões de planejamento enfocadas em tarefas que são utilizadas no mundo todo e pela qual grupos diversos de interessados exploram juntos o seu passado, o seu presente e o futuro que desejam, consolidam um terreno comum, e se comprometem a planos de ação conjuntos.

No Sudão, O Fundo das Nações Unidas para a Infância (Unicef) e a Operação de Sustento ao Sudão (OLS: Operation Lifeline Sudan) utilizaram a indagação de cenários futuros para configurar uma visão de paz para as crianças do sul do país, assolado pela guerra durante muitos anos. A Unicef esperava que este esforço ajudasse a colocar a preocupação pela vida das crianças além dos desacordos políticos e inspirasse todos a colaborar para melhorar seu futuro.

A história

O Sudão do Sul é uma das regiões mais pobres e mais cronicamente subdesenvolvidas do mundo. Perdeu uma geração de crianças para o caos provocado por brutal guerra civil que devastou a região desde a independência da Grã-Bretanha em 1956. Durante a fase atual, mais de um milhão de pessoas morreram como resultado de guerra e de fome, enquanto outras milhares morrem de doenças previsíveis ou crescem desnutridas.

Embora o debate sobre o futuro do Sudão tenha tendido a se concentrar em temas como se o desenvolvimento deve seguir a paz ou vice-versa, a situação das crianças é cada dia mais grave. Elas não podem mais esperar que os líderes políticos declarem a paz. Contra este pano de fundo, e para marcar o aniversário da Convenção sobre os Direitos da Criança, vários adultos sudaneses foram convidados a participar de uma conferência para estabelecer se eles seriam capazes de colocar suas diferenças de lado e encontrar um terreno comum para o benefício das novas gerações.

O evento teve lugar em Nairóbi em 1999. As pessoas provinham de diferentes áreas do sul do Sudão e de outras regiões que albergam sudaneses expatriados, e entre eles se incluíam trabalhadores da saúde, ativistas das ONGs, anciãos, educadores, chefes, mulheres, administradores e acadêmicos. O resultado foi uma reunião única em seu gênero de pessoas que, em circunstâncias regulares, nunca se encontrariam. Foram convidadas a deixar de lado suas perspectivas políticas e se sentarem juntos para imaginar novas possibilidades para seus filhos.

Parte importante da tarefa empreendida era escutar a visão que as crianças tinham do futuro. Cerca de quarenta crianças acompanhadas por seus professores vieram para Nairóbi para sua própria conferência, que foi realizada pouco antes da reunião geral. Com idades que iam dos treze aos dezessete anos, a maior parte delas havia sofrido deslocamento e separação de suas famílias, e algumas inclusive haviam lutado na guerra. Para muitas, essa foi a primeira oportunidade de encontrarem pessoas de diferentes áreas e tribos, em uma atmosfera de calma e esperança.

Ficou claro que, em maior ou menor medida, todas haviam sofrido as conseqüências do conflito. Todas haviam recebido educação deficiente, embora ao mesmo tempo tivessem algo único e positivo para apresentar. Trabalhando juntas, analisaram seu passado e seu presente. A mensagem que formularam era clara: as crianças querem paz, querem ter acesso aos serviços de saúde e, sobretudo, querem ir à escola e aprender.

As crianças assumiram suas tarefas exibindo grande maturidade, bom humor e tolerância. Isto se tornou evidente no debate em que deveriam ser escolhidas as crianças que participariam da conferência central. Este girou em torno de se deveriam ser escolhidas as crianças mais capazes de articular uma visão comum ou aquelas que representassem as diversas regiões ou grupos étnicos. A discussão foi intensa e agitada e finalmente foi decidido que seriam escolhidos dois representantes de cada um dos cinco grupos mistos, de modo que cada grupo misto fosse ouvido, ainda que isto implicasse na seleção de mais meninos que meninas, bem como que algumas regiões não fossem incluídas.

A cerimônia inaugural da conferência principal foi emocionante. Alguns dos participantes encontravam-se pela primeira vez depois de anos. Muitos ficaram impressionados quando as crianças apresentaram suas experiências dolorosas, evidenciando como exatamente haviam sido afetados pela guerra e o quanto ansiavam a paz, de modo que as estatísticas nunca chegariam a mostrar.

A metodologia de indagação de cenários futuros era desconhecida para a maior parte dos participantes, e todos precisavam de tempo para compreender que a conferência não consistia em apresentar documentos, analisar dados ou percorrer o mesmo caminho de tantos e tantos encontros anteriores. Uma vez que isto ficou claro, os participantes passaram a se dedicar com entusiasmo e grande vontade às tarefas designadas. Devido ao passado difícil que todos compartilhavam, que incluía amargos conflitos entre alguns dos grupos étnicos presentes na reunião, foi impressionante a facilidade com que todos se concentraram.

Cada um dos participantes havia experimentado traumas e perdas em conseqüência da guerra. Todas as tragédias pessoais vieram à tona: mortes de filhos, pais ou irmãos; bombardeio de escolas, fugas aterrorizadas de ataques. A lista de histórias incluía a impotência de pais que não podiam alimentar seus filhos durante a fome, assim como a incapacidade de evitar as mortes, ou de proporcionar serviços sociais adequados às crianças. Entretanto, quando discutiam as iniciativas das quais eles tinham orgulho, ficava claro que eles haviam tentado melhorar suas vidas, mesmo em circunstâncias tão desfavoráveis.

Quando os adultos se desviavam para a política, as crianças se encarregavam de atrair sua atenção para os temas que eram importantes para elas. A visão do futuro da infância que surgiu da conferência principal foi surpreendentemente similar àquela formulada pelas próprias crianças. Os elementos que se fizeram presentes com maior força foram a paz e a reconciliação, assim como a imperiosa necessidade de educação e serviços de saúde. Os adultos também identificaram outro tema fundamental para assegurar o funcionamento da sociedade: a governança, com estruturas de prestação de contas que respeitem os direitos humanos.

Resultados e fatores críticos

A conferência teve um impacto significativo sobre as vidas de algumas crianças. Os sudaneses que viviam fora do Sudão uniram-se para desenvolver um plano curricular e distribuir livros didáticos às aldeias. Outra força de trabalho dedicou-se a identificar os membros da comunidade que tivessem habilidade para o ensino. Um terceiro grupo dedicou-se a falar sobre cursos de treinamento para agricultores e granjeiros, enquanto os profissionais de saúde se uniram para treinar os trabalhadores do ramo e ajudar os cidadãos locais a construir novos centros de saúde. Na conferência das crianças formaram-se grupos de ação regional para discutir o que diriam às pessoas de sua aldeia sobre a experiência de Nairóbi, e que tipo de reuniões deveriam organizar para fazê-lo.

Sete meses depois, 54 funcionários das ONGs sudanesas foram treinados nos princípios e na metodologia da indagação de cenários futuros. Pouco depois, funcionários da Unicef/OLS viajaram para o Sudão do Sul para conduzir uma enquete de futuro sobre a desmobilização de crianças combatentes. Entre eles estavam incluídos ex-soldados meninos, representantes da comunidade e, mais significativo ainda, as autoridades locais e dirigentes do Exército de Libertação do Povo do Sudão (ELPS). Em fevereiro de 2001, a Unicef anunciou que havia tirado das zonas de conflito mais de 2.500 meninos combatentes e os havia levado para áreas seguras em que passavam por processos de reabilitação e de localização de suas famílias.

No primeiro encontro de indagação de cenários futuros, realizado em 1999, os meninos disseram que desejavam a paz para 2005, e a paz pela educação. Em 2002, o governo do Sudão e o Movimento Popular de Libertação do Sudão (MPLS) firmaram um acordo de paz. Mais de cinqüenta novas escolas foram criadas, incluindo dois internatos para meninas, que em um ano triplicaram seu número de matrículas.

A história da investigação de cenários futuros no Sudão oferece três mensagens:

- Primeiro, esta prática tem ajudado as crianças a se dar conta de que seus pontos de vista são importantes e que podem gerar mudanças. Isto foi evidenciado quando seu tema – a paz por meio da educação – tornou-se uma realidade pela abertura de novas escolas.
- Segundo, as indagações de cenários futuros lançaram um desafio ao paradigma de que o desenvolvimento só acontece depois de se haver restabelecido a paz. Na verdade, como se mostrou aqui, o desenvolvimento pode conduzir à paz e pode preparar o terreno para alcançá-la.
- Terceiro, a paz não é um acontecimento, é um comportamento. A maioria dos conflitos origina-se da disparidade de recursos, mesmo que às vezes possa se apresentar como disputas étnicas ou religiosas. Entretanto, a educação pode se transformar no instrumento mais importante da paz e em uma alternativa diante da guerra.

Outras informações

Indagação de Cenários Futuros. *Future Search and its Realization in Southern Sudan* (http:// futuresearch.net/network/activities/special_features/sudan/cfm).

Indagação de Cenários Futuros. *Future Search to Demobilize Child Soldiers in South Sudan* (http:// futuresearch.net/method/applications/world/africa/child_soldiers.cfm).

Indagação de Cenários Futuros: *Future Search Stories from Around the World* (http://futuresearch.net/ methods/applications/world.cfm).

Indagação de Cenários Futuros: *What is Future Search?* (http://futuresearch.net/method/whatis/ index.cfm).

Os autores agradecem as contribuições de Sandra Janoff, da Future Search Network.

➲ TANZÂNIA
SUBSÍDIOS GOVERNAMENTAIS A INCENTIVOS SUSTENTÁVEIS PARA OS FUNCIONÁRIOS PÚBLICOS

Em poucas palavras

Na Tanzânia, o governo e os doadores se uniram para institucionalizar um sistema de incentivos dentro do serviço público. O Esquema Seletivo Acelerado de Melhoramento Salarial (SASE: Selective Accelerated Salary Enhancement) oferece uma solução potencialmente sustentável para os problemas de incentivo salarial dentro do contexto mais amplo da reforma de remunerações, e isto faz parte do Programa de Reforma do Serviço Público (PRSP) do governo.

Orientado para o tratamento da baixa motivação, as estruturas salariais pouco competitivas e as limitações ao desenvolvimento de capacidades, o SASE concentra-se no pessoal de maior impacto para a prestação de serviços. Ao oferecer aos doadores a oportunidade de harmonizar suas práticas em torno dos sistemas nacionais, também se esforça para reduzir os atrativos que distorcem o mercado de trabalho local.

A história

O governo da Tanzânia adotou uma estratégia de médio prazo para a reforma das remunerações como parte de sua Estratégia de Redução da Pobreza (ERP). Reconhecendo a importância do desenvolvimento de capacidades para melhorar o desempenho do setor público, o governo considerou a possibilidade de aumentar os salários desse setor, em especial dos níveis técnicos e profissionais, como uma condição prévia para a consolidação e utilização das capacidades. Embora reconhecesse que maior ingresso não fosse em si suficiente para garantir melhor atuação, o governo acreditava ser pouca a probabilidade de sustentar as reformas se não houvesse compensação justa pelo trabalho e um fácil acesso às habilidades requeridas.

Preocupado porque o sistema é percebido como justo, objetivo e transparente, o governo criou o esquema SASE, mediante o qual se realiza uma qualificação seletiva, concentrada no pessoal que tem probabilidades de ter maior impacto na prestação de serviços e nos esforços gerais de reforma do governo. As pessoas selecionadas assinam acordos que servem como base para determinar em que consiste o desempenho aceitável, ao mesmo tempo que recebem descrições atualizadas de suas responsabilidades trabalhistas, com especificação de resultados e prazos de tempo. O desempenho é avaliado anualmente, usando um sistema de valorização dos objetivos.

O SASE é aplicado de forma escalonada, começando com os ministérios, departamentos e repartições que exercem um papel de liderança no manejo da mudança e têm um impacto potencial no bem-estar econômico dos habitantes da Tanzânia. Devem ser instituições que também tenham avançado na formulação de seus planos estratégicos e tenham sido selecionadas para sua inclusão no modelo de melhoramento do desempenho que oferece incentivos para empreender as reformas institucionais.

Desde sua concepção, o plano de implementação do SASE contemplava o seguinte:

- O governo estabeleceria uma estrutura meta de pagamentos de médio prazo para o período de 2000/01 a 2004/05, enquanto o suporte orçamentário dos doadores seria utilizado, entre outras coisas, para suplementar os salários dos cargos financiados pelo SASE.
- Todo o pessoal de um nível determinado devia receber o mesmo salário básico durante um ano fiscal, fosse ou não beneficiário do SASE. A diferença de compensação entre os beneficiários e os não-beneficiários do SASE seria a diferença entre o salário meta e o salário básico desse mesmo ano fiscal.
- Os doadores deveriam estar de acordo em retirar progressivamente outro tipo de arranjos suplementares. As escalas de salário do SASE serviriam como ponto de referência para o pagamento de qualquer suplemento salarial, pois isto permitia ao governo se encarregar desta bonificação à medida que o doador fosse retirando progressivamente o seu apoio.
- À medida que o governo fizesse ajustes salariais, diminuiria a diferença entre os salários reais e os salários meta, reduzindo assim o compromisso financeiro dos doadores, enquanto crescia a capacidade do governo para pagar salários competitivos.

A aplicação do esquema SASE deveria começar com onze ministérios, departamentos e repartições antes de ser ampliado para todo o serviço público. Entretanto, grande número de afunilamentos e restrições encontrados no caminho significava que ele não só fora implementado na forma que se projetou, como alguns dos benefícios que se antecipavam provavelmente não chegaram a se concretizar. As dificuldades surgiram tanto do lado dos doadores como do governo. Este último não conseguiu levar a cabo avaliações de desempenho nem incorporar os ajustes salariais projetados, o que reduziu a disposição dos doadores para financiar o esquema. Sem convergência entre os níveis salariais reais e os níveis salariais meta, não há horizonte temporal claro para a retirada progressiva dos suplementos salariais, nem tampouco estratégia de retirada para o financiamento dos doadores, o que pode incrementar os custos da iniciativa.Outro problema foi que a implementação começou com lentidão, pois o Departamento de Serviço Civil era o único que qualificava para obter suporte na gestão 2000/01, embora o Ministério da Saúde também fosse considerado um postulante no início de 2001/02. Até meados de 2002, outras quatro instituições se somaram ao grupo das elegíveis, e as restantes da primeira fase receberam um grande empurrão para conseguir que as qualificassem em meados de 2002/03, quando já se havia vencido quase a metade do tempo previsto no plano.

O lento ritmo de expansão cria pelo menos dois problemas. Para o tempo em que os diferentes ministérios, departamentos e repartições se encontram em posição de se beneficiar do esquema, seus suplementos salariais provavelmente resultarão inadequados para estimular qualquer mudança de comportamento no trabalho. Nos fatos serão registradas reformas de pagamento graduais e serão mantidos os tradicionais pagamentos suplementares. Neste caso, é pouco provável que se produza o traslado de fundos para o esquema SASE.

Resultados e fatores críticos

O SASE tem muito potencial para proporcionar uma solução sustentável para a questão dos incentivos salariais. Harmonizando o trabalho dos doadores, ele poderia diminuir as distorções no mercado de trabalho local. Entretanto, este caso mostra as dificuldades de implementar este tipo de programa e ressalta alguns dos fatores que podem desviar sua implementação.

- Um sistema complexo que amarra o governo e diversos doadores a um curso de ação determinado só pode funcionar quando os parceiros estão dispostos e são capazes de combinar esforços. Entretanto, há fatores que escapam do controle de qualquer interessado e que podem dar lugar a que os parceiros desistam de seus compromissos. Isto por sua vez pode ir reduzindo gradualmente a confiança no sistema e conduzir a uma recaída nas práticas que o sistema tentava erradicar.
- As iniciativas desta natureza são muito sensíveis ao passar do tempo e são tecnicamente complexas; qualquer afastamento do calendário de implementação estabelecido pode corroer o processo de expansão. Surgem assim questionamentos sobre a capacidade de manejo do sistema.
- Originalmente foi projetado que o SASE fosse financiado pelas contribuições dos doadores para um fundo comum. À medida que as repartições governamentais vão se qualificando, podem solicitar diretamente o apoio dos doadores para seus próprios esquemas SASE. Não obstante, este tipo de arranjos financeiros acarreta o risco de "projetizar" ministérios inteiros. As repartições que se apresentam como pouco atrativas não receberiam este apoio.
- É necessário contar com um sistema de valorização do desempenho que seja sólido e transparente, para assegurar que poderão ser detectadas as aplicações fraudulentas aos benefícios do SASE, e para que o sistema não alimente ressentimentos. De todo modo, esquemas como o do SASE exercem forte pressão sobre seus gestores para ampliar seus benefícios inclusive àqueles que realmente não os merecem.

Outras informações

Governo da Tanzânia. 1999. *Public Service Reform Programme (PSRP)*. Dar es Salaam.

Governo da Tanzânia. 2002. *Public Sector Reform Programme Quarterly Progress Report* (janeiro-março de 2002). Dar es Salaam.

WANGWE, T. V. 2001. *Revisiting and Revising Tanzania's Medium-Term Pay Reform Strategy*. Dar es Salaam: Consultores Internacionais Crown, DFID Sudeste da África.

Os autores agradecem as contribuições de Philip Courtnadge e do PNUD da Tanzânia.

➲ TANZÂNIA
MONITORAMENTO INDEPENDENTE COLOCA SOB CONTROLE GOVERNO E SEUS ASSOCIADOS

Em poucas palavras

As relações entre a Tanzânia e a comunidade de doadores se deterioraram durante o início da década de 1990. Um grupo de especialistas de alto nível, encarregado de investigar os problemas, propôs algumas formas de retomar novamente essa relação. Sete anos mais tarde, uma mudança radical das regras fez que os dois lados se reaproximassem.

Atualmente, um mecanismo de monitoramento independente ajuda os parceiros a prestar contas de seus atos, recomendando melhoras baseadas em avaliações imparciais e transparentes. Os achados do grupo são amplamente aceitos e respeitados, e proporcionam uma orientação clara para a implementação de princípios essenciais do desenvolvimento de capacidades.

A história

A Tanzânia permanece fortemente dependente da cooperação e é um país prioritário para muitas organizações. Para conseguir o desenvolvimento e alcançar os objetivos da cooperação externa, é fundamental manter uma aliança efetiva com os associados. No entanto, no final da década de 1980 e início da década de 1990 os doadores começaram a expressar uma preocupação crescente com a má administração, a corrupção, a insuficiência dos processos democráticos e o mau manejo financeiro na Tanzânia. Ao mesmo tempo, o governo percebia os doadores como excessivamente intervencionistas e demasiado exigentes, e sem capacidade ou sem vontade para cumprir suas promessas. Foi então que se resolveu investigar o que estava ocorrendo com um grupo de alto nível formado por especialistas nacionais e estrangeiros. Os resultados deste trabalho mostraram insatisfação de ambos os lados e um alto grau de desentendimento mútuo.

Os relatórios do grupo recomendavam que o governo delimitasse e fortalecesse as atividades do Ministério das Finanças, desenvolvesse prioridades claras para seus sistemas de gastos e investimentos, e fortalecesse e mantivesse a liderança de seus próprios esforços de desenvolvimento. Com respeito aos doadores, os relatórios estabeleciam que era necessário introduzir mudanças substanciais em sua cultura operativa, a fim de reduzir a lacuna entre a retórica da "apropriação" e a realidade cotidiana.

Em janeiro de 1997, o governo e os doadores reuniram-se para projetar nova modalidade de trabalho conjunto. O princípio que os guiava era que a Tanzânia devia assumir a condução do processo com visão de desenvolvimento de longo prazo, manejo financeiro fortalecido, diálogo aberto e honesto e um registro independente dos progressos que fossem realizados na direção dos objetivos acordados.

Em 1999, o mesmo grupo de trabalho de alto nível conduziu uma avaliação mais abrangente. Desta vez, o relatório ofereceu resultados diversos. Reconheceu um deslocamento significativo para a liderança por parte do governo da Tanzânia, particularmente na esfera da administração macroeconômica, percebeu que as práticas e as atitudes do doador haviam mudado muito, e agora existia um diálogo mais genuíno. Alguns doadores inclusive realizavam contribuições por meio de uma "cesta de fundos" em alguns setores, cujo uso era determinado sob a liderança das autoridades tanzanianas. O orçamento e os sistemas de controle financeiro eram mais firmes e a corrupção estava sendo encarada de modo mais agressivo. No entanto, a reforma da cooperação técnica mereceu uma qualificação baixa.

Uma recomendação importante foi que o governo e seus parceiros externos instituíssem um monitoramento contínuo e independente do seu relacionamento. Com um passo nesta direção, o governo, enquanto desenvolvia sua ERP, também produzia a "Estratégia de Ajuda à Tanzânia". Na reunião consultiva de grupo de 2000, o governo e os doadores chegaram a um novo acordo pelo qual se continuaria avaliando imparcialmente a atuação de ambas as partes ao implementar a estratégia. Isto ajudaria a equilibrar a relação de ajuda e dar um verdadeiro sentido às aspirações de estabelecer uma aliança genuína e um diálogo aberto.

Decidiu-se designar um grupo independente de monitoramento composto por três tanzanianos e três profissionais experimentados e sem vinculações com o governo, provenientes dos países doadores. A secretaria teria sua sede na Fundação de Investigação Econômica e Social da Tanzânia.

Houve discussões detalhadas sobre os termos de referência do grupo. Com respeito à atuação dos doadores, decidiu-se concentrá-la no monitoramento coletivo, em vez de em procedimentos específicos, como havia se proposto inicialmente. Sob a pressão dos doadores, a ênfase foi deslocada da preocupação inicial pela apropriação para o conceito de efetividade da ajuda. Isto, devido ao interesse de se assegurar que o grupo de monitoramento se fixasse em como a ajuda contribuiria para os resultados e produtos da ERP, e não somente nos custos de transação da prestação da assistência. Finalmente, a apropriação local figura atualmente como uma de cinco maneiras explicitamente mencionadas de aumentar a eficácia da ajuda: o objetivo é promover a apropriação, e não caracterizá-la como a pedra angular de uma associação para o desenvolvimento.

O relatório do grupo de monitoramento de 2002, apresentado na reunião do grupo consultivo desse ano, destacava que as relações haviam melhorado muito em comparação com as de 1995. Do lado da Tanzânia, esse progresso pode ser atribuído ao surgimento de uma liderança caracterizada pelo compromisso evidente e sustentável com o melhoramento e com a reforma, maior abertura, transparência e senso de responsabilidade, melhoramento no manejo do gasto público e uma vontade evidente de iniciar o diálogo.

Por seu lado, os doadores agora têm maior confiança no governo e responderam tentando melhorar suas próprias práticas e políticas. Entre as mudanças mais significativas inclui-se uma disposição para a autocrítica e a aceitação da avaliação independente, assim como insatisfação pela pouca efetividade das antigas políticas dos doadores, entre elas o enfoque baseado em projetos e a assistência técnica vinculada, que são claramente limitantes. Há um novo desejo de se adaptar e responder com flexibilidade às melhoras que os governos efetuam, de trabalhar em conjunção com os sistemas e processos dos países receptores, de deixar de depender da condicionalidade para avançar para um enfoque mais coordenado e baseado na associação, e de reduzir os custos de transação do governo (e do doador) mediante, por exemplo, melhor coordenação.

Entretanto, os informes também destacavam que o desenvolvimento de capacidades e o uso de assistência técnica eram áreas em que se haviam efetuado muito poucos progressos, embora se considerasse que este era um tema muito complexo e particularmente delicado.

Resultados e fatores críticos

A criação de um mecanismo independente para monitorar a associação entre a comunidade de doadores e um governo constitui uma grande inovação, especialmente porque, neste caso, surgiu de uma relação tensa. Atualmente converteu-se em elemento característico da agenda do grupo consultivo e se fundiu com o plano Estratégia de Ação de Assistência à Tanzânia. A seriedade com que se tratam os achados do grupo pressagia um bom futuro e pode resultar útil para rastrear a implementação dos princípios do desenvolvimento de capacidades. Fundamentalmente, este mecanismo introduz responsabilidade e transparência.

Os fatores que têm ajudado a assegurar seu sucesso incluem os seguintes:

- Apesar das tensões surgidas, em ambos os lados manteve-se firmemente assentado o desejo de fazer que sua relação mútua seja mais efetiva.
- A designação de especialistas confiáveis, respeitados e independentes para examinar a situação foi fundamental para assegurar que todos os lados estivessem dispostos a levar a sério os achados e a trabalhar construtivamente para uma agenda harmonizada sob a condução do governo.
- O amplo debate que se registrou simultaneamente sobre a efetividade da ajuda, a apropriação e o desenvolvimento de capacidades deu um maior impulso ao processo e outorgou às partes um incentivo para encontrar soluções e dar um sentido prático ao novo paradigma da ajuda.
- A incorporação de pessoal novo em ambos os lados da relação ajudou a assegurar que as posições potencialmente defensivas e de reação fossem substituídas por um genuíno desejo de melhora.

Outras informações

Grupo Independente de Monitoramento (IMG). 2002. *Enhancing Aid Relationships in Tanzania: Report of the IMG*. Apresentado ao Grupo Consultivo da Tanzânia. Dar es Sallam, dezembro (www.tzdac.or.tz/IMG/IMG-main.html).

Grupo Independente de Monitoramento (IMG). 2001. *Local Ownership and Donor Performance Monitoring: New Aid Relationships in Tanzania?* (www.sti.ch/pdfs/swap143.pdf).

HELLEINER, G. K. 2000. "Towards Balance in Aid Relationships: Donor Performance Monitoring in Low-Income Developing Countries". In *Cooperation South, 2*, 21-35, publicado pelo PNUD.

HELLEINER, G. K. et al. 1995. *Report of the Group of Independent Advisers on Development Cooperation Issues between Tanzania and its Aid Donors*. Copenhague: Ministério Real Dinamarquês de Assuntos Estrangeiros.

WANGWE, S. 2002. NEPAD at Country Level: Changing Aid Relationships in Tanzania. Dar es Salaam: Mkukina Nyota.

Os autores agradecem as contribuições de Philip Courtnadge e ao PNUD da Tanzânia.

➲ TANZÂNIA
IRMANAR INSTITUIÇÕES COM CONFIANÇA E EQÜIDADE

Em poucas palavras
Na Tanzânia, um programa de irmanação de um instituto local de pesquisa com um grupo contraparte conseguiu desenvolver capacidades organizacionais sustentáveis em torno do princípio de associação eqüitativa. Seguindo o preceito político de "responsabilidade do receptor" da Agência Norueguesa de Cooperação para o Desenvolvimento (Norad), cabia ao Instituto de Gestão do Desenvolvimento (IGD) da Tanzânia chegar a um acordo conveniente com a Universidade de Agder da Noruega.

A bases de uma cooperação edificada a partir da confiança e do interesse comum foram se expandindo lentamente à medida que as duas instituições foram se conhecendo mutuamente. Ambas aprenderam as vantagens e desvantagens da outra, e deram uma expressão concreta à noção de eqüidade ao permitir que o associado mais fraco em matéria de capacidade de investigação exerça o maior controle sobre os recursos.

A história
O Instituto de Gestão do Desenvolvimento (IGD) da Tanzânia foi criado em 1972 para responder à necessidade de recursos humanos qualificados na administração pública, no governo local e no desenvolvimento rural. Em toda a sua história, ele proporcionou mais capacitação prática do que acadêmica, recebendo contribuições consideráveis para ajudar no desenvolvimento para investimento em infra-estrutura física e também para consolidação e melhora de seus programas de capacitação.

A cooperação entre o IGD e a Universidade de Agder nasceu a partir de uma relação de longa data entre a primeira instituição e a Norad, que haviam tentado empreender juntas várias iniciativas de desenvolvimento institucional. Entre estas incluíam-se alguns convênios tradicionais de assistência técnica, treinamento na prática, programas de aperfeiçoamento para o pessoal com cursos de formação no estrangeiro para os funcionários do IGD e um convênio de irmanação.

Uma premissa importante subjacente a estes esforços era que a posição do IGD como uma instituição de treinamento e sua sustentabilidade sob novas condições de competição do mercado só podem ser salvaguardadas por meio de alta qualidade acadêmica. Isto requer não apenas pessoal de primeiro nível, mas também um programa de pesquisa que assegure que a capacitação que se oferece responde à realidade da Tanzânia.

A parceria com a Universidade de Agder concentrou-se na cooperação com a pesquisa, ainda que essa instituição não contasse com um programa de pesquisa sólido que fosse relevante para o IGD, nem tampouco com um programa de pós-graduação bem estabelecido. Portanto, a universidade nunca percebeu sua relação com o IGD como aquela de mentor ou protegido. Ao contrário, entre as duas instituições surgiu uma associação eqüitativa pela qual os pontos fortes e fracos, as vantagens e as desvantagens de ambas se complementaram. A pesquisa e a formação de pesquisadores, em contraste com outros campos de possível cooperação, implicam atividades muito específicas, com prazos de avanço estabelecidos, e são estes que têm guiado o trabalho.

A idéia da parceria tem sido bastante apoiada pelo Norad, principal doador estrangeiro do IGD. O princípio político do Norad de "responsabilidade do receptor", que impulsiona o IGD a definir suas próprias exigências e a negociar o alcance e o conteúdo do convênio com a Universidade de Agder, marcou uma diferença substancial com respeito à primeira experiência do IGD com convênios de irmanação, em 1980. Nessa ocasião, a organização norueguesa Norad terminou se convertendo rapidamente em uma consultora, em vez de um associado genuíno do instituto.

Vários anos se passaram antes que a relação entre o IGD e a Universidade Agder amadurecesse, e durante esse período esta se baseou unicamente nas boas relações pessoais (o pessoal da Universidade Agder havia trabalhado no IGD) e na crescente familiaridade que reinava depois de várias visitas de intercâmbio. O primeiro acordo que firmaram era bastante amplo em termos das possíveis áreas de cooperação, e refletia um critério cauteloso. Foi adotada uma estrutura de manejo intrincada, em que se fixavam reuniões anuais entre os dirigentes das duas instituições, além de consultas bienais entre os líderes do projeto. Também foi introduzido, desde as etapas iniciais, um formato rígido para os projetos individuais, prazos de tempo e gastos estabelecidos tanto para os participantes quanto para os tanzanianos.

Visando a promover a parceria, a Universidade de Agder concordou com um modelo administrativo que não cobrisse todos os custos. Isto deu ao IGD um controle financeiro e administrativo pleno, assim como bom negócio em termos de preço. A abordagem pode não ter sido de todo necessária para a execução do programa, mas contribuiu muito para estabelecer aproximação e confiança mútuos. Com o passar do tempo, este sistema evoluiu até incluir o estabelecimento conjunto de metas e prioridades, assim como a definição de interesses comuns.

A partir desta base, a segunda fase da cooperação concentrou-se em um número menor de projetos percebidos como mais diretamente relevantes para os propósitos do IGD, o que ao mesmo tempo permite à universidade se concentrar mais estreitamente em seus recursos acadêmicos. Os benefícios que se espera que o projeto reporte para a Tanzânia são melhor qualidade acadêmica, maior adequação da investigação à situação nacional e maior vantagem competitiva no mercado de serviços de capacitação e consultoria.

Resultados e fatores críticos

- Como o IGD controla os recursos e a Universidade de Agder não tem acesso independente ao Norad, a associação tem sido bastante eqüitativa e deixa o IGD com liberdade para manejar o acordo em seus próprios termos profissionais. Os problemas técnicos que surgiram (por exemplo, serviços bancários muito incômodos) foram solucionados.

- As duas instituições ganharam algo. O pessoal do IGD melhorou suas habilidades para planejar e executar projetos de pesquisa mediante curso de capacitação em metodologia da investigação e convênios de supervisão. A Universidade de Agder beneficiou-se no que diz respeito à projeção internacional e à experiência concreta de pesquisa em um país em desenvolvimento.
- As parcerias devem ser construídas dos próprios interesses de cada um dos parceiros. Conquistar a confiança é algo que toma muito tempo, e o enfoque cauteloso que se adotou neste caso foi essencial para estabelecer uma base de confiança e interesse comum.
- A eqüidade deve ter uma expressão concreta como, neste caso, o equilíbrio entre a capacidade de investigação e o controle dos recursos. Entretanto, não é necessário que os associados contribuam com os mesmos auxílios nem esperem obter os mesmos benefícios.
- A cooperação com a pesquisa, quando ela é conduzida adequadamente, oferece a plataforma apropriada para uma genuína parceria, pois envolve atividade bem definida e referências claras para o progresso. Nem todos os campos da atividade podem se beneficiar tão claramente quanto este.

Outras informações

KRISTIANSEN, S. s.d. *North-South Academic Institucional Collaboration: The Case of Mzumbe University, Tanzania, and Agder University College, Norway*. Faculdade de Administração. Universidade de Agder (www2.ncsu.edu/ncsu/aern/steinkp.html).

NKYA, E. J. *Local Government Research Programme: Public-Private Sector Partnership and Institutional Framework at Local Level. The Case of Solid Waste Management in the City of Dar es Salaam, Tanzania*. Relatório de pesquisa No. 17. Universidade de Agder, Institute of Development Management Collaboration (www.tzonline.org/pdf/researchreport171.pdf).

Research Capacity Building Through Partnership: The Tanzanian-Norwegian Case. 2000. In capacity.org, julho (www.capacity.org).

Para mais informações sobre a colaboração entre o Instituto de Manejo do Desenvolvimento (IMD) e a Universidade de Agder, ver www.cmi.no/public/1999/awp99-04-htm).

Os autores agradecem as contribuições de Johan Helland, presidente do Instituto Michelsen.

◗ **TIMOR LESTE**
VOLUNTÁRIOS FACILITAM TRANSIÇÃO ENTRE GUERRA
E RECONSTRUÇÃO

Em poucas palavras

Quando se separou da Indonésia, o Timor Leste ficou desprovido de capacidades administrativas e técnicas. Com o conflito e a crise como pano de fundo, o serviço de Voluntários das Nações Unidas (VNU) proporcionou voluntários para preencher a lacuna. Este caso ilustra duas áreas em que os VNU ajudaram a consolidar as capacidades locais – em um projeto de pesca e em educação cidadã – usando um misto de habilidades, conhecimento, apoio técnico catalisador e inovação. Os voluntários eram profissionais na metade de suas carreiras, com um alto nível de perícia.

Este caso mostra como os voluntários podem atuar como instrumento poderoso de cooperação técnica, mais ainda em situações de reconstrução posteriores a um conflito, em que a confiança e a interação humana são fundamentais.

A história

A decisão dos habitantes de Timor Leste de buscar a independência da Indonésia em agosto de 1999 fez o país enfrentar enormes desafios. Durante quase três décadas, o Timor Leste foi administrado pelas autoridades indonésias por intermédio de funcionários qualificados deste país, mas não se podia esperar que eles continuassem à frente de uma nação independente. As taxas de analfabetismo eram altas entre os timorenses, e os poucos nativos que contavam com boa formação e com habilidades úteis haviam-se mudado para outros países. A isto se acrescentavam as naturais dificuldades de uma sociedade multilíngüe, em que a maioria dos jovens da era indonésia falava o bahasa como língua principal, enquanto as gerações mais velhas, que iam se encarregar do governo incipiente, sentiam-se à vontade falando o português, língua que institucionalizaram como idioma de trabalho.

O surto de violência que seguiu o referendo da independência acrescentou a estes desafios o peso da reconstrução de tudo aquilo que havia sido deliberadamente destruído. Mais importante ainda, os timorenses deviam desenvolver a vontade e a habilidade necessárias para viver praticando uma democracia pela qual haviam votado.

Foi neste contexto que a Autoridade de Transição da ONU no Timor Leste começou a trabalhar em 1999. Sob a autoridade dos timorenses e em cooperação com eles, cerca de três mil voluntários da ONU de mais de cem países foram recrutados e deslocados entre 1999 e 2002 para atuar em projetos estabelecidos em 160 áreas do novo governo, particularmente nos níveis distritais.

Importante iniciativa envolvia a redinamização da pesca. Durante gerações, as comunidades costeiras tiraram da pesca seu sustento. Mas pelo menos 90% da frota pesqueira do Timor Leste, as equipes de pesca e a infra-estrutura costeira ficaram destruídos em 1999. Mesmo quando milhares de pessoas, incluindo os pescadores, abandonaram esses territórios, aqueles que decidiram ficar necessitavam desesperadamente reassumir suas atividades de pesca, e de modo sustentável. Chegou então uma equipe de voluntários da ONU para ajudar a estabelecer o Ministério da Agricultura e da Pesca, e alguns deles foram designados para o Departamento de Pesca e Meio Ambiente Marinho.

Os voluntários começaram concentrando-se na pesca marítima, ajudando os pescadores na compra de redes e barcos a motor. Organizaram *workshops* sobre a fabricação de embarcações, a fim de atrair outras pessoas para este setor, ao mesmo tempo que asseguravam a capacidade futura de reparar ou substituir os barcos usados. No final de 2001, a produção pesqueira local alcançou 60% daquela de 1997, e os voluntários capacitaram os timorenses menos experimentados para construir mais de cinco mil pequenos veleiros de pesca (*fingerlings*). Então aproximaram-se dos cultivadores de arroz e, mediante demonstrações e apoio de campo, os animaram a otimizar o uso da terra e da água criando peixes nos arrozais. Isto fez que nos treze distritos administrativos de Timor Leste surgisse uma renovada confiança no potencial de desenvolvimento do país. Ao mesmo tempo, no escritório central do departamento era treinada uma equipe de dezoito funcionários de pesca como meio de oferecer apoio contínuo às iniciativas nos âmbitos local, intermediário e nacional.

Muito ainda resta a ser feito. A proporção de pessoal técnico mal atingiu 20% do nível anterior à independência. Ainda assim, a área pesqueira legal do país expandiu-se consideravelmente. O departamento deve assumir como sua próxima tarefa o desenvolvimento e a implementação de uma legislação adequada à pesca e aos recursos marinhos, prestando uma atenção especial à defesa dos interesses das comunidades locais, ao mesmo tempo que se dá andamento ao potencial da pesca industrial.

Outro projeto dos VNUs apoiou a educação cidadã e teve início durante o referendo de 1999, quando cerca de quinhentos voluntários, junto a equipes de pessoas oriundas do país, ajudaram a organizar e supervisionar os processos de educação cidadã eleitoral e de registro de eleitores. Os voluntários também capacitaram e prepararam as equipes que conduziriam o processo de votação. Este investimento inicial rendeu frutos durante as atividades eleitorais subseqüentes, que requereram número muito menor de voluntários internacionais.

A educação cidadã adquiriu importância muito maior após o surto de violência, em resposta ao qual o PNUD lançou um programa para ativar um fluxo informativo de duplo sentido entre a capital, Dili, e os distritos e comunidades locais. Também foi útil para abrir espaços e oportunidades para a participação popular no governo e no processo amplo de desenvolvimento. Como parte deste esforço foram recrutados voluntários para trabalhar com organizações da sociedade civil no desenvolvimento de planos para educação cidadã; na produção de materiais importantes, incluindo aqueles para programas de informação em massa; e na organização e coordenação de subvenções financeiras. Durante todo o processo, os voluntários se concentraram em aumentar a consciência da população local e em canalizar seu compromisso para os direitos humanos, a democracia e a cidadania.

Toda a iniciativa baseava-se nos fortes vínculos que unem as organizações da sociedade civil do Timor Leste – principalmente de alcance indígena, ONGs internacionais e a Igreja Católica – e o seu contato diário com a população. Uma ênfase particular foi colocada no desenvolvimento das capacidades do pessoal local de diversas organizações do Timor

Leste, a fim de que possam encarar a educação cidadã nos distritos e nos subdistritos como parte de suas atividades regulares de desenvolvimento. Quinze pessoas foram treinadas em educação cidadã, tanto em seus aspectos substantivos como em habilidades técnicas. Cinqüenta organizações também receberam subvenções e treinamento. Uma rede de grupos da sociedade civil foi subseqüentemente estabelecida, com centros de recursos nas três regiões do país. Atualmente, os centros de recursos tornaram-se objeto de apropriação e manejo comunitário, e operam como pontos focais de informação para a interação entre o governo e a sociedade civil.

Recursos e fatores críticos

- Os dois casos mostram como a cooperação técnica pode apoiar o desenvolvimento das capacidades em situações pós-crise, tanto no plano individual quanto no institucional, por processos de apropriação local.
- No Timor Leste, a mobilização dinâmica e o apoio da sociedade civil têm dinamizado a participação local e a determinação de impulsionar os processos democráticos, tanto nas atividades de desenvolvimento como em governança. Os centros de recursos locais e a rede de organizações da sociedade civil oferecem um terreno promissor para uma maior apropriação e sustentabilidade.
- Os perfis e abordagens utilizados pelos voluntários da ONU desempenharam papel fundamental nestes resultados. Estes eram especialistas provenientes de mais de cem países que chegaram à metade de suas carreiras e têm, em média, entre dez e quinze anos de experiência profissional. Deixaram seus lares para cumprir tarefas temporárias, e em geral de curto prazo, em Timor Leste, onde devem enfrentar as difíceis condições de vida das áreas rurais. O contínuo contato dos voluntários com as contrapartes e as populações locais, a interação sem intimidações com eles, e a confiança resultante de tudo isto, facilita-lhes a tarefa de avivar o entusiasmo cívico da população local e seu interesse em se comprometer com seu próprio processo de desenvolvimento. De forma gradual, os timorenses estão assumindo a condução deste processo.
- Em qualquer situação de pós-crise, os resultados de curto prazo que despertam entusiasmo e desejos de participação nas pessoas devem combinar com uma perspectiva de longo prazo que se reflete em mecanismos apropriados para conseguir a sustentabilidade e melhoras graduais.
- É necessário envolver a população local desde o início do processo de desenvolvimento da autonomia. O interesse dos voluntários pela interação humana é especialmente apropriado para alcançar este objetivo.

Outras informações

Voluntários das Nações Unidas (VNU) Timor Leste (www.unvolunteers.org/dynamic/cfapps/countryprofiles/country.cfm?CountryID=TMP).

JASAREVIC, T. 2002. "Reviving Fisheries in East Timor – Casting Nets for Development". In UNV News, 93 (www.unvolunteers.org/infobase/inv_news/2002/93/02_08_93TMP_fish.htm).

Governo do Timor Leste (www.gov.est-timor.org/).

Os autores agradecem as contribuições de William Adriansolo, Douglas Campos, Josette Navarro e Kevin Gilroy, VNU.

➲ TURQUIA
POPULAÇÃO URBANA TRANSFORMA GOVERNANÇA MUNICIPAL

Em poucas palavras

A Turquia desenvolveu uma maneira inovadora de estimular a interação e o diálogo entre os membros da comunidade e as autoridades municipais na tomada de decisões. Em várias cidades, graças a uma combinação de iniciativas conduzidas localmente e de apoio nacional, foram gerados mecanismos de consulta que envolvem grande número de atores locais.

Em muitos casos, isso mudou o panorama do governo municipal. E embora garantir a aprovação do governo central fosse crucial, a iniciativa mais ampla da Agenda 21 local e de eventos internacionais, como a conferência Hábitat II de 1996, impulsionaram a confiança dos atores locais o suficiente para animá-los a experimentar uma nova abordagem.

A história

As sementes da participação na esfera municipal foram plantadas na Turquia em 1996, durante a Segunda Conferência Internacional sobre Assentamentos Humanos da ONU (Hábitat II), que teve lugar em Istambul. Este foi o primeiro grande evento internacional em que as organizações da sociedade civil reivindicaram participação igualitária na tomada de decisões de âmbito local, inspiradas por esta mensagem, e várias ONGs da Turquia criaram organizações de alcance vicinal, embora apenas para vê-las enfraquecer por falta de estrutura e de enfoque. Foi quando o programa da Agenda Local 21 da Capacidade 21 ofereceu seu assessoramento, assim como apoio técnico e financeiro.

Hoje em dia, cinqüenta municípios turcos contam com iniciativas locais da Agenda 21 e com conselhos municipais integrados por ampla gama de associados locais, que, em geral, se reúnem quatro vezes por ano. Entre eles se encontram membros natos, como o governador, o prefeito e parlamentares da província, assim como representantes de fundações, associações profissionais, organizações do setor privado, sindicatos de comércio, instituições acadêmicas e associações de bairro.

Em mais da metade das cidades que participam da iniciativa, a maioria dos membros dos conselhos e das secretarias locais da Agenda 21 são mulheres. Sob sua direção, os grupos de trabalho elaboram planos de ação municipal para lidar com os problemas locais, que variam desde o manejo dos dejetos sólidos e a proteção ambiental de uma montanha ou de uma bacia fluvial, até educação e o cuidado de crianças. Um número cada vez maior de autoridades municipais está incluindo as recomendações destes grupos de trabalho como parte das agendas municipais, e inclusive as adotam formalmente como próprias.

Em Ancara, por exemplo, o conselho municipal convenceu o governo municipal a descontaminar dois lagos poluídos, enquanto em Izmit o conselho e a Prefeitura trabalham juntos em um plano de ação denominado "Reabilitação e Reconstrução depois do Terremoto" (de 1999). Em Anatólia, o conselho estabeleceu uma residência permanente para crianças de rua inteiramente equipada e financiada por doações de interessados locais.

Uma das vantagens características deste sistema é que ele não está associado a nenhum partido político. Isto faz que as pessoas se mostrem mais desejosas de oferecer idéias e de trabalhar para conseguir consenso. Anteriormente, as plataformas participativas fracassavam com certa freqüência devido ao fato de estarem associadas a um partido, e os partidários de outros grupos se retiravam. Agora, a maior parte das pessoas consegue encontrar um espaço para si.

Tradicionalmente, o governo das cidades turcas tem caído nas mãos de prefeitos que têm pouca conexão com a população local. Com a atual democracia multipartidária, os prefeitos podem ser eleitos com apenas 25% dos votos. Isto significa que até aqueles que são céticos com respeito à participação reconhecem que esta pode fortalecer sua base de apoio. Em algumas cidades, as atividades locais da Agenda 21 criaram expectativas tão altas que, quando não se produziram mudanças rápidas, os alcaides foram afastados de seus postos.

Entretanto, toda esta atividade não teria sido possível sem a aprovação do governo central. De início foi difícil estabelecer mecanismos de participação porque as governâncias – autoridades provinciais que representam os ministérios centrais, com jurisdição sobre os municípios – os desafiavam. Depois de uma série de apelações, o Ministério do Interior emitiu a Lei da Agenda 21 Local instando todas as governâncias da Turquia a se converterem em associadas da Agenda 21. Não só foi superado o problema da "legalidade" das plataformas de participação, mas também foi assegurada a participação ativa das instituições públicas no processo local da Agenda 21.

Resultados e fatores críticos

* Pela combinação de iniciativas localmente orientadas e de idéias externas, os governos municipais se abriram à participação dos interessados locais que trabalham em associação com as autoridades. Assim, as municipalidades aumentam sua própria capacidade, mobilizando as capacidades de toda a população.
* O fato de se assegurar a aprovação do governo central serviu para estimular a apropriação, enquanto a Lei da Agenda 21 Local garantiu a participação das instituições públicas. A perícia técnica, os recursos financeiros e as lições aprendidas a partir do programa geral da Agenda 21, assim como eventos internacionais do tipo do Hábitat II, desempenharam papel catalisador de apoio aos atores locais, à medida que estes experimentavam o novo enfoque.
* A participação difundiu-se em todo o país, e aqueles que inicialmente estavam menos convencidos viram o que se pode conseguir mediante a tomada de decisões conjunta e da associação local. Uma vez reconhecidos os benefícios políticos do enfoque participativo, os políticos locais tendem a rapidamente defender o processo. Ao mesmo tempo, para garantir o êxito destas iniciativas é fundamental que os conselhos municipais permaneçam apartidários.

Outras informações

Estudo Nacional de Capacidade 21: *Approaches to Sustainability. Local Agenda 21 in Turkey: Moving from Local to National.* 2000 (www.undp.org/capacity21/docs/ats/ats-turkey-en.pdf).

Capacity 21 Evaluation Report 1993-2001, 2002 (www.undp.org/capacity21/docs/cap21Global Eval2002.pdf).

Agenda 21 Local da Turquia (http://herelgundem21.org).

Capacidade 21 (www.undp.org/capacity21).

Os autores agradecem as contribuições de Sadun Emrealp, da União Internacional de Autoridades Locais, e de Esra Sarioglu, do PNUD da Turquia.

⊃ UCRÂNIA
LIDERANÇA TRANSFORMA CONSCIÊNCIA E PAPÉIS NA LUTA CONTRA O HIV/AIDS

Em poucas palavras

A Ucrânia enfrenta uma das epidemias de Aids de mais rápido crescimento em todo o mundo. Vislumbrando o enorme impacto potencial desta epidemia sobre as gerações presentes e futuras, o país recorreu ao Programa de Liderança por Resultados do PNUD, que é usado em todo o mundo para modificar perspectivas e desenvolver a capacidade de ação.

A estratégia é simples, porém efetiva: reunir os agentes de mudança e membros influentes da comunidade, oferecer-lhes a oportunidade de reagir diante da epidemia de um modo mais profundo e sistemático, investir no desenvolvimento das habilidades que vão convertê-los em líderes convincentes e inovadores e expandir sua capacidade de manejo e coordenação de programas de grande escala e multissetoriais sobre o HIV/Aids.

A história

À beira de uma epidemia de HIV/Aids de alcance nacional, e com 1% da sua população adulta vivendo sob os efeitos do vírus, a Ucrânia moderna provavelmente enfrenta seu maior desafio. Dada a experiência de outros países, em que a prevalência de HIV/Aids ultrapassou seu ponto de explosão, e considerando que a região do Leste europeu é atualmente o lugar de mais rápida expansão da epidemia, o futuro se antecipa com impactos devastadores nas esferas econômica, demográfica e social.

Em conseqüência disso, a Ucrânia resolveu empreender uma resposta nacional forte, recorrendo à comunidade internacional para complementar os esforços locais. O Programa de Liderança por Resultados do PNUD, um enfoque estratégico de grande escala e multidimensional que reúne gama de atores e setores, é uma iniciativa que oferece um apoio valioso aos esforços da Ucrânia para enfrentar a epidemia.

O programa funciona nos âmbitos nacional e regional a fim de fortalecer as capacidades para uma liderança efetiva, planejamento estratégico, manejo de programas de grande escala e consolidação de coalizões, além de promover a cooperação entre líderes de todos os níveis e instituições de todos os setores. Também intensifica a compreensão entre os interessados nas causas fundamentais que alimentam a pandemia de HIV/Aids e acrescenta a capacidade dos líderes comunitários para maximizar o impacto (em particular entre os grupos da sociedade civil, do setor privado, redes de pessoas que vivem com HIV/Aids, os meios de comunicação, as instituições artísticas e religiosas). O enfoque de desenvolvimento de capacidades do Programa de Liderança por Resultados está imbuído de uma orientação de "compromisso na ação".

O programa de atividades na Ucrânia para o ano 2002 incluía cerca de duzentos participantes da sociedade civil, governos nacionais e subnacionais, a Comissão Nacional de

Aids, o PNUD e a Equipe de Campo da ONU. Uma equipe do programa contatou a Associação Ucraniana de Farmácias, em virtude de estas estarem situadas em todas as cidades e serem freqüentadas sobretudo pelas principais destinatárias da campanha: mulheres de vinte a quarenta anos de idade. A associação foi convidada a se juntar ao programa e a distribuir informações sobre Aids a seus clientes dessa faixa etária. A organização aceitou de bom grado e começou a distribuir, sem nenhum custo, um volume de panfletos informativos muito maior do que originalmente se havia previsto.

As iniciativas com os meios de comunicação tiveram um grande êxito. Foram convidados jornalistas para participar de um encontro de dois dias para analisar o papel dos meios de comunicação na erradicação da epidemia de HIV/Aids. Em diferentes sessões foram exploradas as formas pelas quais os meios de comunicação poderiam cobrir os temas relacionados com a Aids de um modo informativo e prudente, foi examinada a forma em que este fato projeta ou reflete os valores sociais, os símbolos e as normas que podem facilitar ou impedir as respostas à epidemia, e foi investigado um novo paradigma de liderança na Ucrânia.

As emissoras de rádio FM colocaram no ar uma série de programas de perguntas por telefone sobre HIV/Aids com o apoio do Programa de Liderança. Além disso, um participante iniciou um programa semanal de perguntas por telefone inteiramente financiado por patrocinadores locais. À medida que estes programas foram deslanchando, seus condutores começaram a perceber uma mudança significativa em sua atitude e na atitude de sua audiência. Enquanto no início eram muito poucos os que telefonavam, e com freqüência usavam um tom negativo, pouco a pouco o número foi aumentando e as pessoas foram se mostrando mais tolerantes e solidárias com respeito àqueles que convivem com o HIV/Aids. Muitas das chamadas provinham de pessoas infectadas por HIV/Aids e se sentiam capazes de compartilhar sua experiência. Em decorrência da popularidade desses programas, as estações de rádio comprometeram-se a continuar a difundi-los.

Resultados e fatores críticos
O programa anual de Liderança por Resultados desencadeou um processo que está mudando os pontos de vista e impulsionando ações construtivas. Especificamente, o programa aumentou o nível de compromisso, chamou a atenção para a responsabilidade individual, formou líderes, estimulou a tolerância, a confiança e a capacidade. Os indivíduos, as instituições e as comunidades encontraram modos de explorar seus pontos fortes e fracos, suas motivações individuais e sociais, e seus planos e compromissos. Como resultado, puderam concretizar várias iniciativas pioneiras:

- Um grupo de participantes de uma das regiões mais afetadas da Ucrânia criou um clube para pessoas que convivem com o HIV/Aids, em que as pessoas se conhecem e se comunicam livremente sobre o tema. É a primeira organização deste tipo na Ucrânia.

- As ONGs participantes que provinham da região com o índice de prevalência mais alto da enfermidade se associaram com representantes do governo para planejar uma iniciativa que oferecesse cuidado e apoio aos pacientes em fase terminal de Aids.
- A Associação de Gays, Lésbicas e Bissexuais pôs em andamento a primeira campanha de exames médicos para homens que praticam sexo com homens.
- Uma equipe de funcionários do governo organizou *workshops* de liderança para os dirigentes de vários grupos de trabalho para intensificar o trabalho de prevenção de HIV/Aids.
- Usando recursos do orçamento local, os funcionários do governo planejaram uma campanha denominada "Escolha sensata, pessoa prudente", com jogos de computador, caricaturas e um site na internet para os jovens. Organizaram três sessões de treinamento para trabalhadores médicos e quarenta conferências em estabelecimentos educacionais, que atingiram dois mil jovens.
- Uma equipe de participantes de uma região da fronteira com minorias que não falam ucraniano trabalhou com as comunidades para elaborar e distribuir panfletos sobre prevenção nos idiomas húngaro, polonês e romeno. Em outra região da fronteira, os participantes criaram um serviço dirigido aos jovens que pretendem trabalhar no estrangeiro, oferecendo-lhes informações e orientação sobre HIV/Aids.

Outras informações

Programa das Nações Unidas para o Desenvolvimento (PNUD) sobre HIV/Aids (www.undp.org/hiv/docs/results/pdf).Programa de Desenvolvimento das Nações Unidas (PNUD) da Ucrânia (www.un.kiev.ua/en/undp).

"Ukraine Breaks Down Barriers and Builds Leadership against HIV/Aids". 2002. In *UNDP Newsfront*, 15 de maio (www.undp.org/dpa/fronpagearchive/2002/may/15may02).

Os autores agradecem a colaboração de Serra Reid, do PNUD.

➲ UGANDA
DESENVOLVENDO AS CAPACIDADES DE DESCENTRALIZAÇÃO E GOVERNANÇA LOCAL

Em poucas palavras

Em Uganda, o apoio ao exercício descentralizado do governo iniciou-se em 1995 com o Projeto de Desenvolvimento Distrital (PDD), que explorava maneiras de capacitar os governos e as comunidades locais para identificar, apresentar e manter prioridades de investimento localmente determinadas. Também oferecia lições práticas que podiam alimentar o desenvolvimento de políticas e procedimentos nacionais. O projeto piloto definia, ensaiava e aplicava procedimentos de planejamento participativo, de atribuição e de manejo do investimento, e desenvolveu um sistema de incentivos e sanções para os governos locais que vinculava o desenvolvimento de capacidades ao melhoramento do desempenho, maior transparência e melhor prestação de serviços.

Desde então, o governo de Uganda declarou que o PDD é um sucesso e o considera um veículo importante e sustentável para implementar o Ato de Governo Local de 1997 e as Regulamentações Financeiras e Contábeis para os Governos Locais. A recém-aprovada Estratégia de Descentralização Fiscal apoiou também um sistema de transferências de atribuições para o desenvolvimento que foi moldado explicitamente a partir da experiência do PDD.

A história

O Projeto de Desenvolvimento Distrital (PDD) começou em 1995 com o apoio do UNCDF. O governo de Uganda então recorreu ao PDD para desenvolver um sistema piloto para implementar e "testar" o Ato do Governo Local, recentemente aprovado, e para avaliar as operações que cairiam no âmbito das regulamentações financeiras e contábeis do governo.

Após uma série de análises institucionais, pesquisas e consultas com interessados de todos os níveis, o plano piloto foi aprovado em 1997. As consultas consistiram em examinar as práticas vigentes até então e os métodos e sistemas de implementação alternativos, ao mesmo tempo que seu caráter participativo difundia a compreensão e promovia a apropriação dos objetivos do projeto entre os governos e as comunidades locais. Entretanto, o governo, o UNCDF e o Banco Mundial iniciaram conversas sobre a iniciativa, em que esta última entidade expressou seu interesse em apoiar o projeto, assim como o desejo prévio de rever o plano piloto antes de assumir qualquer compromisso neste sentido.

Consistente com as provisões da Constituição de Uganda (1995) e com o Ato do Governo Local, o PDD propunha formas de melhorar o planejamento do desenvolvimento e a elaboração de orçamentos em sete distritos, concentrando-se no planejamento participativo, na alocação e no manejo dos recursos de desenvolvimento para a prestação de serviços e a infra-estrutura. Quatro elementos-chave diferenciavam o projeto de outras iniciativas similares:

- Um sistema vinculando o planejamento participativo e o orçamento.
- Um fundo de desenvolvimento discricionário para os governos locais usarem em processos de planejamento, baseado em uma fórmula combinada de atribuições.
- Desembolso de fundos sujeito a condições mínimas e à medição do desemprego, com sanções pelo não-cumprimento das exigências e gratificações por alcançar ou exceder os níveis de cumprimento esperados.
- Um fundo de desenvolvimento de capacidades para apoiar a aprendizagem relacionada com processos descentralizados de governo local.

O PDD testou como cada um desses elementos contribuía mais efetivamente para o planejamento descentralizado e o manejo financeiro. Revisões internas anuais aproximaram o governo central e os locais, os políticos e os líderes comunitários. Eles acumularam informações sobre as experiências e os problemas, valorizaram o planejamento e a relevância dos projetos de acordo com os regulamentos e os procedimentos do governo, e efetuaram os ajustes necessários nos programas.

As avaliações do programa piloto do PDD foram em geral positivas, e o UNCDF esteve trabalhando com outras iniciativas para replicar o modelo com outros 51 governos locais, incluindo os das áreas urbanas. Alguns deles contam com o apoio do Banco Mundial e do DFID.

A segunda fase, que foi posta em andamento em 2002, está sendo consolidada sobre a base da experiência adquirida mediante atividades que harmonizam as diversas metodologias de planejamento participativo e elaboração orçamentária que ainda são usadas no âmbito distrital: identificam-se as formas de incrementar a geração de ingressos no âmbito local sem penalizar os pobres; explora-se a elaboração orçamentária com orientação de gênero para avaliar o impacto do gasto público com homens e mulheres; e se está consolidando a capacidade das cortes distritais para administrar justiça em áreas que são fundamentais para as mulheres e para os grupos marginalizados.

O processo desenvolveu-se de um plano piloto assistido para uma unidade de manejo de programa e, daí, para uma iniciativa governamental com uma unidade de coordenação própria e uma assistência técnica dependente da demanda. O próximo passo será uma administração abrangente do governo, com apoio técnico quando necessário.

O PDD conseguiu obter alguns resultados importantes em matéria de desenvolvimento de capacidades, começando por sua formulação de sistemas de planejamento e finanças descentralizados que têm ajudado a fortalecer as comunidades para assumir um maior controle sobre a designação dos recursos de desenvolvimento. Também mostrou novas formas de promover a transparência e a prestação de contas, assim como de estimular um diálogo mais aberto entre os governos locais e as comunidades.

Em termos de impacto político, o PDD ofereceu um modelo para transferir as subvenções ao desenvolvimento para os governos locais, o que constitui a base da recém-aprovada Estratégia de Descentralização Fiscal. Também desenvolveu sistemas e procedimentos que foram adotados pelo governo como políticas próprias, o que conduziu a modificações legislativas e da estrutura de regulamentações.

Com relação à replicação por parte dos doadores, o Programa de Desenvolvimento de Governos Locais do Banco Mundial (fases I e II) absorveu todos os principais aspectos da abordagem do PDD, incluindo estratégias de alocação, planejamento, metodologias de investimento e o fundo de desenvolvimento de capacidades. A segunda fase estenderá ainda mais para todo o país o incremento de ingressos locais, a partir das lições aprendidas com a segunda parte do PDD. Do mesmo modo, a metodologia do PDD para avaliar o desempenho do governo local foi assumida pelo governo central como o enfoque a ser seguido em todos os distritos, com o apoio dos doadores.

De um modo geral, o PDD contribuiu para orientar o governo central em seu novo papel de interação direta com os governos locais e gerou uma atitude de compromisso e apoio político para os governos locais.

Resultados e fatores críticos

O impacto positivo do PDD sobre a descentralização de Uganda tem sua origem nos seguintes fatores:

- A visão clara do governo ao delegar poder e se comprometer a implementar a política de descentralização.
- A disposição do governo para tirar partido da experiência das organizações internacionais para experimentar diferentes enfoques como base para os sistemas nacionais.
- Um processo de planejamento de projeto que incluiu consultas exaustivas com os diferentes interessados, e que ganhou apoio com respeito aos objetivos propostos, seguido de um enfoque de processo consultivo que aumentou o sentido de responsabilidade e colocou a tomada de decisões entre as prioridades do processo de descentralização.
- Diálogo e colaboração permanentes entre as agências financiadoras, o que conduziu a replicar a experiência do PDD em todo o país.
- A introdução de um sistema que vincula o apoio ao desenvolvimento de capacidades com o desempenho, que ofereceu aos governos locais frágeis um mecanismo para melhorar suas operações e realizar um registro da prestação de serviços.

Outras informações

PORTER, D.; ONYACH-OLAA, M. 1999. "Inclusive Planning and Allocation for Rural Services". In *Development in Practice 9* (1-2): 56-67 (www.uncdf.org/local_governance/reports/risks/background/03.html).

KULLENBERG, L.; PORTER, D. 1998. *Accountability in Decentralized Planning and Financing for Rural Services in uganda.* Entwicklung und Ländlicher Raum (www.uncdf.org/english/about_uncdf/corporate_policy_papers/taking_risks/background_papers/03.html).

Fundo das Nações Unidas para Desenvolvimento do Capital (UNCDF). 1998. *Taking Risks*. Nova York: UNCDF (www.gmunccd.org/FIELD/Multi?UNCDF/UNCDFtaking.pdf)

Fundo das Nações Unidas para Desenvolvimento do Capital (UNCDF). 2001a. *Mid-term Evaluation of DDP* (www.uncdf.org/english/consultants/impact/uga_eval.pdf).Fundo das Nações Unidas para Desenvolvimento do Capital (UNCDF). 2001b. Project Concept Paper DDP 2.

Fundo das Nações Unidas para Desenvolvimento do Capital (UNCDF). 2002. *Project Document: DDP 2*.

Fundo das Nações Unidas para Desenvolvimento do Capital (UNCDF) e Governo de Uganda. 1998 e 1999. *Internal Reviews of DDP*.

Fundo das Nações Unidas para Desenvolvimento do Capital (UNCDF) de Uganda (www.uncdf.org/english/countries/uganda/index.html).

Os autores agradecem as colaborações de Joyce Stanley e Hitomi Komatsu, UNCDF.

➲ VENEZUELA
INDÚSTRIA PETROLEIRA PROSPERA, ASSIM COMO CAPACIDADES
NACIONAIS QUE A IMPULSIONAM

Em poucas palavras

Durante as duas últimas décadas, a Venezuela desenvolveu seu setor petroleiro, que a princípio dependia enormemente da assessoria estrangeira, até convertê-lo em um importante protagonista energético mundial, com níveis crescentes de participação endógena. Isto ocorreu graças a uma combinação de prudentes decisões políticas e estratégias efetivas de manejo empresarial .

O desenvolvimento de capacidades tem sido espetacular no subsetor de engenharia e construção petroleiras, e tem se valido de operações de risco compartilhado e do desenvolvimento das capacidades técnicas. O resultado para a Venezuela é um setor competitivo de energia e construção, com aumento na participação do total de horas contratadas em serviços de engenharia da companhia petroleira estatal que vai de 10%o, no início da década de 1980, a 90% atualmente.

A história

A Venezuela é um dos principais protagonistas do mercado energético mundial. Possui reservas de 77,8 bilhões de barris de petróleo e 148,3 trilhões de pés cúbicos de reservas de gás. Tem a capacidade diária para produzir 4 milhões de barris, refinar 3,3 milhões de barris e exportar 2,8 milhões de barris, e pode produzir oito milhões de toneladas de petroquímicos por ano. Em 2001, os gastos de capital anuais no setor petroleiro foram em torno de oito bilhões de dólares.

A Petróleos da Venezuela S.A. (PDVSA), a companhia petroleira estatal, foi criada em 1976 depois da nacionalização da indústria petroleira. Atualmente, é importante corporação energética mundial, que negocia com petróleo, gás e carvão, assim como com químicos e petroquímicos. Para conseguir este êxito foi importante a adoção de políticas adequadas e estratégias sólidas de manejo empresarial, enquanto os níveis constantes de investimento público e privado deram lugar a companhias privadas fortes e competitivas em todo o setor energético.

Atualmente, a estratégia da PDVSA consiste não só em desenvolver provedores competitivos, mas também em consolidar um grupo energético eficiente, no qual os operadores e provedores, instituições, universidades, centros de tecnologia e repartições de governo interagem e contribuem para o crescimento econômico sustentável. Todas as iniciativas relacionadas a isto estão sendo integradas no Programa de Desenvolvimento do Capital Doméstico.

Uma boa ilustração sobre a forma pela qual esta política empresarial rende frutos é a que oferecem os setores de engenharia e construções relacionados com o petróleo. Antes da intervenção da PDVSA, os operadores da indústria petroleira usavam principalmente produtos e serviços importados. As companhias de engenharia existentes eram pequenas e se ocupavam sobretudo de obras civis como a construção de edifícios, estradas e pontes. As consultorias concentravam-se em áreas como engenharia de solos, análise estrutural e geologia básica. A experiência no manejo de projetos era mínima.

O Programa de Desenvolvimento em Engenharia, Consultoria e Manejo de Projetos foi então estabelecido para desenvolver os conhecimentos técnicos da Venezuela neste campo. O plano da PDVSA consistia em promover associações e *joint ventures* em todos os seus níveis de operação, implementando uma "exigência de desempenho" no processo de contratação. Este era muito honesto. Estimulavam-se as companhias estrangeiras a se associar a companhias venezuelanas já existentes e, neste processo, eram desenvolvidas ações de transferência tecnológica e capacitação de pessoal em áreas chaves, como as de design e sistemas de controle de projetos, manejo de projetos complexos, engenharia integrada, projetos de aprovisionamento e construção e manejo de tecnologia especializada.

A PDVSA também estabeleceu práticas complementares de contratação que permitiram o desenvolvimento de capacidades. Entre estas, houve algumas que permitiam a diferenciação de projetos segundo a escala e as competências dos operadores e a implementação de custos reembolsáveis e comissões, projetados para superar as limitações das companhias locais nas áreas de recursos financeiros, competência e escala.

Trabalhando junto com firmas estrangeiras, as companhias venezuelanas puderam incorporar melhores padrões e práticas de engenharia, treinar seu pessoal-chave, implementar sistemas apropriados de design e de controle de projetos e estabelecer um sistema compartilhado de manejo das decisões. Para as companhias estrangeiras, este enfoque se acomodava ao modelo empresarial estratégico para superar as barreiras de acesso nos mercados emergentes. Associar-se a uma companhia local ajudava a reduzir os obstáculos naturais da língua e da cultura e facilitava a negociação no terreno das leis e das regulamentações nacionais.

Em poucos anos, as firmas locais alcançaram níveis significativos de participação no número total de horas de engenharia contratadas pela PDVSA. Desde 1986 os níveis de participação têm estado sempre acima de 70%. Durante os anos em que foram empreendidos projetos muito complexos de refinamento, embora a participação relativa das firmas locais tenha decaído, suas capacidades foram quase totalmente absorvidas. Atualmente, a associação e o risco compartilhado continuam sendo prática comum de contratação na PDVSA.

Resultados e fatores críticos

A Venezuela consolidou com êxito as capacidades autóctones no setor petroleiro ao se concentrar nos subsetores-chave de engenharia e construção. Isto impulsionou o nível geral de eficiência, enquanto os avanços em termos de capacidade fizeram que as companhias se convertessem em algo mais que provedoras e operadoras, e continuaram até desenvolver novas oportunidades como operadores ou investidores em associação com a PDVSA. Por sua vez, o crescimento da indústria do petróleo trouxe benefícios à economia pela geração de emprego e de ingressos na área das exportações não tradicionais.

- Várias decisões, tomadas em uma estrutura política abrangente e coerente, corroboram o sucesso da Venezuela, entre elas as exigências de desempenho para as firmas estrangeiras. Tanto as políticas industriais quanto as comerciais referiam-se a questões importantes como a necessidade de apoiar a tecnologia e a inovação, o desenvolvimento de uma rede de pequenas e médias empresas, práticas de contratação surpreendentes, e a preservação do espaço para políticas ativas em matéria de negociações comerciais.
- Na esfera corporativa, houve um alto grau de compromisso desde os mais altos escalões da PDVSA. O enfoque de manejo de projetos dava igual importância à análise, ao design, à implementação, ao monitoramento e à avaliação.
- O papel da PDVSA no campo da responsabilidade social empresarial e do desenvolvimento sustentável tem sido fundamental: em 25 anos de existência, ela realizou esforços que se traduziram em iniciativas como programas de controle de qualidade e de desenvolvimento de provedores, promoção do risco compartilhado e de exportações em atividades energéticas de base ou não, e a promoção de investimento estrangeiro direto em áreas de baixo nível de industrialização.

Outras informações

Petróleos de Venezuela, S.A. (PDVSA) (www.pdvsa.com.ve; www.pdvsa.com).

BETANCOURT, R. 179. *Venezuela: Oil and Politics*. Boston: Houghton Mifflin Company.

BLACK, J.; NEEDLER, M. *The Latin American Oil Exporters and the U.S.*, Capítulo 3.

GRAY, W. H. 1982. *Venezuela, Uncle Sam and OPEC*. Smithtown, Nova York: Exposition Press.

História do petróleo na Venezuela (www.matersalvatoris.org/petroleo/temas/historia/).

Evolução histórica da economia petroleira venezuelana (www.geocities.com/unilatinasiglo21/Principalunion_pensamiento/articulos_pensamiento/historia-petr.html).

Alexander's Gas and Oil Connections. News and Trends: Latin America, 6(12) (www.gasandoil.com/goc/news/ntl12749.htm).

Bibliografia da história petroleira venezuelana (www.la.utexas.edu/chenry/mena/bibs/oil/1996/0070.htmal).

Os autores agradecem as colaborações de César Hernández e do dr. Werner Corrales, do Grupo de Desenvolvimento do Capital Doméstico, PDVSA.

CASOS REGIONAIS E MUNDIAIS

⊃ ÁFRICA
AFRIQUE EN CRÉATION APÓIA EXPRESSÃO E INTERCÂMBIO CULTURAL

Em poucas palavras

Apoiar e alimentar a criatividade, promover os artistas, encorajar novos talentos e estéticas inovadoras, fortalecer e agrupar as organizações culturais: estes são os objetivos do programa *Afrique en création*, lançado pelo Ministério das Relações Exteriores da França pela Associação Francesa para a Ação Artística (AFAA). O programa apóia o treinamento profissional dos talentos artísticos da África nas artes cênicas e visuais, e assim fazendo ajuda a fortalecer as ricas culturas deste continente.

Ao contribuir para melhor conhecimento da criatividade africana, pavimentar o caminho para intercâmbios artísticos na África e com os países do norte e reunir as iniciativas civis neste campo, o *Afrique en création* enfatiza as contribuições da África para o intercâmbio cultural mundial. Além disso, reconhece a cultura como importante meio de comunicação entre as pessoas que contribuem para o processo global de desenvolvimento e têm o potencial para desempenhar um papel importante na melhora da educação e na redução da pobreza.

A história

A atividade cultural e artística eclodiu na África e agora está se disseminando para o cenário mundial por meio da presença crescente de artistas africanos nos eventos internacionais. Embora firmemente enraizados em sua herança cultural, esses artistas estão explorando avidamente novos caminhos de criatividade e voltando seu olhar para o público internacional.

A iniciativa *Afrique en création* impulsionou essa evolução, ajudando a desenvolver uma visão e uma agenda para promover as artes e a cultura contemporânea, em especial nas esferas nacional e regional. Um foro internacional que teve lugar em 1990 reuniu várias centenas de artistas e representantes culturais para mapear o futuro do desenvolvimento cultural e definir o papel que essa cooperação cultural pode desempenhar.

Na década seguinte, os artistas redefiniram sua posição na sociedade africana moderna, quando progressivamente romperam sua dependência do Estado e dos círculos políticos. Os novos artistas jovens começaram a se ver como "empresários", oferecendo nova forma de expressão social e desempenhando um papel mais direto em prol do desenvolvimento.

A iniciativa visa a profissionalizar as artes apoiando a criatividade e o desenvolvimento da expressão cultural, oferecendo oportunidades para os artistas africanos participarem de eventos internacionais importantes e proporcionando exposição a novas técnicas e métodos de produção. O programa tem-se concentrado na criação de uma rede de organizações culturais africanas, na profissionalização de companhias artísticas africanas, no patrocínio de eventos artísticos na África e no aperfeiçoamento das habilidades de artistas e empresários culturais.

Mas, ao alcançar a autonomia e a liberdade de expressão, os artistas perderam muitas formas tradicionais de apoio. Atualmente, precisam criar formas inovadoras de se manter, mesmo em meio a uma realidade econômica difícil e a uma ausência de política encorajadora e estruturas legais. Por isso, a assistência financeira e técnica continua a ser fundamental para melhorar seu desenvolvimento. Em 2001, um programa *Afrique en création* atualizado e reformulado, implementado pelo Ministério das Relações Exteriores por intermédio da AFAA, foi lançado tendo isso em mente. Uma das principais fontes de financiamento foi o Fundo de Solidariedade Prioritária (FSP) do governo francês, cujas contribuições somaram cerca de dois milhões de dólares.

Resultados e fatores críticos

Segundo recente avaliação, *Afrique en création* está ajudando a elevar o status de projetos de cooperação cultural e artística. A promoção de produções artísticas, os próprios artistas e as organizações culturais aumentaram incrivelmente.

Um total de 184 atividades ocorreram em pelo menos 25 países, ao mesmo tempo que muitos artistas e empresários culturais apresentaram seus trabalhos em todo o continente africano e também na Europa, especialmente na França. Realizações importantes incluem a organização de eventos em Banako e Antananarivo, o reconhecimento internacional do dinamismo criativo das artes visuais africanas e a formação da rede informal de organizações culturais, que complementou o apoio direto proporcionado a muitas agências culturais e artistas. O programa também deu visibilidade, credibilidade e oportunidades a muitas organizações culturais até então desconhecidas.

Fatores que contribuíram para o sucesso de *Afrique en création* incluem:

- Diálogo contínuo e estreito entre a equipe do projeto e os parceiros africanos ajudou a garantir a relevância da ajuda. Ao mesmo tempo que promove apoio técnico e financeiro, o programa tem enfatizado a importância de consolidar as capacidades existentes, as redes e as fontes de informação. Tem mobilizado os especialistas locais para proporcionar treinamento e apoio, assim como para ajudar em eventos importantes. Isto tem garantido que o apoio permaneça enraizado na experiência local e adaptado às realidades locais.
- Diversas estratégias de intervenção têm sido empregadas para estimular o setor, variando desde apoio financeiro em pequena escala para artistas individuais e companhias até a organização de eventos internacionais. Ajuda desta natureza deve ser encarada como um processo de longo prazo que requer acordos de longo prazo e financiamento flexível.
- Também estimulou-se o apoio complementar: para cada euro gasto do FSP era levantado 1,36 adicional. Além disso, os parceiros locais foram encorajados a diversificar suas parcerias financeiras com outras organizações do Norte. Mais

esforço é necessário para construir sinergia entre os financistas do Norte para racionalizar e otimizar as fontes de ajuda disponíveis.

- Também poderia ser feito mais para envolver as instituições formais de alcance nacional e local que podem influir no desenvolvimento de longo prazo e na sustentabilidade das artes em termos de acesso ao financiamento, assim como da promoção de interesse público e apoio mais amplos.

Outras informações

Afrique en création (www.afaa.asso.fr/site_aec?index.php).

Vários artigos sobre *Afrique en création* incluídos na revista da AFAA, *Rezo International*, 8 e outros números (www.afaa.asso.fr/site/part_3_ress/pdf_rezo/rezo-no-8.pdf).

Os autores agradecem as contribuições de Valérie Thfoin, da Association française d'action artistique (AFAA) e do Departamento de Cooperação Cultural e Avaliação do Ministério de Relações Exteriores da França.

● ÁFRICA
CRESCIMENTO DO SETOR PRIVADO COMEÇA COM MELHORES ADMINISTRADORES

Em poucas palavras

Em 1989 foi criado o Projeto Africano de Serviços de Capacitação e Administração para consolidar a capacidade de administração do setor privado da África. O esquema que foi posto em andamento era relativamente complicado e deu lugar à criação de uma companhia de responsabilidade limitada para implementar o projeto e a uma fundação para mobilizar e prover fundos. Com o apoio de instituições multilaterais de desenvolvimento, de doadores bilaterais e do setor privado, a iniciativa até agora respaldou administradores experientes e estabeleceu programas de treinamento e de desenvolvimento administrativo para mais de 225 companhias de 25 países africanos.

A princípio, o projeto encontrou dificuldades para convencer seus potenciais clientes da utilidade econômica dos serviços que prestava, embora as avaliações recentes sugiram que os clientes estão satisfeitos, e muitos afirmem que puderam melhorar suas práticas operativas e de manejo.

A história

A África Subsaariana continua sendo uma das fronteiras mundiais em matéria de desenvolvimento econômico e redução da pobreza. Nas últimas décadas, vários estudos de investigação, assim como conferências internacionais e regionais, coincidiram em identificar a capacidade deficiente de gestão e gerência como o desafio mais crítico nessa região. Os especialistas argumentam que, como não se conta com as capacidades adequadas, não se poderá melhorar o desempenho econômico.

Respondendo a este desafio, o PNUD, com outras agências multilaterais e instituições financeiras de desenvolvimento, pôs em marcha o Projeto Africano de Serviços de Treinamento e Administração, cujo principal objetivo é consolidar a capacidade de gestão, gerência e administração a fim de melhorar o desempenho do setor privado.

A arquitetura relativamente complexa do projeto reuniu o PNUD e suas missões residentes, os governos participantes, as instituições financeiras de desenvolvimento e as companhias multinacionais. Assim surgiu uma associação público-privada de propósito duplo: operar como entidade comercial e ser um instrumento para o desenvolvimento do setor privado.

Por convite do governo da Holanda, em 1989 foi formada a Companhia Africana de Serviços de Administração (African Management Services Company – AMSCO), como entidade de responsabilidade limitada a cargo da implementação do projeto e sob a execução da Corporação Internacional de Finanças (International Finance Corporation – IFC). A IFC, o Banco Africano de Desenvolvimento e as instituições financeiras de desenvolvimento de sete países doadores converteram-se em acionistas, assim como 53 companhias internacionais privadas.

Paralelamente foi criada a função Stichting ATMS, sob regulamentações legais holandesas, com o objetivo de resguardar os fundos dos doadores e prestar subvenções às companhias clientes para que estas possam cobrir em parte o custo dos serviços comerciais da AMSCO. A fundação, que, como a AMSCO, conta com um conselho diretor próprio, é atualmente mantida pelo PNUD, pelo Banco Mundial, pelo Banco Africano de Desenvolvimento e por onze países doadores.

Atualmente, a assistência dos doadores constitui entre 15-20% dos ingressos da AMSCO; os clientes contribuem com o restante. A Holanda e os países africanos em que a AMSCO opera proporcionam isenção de impostos para o pessoal da companhia, incluindo os administradores da AMSCO designados para as firmas clientes. Embora Amsterdã continue sendo a sede da companhia, as operações estão sendo paulatinamente transferidas para a África, e há escritórios regionais em Abidjã, Accra, Harare e Nairóbi. Há também um escritório nacional em Lagos e se planeja instalar um escritório central africano em Johannesburgo.

Para preencher a lacuna de administração existente na África é preciso uma intervenção prática imediata, assim como capacitação e aperfeiçoamento. E, para intervir nas companhias privadas e de propriedade do Estado, e a fim de encorajá-las a treinar e desenvolver sua equipe, deve haver um incentivo comercial adequado. De início, foi difícil para a AMSCO, que não tinha nenhuma referência anterior, convencer as companhias africanas a se interessar por seus serviços.

Foi necessário realizar várias experiências e dispor de milhões de dólares do financiamento dos doadores para chegar a cobrir os custos de contar com administradores experientes e organizar as atividades de capacitação e aperfeiçoamento. O projeto tinha de assegurar que os riscos e as responsabilidades de seus financiadores continuariam sendo limitados, e mais adiante aprendeu a avaliar as experiências dos clientes e a negociar para lhes oferecer o apoio adequado. Tinha de oferecer e possibilitar melhor desempenho, melhora da qualidade e condução aprimorada, mantendo a meta de aumentar a viabilidade das companhias clientes e de torná-las mais competitivas no âmbito internacional.

Para isto, a AMSCO começou a trabalhar com administradores experientes e com outros especialistas por períodos de dois, três e às vezes cinco anos. Os clientes pagam a maior parte dos custos associados, e aqueles que não podem absorver o montante – particularmente as pequenas e médias empresas, que chegam a constituir 70% do total – podem recorrer à ajuda dos doadores.

Embora os especialistas atuem como diretores e estejam a cargo das operações de suas respectivas companhias, alguns deles incursionam em cargos funcionais como administradores técnicos e operativos, diretores financeiros, especialistas em controle de qualidade etc. Embora sua lealdade se concentre nas companhias a que servem, a AMSCO monitora o desempenho dos administradores cotejando-o com os planos comerciais ou operativos de cada empresa.

Os administradores da AMSCO também participam do programa de capacitação e de aperfeiçoamento do pessoal, incluindo a determinação de necessidades, a preparação e implementação do plano e a avaliação das atividades. Com o tempo, pôde-se expandir o treinamento para outras companhias com necessidades similares.

A AMSCO também experimentou modelos de desenvolvimento. Um deles é o *temps partage* (tempo compartilhado), a designação de um administrador para mais de uma companhia, que compartilham tanto o tempo de trabalho quanto os custos do especialista. Os administradores também envolvem-se na melhora administrativa e na atuação dos conselhos de diretores, podendo atuar como diretores não-executivos de uma terceira ou quarta companhia.

Para facilitar a comunicação comercial, o trabalho em rede e o intercâmbio de idéias, são organizados regularmente eventos regionais e sub-regionais para administradores e executivos das companhias clientes. Algumas destas se beneficiaram do simples conhecimento do que foi posto em prática em outras partes da África.

Resultados e fatores críticos

- Apesar de seu início lento e de perdas iniciais substanciais, as atividades da AMSCO e sua cobertura de mercado expandiram-se desde meados da década de 1990 e superaram as metas estabelecidas pelos patrocinadores. O programa operou em 25 países africanos, atendendo a cerca de 225 clientes e capacitando cerca de quatro mil pessoas.
- Avaliadores independentes determinaram que a lógica da AMSCO continua sendo válida: a África ainda precisa de gerentes e administradores experimentados, qualificados e bem capacitados. A maioria dos clientes da AMSCO está satisfeita com os serviços recebidos, que consideram relevantes para suas necessidades de desenvolvimento em mais da metade dos casos.
- O projeto permitiu que muitas companhias melhorassem suas práticas de administração e operativas graças à maior motivação, às destrezas recém-adquiridas e às mudanças na condução. As vendas e os lucros aumentaram, superando os custos em que os clientes incorreram e os subsídios dos doadores. Ao observar este desempenho melhorado, os competidores das empresas assistidas pela AMSCO também contataram a companhia para solicitar apoio administrativo.
- Apesar destas realizações, a sustentabilidade da AMSCO não está assegurada. Suas atividades comerciais ainda não estão adequadamente cotizadas porque muitos clientes atuais ou potenciais não podem ou não querem pagar os custos totais. Muitos ainda consideram a AMSCO uma instituição de doadores que chega com subvenções e concessões. Mas esta dependência não pode ser mantida indefinidamente.
- Manter a associação público-privada continua sendo fundamental. Também são essenciais as práticas apropriadas de direção empresarial, se é que se deseja proteger os direitos e os interesses de todos os envolvidos. É necessário intensificar o volume das vozes africanas que conduzem o projeto, e devem ser renovados os esforços para que mais representantes do setor privado da África participem e adaptem este conceito ao contexto deste continente ou para estimular o apoio ao desenvolvimento comercial autóctone.

Outras informações

DFC Ltd. 2003. *Evaluation of the African Management Services Company*. Londres: DFC Ltd. (www.ifc.org/oeg/publications/Studies/AMSCO_Evaluation_Report03.01.15.Rev.pdf).

Normal Internacional. 1998. *AMSCO Impact Study*.

PLS Consult. 1999. *AMSCO Review Report*. Para a Agência Dinamarquesa de Assistência ao Desenvolvimento (Danida).

Companhia Africana de Serviços de Administração (AMSCO) (www.amsco.org.).

Os autores agradecem as contribuições de Charles A. Minor, da AMSCO.

➲ ÁFRICA OCIDENTAL:
PESQUISA EM AÇÃO ENSINA A RESOLVER PROBLEMAS NO TRABALHO

Em poucas palavras

Em muitos países em desenvolvimento, a saturação dos serviços sociais e de saúde constitui realidade cotidiana que coloca o pessoal destas áreas diante de um problema aparentemente insolúvel. Embora muitos destes países contribuam com valiosos conhecimentos e habilidades, com freqüência carecem do encorajamento para abordar com confiança e efetividade os problemas que os afetam. A investigação na ação oferece uma saída para este problema, porque consegue extrair os conhecimentos existentes para depois criar as respostas adequadas a cada desafio, com todos os interessados.

Desde 1991, o Centro Internacional de Formação em Investigação na Ação (Centre International de Formation en Recherche Action – Cifra), em Burkina Fasso, conduz cursos de treinamento de investigação na ação para profissionais de saúde e trabalhadores sociais na África Ocidental. Os participantes adquirem maior capacitação para analisar os problemas de cada dia e resolvê-los com poucos recursos. Muitos deles têm reconhecido a efetividade deste enfoque.

A história

Com o objetivo de fortalecer as capacidades dos sistemas distritais de saúde, os doadores com freqüência financiam cursos de curto prazo para aperfeiçoar as habilidades dos funcionários dos serviços de saúde de primeira linha e das estruturas de apoio. Este tipo de treinamento tornou-se uma espécie de sistema de recompensa e pode ser efetivo. Não obstante, freqüentemente permanece uma lacuna entre seu conteúdo e as realidades no terreno: as equipes de saúde precisam lidar com problemas que são com freqüência específicos do local de onde provêm, e pouca pesquisa está disponível sobre a maneira de resolvê-los.

Muitas vezes estes problemas parecem esmagadores, desalentando até mesmo os funcionários mais esforçados da área da saúde. Em outros casos, apesar de contar com habilidades bem desenvolvidas e considerável conhecimento sobre as pessoas que atende, o pessoal luta para usar seus conhecimentos de forma proativa. Enfatizam-se muito pouco as técnicas de solução de problemas e não há estímulos para melhorar as condições de trabalho.

É aqui que surge a investigação na ação, porque sua essência é investigar seu próprio ambiente de trabalho e depois desenvolver e implementar as soluções mais adequadas para os problemas identificados. Ensina habilidades que podem ser aplicadas em muitas situações diferentes e podem ajudar o desenvolvimento contínuo do sistema. Concentra-se antes nas equipes profissionais do que nos indivíduos, lida com as necessidades de capacitação destas equipes em seus próprios ambientes e ajuda atores, como os profissionais de saúde, a resolver os problemas com os interessados.

O Cifra promoveu a investigação na ação em Burkina Fasso como parte de um projeto supra-regional. Desde 1991 tem desenvolvido cursos de capacitação para trabalhadores sociais e profissionais de saúde – pessoal administrativo, médicos, assessores, enfermeiras e obstetrizes – a fim de dotá-los das habilidades necessárias para analisar e resolver os problemas que enfrentam no local de trabalho. Cada ano é realizado um encontro internacional de treinamento em Burkina Fasso, que inclui um curso básico, um segmento de estudos práticos e um seminário de avaliação:

- O *curso básico* apresenta a metodologia de investigação na ação. Ensina técnicas de análises de situações e de problemas e os participantes se aprofundam nas soluções apropriadas para seu ambiente de trabalho. Aprende-se a teoria de métodos de investigação na ação, como entrevistas, observação e focalização nas discussões de grupo, e depois elas são postas em prática em estudos de caso.
- Durante o posterior *segmento de estudos práticos*, os participantes levam a cabo um estudo independente de investigação na ação em seu lugar de trabalho, que esteja relacionado com um problema concreto que enfrentam cotidianamente. Com seus colegas, clientes e os responsáveis pelas tomadas de decisão, analisam o caso, idealizam soluções e identificam as ações mais adequadas, executando-as.
- Finalmente, os participantes apresentam os resultados de seu estudo em um *seminário de avaliação*. Examinam em conjunto as experiências práticas e se preparam para implementar suas conclusões.

Desde que o Cifra começou a capacitar a investigação na ação, são muitos os participantes que se graduaram no programa, entre eles muitos trabalhadores dos serviços de saúde urbanos e rurais de Togo, assim como de algumas ONGs. Quando a GTZ cooperou com um grupo de encarregados de projetos de saúde para explorar o impacto amplo deste programa, descobriu que os graduados eram muito efetivos em seus locais de trabalho. Conseguiu-se configurar um esquema que incluía a capacitação de treinadores em cursos internacionais e cursos regionais de seguimento no país. Nos cursos internacionais de 1999 e 2000 participaram dois membros experimentados das equipes regionais de manejo de saúde de Sokode (na região central) e Lome (cidade capital).

Seus segmentos de estudos práticos foram conduzidos por membros das equipes regionais de manejo da saúde, e se concentraram nos problemas que estes haviam identificado em seus planos anuais de ação. Depois foram discutidos os resultados durante um exercício posterior de planejamento e mais tarde estes foram apresentados à unidade de investigação da faculdade de Medicina da Universidade de Lome. Os capacitadores também organizaram um curso para trinta participantes: dois membros de cada uma das equipes distritais de saúde (quatro da região central e cinco de Lome), as duas equipes regionais de saúde e membros de algumas ONGs que colaboram com estes grupos.

Resultados e fatores críticos

- Em Burkina Fasso foram organizados até o momento onze cursos supra-regionais, com mais de 450 participantes de catorze países da África Ocidental e

Central, Maghreb e Europa. Também foram realizados alguns cursos regionais nesta cidade, assim como em Benin, Chade, Guiné, Mali e Togo, para mais de 250 participantes. Desde meados de 2001, os cursos também são ministrados em países de língua inglesa.

- Segundo os instrutores, a participação nos cursos é acima da média. Os alunos são extremamente motivados porque os cursos lhes oferecem a oportunidade de influir sobre seu trabalho. Os investigadores na ação mostram-se muito orgulhosos das distinções recebidas pelos estudos de 1997, 1998, 2000 e 2001 nas Jornadas Científicas de Houet (Bobo Dioulasso, Burkina Fasso).
- A avaliação de avanço de projeto de 1997 descobriu que, depois de receber treinamento, os participantes têm maiores probabilidades de analisar e de resolver objetivamente os problemas, muitas vezes com recursos escassos. Muitos deles ficam ainda mais motivados, desenvolvem suas próprias iniciativas e chegam a desempenhar funções administrativas mesmo em circunstâncias difíceis.
- Uma avaliação de impacto de 2001 concluiu que três de cada quatro participantes de Burkina Fasso e Togo chegavam a implementar pelo menos uma das ações identificadas durante seu treinamento. Aproximadamente a metade dessas ações resultava efetiva. Dois de cada dez participantes integravam o modelo de investigação na ação em seu trabalho diário e haviam chegado a usá-lo pelo menos pela segunda vez para a resolução de problemas.
- Um elemento fundamental na experiência de Togo foi a falta de transmissão do conhecimento adquirido a outros membros da equipe distrital de saúde. Isto foi contrabalançado pelo fato de que uma massa crítica de dois membros (de cinco ou seis) das equipes de manejo de saúde distrital e regional foi treinada. Como resultado, o novo conhecimento foi usado para preparar o plano nacional de desenvolvimento da saúde. Isto aconteceu de uma forma invertida, ou seja, a partir da base dos planos distritais e regionais de desenvolvimento da saúde, com uma boa atuação dos membros treinados da equipe, que agora tinham maior capacidade de tomada de decisão.
- Todos os participantes reconheceram que o curso influiu em seu modo de enfrentar a carga de trabalho e os problemas de cada dia. Isto era muito evidente em Togo, onde ao que parece se incluía a estabilidade da equipe de trabalho e seus altos padrões profissionais e éticos como um dos fatores de êxito.

Outras informações

Assistência Técnica Alemã (GTZ). *Action Research: A Robust Hands-on Approach* (www.gtz.de/action-research/english/intro/intro.html).

Lista de projetos executados no contexto do Curso de Investigação na Ação na área de Saúde, do Centro Internacional de Formação em investigação na Ação (Cifra) (www2.fhs.usyd.edu.au/arow//cifra/projects1.htm).

Panorama geral do Centro Internacional de Formação em Investigação na ação (Cifra), Curso de Treinamento em Investigação na Ação (www.shared-global.org/projectsummary.asp?Kennumer= 4689).

Os autores agradecem as contribuições do pessoal do projeto setorial supra-regional da FTZ Promoção da Saúde Reprodutiva em Grupos Populacionais de Difícil Acesso.

➲ ÁFRICA OCIDENTAL
COOPERAÇÃO SUL–SUL FACILITA CULTIVO DE NOVO
TIPO DE ARROZ

Em poucas palavras

A idéia de um desenvolvimento de capacidades envolvendo a transferência de tecnologia de recursos e pessoal de Sul para Sul não é nova. Entretanto, é cada vez mais mencionada como alternativa para os modelos convencionais de cooperação técnica, em que o desequilíbrio de recursos entre o Norte e o Sul se acentua ainda mais pela assimetria do conhecimento científico moderno. O caso que se segue ilustra como se levou a cabo o desenvolvimento de capacidades por transferências e cooperação entre países asiáticos e africanos, processo em que os doadores desempenharam um papel facilitador, e não de supervisão.

A experiência envolveu o cultivo associado de arroz africano e asiático para produzir uma variedade de alto rendimento e alto valor protéico, que cresce bem nos difíceis ecossistemas da África. Uma organização abrangente de dezessete países africanos desempenhou um papel fundamental, supervisionando os aspectos técnicos, sociais e comerciais e manejando a assistência das transnacionais. Doadores, institutos de investigação, fundações privadas e universidades trabalharam juntos para se assegurar de que essa nova variedade de arroz fosse amplamente aceita.

A história

Os agricultores pobres da África Ocidental não participaram da Revolução Verde, que mudou a vida de seus homólogos da Ásia. As variedades de arroz de alto rendimento, fundamentais para o salto da Ásia para a segurança alimentar, demandavam insumos externos não disponíveis na África Ocidental, como os fertilizantes. Aqui, o desafio era impulsionar a produtividade agrícola sem aumento importante dos insumos, preservar e inclusive melhorar o meio ambiente, beneficiar os agricultores pobres e, mais importante ainda, incorporar sistemas de conhecimento autóctones e ao mesmo tempo estimular os agricultores a participar das mudanças e se apropriar delas. Essencialmente, o que a África Ocidental precisava era desenvolver tecnologias adaptadas ao meio ambiente subsaariano, em vez de modificar o meio ambiente para que ele se encaixasse nas novas tecnologias.

As variedades nativas de arroz africano, embora resistentes às enfermidades locais e adaptadas ao frágil ecossistema das terras altas da região, não produziam colheitas de alto rendimento como as variedades asiáticas. No entanto, a demanda de arroz na África Ocidental superava amplamente a produção. A situação exigia urgente resposta.

Esta chegou sob a forma da Associação da África Ocidental para o Desenvolvimento do Arroz (West African Rice Development Association – Warda), instituição regional surgida da assistência técnica dos doadores. Formada por dezessete Estados da África Central e Ocidental, tem a missão de contribuir para a segurança alimentar e para a erradicação da pobreza, sobretudo na África Central e Ocidental, por meio de pesquisa, associações, fortalecimento de capacidades e apoio às políticas relacionadas com o arroz.

Ao considerar a introdução de novas variedades de arroz, a Warda desempenhou um papel de promotor, reunindo todos os atores e catalogando os recursos apropriados. O primeiro desafio consistia em desenvolver uma variedade que combinasse a resiliência da variedade africana com a produtividade da versão asiática. A Warda conseguiu atingir seu objetivo recorrendo aos pesquisadores residentes da FAO, à Agência Internacional de Cooperação Japonesa (Jica) e aos voluntários da ONU de Mianmá e das Filipinas.

Uma vez desenvolvida a variedade, o desafio era pô-la à prova e difundi-la amplamente. Foram desenvolvidos campos de cultivo piloto sob a égide de um programa de cooperação entre o Japão e os Estados Unidos, com a assistência técnica adicional do Japão, o programa de Cooperação Técnica para Países em Desenvolvimento do PNUD (TCDC) e a Fundação Rockefeller. Ofereceram auxílio especializado da Universidade de Cornell, do Instituto Francês de Pesquisa para o Desenvolvimento (Institut de Recherche pour le Développement – IRD), do Instituto de Pesquisa do Arroz das Filipinas, do Instituto de Pesquisa do Arroz da Colômbia, das Universidades de Tóquio e Kioto, do Centro Internacional de Pesquisa de Serviços Agrícolas do Japão e de instituições chinesas de pesquisa. Assim nasceu a variedade genérica Novo Arroz para a África (New Rice for África – Nerica), que hoje tem três mil linhas.

A longo prazo, espera-se que a estabilidade e a resistência da Nerica reduzam os riscos do cultivo do arroz regado por chuvas e aumentem a produtividade. Isto incentivará os agricultores a usar mais insumos, intensificar o uso da terra e abandonar gradualmente as práticas de cultivos rotativos, melhorando assim a sustentabilidade dos cultivos nas frágeis terras altas da África.

A idéia central nunca foi substituir as variedades locais, mas promover a integração da Nerica com as granjas, assim como das tecnologias complementares, manejo racional dos recursos naturais e sistemas melhorados de comercialização e distribuição do arroz. Junto à nova variedade foi desenvolvido um processo inovador de teste de campo e assimilação, chamado Sistema Varietal Participativo, para dar aos agricultores várias opções do tipo "misture e combine" até determinar com qual obtêm os melhores resultados. Isto garante que eles não abandonarão por completo as variedades tradicionais de arroz.

Outro dos problemas refere-se à produção e distribuição de sementes, que são com freqüência entraves para a difusão de novas variedades de cultivos, já que os sistemas nacionais de semente quase sempre contam com recursos muito baixos e, por isso, não podem satisfazer às necessidades de produção. Como a rápida adoção da Nerica elevou a demanda de uma multiplicação eficiente de sementes, foi introduzido um mecanismo alternativo de abastecimento para os pequenos agricultores. Este consiste em certificar unicamente a semente básica, em vez de esperar que se produzam e certifiquem grandes quantidades de sementes. Isto reduz o tempo que a semente demora para chegar até o agricultor, e faz que a produção maciça dependa mais das práticas dos granjeiros e do conhecimento autóctone.

Embora a Nerica tenha sido basicamente um processo endógeno, sempre houve um número crescente de doadores dispostos a financiar generosamente um ou outro aspecto de seu desenvolvimento e propagação. O Banco Mundial e o Banco Africano de Desenvolvimento foram os últimos a se somar à agora longa lista de doadores. Os agricultores também aceitaram as novas variedades de arroz. Por exemplo, 116 agricultores de Guiné semearam variedades de Nerica em 1997; em 1998-99 este número saltou para mil e, no final de 2000, eram vinte mil os agricultores que haviam plantado a semente. A produção de quinze mil toneladas que se esperava para esse ano foi avaliada em 2,5 milhões.

Resultados e fatores críticos

- A experiência com a Nerica mostra como os países do Sul podem criar suas próprias soluções. Atuou-se rapidamente para difundir o problema, para criar uma instituição de cooperação eficiente e organizar compras multinacionais do produto.
- Além de destacar que grupos solidários de doadores podem fazer exatamente o que se necessita deles sem precisar atuar de forma arrogante, este caso mostra como uma boa idéia pode captar os melhores recursos de todo o mundo, independentemente de proverem os do norte ou os do sul. A iniciativa reuniu muitos institutos de pesquisa, repartições do governo, ONGs e universidades de procedências nacionais tão diversas como Colômbia e Japão e instituições como a Universidade de Cornell e o DFID.
- A experiência da Nerica veio a ser a crítica mais significativa à Revolução Verde, provando que as novas variedades de cultivo de alto rendimento não precisam se basear no uso intensivo de água e fertilizantes, nem tampouco substituem indiscriminadamente as variedades autóctones.
- A Nerica chega ao cerne da questão da segurança alimentar na África Ocidental e Central. É por isso uma questão intensamente política – com resultados felizes. As vantagens sociais é que pelo fato de a variedade eliminar as ervas daninhas, ela beneficia diretamente as mulheres e as crianças – que realizavam a maior parte do trabalho de extração das ervas daninhas dos campos de arroz. O dividendo ambiental é que uma colheita de arroz de baixos insumos suaviza o impacto sobre o frágil ecossistema das terras altas, e os cultivos intercalados com legumes se convertem em outro fator estabilizador.
- A estratégia de distribuição de sementes desenvolvida para a Nerica representa um planejamento estratégico eficaz para as atividades colaterais, uma área em que as capacidades são fracas em muitos países do sul.
- Finalmente, a experiência da Nerica sintetiza os benefícios positivos de se escutar os agricultores e aqueles que trabalham no terreno para definir tanto os problemas relacionados com políticas quanto as soluções operativas.

Outras informações

Ministério das Relações Exteriores do Japão. s.d. *Japan's Food and Agricultural Cooperation in Africa*: Nerica (www.mofa.go.jp/region/africa/nerica.pdf).

NWANZE, K. et al. 2001. "Rice in West Africa: South-South Cooperation on Food Security." In *Cooperation South, 2* (http://165.65.20.17/tcdcweb/coopsouth/2001_2/114-131.pdf).

Programa das Nações Unidas para o Desenvolvimento (PNUD) do Japão. Notícias, eventos e boletins para a imprensa: a Nerica e a Conferência Internacional de Tóquio para o Desenvolvimento da África (TICAD), eventos colaterais da Cúpula Mundial sobre Desenvolvimento Sustentável, realizados em Johannesburgo (www.undp.or.jp/news/WSSDideevents31Aug.htm).

Associação de Desenvolvimento do Arroz da África Ocidental (Warda), 2001. *Nerica – Rice for Life*. Warda – Grupo Consultivo de Pesquisa Agrícola Internacional (www.warda.cgiar.org/publications/NERICA8.pdf).

Os autores agradecem as contribuições da unidade da TCDC do PNUD.

⮑ GLOBAL
RESPONSABILIDADE SOCIAL CORPORATIVA EM THE BODY SHOP

Em poucas palavras

O mundo dos negócios tem sido colocado sob escrutínio na esfera global para estabelecer o grau de responsabilidade social e ambiental das empresas, um exame que as impulsionou além das obrigações convencionais para com seus acionistas. Não são muitas aquelas que conseguiram cumprir a tarefa de sustentar princípios saudáveis e ao mesmo tempo pagar os altos custos derivados dos salários justos e de políticas de produção ambientalmente sustentáveis. E as poucas que o fizeram continuam enfrentando perguntas sobre a autenticidade de seus postulados.

The Body Shop exemplifica um caso desse tipo. Seus programas de intercâmbio comunitário apóiam o desenvolvimento sustentável abastecendo-se de matérias-primas e dos acessórios produzidos por comunidades marginalizadas do mundo todo, ao mesmo tempo que aderem aos princípios do comércio justo, como melhores salários e boas condições de trabalho. A companhia também dirige, da Nicarágua até a Somália, vários projetos orientados para a comunidade. Entretanto, há vozes críticas que negam a autenticidade das reivindicações desta empresa.

A história

As corporações multinacionais estão entre as organizações mais controvertidas dos tempos modernos. Uma crítica repetidamente formulada contra elas é a de que exploram as pessoas em situação de desvantagens e os países em desenvolvimento. Mas The Body Shop optou por um enfoque diferente e se transformou em um expoente louvável do critério de que as corporações podem e devem realizar contribuições que apóiem os países em desenvolvimento.

The Body Shop foi criada em 1976, quando sua fundadora, Anita Roddick, começou a produzir sabonetes e loções com ingredientes à base de ervas. Atualmente, uma cadeia de 1.200 lojas trabalha em mais de 45 países e a companhia é reconhecida amplamente como uma pioneira do compromisso com as causas sociais e do meio ambiente. Em 1994, ela formalizou esta convicção modificando seu lema institucional: "Ajudar a conseguir a mudança social e ambiental positiva informando, inspirando, envolvendo e fortalecendo os clientes e a comunidade".

The Body Shop produz artigos biodegradáveis, promove a reciclagem e exige que todas as suas lojas participem de projetos comunitários. Recentemente, a companhia uniu forças com o Greenpeace e o Intermediate Technology Development Group, por exemplo, para influir sobre o governo do Reino Unido com a campanha "Opte pela Energia Positiva", que apóia o uso de energia limpa, sustentável e renovável. Na Cúpula Mundial de Desenvolvimento Sustentável de 2002, representantes desta campanha apresentaram uma petição assinada por 1,6 milhões de pessoas instando os governos a levar a sério a mudança climática e a estabelecer prazos e metas para generalizar o uso de energias renováveis.

Como parte do projeto "Intercâmbio, não Ajuda" (Trade not Aid) de The Body Shop, foram lançadas várias iniciativas de criação de microempresas, colocando em evidência o potencial das práticas de comércio justo. O projeto estabelecia vínculos comerciais diretos com comunidades produtoras dos países em desenvolvimento, de modo que elas puderam financiar de forma sustentável seu próprio desenvolvimento econômico e social. Por exemplo, em uma fábrica de produtos de lã e de algodão de Tirumangalam, no sudeste da Índia, os trabalhadores e suas famílias recebem de forma gratuita o almoço diário e serviços de saúde. Cada vez que alguém compra um produto elaborado nesta fábrica, acrescenta-se 20% ao preço do produto. Estes ingressos extras servem para financiar a escola primária local, uma creche e uma clínica que oferece serviços de planejamento familiar e educação preventiva sobre HIV/Aids.

Outro dos programas de The Body Shop – sobre intercâmbio comunitário – tem como meta apoiar o desenvolvimento sustentável abastecendo-se de ingredientes e acessórios provenientes de comunidades desfavorecidas de qualquer parte do mundo. Um destes exemplos é a *hena*, usada em uma nova gama de produtos para o cabelo introduzida em 2000. Os nômades da Somália ocupam-se de colher *hena*, e a organização que atua como provedora é a Asli Mills, braço comercial da ONG Candlelight for Health and Education (Luz para a Saúde e para a Educação). A iniciativa desta ONG gerou renda para setenta nômades, que também se beneficiam obtendo acesso à saúde e à educação que habitualmente não têm. As folhas de *hena* são recolhidas de árvores silvestres que crescem nas zonas montanhosas, e a Candlelight e a Asli Mills monitoram a colheita para assegurar que nem as árvores nem o meio ambiente local se vejam afetados por esta prática.

A política empresarial de aquisições de The Body Shop inclui uma lista de fatores ambientais que deve ser consultada pelos empregados cada vez que se abastecem de novos produtos. A lista contempla avaliações ecológicas sobre ciclos de vida que consideram os impactos do abastecimento de matérias-primas sobre a biodiversidade, os direitos humanos e animais e sobre as espécies em vias de extinção. Esta companhia também se converteu em líder em matéria de auditorias empresariais que avaliam o impacto social e ambiental das práticas com o propósito de melhorá-las. Em pesquisa publicada em dezembro de 2001 pelo *Financial Times*, os meios de comunicação e as organizações não-governamentais classificaram The Body Shop como a segunda entre as maiores companhias do mundo no manejo dos recursos ambientais. Em 1990, o apoio de Roddick ao desenvolvimento sustentável foi reconhecido pela ONU com a distinção ambiental "Global 500".

Entretanto, e apesar de todas estas atividades públicas, o Greenpeace de Londres questionou várias posturas de The Body Shop, incluindo as de usar unicamente ingredientes naturais e elaborar produtos que não tenham sido experimentados usando animais. Esta organização afirma que muitos dos produtos de The Body Shop na verdade contêm ingredientes químicos e que alguns incluem ingredientes que foram experimentados sobre animais por outras companhias. E nem todos os projetos dessa empresa caminharam de acordo com o planejado. No Brasil, a firma compra óleo de amêndoas dos índios caiapós, uma tribo da Amazônia, para usá-los na fabricação de condicionadores para o cabelo. Os caiapós já cultivavam amêndoas e as comercializavam a oito dólares o quilo, mas sem obter lucro suficiente. The Body Shop abasteceu os nativos com o maquinário requerido para a extração do óleo de amêndoas, que é vendido por 38 dólares o quilo. Ainda assim, alguns críticos apontam que isto só beneficiou alguns nativos e já provocou conflitos na comunidade. Outros questionaram as implicações éticas do uso de nativos para campanhas de publicidade em que não se pagou por seus serviços.

O progresso genuíno para o desenvolvimento sustentável exige das empresas a vontade de prestar contas por seu desempenho econômico, ecológico e social, assim como de responder às preocupações dos interessados. Quando The Body Shop começou a vender produtos inofensivos para o meio ambiente, em 1976, as perspectivas dissidentes não eram tão intensas como agora. Inclusive, apesar de algumas das críticas que recebeu, a companhia fez muito para demonstrar que uma empresa pode ser ao mesmo tempo lucrativa e responsável. Atualmente, as práticas empresariais progressistas começaram a ganhar terreno em muitas firmas por suas práticas cotidianas, e alguns programas de formação superior em administração de negócios incorporaram em seus currículos o manejo do impacto social.

Resultados e fatores críticos

- Em 1999, uma votação da Associação de Consumidores do Reino Unido escolheu The Body Shop como a segunda marca mais confiável desse país. A pesquisa de opinião Interbrand classificou essa companhia como a 28ª entre as melhores do mundo e a segunda no setor do comércio varejista. Uma pesquisa de *The Financial Times* entre diretores-executivos classificou The Body Shop como a 27ª companhia mais respeitada do mundo.
- The Body Shop ilustra que as práticas de comércio justo são compatíveis com o funcionamento de uma companhia competitiva. O tema de preços e salários justos para os grupos produtores de extração popular se converte em um princípio importante, em virtude do intenso debate que atualmente se verifica no mundo sobre os prós e os contras da globalização.
- Do mesmo modo, The Body Shop demonstra que uma corporação multinacional não precisa ser necessariamente antagonista ao ambiente ou desenvolver seus produtos por meios controvertidos, como o teste em animais.
- A controvérsia que por vezes envolve The Body Shop afirma que as companhias que reivindicam a prática de uma ética empresarial estão unidas por um fio muito fino à credibilidade popular. Estas empresas precisam fazer esforços adicionais para demonstrar que seus princípios têm correspondência na realidade, e mantêm um olho vigilante sobre as conseqüências e implicações de suas práticas comerciais sobre as comunidades produtoras, sobre o meio ambiente, e assim sucessivamente.

Outras informações

Programa de Intercâmbio Comunitário de The Body Shop (www.thebodyshop.com/web/tbsg/values_sct.jsp).

O vínculo de The Body Shop com uma cooperativa na Nicarágua (www.ndtc.org/bmzp/proposal1.html).

Uma amostra de crítica sobre The Body Shop (www.mcspotlight.org/beyond/companies/bs_ref.html).

The Body Shop (www.thebodyshop.com).

➲ GLOBAL
TECNOLOGIAS DA INFORMAÇÃO E DA COMUNICAÇÃO (TIC) ABREM NOVOS CAMINHOS À CAPACITAÇÃO

Em poucas palavras

Este caso destaca as diversas maneiras em que as Tecnologias da Informação (TI) e da Comunicação (TICs) e a educação a distância podem apoiar o desenvolvimento de capacidades. A experiência da Rede Global de Aprendizagem sobre o Desenvolvimento (Global Development Learning Network – GDLN) mostra como as novas tecnologias criaram oportunidades para transformar o intercâmbio e o uso do conhecimento. Em particular, é a área de capacitação que mais se beneficiou da revolução da informação, o que criou oportunidades efetivas de vinculação entre os responsáveis pelo treinamento e seus alunos, e aumentou de forma significativa a relevância e o impacto da capacitação de adultos.

A história

A GDLN aproveita o apoio à consolidação de capacidades que as TICs oferecem aos países em desenvolvimento. Valendo-se da infra-estrutura de comunicação global do Banco Mundial, essa rede de três anos de existência conecta os provedores de desenvolvimento com seus contrapartes nos governos, nas ONGs, na sociedade civil e nas empresas. Afiliaram-se a essa rede cerca de cinqüenta centros de educação a distância, o que deu lugar a uma associação única de seu tipo, integrada por instituições de governo, universidades, institutos de capacitação e organizações multilaterais que compartilham a missão de desenvolver as capacidades dos funcionários do governo e de outros agentes de mudança.

Começando com uma conversão simples dos cursos tradicionais para o formato de educação a distância, o que permite reduzir os custos de capacitação economizando os gastos de traslado e conseguindo um maior número de participantes, os criadores da GDLN compreenderam rapidamente que poderiam fazer muito mais em termos de impacto no desenvolvimento. Eliminando a necessidade de se deslocar, a capacitação não precisava ser realizada em um período de tempo concentrado. Isto permitia aos participantes ler mais material informativo, preparar trabalhos reais – não simulados – relacionados à sua experiência profissional e aprender com os colegas como uma equipe. Estabelecer vínculos diretos com o trabalho diário dos participantes significava que os cursos podiam ser conectados com os programas de reforma do governo ou com as iniciativas de desenvolvimento empreendidas por associados como as ONGs ou os doadores.

Posteriormente, a GDLN adotou uma metodologia educativa baseada nas necessidades de desenvolvimento dos países clientes e nos estilos de aprendizagem do seu público alvo, assim como no objetivo de alcançar resultados tangíveis. Em geral, o enfoque pode se resumir como orientado para o educando e para a ação; concentrado em alunos que são parte de uma equipe, em vez de em indivíduos; e facilitador do desenvolvimento de planos de ação de amplo alcance ao consolidar as destrezas relativas à elaboração, ao desenvolvimento e à implementação. As atividades educativas são planejadas como uma combinação harmônica de sessões de videoconferências semanais altamente interativas e a cargo de peritos internacionais; sessões de discussão local anteriores ou posteriores às videoconferências; leitura de material impresso; tarefas de grupo entre as sessões aplicando a aprendizagem à implementação de programas; acesso a recursos da internet liberado segundo o ritmo e a vontade do aluno; e comunicações via e-mail entre os especialistas e os participantes.

O curso sobre Controle da Corrupção da GDLN é um exemplo concreto de como a educação a distância pode transformar os cursos tradicionais mediante um enfoque mais exaustivo, orientado para a ação e mais participativo. As tentativas prévias realizadas para abordar este tema concentraram-se nas regulamentações, dando-se especial atenção à prestação de contas e à transparência. Mas estes não tratavam das causas e dos efeitos fundamentais, nem tampouco contemplavam como criar infra-estruturas transparentes, responsáveis por prestar contas e auto-reguladas para evitar a corrupção. O novo curso deu ênfase à formação, consolidação de capacidades e assistência técnica aos altos funcionários ministeriais, que foram levados à sede central do Banco Mundial para um programa de treinamento de dez dias. O curso foi organizado com um horário diário de nove horas de conferências e discussões que cobriam temas relacionados com as conseqüências da corrupção. Mas esta experiência não alcançou os resultados esperados.

Finalmente, experimentou-se um enfoque que combinava metodologias educativas e tecnológicas. Depois de manter discussões prolongadas com especialistas em educação a distância e em educação de adultos, os especialistas na matéria concordaram em estabelecer um novo currículo em relação à GDLN. Esse estava mais voltado para a aprendizagem e para a ação e pedia àqueles que elaborassem os cursos que não pensassem em termos da informação que deviam transmitir para que se entendesse a corrupção, mas de acordo com o que os funcionários do governo precisam saber para controlar de fato a corrupção. Em vez de lhe dar um enfoque global, decidiu-se escolher alguns países – inicialmente sete – da região subsaariana da África. Funcionários ministeriais-chave foram convidados a participar dos cursos como uma equipe.

O objetivo era facilitar a cada equipe desenvolver um plano de ação abrangente para controlar a corrupção, de modo que o programa do curso concentrou-se nas habilidades requeridas para elaborar, desenvolver e implementar uma estratégia. O currículo incluía uma combinação de *workshops* do tipo tradicional, cara a cara, seguidos de uma série de seminários convocados mediante a tecnologia da videoconferência. A fase de elaboração de estratégias era complementada com material impresso e comunicações via e-mail. Como resultado, cada um dos sete países produziu um plano de governo contra a corrupção, que foram apresentados em uma conferência em Durban.

Resultados e fatores críticos

São várias as lições aprendidas durante os três anos transcorridos desde o lançamento da iniciativa GDLN sobre o potencial desta para aplicações efetivas no campo do desenvolvimento.

- Quando comparados com os métodos tradicionais de ensino, os sistemas de educação a distância não só resultam efetivos, mas também altamente competitivos e eficientes.
- A GDLN não é apenas um instrumento de capacitação. O oferecimento de cursos de educação a distância é mais efetivo em termos de custo e resultado do que os métodos tradicionais, enquanto o uso de tecnologia com os princípios da educação de adultos oferece benefícios adicionais em termos de ganhos de aprendizagem. Estes começam permitindo aos participantes aprender fazendo.
- Os objetivos estabelecidos para a capacitação podem ir além da experiência da aprendizagem e apontar para a obtenção de resultados práticos. Graças à comunicação interpessoal entre companheiros, é possível criar uma comunidade prática que se projete muito além do curso.
- Também é possível desenvolver novas aplicações, que, embora não possam ser chamadas de capacitação como tal, podem ter um impacto significativo sobre a criação de capacidades. Exemplo disto é a linha de atividades da GDLN, chamada Diálogos sobre o Desenvolvimento. Trata-se de videoconferências curtas, em geral com duas horas de duração, entre dois ou mais países que discutem temas políticos com o assessoramento de especialistas internacionais, muitas vezes em uma colaboração Sul-Sul. Usados como um componente integral do planejamento e da implementação de projetos de desenvolvimento, esses diálogos oferecem um assessoramento oportuno e imediato àqueles que desenham as políticas e não têm tempo, ou disposição, para participar regularmente de cursos de capacitação.

Outras informações

Rede Global de Desenvolvimento Educativo (Global Development Learning Network – GDLN) (www.gdln.org).

Centro Internacional de Educação a Distância (International Centre for Distance Learning) (http://icdl.open.ac.uk/).

Lista da internet de jornais e boletins informativos relacionados com a educação a distância (http://cctc.commnet.edu/HP/pages/darling/journals.htm).

Banco Mundial (http://web.worldbank.org/WBSITE/EXTERNAL/WBI/o,pagePK:208996~theSite PK:213799,00.html).

Os autores agradecem as contribuições de Monika Weber-Fahr e Michael Foley, do Instituto Banco Mundial/GDLN.

⊃ LESTE EUROPEU
INICIATIVA IPF PROMOVE PESQUISA E REDUZ FUGA DE CÉREBROS

Em poucas palavras

A escassa capacidade de análise de políticas nos países em transição continua sendo um obstáculo para o progresso. O inovador Programa Internacional de Bolsas de Estudo em Política (International Policy Fellowship – IPF) oferece aos líderes na formulação de políticas a oportunidade de trabalhar em projetos políticos junto a um mentor e sem sair do seu próprio país.

Mais de 150 investigadores associados e graduados universitários recorreram ao programa desde 1998 para investigar as formas alternativas de introduzir as tão necessárias reformas. Muitos seguiram adiante e chegaram a influir em políticas específicas, promoveram a formulação participativa de políticas ou estabeleceram institutos regionais ou locais.

A história

Os programas internacionais de bolsas de estudo para pesquisadores e ativistas dos países em transição são comumente associados à fuga de cérebros, pois os recursos humanos muito capacitados em geral emigram para o exterior. No Centro e no Leste europeu, e na ex-União Soviética, o programa IPF do Instituto Sociedade Aberta oferece aos líderes de todos os setores a oportunidade de trabalhar durante um ano junto a um mentor em projetos políticos, sem necessidade de sair do próprio país. Como resultado, os bolsistas não só empreendem pesquisas de campo originais para beneficiar suas comunidades, mas também estabelecem e mantêm vínculos com as organizações políticas locais.

Há enormes desafios e oportunidades para pesquisadores inovadores e independentes nos países em transição, onde persistem lacunas a serem preenchidas na pesquisa de campo nas ciências sociais de nível local e em termos de análise de políticas. Iniciado em 1998 com o patrocínio do Centro de Estudos Políticos da Universidade Central Européia de Budapeste, o IPF tem um orçamento de aproximadamente um milhão de dólares para atender cinqüenta ou 55 bolsistas por ano. Sua missão é identificar a próxima geração de líderes do Centro e do Leste europeu, da ex-União Soviética e de outras regiões de interesse para a rede da Fundação Soros, assim como apoiar suas pesquisas políticas. O programa também visa a melhorar a qualidade da análise independente e ajudar a evitar a "fuga de cérebros", garantindo que os líderes desenvolverão suas pesquisas em seu próprio país, ao mesmo tempo que mantêm o direito de se deslocar e a liberdade de pensamento. O programa procura desenvolver as capacidades dos participantes para redigir documentos políticos de nível profissional e promover políticas específicas, habilidades básicas que com freqüência precisam ser aprimoradas. A Fundação Soros, por sua vez, se beneficia das idéias e documentos dos participantes, úteis para desenvolver estratégias de programação para si mesma e para outras instituições.

O sucesso do programa das bolsas de estudo deriva de vários elementos. Para começar, divulga-se intensamente o concurso para selecionar os participantes: pela internet, jornais, escritórios da Fundação Soros, instituições locais e reuniões de recrutamento. O processo de aplicação é transparente e escalonado e inclui uma seleção de aplicações a cargo do pessoal do programa, avaliações a cargo de especialistas e de colegas, para assegurar que os objetivos da investigação correspondam aos objetivos de programa dos doadores, e entrevistas com todos os finalistas.

Uma vez que as bolsas são designadas, efetua-se o desembolso de fundos em duas remessas, que cobrem os salários mensais, gastos de pesquisa, computadores laptop e outros equipamentos técnicos requeridos, gastos de publicação na língua local e em inglês e custos de viagem e capacitação. Também se dispõe de fundos adicionais para financiar participações imprevistas em conferências e para realizar as modificações orçamentárias necessárias. Os contratos firmados pelos bolsistas especificam claramente os objetivos do projeto e quais são seus destinatários.

No transcurso do ano, os bolsistas participam de três ou quatro sessões de capacitação profissional sobre políticas e assistem a atividades sociais organizadas para criar uma base de intercâmbio e colaboração futura entre os graduados. Depois de receber formação na construção de páginas da web, os participantes abrem sites individuais de onde difundem seus relatórios. Os especialistas, ou os próprios bolsistas, designam pelo menos dois mentores entre os especialistas do programa para supervisionar os projetos e completar os formulários de avaliação. Os mentores são especialistas na formulação de políticas e nas áreas de estudo específicas em que os bolsistas trabalham, e, além disso, em geral trabalham com organizações internacionais, governos ou universidades. Enquanto supervisionam e comentam os trabalhos dos bolsistas, os mentores se beneficiam dos dados de primeira mão dos projetos de pesquisa, que às vezes desafiam conceitos tradicionais relativos a temas sociais e políticas públicas.

Resultados e fatores críticos

- Nos países com uma história de regimes autoritários, os pesquisadores mais bem formados e competentes para a análise política em geral carecem dos recursos necessários, como dados bem documentados, e de habilidades, como a de avaliar de um modo não ideológico os fatores relevantes e as opções, assim como de apresentar recomendações para a ação que sejam factíveis e claras. A capacitação política apropriada e as oportunidades de investigação e de vinculação em redes profissionais podem abrir muitas possibilidades para o desenvolvimento de novos recursos e habilidades, levando os investigadores muito mais longe do que permite seu ambiente burocrático. Com freqüência, financiar este tipo de iniciativa é mais benéfico para a capacidade sustentável de formular políticas do que financiar projetos para especialistas em política que trabalhem fora do contexto local.
- Os mais de 150 associados e graduados do IPF que até agora exploraram questões de reforma em países em transição têm iniciado a discussão pública de problemas

que anteriormente não eram tratados da maneira adequada. A maior parte deles foi além do que está estipulado em seus contratos e conseguiu ter impacto sobre políticas específicas e promover a formulação de políticas participativas.

· Outros graduados do IPF criaram institutos de formulação de políticas locais com financiamento local ou de outro tipo. Em data recente, o Centro de Estratégias de Política Pública da Lituânia, o Centro de Políticas Públicas da Universidade de Poznan, na Polônia, o Foro Político Europeu na República Tcheca e o Centro de Imprensa Livre da Hungria uniram forças para montar um Instituto de Análise de Políticas Públicas na Geórgia.

· Os bolsistas publicaram centenas de artigos em jornais locais e estrangeiros. Organizaram conferências para a imprensa e escreveram livros para editoras importantes que compilam pesquisas de campo originais. Baseando-se em parte no modelo da IPF, alguns dos escritórios nacionais da Fundação Soros e de outras organizações estabeleceram seus próprios programas de bolsas de estudo sobre políticas nacionais.

Outras informações

Programa Internacional de Bolsas de Estudo Políticas (IPF: International Policy Fellowships) (www.osi.hu/ipf).

Centro de Estudos Políticos (www.ceu.hu/cps/oth/oth_welcome.htm).

Instituto Sociedade Aberta de Budapeste (www.osi.hu/)

Fundação Soros (www.osi.hu/).

Os autores agradecem a colaboração de Pamela Kilpadi, do Instituto Sociedade Aberta.

➲ SUDESTE EUROPEU
UM PONTO DE ENCONTRO VIRTUAL PARA REFORMADORES DA EDUCAÇÃO

Em poucas palavras

A Rede de Cooperação Educativa do Sudeste Europeu (South-East Europe Education Cooperation Network – SEE-ECN) é um projeto regional de base ampla e de baixo custo. Apóia o intercâmbio de informações, de idéias e de habilidades como um meio para conseguir a reforma e o aperfeiçoamento da educação em onze países.

A rede foi iniciada com sentido de urgência a partir da necessidade de melhorar os padrões educativos e deslanchou graças a um financiamento inicial de origem externa. Enquanto um local virtual de encontro, a rede aproximou os povos e mobilizou capacidades em toda a região, incentivando a cooperação Leste–Leste, ao mesmo tempo que proporciona uma estrutura à ajuda dos doadores.

A história

A SEE-ECN surgiu em 1999, com o fim do conflito de Kosovo, trazendo consigo renovadas oportunidades e interesses de cooperação entre as repúblicas da ex-Iugoslávia. O marco político do Pacto de Estabilidade, acertado esse ano, destacou essa região e os compromissos contraídos pelos países doadores para ajudar a reconstrução pós-conflito, o desenvolvimento e a integração da região com a Europa e com o restante do mundo.

No final da década de 1990, a cooperação entre as fronteiras e a cooperação regional na educação nos Bálcãs foi orientada em grande parte por iniciativas conduzidas por doadores, especialistas e as agendas por eles planejadas. Do contrário, o contato entre os países era fragmentado e, em alguns casos, estava congelado; quase não havia relações formais entre alguns países e entidades vizinhos, por exemplo, entre Albânia e Sérvia, ou entre Kosovo e Bósnia-Herzegovina. A qualidade da educação variava consideravelmente entre um lugar e outro.

Durante o período pós-conflito, os Ministérios da Educação, as escolas e as universidades compartilhavam o desafio de ter de responder rápida e flexivelmente a uma transição democrática, econômica e social profunda. Muitos países tinham de lidar com uma infra-estrutura deteriorada e baixos salários docentes, migração rural-urbana, o retorno de refugiados ou a falta de retorno e a fuga de cérebros, instabilidade política e instituições frágeis ou anacrônicas. Os cidadãos mantinham grandes expectativas em torno da introdução dos "padrões europeus" na educação. Esses temas e necessidades comuns de uma região geográfica relativamente pequena, com idiomas que eram compartilhados além de algumas fronteiras, ofereceram o impulso para uma maior cooperação entre os responsáveis pela formulação de políticas, assim como entre os doadores que procuravam apoiá-los.

Em 2000, o Instituto Sociedade Aberta e a rede da Fundação Soros associaram-se aos líderes da reforma educativa da Eslovênia para criar uma rede autóctone de ajuda à educação que aumentasse o fluxo regional de informações sobre temas educativos, incorporasse as línguas locais, envolvesse os especialistas em educação dos países de toda a região e oferecesse um ponto focal de diálogo e desenvolvimento de capacidades relacionadas com a reforma educativa. A Eslovênia estava bem posicionada para liderar a criação da rede por causa de sua experiência em reestruturação educativa e da relativa estabilidade política conseguida desde que conquistou sua independência, em 1991. O Centro de Estudos de Políticas Educativas de Liubliana, a universidade da capital eslovena, converteu-se na sede dessa rede.

O Instituto Sociedade Aberta e o governo da Áustria proveram fundos iniciais de aproximadamente duzentos mil dólares. Foi formado um conselho diretor virtual para supervisionar a rede e estabelecer prioridades. No ano seguinte, o SEE-ECN identificou uma organização de coordenação local para cada país ou entidade da região, estendendo assim a rede pela Albânia, Bósnia-Herzegovina, Bulgária, Croácia, Kosovo, Macedônia, Moldova, Montenegro, Romênia e Sérvia. A coordenação local foi estabelecida nas organizações existentes – a maioria institutos educativos, centros de análise e reflexão e organizações não governamentais. Os fundos iniciais financiaram um coordenador da equipe humana em Liubliana e serviram para reembolsar os custos diretos dos coordenadores locais.

Como primeira prioridade, a rede coletou e traduziu documentos sobre políticas educativas de e sobre toda a região. Durante o primeiro ano, e de forma conjunta, criaram uma biblioteca virtual que atualmente conta com mais de 1.500 títulos e é visitada por cerca de dez mil usuários por mês. Uma base eletrônica de dados de especialistas apóia o intercâmbio de especialistas entre os países da região. A rede trabalhou com a organização de Cooperação e Desenvolvimento Econômicos (OCDE) para elaborar análises de cada um dos sistemas educativos da região e colocá-los à disposição dos interessados. Este trabalho esteve ligado aos esforços do Pacto de Estabilidade para fazer da educação uma prioridade e atrair a cooperação dos doadores.

Em 2001, a SEE-ECN e o Instituto Sociedade Aberta patrocinaram seu primeiro evento regional para o desenvolvimento de capacidades sobre a elaboração de uma legislação educativa. Formou-se assim uma ampla biblioteca virtual sobre as leis educativas de dentro e de fora da região, graças à qual equipes nacionais de funcionários ministeriais, parlamentares, advogados e analistas políticos se reuniram para intercambiar experiências e conhecimentos práticos. Seis meses mais tarde, a Oficina Internacional de Educação da Unesco associou-se à SEE-ECN para iniciar um processo similar destinado a expandir a capacidade de manejo de uma reforma curricular de grande escala.

No passado, as agências internacionais limitavam-se a convidar os interessados locais a participar dos seminários que elas consideravam necessários; graças à rede, foi possível inverter todo o processo, e quem passou a determinar a agenda foram os interessados.

Um levantamento eletrônico realizado em 2002 ajudou a avaliar a importância da rede para todos os seus usuários. O número de membros nela registrados é de cerca de duzentas instituições e cem indivíduos, enquanto todos os Ministérios da Educação manifestaram seu entusiasmo em relação à rede. Os doadores mais importantes, as instituições e os pesquisadores que trabalham no Sudeste da Europa consultam a rede na forma habitual para buscar referências, enquanto o número de doadores patrocinadores e de associados triplicou com relação à data de início.

Resultados e fatores críticos

- O interesse comum e a urgência em melhorar os padrões educativos motivaram os participantes a trabalhar em conjunto, transcendendo fronteiras.
- O financiamento externo desempenhou papel estratégico ao dar o impulso inicial à iniciativa SEE-ENC, mas também a estimulou com o fato de ter aceito, e não estabelecido, a agenda de trabalho.
- A rede proporcionou uma estrutura na qual os doadores podem identificar mais facilmente as necessidades e se envolver com seus parceiros locais.
- O uso das Tecnologias da Informação e da Comunicação (TIC) para mobilizar as destrezas e para criar um site virtual de encontros e intercâmbio de idéias aumentou de forma significativa o acesso aos recursos informativos a custos comparativamente reduzidos, e se realiza de acordo com a demanda.
- Os centros físicos de vinculação, situados em diferentes instituições dos países participantes, reforçaram a rede virtual, assegurando que se efetue um seguimento das atividades e iniciativas.

Outras informações

Rede de Cooperação Educativa do Sudeste Europeu (www.see-educoop.net).

Programas Educativos Sociedade Aberta: Sudeste Europeu (www.osepsee.net/1.htm).

Escritório Internacional de Educação da Organização das Nações Unidas para a Educação, a Ciência e a Cultura (Unesco) (www.ibe.unesco.org/).

Os autores agradecem as contribuições de Terrice Bossler, dos Programas Educativos Sociedade Aberta, do Sudeste Europeu.

Índice remissivo

As referências de página em *itálico* referem-se a figuras, tabelas e quadros. Aquelas seguidas por "n" referem-se a notas.

A

Accenture (Filipinas) 231-4

Acordo sobre Direitos de Propriedade Intelectual Relacionados com o Comércio (TRIPS) (OMC) 208

Afeganistão
ajuda de ONGs 173, 174
problemas de fuga de cérebros 128
projetos 173-4
reconstrução pós-conflito 173-5

África
ajuda para o desenvolvimento 57, *68, 69*
cooperação externa 332-4
cooperação técnica 110
criação de instituições 332-5
desenvolvimento endógeno 329-31
especialistas utilizados 330, 332, 333
participação dos cidadãos 229
problema relacionado ao HIV/Aids *141,* 156
problemas de auto-estima 329-30
problemas de corrupção 118, 122
problemas de fuga de cérebros 124, 127, 128
serviços públicos 101-3
sistemas de incentivo 333
ver também África Ocidental; países individuais

África Ocidental 336-43

África do Sul
ajuda de ONGs 176-8
diálogo político 176-8
educação 137, 138, *139, 141*
envolvimento cívico 176-8
envolvimento da TIC *126*
questões de capacitação 176, 178
questões de fuga de cérebros *126*

questões de gênero 176, 179-80
questões de responsabilidade 178
questões de transparência 179, 180
revisões dos gastos públicos 179-80
sociedade civil 176, 178, 179-80

Agência Alemã de Assistência Técnica (GTZ) 212, 213, 252, 263, 264, 337

Agência dos Estados Unidos para o Desenvolvimento Internacional (Usaid) 238, 239, 240, 263

Agência Norueguesa de Cooperação para o Desenvolvimento (Norad) 309, 310

Agência Sueca para o Desenvolvimento (Asdi) 199

Agenda 21 219, 269-71

agricultura 76, 199, 238-40, 269, 278, 340-2

ajuda para o desenvolvimento
acordos de combinação *69-70,* 108
ajuda a projetos 65, *67-8, 69*
apoio ao orçamento *67-9,* 292-3, 294
condicionalidade 56-60, 62, 63
no desenvolvimento da capacidade 53, 54, 60, 63, *68-9,* 72
integração 7-11, 14, 63, 64, 65, 66, *67-9,* 71, 72, 85
papel dos governos 8-11, 55-7, 60, *67-9, 70,* 182
para os países em desenvolvimento 7-11, 53, 54, 55, *96,* 153-4
para países em transição 354-6
relacionamento de ajuda 54-61, 153-4, 224-6, 272-4, 292-4, 305-11
reveses 3-5, 7-9, 53, 54-7, 181, 182
SWAPs 65, *68*
vinculada *96*
ver também doadores; países individuais

SOBRE O LIVRO

Formato: 17 x 24 cm
Mancha: 31 x 45,5 paicas
Tipologia: Minion, 10,5/13
Papel: Offset 75 g/m² (miolo)
Cartão Supremo: 250 g/m² (capa)
1ª edição: 2006

EQUIPE DE REALIZAÇÃO

Edição de texto
Regina Machado (Copidesque)
Evandro Freire (Preparação de Original)
Ruth Mitsui Kluska, Marcelo Donizete de Brito Riqueti e
Juliana Rodrigues de Queiróz (Revisão)

Editoração eletrônica
Join bureau (Diagramação)

Impresso nas oficinas da
Gráfica Palas Athena